本书为韶关学院人才引进科研项目“个体 · 组织 · 系统：
一所地方本科高校供给侧改革的民族志研究”（9900064501）的阶段性成果

小学教育学

主　编　童顺平
副主编　张成林　梁　新
参　编　陈伟坚　李　宁　穆湘兰　方必基　刘穗瑜
黄　露　柳镁琴　桂庆旭　冯海林　徐　云
邹观石　黄欣宜　芮华鸿

華中科技大學出版社
http://press.hust.edu.cn
中国 · 武汉

内容简介

本书共分为十四章，包括“绪论”“小学教育概述”“小学教育机构”“小学学生”“小学教师”“小学课程”“小学教学”“小学课外活动”“小学德育”“小学班级管理”“小学心理健康”“小学教育评价”“小学教育环境”“小学教育科研”。本书注重吸收本学科基础性研究成果和最新研究成果，同时注意联系小学教育教学实践，具有明显的基础性、前沿性和实用性。在体例上，每章前有“学习目标”，后有“拓展阅读”“练习题”，力图方便学生自学、拓宽视野和巩固知识。本书为高等院校小学教育专业使用教材。全书坚持问题意识导向，以小学教育的基本问题为核心，全面阐述小学教育学的基础知识体系。

图书在版编目(CIP)数据

小学教育学/童顺平主编. —武汉：华中科技大学出版社，2022.12
ISBN 978-7-5680-8836-7

Ⅰ.①小…　Ⅱ.①童…　Ⅲ.①小学教育-教育学-高等学校-教材　Ⅳ.①G620

中国版本图书馆 CIP 数据核字(2022)第 207663 号

小学教育学
Xiaoxue Jiaoyuxue

童顺平　主编

策划编辑：彭中军
责任编辑：郭星星
封面设计：孢　子
责任监印：朱　玢
出版发行：华中科技大学出版社(中国·武汉)　　电话：(027)81321913
　　　　　武汉市东湖新技术开发区华工科技园　　邮编：430223
录　　排：武汉创易图文工作室
印　　刷：武汉市籍缘印刷厂
开　　本：787mm×1092mm　1/16
印　　张：18.25
字　　数：467 千字
版　　次：2022 年 12 月第 1 版第 1 次印刷
定　　价：49.00 元

前言

Preface

小学教育学是小学教育专业的专业基础课程，既是小学教育专业学生的入门性课程，也是学生参加教师招聘考试与教师资格证考试的主要课程。自担任小学教育学课程的教学任务以来，编者曾使用了多本市面上流行的《小学教育学》教材。囿于这些教材的服务面向、知识体系和编写体例，用起来总难遂人意，于是萌发自编《小学教育学》教材的想法。

本书为高等院校小学教育专业使用教材。全书坚持问题意识导向，以小学教育的基本问题为核心，全面阐述小学教育学的基础知识体系。全书共分为十四章，包括"绪论""小学教育概述""小学教育机构""小学学生""小学教师""小学课程""小学教学""小学课外活动""小学德育""小学班级管理""小学心理健康""小学教育评价""小学教育环境""小学教育科研"。本书注重吸收本学科基础性研究成果和最新研究成果，同时注意联系小学教育教学实践，具有明显的基础性、前沿性和实用性。在体例上，每章前有"学习目标"，后有"拓展阅读""练习题"，力图方便学生自学、拓宽视野和巩固知识。

本书由童顺平博士担任主编，张成林博士、梁新副教授担任副主编。各章撰稿者为：第一章童顺平，第二章李宁，第三章柳镁琴、桂庆旭，第四章刘穗瑜，第五章张成林，第六章童顺平，第七章童顺平，第八章陈伟坚，第九章穆湘兰，第十章黄露，第十一章方必基，第十二章梁新，第十三章梁新，第十四章童顺平。全书的框架设计、大纲撰写由童顺平负责，修改润色、统稿定稿由童顺平和张成林共同负责。广州大学硕士研究生邹观石、黄欣宜，华南师范大学硕士研究生冯海林、徐云、芮华鸿协助修改和润色部分章节。

本书为韶关学院人才引进科研项目"个体・组织・系统：一所地方本科

高校供给侧改革的民族志研究”(9900064501)的阶段性成果。本书在编写和出版过程中,得到了相关校、院领导及老师的大力支持和帮助,谨此致谢。本书参考和引用了许多国内外学者的研究成果,尽管力图标注清楚,但是难免挂一漏万。限于编者能力与水平,书中错误与疏漏在所难免,敬请各位读者和方家批评指正。

编者

2022 年 5 月 20 日

目录

Contents

第一章 绪论

· 学习目标 ·

通过本章的学习,你将:

1. 明确小学教育学的定义、任务、内容和对象;
2. 了解小学教育学的源与流;
3. 了解我国小学教育学发展的现状。

小学教育学是小学教育专业的专业必修课程。作为一门专业课程,小学教育学既是小学教育专业学生的入门性课程,也是学生参加教师招聘考试与教师资格证考试的主要课程。小学教育学的课程目标是帮助小学教育专业学生系统掌握基本的教育学基础知识和技能,初步运用相关知识分析与解决小学教育教学中的实践问题;树立科学的教育观、教师观和学生观,培育对小学教育事业的专业情怀与志趣,为学生后续教育专业课程学习、从事小学教育工作及个人专业发展奠定理论基础。那么,小学教育学的属性、任务和内容如何?小学教育学的发展脉络如何?小学教育学的研学方法有哪些?

第一节　小学教育学的发展脉络

小学教育学尽管被称为"学",并因为具有特殊的研究对象,而被视为一个独立的学科体系,但事实上它并没有脱离教育学这一母学科。我们对小学教育学的发展脉络的把握,只能借助教育学产生与发展的历史来把握。

就学科发展史而言,教育学的产生和发展经历了三个阶段。第一阶段:萌芽阶段,主要特征是教育学还没有从哲学、政治学、伦理学中分化为独立的学科。第二阶段:创立阶段,主要特征是教育学成为一门原始状态的独立学科。第三阶段:发展阶段,教育学向着多样化方向发展。

一、萌芽阶段

萌芽阶段的教育学还没有从哲学、政治学、伦理学中划分出来,还没有形成一门独立的学科,只表现为零星的教育思想和教育观点。也就是说,教育学的萌芽阶段,还没有人提出教育学独立的概念,教育学夹杂在其他学科中。主要特点可以概括为以下几点:第一,人们对教育的认知活动主要停留在经验和习俗的水平；第二，教育学著作缺乏科学的理论分析，没有形成完整的体系；第三，教育学思维与论述的方式以类比、比喻、格言、寓言等方式为主。这一时期，在东方和西方都出现了一些著名的教育家和教育著作。

1. 中国

孔子，春秋末期鲁国人，儒家学派的创始人。教育思想主要体现在他和弟子的言论专著《论语》中。他的“庶富教”主张体现了教育与经济的关系；他强调“有教无类”，认为教育目的是把人培养成“贤人”和“君子”；他继承西周“六艺”教育传统，教学基本科目是《诗》《书》《礼》《乐》《易》《春秋》(即“六经”)；教学方法强调因材施教。《论语》指出：“不愤不启，不悱不发，举一隅而不以三隅反，则不复也。”意思是：教导学生，不到他冥思苦想仍不得其解的时候，不去开导他，不到他想说却说不出来的时候，不去启发他，给他指出一个方面，如果他不能由此推知其他三个方面，就不再教他了。孔子也是中国运用启发法的第一人。

墨子，春秋末战国初宋国人，墨家学派的创始人。人性论中主张“人性素丝说”，提出了“染于苍则苍，染于黄则黄”的观点，认为丝线放在青色染缸里染就会变成青色，放在黄色染缸里染就会变成黄色，指人的成长受环境影响很大。因此，墨子是“外铄论”的代表人物。他提出教育目的在于培养“兼士”，兼士以“兴天下之利，除天下之害”，勇于承担治国利民、兼爱相利的职责。墨子提出“兼士”的标准——厚乎德行、辩乎言谈、博乎道术，即要具备道德的要求、思维论辩的要求和知识技能的要求。因此墨子重视科技知识和生产知识的传授、军事知识和军事技术的研究以及对学生逻辑思维能力的培养。教学方法上墨子提出“主动”“创造”“实践”“量力”。墨子主张“扣则鸣，不扣必鸣”，学生不主动问，教师也要主动启发他、教育他。他强调述而且作，不仅注重对于好的东西进行阐述与传播，更注重进一步创造出新的东西。他主张“合其志功而观焉”，以动机与效果的统一去评价人的行为。他提出的“量力”，包括两方面含义：一是学生不能同时进行几方面学习，“夫知者必量其力所能至而从事焉”；二是应该量学生的知识水平而教，“深其深，浅其浅，益其益，尊其尊”。墨子是中国教育史上首先明确提出“量力”这一教育方法的人。

《学记》是中国古代也是世界上最早的一篇专门论述教育、教学问题的论著。作者是乐正克，成书于战国末期。书中，“化民成俗，其必由学”揭示了教育的重要性；“建国居民，教学为先”阐述了教育与政治的关系；“道而弗牵，强而弗仰”阐释了启发式教学；“学不躐等”强调教学循序渐进；“不陵节而施”也要求教学循序渐进；“藏息相辅”体现课内课外相结合。《学记》指出：“故学然后知不足，教然后知困。知不足，然后能自反也；知困，然后能自强也。故曰：教学相长也。”意思是：学的人通过学习知道自己不足，教的人通过教别人知道自己还有难点，然后都再去进一步钻研，所以无论学的人还是教的人都能通过教学过程得到提高。《学记》指出：“君子之教，喻也：道而弗牵，强而弗抑，开而弗达。”意思是，高明的教师善于用启发的方法教育学生。引导学生，而不是牵着学生走；鼓励学生，而不是压抑学生；启发学生，而不是代替学生作结论。此外，还有豫时孙摩、长善救失等重要论述。

2. 西方

在西方，影响较广泛的教学方法是苏格拉底的“产婆术”。他认为：教育是思想上的接生，强调教育应该是由内而外的，是将儿童心灵中的智慧不断引出、发展的过程。他的“产婆术”分为四步，分别是讥讽、助产、归纳、定义。对于教育的内容，他主张首先要培养人的美德，教人学会做人，成为有德行的人。苏格拉底是西方运用启发法的第一人。

柏拉图的著作是《理想国》。人类要从现实世界走向理想世界，非常重要的就是通过教育。柏拉图是“寓学习于游戏”的最早提倡者。

亚里士多德是古希腊百科全书式的哲学家，提倡追求理性就是追求美德，这是教育的最高境界；注意儿童心理发展的自然特点，主张按照儿童心理发展的规律对儿童进行分阶段教育，提倡对学生进行和谐发展的教育；在历史上首次提出了“教育遵循自然”的原则。

苏格拉底、柏拉图、亚里士多德，并称为古希腊“三哲”或古希腊“三贤”。

西方教育界的代表人物还有古罗马的昆体良。他的《论演说家的教育》（又称《雄辩术原理》）是西方最早的教育著作，也是世界上第一部研究教学法的书。

二、创立阶段

随着人们在教育领域积累了丰富的资料，提出了许多新的问题，教育学渐渐从哲学母体中分化出来，成为独立的学科。独立形态教育学创立的标志主要有：第一，教育问题成为一个专门的研究领域；第二，形成了专门的反映教育本质和规律的教育概念与范畴以及概念和范畴的体系；第三，有了科学的研究方法；第四，产生了一些重要的教育学家，出现了一些专门的、系统的教育学著作；第五，出现了专门的教育研究机构。这些标志并不是同时出现的，而是在比较长的历史时期内逐渐形成的。从 17 世纪夸美纽斯到 18 世纪末赫尔巴特往往被认为是教育学成为一门独立学科的重要时期。因此，教育学创立的历史过程，前后也经历了二百多年的时间。

英国哲学家培根为独立形态教育学的出现做出了重要贡献。作为“近代实验科学的鼻祖”，培根提出了实验的归纳法，将其看成是获得真正知识的必由之路，为后来教育学的发展奠定了方法论基础。1623 年培根还首次把“教育学”作为一门独立的科学提了出来，与其他学科并列。

捷克教育家夸美纽斯 1632 年出版了《大教学论》。在该书中，他提出了泛智教育思想，探讨“把一切事物教给一切人类的全部艺术”，提出了系统的教育目的论、方法论、教育原则体系、课程与教学论、德育论以及一些学科教育思想。该书的教育学术价值就在于不仅指出了教育应该怎么办，而且努力地为教育措施寻找理论依据。在教育学史上，一般把夸美纽斯的这本书看成近代第一本教育学著作。

在教育学的创立问题上，德国著名哲学家康德的贡献也是不可磨灭的。康德在哥尼斯堡大学期间，先后四次讲授教育学。1803 年，《康德论教育》一书出版。在该书中，康德明确认为，教育是一门很难的艺术，其实践必须和“真知灼见”结合起来，否则就会变成“机械的”东西，所谓真知灼见也就是一种理性的态度和知识。如何才能获得这种真知灼见呢？康德认为：“教育一定要成为一种学业，否则无所希望”“教育的方法必须成为一种科学，否则决不能成为一种有系统的学问”。这就是他所理解的“教育学”超出他的前人和他的同时代人的地方。

赫尔巴特，德国著名的心理学家和教育学家，在世界教育学史上被认为是“现代教育学之父”或“科学教育学的奠基人”。1806 年赫尔巴特出版的《普通教育学》被公认为第一本现代教育学著作。赫尔巴特明确地指出“普通教育学必须把论述基本概念放在一切论述之前”，只有这样才能获得科学的统一性。赫尔巴特不仅论述了教育学的独特性，而且还非常明确地提出了教育学的学科基础，即心理学和哲学。此外，赫尔巴特在哥尼斯堡大学期间，除了讲授哲学和教育学课程外，还创办了一个教育科学研究所和实验学校。所有这些，最终使得教育学从哲学中独立出来，成为科学大家族中的一员。

在赫尔巴特之前，还有许多著名的哲学家、思想家写出了专门的教育学著作，为教育学的创立做出了自己的贡献。如英国哲学家洛克于 1693 年出版了《教育漫话》，提出完整的绅士教育理论体系。法国思想家卢梭于 1762 年出版了享誉全球的《爱弥儿》，深刻地表达了卢梭的资产阶级教育思想，是反封建的理性革命声音在教育领域的表达，对后来康德、杜威等的教育学说也产生了深远的影响。瑞士教育家裴斯泰洛齐一生写作了许多的教育论著，其中最著名的当属 1781 年的《林哈德与葛笃德》。在该书中，他把教育目的规定为“和谐地发展人的一切天赋力量和能力”。而为达到这个目的，教育必须与生产劳动相结合，必须要符合学生的本性，必须从最简单的要素开始直到最复杂的事物。他明确地提出“使人类教育心理学化”的口号，对于推动教育活动的科学化及教育学的诞生都起到了重要的作用。

三、发展阶段

19 世纪末 20 世纪初教育学呈现多元发展态势，各种教育学派层出不穷。

1. 实验教育学

实验教育学是 19 世纪末 20 世纪初在欧美一些国家兴起的理论。其代表人物是德国教育学家梅伊曼和拉伊。代表著作主要有梅伊曼的《实验教育学纲要》及拉伊的《实验教育学》。

实验教育学的主要观点是：第一，反对以赫尔巴特为代表的强调概念思辨的教育学，认为这种教育学对检验教育方法的优劣毫无用途；第二，提倡把实验心理学的研究成果和方法运用于教育研究，从而使教育研究真正“科学化”；第三，认为教育实验与心理实验的差别在于心理实验是在实验室里进行的，而教育实验则要在真正的学校环境和教学实践活动中进行；第四，主张用实验、统计和比较的方法探索儿童心理发展过程的特点及其智力发展水平，用实验数据作为改革学制、课程和教学方法的依据。

实验教育学所强调的定量研究成为 20 世纪教育学研究的一个基本范式，近百年来得到了广泛的应用和发展。但是这种方法也是有局限性的，当实验教育学及其后继者把科学的定量方法夸大为教育科学研究的唯一有效方法时，就受到了来自文化教育学的批判。

2. 文化教育学

文化教育学又称精神科学教育学，是 19 世纪末以来出现在德国的一种教育学说。其代表人物主要有狄尔泰、斯普朗格、利特等人，代表性著作主要有斯普朗格的《教育与文化》等。

文化教育学的基本观点是：第一，人是一种文化的存在，因此人类历史是一种文化的历史；第二，教育的对象是人，教育又是在一定社会历史背景下进行的，因此教育的过程是一种历史文化过程；第三，因为教育的过程是一种历史文化过程，所以教育的研究既不能采用赫尔巴特纯粹的概念思辨来进行，也不能依靠实验教育学的数量统计来进行，而必须采用精神科学或文化科学的方法，亦即理解与解释的方法进行。

文化教育学作为科学主义的实验教育学和理性主义的赫尔巴特式教育学的对立面而存在与发展着，深刻地影响着德国乃至世界 20 世纪的教育学发展。文化教育学的不足之处表现在它的思辨气息很浓，在许多问题的论述上具有很强的哲学色彩，这就决定它在解决现实的教育问题上很难提出有针对性和可操作性的建议，从而限制了它在实践中的应用。另外，它一味地夸大社会文化现象的价值相对性，忽视其客观规律的存在，也使它的许多理论缺乏彻底性。

3. 实用主义教育学

实用主义教育学是19世纪末20世纪初在美国兴起的一种教育思潮。其代表人物是美国的杜威、克伯屈等人，代表性著作有杜威的《民主主义与教育》《经验与教育》，克伯屈的《设计教学法》等。

实用主义教育学也是在批判以赫尔巴特为代表的传统教育学的基础上提出来的，其基本观点是：第一，教育即生活，教育的过程与生活的过程是合一的，而不是为将来的某种生活做准备的；第二，教育即学生个体经验继续不断地增长，除此之外教育不应该有其他目的；第三，学校是一个雏形的社会，学生在其中要学会现实社会中所要求的基本态度、技能和知识；第四，课程组织以学生的经验为中心，而不是以学科知识体系为中心；第五，师生关系以儿童为中心，而非以教师为中心，教师只是学生成长的帮助者，而非领导者。

实用主义教育学是以美国实用主义文化为基础的，是美国资本主义发展的教育学表达，对以赫尔巴特为代表的理性主义教育理念进行了深刻的批判，推动了教育学的发展。其不足之处就是在一定程度上忽视了系统知识的学术性、忽视了教师在教育教学过程中的主导作用，忽视了学校的特质，并因此受到了美国社会及其他社会人们的连续不断的批判。

4. 马克思主义教育学

马克思主义教育学包括两部分内容：一部分是马克思恩格斯以及其他马克思主义的经典作家对教育问题的论述，也就是他们的教育思想；另一部分是教育学家们根据马克思主义的基本原理（包括教育原理）对现代教育一系列问题的研究结果。

马克思主义教育学的基本观点是：第一，教育是一种社会历史现象，在阶级社会中具有鲜明的阶级性，不存在脱离社会影响的教育；第二，教育起源于社会性生产劳动，劳动方式和性质的变化必然引起教育形式和内容的改变；第三，现代教育的根本目的是促使学生个体的全面发展；第四，现代教育与现代大生产劳动的结合不仅是发展社会生产力的重要方法，也是培养全面发展的人的唯一方法；第五，在教育与社会的政治、经济、文化的关系上，教育一方面受它们的制约，另一方面又具有相对独立性，并反作用于它们，对于促进工业社会政治、经济与文化的发展具有巨大的作用。

马克思主义的产生为教育学的发展奠定了科学的方法论基础，但由于种种原因，在实际教育学研究过程中，人们没有能够很好地理解和运用马克思主义理论，往往犯一些简单化、机械化的毛病，这是发展马克思主义教育理论时应当特别注意的。

5. 批判教育学

批判教育学是20世纪70年代之后兴起的一种教育思潮，也是当前在西方教育理论界占主导地位的教育思潮，对于教育诸多问题的研究都有比较广泛和深刻的影响。批判教育学的代表人物有美国的鲍尔斯、金蒂斯、阿普尔等，代表性著作有鲍尔斯与金蒂斯的《资本主义美国的学校教育》。

由于各自的理论基础不同，批判教育学学者之间关注的问题、发表的观点也不尽相同，但是，他们之间也有一些共同的地方，主要理论观点是：第一，当代资本主义的学校教育并未像实用主义教育学所宣称的那样是一种民主的建制和解放的力量，是推进社会公平和实现社会公正的强有力手段和途径，相反它是维护现实社会的不公平和不公正，是造成社会差别、歧视和对立的根源；第二，之所以会出现这种现象是因为教育与社会是相对应的，有什么样的社会政治、经济和文化，就有什么样的学校教育机构，社会的政治意识形态、文化样态、经济结构都强烈地制约着学校的目的、课程、师生关系、评价方式等，学校教育的功能就是再生产出占主导地位的社会政治意识形态、文化关系和经济结构。下层人家的子弟、文化处境不利者的子女以及被统治阶级的孩子就很少能在学校教育系统内取得成功。

小学教育学的发展得益于教育学"母"学科的发展。随着小学教育学学科建设得越来越成熟，小学教育学的发展脉络会越来越清晰，并逐渐形成符合自身逻辑的独立阐释。

第二节　小学教育学的任务和内容

小学教育学作为对小学教育实践活动认识的结果，可从定义、任务、研究内容、研究对象、学习意义和方法几方面对其进行总体把握。

一、小学教育学的学科属性

小学教育学是教育科学的一门分支学科。教育学依据教育条件的不同，分为家庭教育学、学校教育学和社会教育学三个分支。学校教育学又可分为幼儿教育学（即学前教育学）、普通教育学、高等教育学、特殊教育学（即特殊儿童教育学），等等。普通教育学又可分为小学教育学（即初等教育学）和中学教育学（即中等教育学）两个分支。由此可见，小学教育学是从普通教育学分化独立出来的、专门研究小学阶段培养人的现象及其规律的一门学科。①

小学教育学与教育学是一个属与种关系的问题。如果说"教育学"是研究教育现象和教育问题，揭示教育规律的科学，那么小学教育学就是在教育基本理论的基础上，研究小学教育现象和教育问题，揭示小学教育规律的科学。② 教育学作为一级学科，是以人的教育活动为研究对象的，但是由于人的身心发展阶段不同，其教育活动的现象及规律也不同，因而有必要根据人的身心发展阶段的不同，将教育学划分为更具体的研究领域。当这些划分出来的研究领域的知识积累到一定程度，就会形成一个独立的学科。小学教育的对象一般为 6～12 岁或 7～13 岁的儿童，因此小学教育学就是以 6～12 岁或 7～13 岁的儿童的教育活动及其规律为研究对象的一门学科。任何一门学科都是一个具有独立研究对象的知识体系，小学教育学是直接论述小学教育的教学规律、教学特点、教学原理、教学方法的学科，它对小学教育应该起直接的理论指导作用。③

小学教育学作为教育学科中的基础学科，反映了小学教育现象中最基本、最本质的东西，对小学教育的基本规律进行了归纳和总结。只有以这些基本规律为指导，小学教育专业学生才能更好地开展小学教育教学活动；也只有以这些基本规律为基础，小学教育专业学生才能更

---

① 叶立群:《小学教育学》. 北京:人民教育出版社，2000 年，第 1 页.

② 廖军和、方家峰:《小学教育学基础》. 芜湖:安徽师范大学出版社，2016 年，第 3-4 页.

③ 田本娜:《小学教育学》. 福州:福建教育出版社，1995 年，第 3 页.

好地学习其他的教育理论学科知识。

小学教育学既是一门理论性学科，又是一门应用性较强的学科。它既要揭示小学教育、教学的基本规律，论述小学教育、教学的一般原理；又要反映小学教育、教学的具体操作程序和方法。它既不能像教育学概括性那么强，又不能如小学教育工作手册那样具体。它是理论和实际结合相当密切的一门学科。

二、小学教育学的学科任务

根据小学教育学的学科性质，小学教育学的学科任务有以下几点。

（一）探究小学教育规律

规律是事物之间或事物内部各部分之间稳定的、本质的、必然的联系，但是小学教育规律并不会轻而易举地获得，需要人们付诸很大的智力努力，需要不断研究小学教育现象，透过小学教育现象才有可能认识到小学教育的本质，进而探究出小学教育的规律。人们将探究小学教育规律取得的成果，按照一定逻辑加以整理和呈现，就构成了小学教育学的主要内容。规律是客观的，我们不能改变，只能遵循。只有遵循规律，人们才能更好地开展小学教育活动，才能更好地从事小学教学活动或管理活动。小学教育的性质是应试教育还是素质教育？怎样才能做一名合格的小学教师？小学教师如何才能有效开展课堂教学？回答这些问题需要系统的理论探索与理论概括。小学教育学的任务之一，就是要在小学教育、教学以及管理的经验基础上，去探索小学教育、教学、管理的基本规律，进而建立小学教育及其学科的理论体系。

（二）提高小学教育工作者理论素养和实践技能

改革开放以后，我国小学教育获得空前发展，小学教师的社会地位得到了空前提高。广大的小学教师及小学教育工作者热爱教育事业，坚持教育岗位，在正确的教育思想指导下，在工作上取得了显著的成绩，同时也迫切地需要教育理论的提高。通常看到的情况是，不少人做了多年的小学教师，怎样教好学生有一套方法，学生学习负担既不重，学生的学习成绩也很好；有的教师在班主任工作方面也很有经验，但是他们会做而不善于总结提高；有的校长对教师的指导常常是就事论事，而缺乏一定的教育思想、理论的指导。工作能做出成绩却不善于进行理论上的分析和总结，工作失误而不善于从教育理论上探寻原因，这些都说明他们虽有经验，但还缺乏一定的小学教育理论修养。小学教育活动的顺利开展需要小学教育工作者掌握必要的教育教学技能，如上课、说课和评课技能等，小学教育学可以为小学教师和小学教育工作者提供必要的理论性指导和实践技能训练，帮助他们减少教育、教学工作中的盲目性，改进和提高小学基础教育的质量。

（三）为小学教育改革发展提供理论依据

改革是发展的根本途径和方式。改革开放后，党和国家不断在小学教育领域推出重大改革举措，一些地方及不少小学也不断推出改革举措。不论是小学教育、教学、管理等方面的单项改革，还是小学教育的整体改革，都取得了显著成绩。实践证明，凡是有明确的教育理论指导的改革，成绩都比较显著，效果就比较好；反之，改革不是中途停顿，就是发展困难，最后不得不草草收场。同时，小学教育改革实验、实践的结果，会推动小学教育理论的发展；也只有掌握了小学教育的基本理论，才能辨析并把握哪些是创新的思想、原理和方法。不论哪一种情况，小学教育学都可以为小学教育改革与提高提供必要的理论依据。

三、小学教育学的研究内容

目前，市场上有多种《小学教育学》教材，从中大致可以了解到小学教育学的研究内容。

根据叶立群主编的《小学教育学》，小学教育学的研究内容包括绪论、小学教育、小学教师、教学（上）、教学（中）、教学（下）、思想品德教育（上）、思想品德教育（下）、课外活动、班主任工作、少年先锋队工作。①

根据曾文婕、黄甫全主编的《小学教育学》，小学教育学的研究内容涉及绪论、小学教育源流、小学教育特性、小学学生、小学教师、小学教育目标、小学教育内容、小学教育环境、小学教育活动、小学教育评价等。②

根据田友谊等编著的《小学教育学》，小学教育学的研究内容涉及小学教育论、小学学校论、小学学生论、小学教师论、小学教育目标论、小学教育内容论、小学教育途径论、小学教育评价论、小学班主任论、小学教育研究论。③

根据苏洵主编的《小学教育学》，小学教育学的主要内容有教育学、教育、教育目的、学校教育制度、小学教师和小学生、小学生的全面发展教育、课程、小学教学、教学设计、教育测验与评价、班级管理、课外活动、小学教育科学研究、教育法律法规。④

我们认为，小学教育学作为一个较为完整的知识体系，主要内容应包括“绪论”“小学教育概述”“小学教育机构”“小学学生”“小学教师”“小学课程”“小学教学”“小学课外活动”“小学德育”“小学班级管理”“小学心理健康”“小学教育评价”“小学教育环境”“小学教育科研”。

第三节　小学教育学的学习意义和方法

一、小学教育学的学习意义

掌握小学教育学理论是人民教师必须具备的基本素养之一。小学教育学的学习对培养未来的人民教师具有不可忽视的重要意义和作用。

1. 树立正确教育理念

教育思想观念是人们对教育问题的理解，持续更新的教育理念，是教育思想和教育观念发展的根本法则。教育思想观念是行动的先导，人民教师进行教育工作，必须要以正确的教育思想观念为指导。新课程改革背景下，人民教师应该具有新的课程观、教学观、学生观、师生观等教育思想观念。

---

① 叶立群：《小学教育学》. 北京：人民教育出版社，2000 年，第 1-2 页.

② 曾文婕、黄甫全：《小学教育学(第 3 版)》. 北京：高等教育出版社，2017 年，前言.

③ 田友谊，等：《小学教育学》. 北京：北京大学出版社，2015 年，目录.

④ 苏洵：《小学教育学》. 镇江：江苏大学出版社，2019 年，第 1-3 页.

2.提高贯彻教育方针政策的自觉性

贯彻教育方针政策是教师职业的根本，是做好教育工作的先决条件。教师学习小学教育理论，认识小学教育的意义，能提高教师从事小学教育事业的使命感和责任感，从而使教师通过努力提高职业素养，做好小学教育教学工作，提高贯彻教育方针政策的自觉性。

3.提升教师从教水平和能力

教育理论为人们的教育活动提供了系统正确的指导，消除了教育活动中的盲目性。作为教育理论核心部分的教育规律更扮演着重要的角色。教师只有认识教育规律，才能更好地用它来改造客观教育现实，指导教育实践。这就要求教师通过学习教育理论，在与教育对象面对面的交流中获得对教育本质的重新认识与理解。

4.推动教育改革和教育科学研究

改革是对现实的改进和完善，只有沿着正确的道路、严格地遵循教育规律、以科学的理论为指导，改革才能顺利进行且成功。教师是一切重大教育变革的核心力量，是提高教育质量的关键因素。教师只有通过学习教育理论，才能增强改革的热情，并且具有改革的能力。教师只有以教育理论为依据，站在理论的高度去审视教育的现实，才能更好地把握教育的问题，寻找恰当的解决教育问题的对策。

二、小学教育学的学习方法

1.本“科”与他“科”相结合

小学教育学作为一种理论体系，来源于小学教育实践，是对小学教育实践的概括和总结，有着自身完善的知识结构和体系。所以，小学教育专业学生首先要学习研究本学科的特点。其次，我国的各门具体学科都是以马克思主义思想为指导的，所以学习小学教育学时要坚持用马克思主义的立场、方法、思想和观点来分析、研究小学教育问题，同时还应该学习其他学科的知识和方法，帮助我们深入学习小学教育学。

2.理论与实际相结合

教育理论来源于实践又指导着实践。教育学作为一门实践性很强的理论学科，在学习时不要忘记联系教育实践，必须联系实际才能融会贯通。小学教育学作为一种实践性较强的学科，要积极联系教育实践，主动参加教学实践，把理论学习与实践运用有机地结合起来，更好地理解和掌握教育理论，努力做到学以致用。

3.学习与思考相结合

孔子说“学而不思则罔，思而不学则殆”，意思是说只学习而不加思考，只会迷乱而不明，只思考而不学习，只会空泛而不实。现代心理学认为学习有三种水平，即记忆水平的学习、理解水平的学习、思考水平的学习。记忆水平的学习必不可少，它是一个基础环节，但绝不能死记硬背。理解水平的学习是在记忆水平学习的基础之上更高水平的学习；思考水平的学习才是一种高层次的学习，它能使人在掌握知识的同时发展思维能力，进行创造性学习。

4.古今与中外相结合

中国古代的教育思想博大精深、源远流长，为后世留下了宝贵的教育遗产。在我国的教育遗产中，有许多鲜明特点的教育教学规律，至今仍闪烁着真理的光芒，值得我们珍惜和传承，是我们的教育事业可以继往开来的重要保证。当然，由于历史和阶级的局限性，教育遗产中难免精华和糟粕并存，这就需要我们批判地加以继承。同时，还应该看到国外一些发达国家的教育发展和取得的成就，学习他们先进的教育理论和方法，可以使我们在教育改革和发展中少走弯路。学习和研究教育学，要能够把纵向比较和横向比较综合起来加以运用，才能使我们对教育问题的研究更为深刻更为全面。[①]

拓展阅读

《作为科目、学科和科学的教育学》[②]节选

教育学首先是作为训练教师所必需的“科目”产生的，然后是在此基础上作为独立“学科”的教育学的形成，进而是这门独立学科的“科学”化发展。在这里，“科目”是学校以课程形式呈现的学术训练的单元；“学科”是知识分类中系统地组织起来的学问单元；“科学”则是“从经验事实中推导出来的”知识系统。不是所有的“学科”都是“科学”；学校教学的“科目”也并非总是和“学科”一一对应的。“科目”以训练和培养的目标为目的；“学科”和“科学”以认识和求真为旨趣。对教育学的这些不同理论形态及其内在的发展逻辑进行分析探讨，会有助于我们廓清教育学界长期争论的众多基本概念和基本理论问题，从而进一步促进教育学的科学化发展。

练习题

1. 小学教育活动具有什么特点？
2. 小学教育学具有怎样的学科属性？
3. 小学教育学具有什么学习意义？
4. 怎样学习小学教育学？

---

① 廖军和、方家峰：《小学教育学基础》. 芜湖：安徽师范大学出版社，2016 年，第 6-8 页.

② 项贤明：《作为科目、学科和科学的教育学》.《教育研究》，2019 年第 9 期.

第二章 小学教育概述

学习目标

通过本章的学习，你将：

1. 明确小学教育的功能；

2. 了解小学教育的目标；

3. 了解我国小学教育制度的发展；

4. 理解小学教育的内容。

教育具有多种社会属性，也呈现出多种社会功能。那么，就小学教育而言，具有哪些功能？小学教育的目标又是怎样的？我国小学教育制度又是如何发展的，以及小学教育的内容又有哪些呢？

第一节 小学教育的功能

在通常意义上，教育功能是指教育活动和系统对社会发展和个体发展所产生的各种影响和作用。它往往指教育活动已经产生或者将会产生的结果，尤其是指教育活动所引起的变化及产生的作用。教育的功能究竟有哪些？从不同的视角出发，对教育的功能就会有不同的理解。

一、教育功能的分类

教育作为一种非常复杂的社会现象，其功能的表现也是极其复杂的。在学术界，比较有代表性的观点有以下几种：

1. 教育的社会功能

教育的社会功能主要是指教育对社会发展的反作用。生产力发展水平制约着教育的发展水平，教育又反过来促进社会生产力的发展。教育具有重要的社会功能，这是教育的本质特点之一。因此，教育的社会功能是多方面的。

2. 教育的个体功能

教育在人的发展过程中，发挥着促进个体的社会化和个性化、增强个体享用意识和能力的功能。

3.教育的个体社会化功能

社会化的内容非常广泛，凡是体现个体发展的社会性要求及社会生活所必需的基本知识、技能、行为方式、生活习惯以及各种思想观念等，都是个体社会化的内容。

从学校教育的角度来说，个体的社会化主要包括四个方面：

一是学习生活技能，主要包括个体所处时代和社会所要求的日常生活技能和职业技能；

二是内化社会文化，主要包括价值观念体系和社会规范体系；

三是完善自我观念，即对自身的生理、心理状况，对自我和他人以及社会的相互关系有一个正确的认识；

四是学会承担社会角色，通过角色学习和角色实践，能够自觉按照社会结构中为他规定的规范办事，这是社会化的本质和最终体现。

人的社会化的基本途径是社会教化和个体内化的统一。对青少年来说，教育既是社会教化的主体，又是促进个体内化的有效手段，因而教育特别是学校教育在青少年个体社会化过程中发挥着基础性的作用。这种作用具体体现在以下两个方面：

一是学校教育活动的目的性、计划性和组织性使个体社会化有了充分的保障。学校教育是有目的、有计划、有组织地向青少年传授一定的社会规范、价值标准、知识技能的活动，它由专职的教师通过特定的教育内容、教育方式和评价制度对青少年学生的社会化产生系统和科学的影响，为青少年学生的社会化提供充分的保障。这种保证作用是其他任何社会活动都难以做到的。

二是学校教育为个体社会化提供了一个特殊的有利环境。学校作为青少年个体社会化的专门机构，是一种非常正式的社会组织，具有明显的社会性，它的一切活动都体现着社会的要求，处处传递着社会的价值准则。课程作为法定的知识，体现着社会的主流价值观；教师作为社会的代言人，充当着所处时代社会规范的解释者、执行者、仲裁者等特定社会角色。学校教育这种社会化环境是其他社会组织难以替代的，个体在这样的环境中可以相对平稳、有效地实现其社会化的任务。

4.教育的个体个性化功能

人的发展，不仅是个体逐步融入社会的过程，而且也是一个个体不断发展自我，凸显自我，进而实现自我的过程。在这个过程中，个体选择成为他自己，过自己的生活，形成个人的兴趣、爱好、能力、特长等一系列个性特征。

个体的个性化与社会化尽管在具体层面上有时是矛盾的，如个性化强调个性、自主选择性，社会化更注重共性、社会强制性，但两者本质上是统一的。共性寓于个性之中，个性的多样性也以统一性为基础。

教育对个体个性化的作用和影响具体体现在以下四个方面：

第一，提出个性发展目标，明确个体个性化的方向。许多学校都在各自的办学目标中列入“培养学生的自主意识和自主发展能力，丰富和完善学生的个性”等内容，这是个体个性化发展要求在学校教育中的具体体现。教育目标的个性化要求无疑对个体的个性化发展产生了强有力的牵引作用。

第二，充分挖掘个体潜能，为个体个性化创造条件。个体潜能的充分挖掘是个体个性化的重要标志和根本体现。通过因材施教、个性化教学等科学的方法与手段，注重个体之间的差异，能为每个学生潜能的充分施展提供广阔的空间，充分挖掘他们的潜能，使个体的个性不断得到发展和完善。

第三，提高个体基本素质，为个体个性化打下基础。个体个性的发展是在个体积极的活动中进行的，活动的效果取决于个体的知识储备和认知、情感、态度等基本素质水平。一个基本素质良好的个体更能在活动中发挥主观能动性，积极作用于社会环境，在社会化的同时形成自己的良好个性。

第四，营造整体文化环境，为个体个性化提供保障。个体的个性化发展是个体发展的内在要求，但是，只有在良好的环境特别是在学校教育的整体文化环境中，这种个性化发展才能够得到充分的保障。

5. 教育的个体享用功能

个体的社会化和个性化都是指个体的发展。

教育的个体享用功能主要体现在人接受教育与获得幸福的关系上，主要体现在：

首先，教育能够充分满足人的本能需要，奠定个体幸福的基础；

其次，教育提升人的认知水准，丰富人的情感世界，给人以体验和感受幸福的功能；

最后，学校生活本身是一种幸福生活，求真、向善、臻美是校园生活的主体价值，学校生活为人们创设了一种体验幸福、感知幸福的良好氛围。

6. 教育的显性功能和隐性功能

从教育作用是显性的还是隐性的，可以将其划分为显性功能和隐性功能。前者是依照教育目的的要求，在实际运行中出现的与之相符合的结果，是人们在教育过程中容易被人们知道、察觉的功能；后者是伴随显性教育功能出现的非预期性功能，它是指在教育过程中不容易被人们发现、注意、察觉的功能，是伴随着显性教育功能而出现的非预期性功能。

7. 教育的正向功能和负向功能

从教育作用的性质是积极还是消极的角度，可以将其划分为正向功能和负向功能。前者是指教育有助于个体发展和社会进步，促进人、社会向积极的方面变化的作用；后者是指教育阻碍个体发展和社会进步，导致人与社会向消极方面变化，妨碍社会进步与个体自由、生动、活泼、全面、和谐地发展。

二、教育功能的选择

面对从不同角度划分出来的众多教育功能，在实践中需要做出正确的选择，以便充分合理地发挥教育的作用，避免抓小放大、顾此失彼。第一，发挥教育的基本功能，促进个体发展。教育是培养人的社会实践活动，教育的首要任务是培养人，教育首先面临的个体对象是学生，因而，教育的第一个最基本的功能就是教育对个体发展的促进功能，即教育的个体功能，也是教育的本体功能。第二，发挥教育的扩展功能，促进社会发展。教育的社会功能又称为教育的派生功能，它是在教育个体功能的基础上扩展出来的。教育的社会功能主要包括教育的经济功能、政治功能、文化功能以及社会的分层变迁功能。总之，教育功能是教育客观存在的有用性，不管人们是否愿意接受教育，如何扭曲教育，如何评价教育，它都有它的客观效果。同时，面对众多的教育功能，需要处理好各种功能之间的关系，即处理好教育的直接功能与间接功能、显性功能与隐性功能的关系，特别要避免负面影响的发生或扩大。

三、小学教育的功能

从根本上说,小学教育在教育结构中所处的地位,以及教育结构与社会结构的紧密关系,决定着小学教育的基本功能是奠定基础,主要表现在“为教育发展奠定基础”和“为社会发展奠定基础”。

1. 为教育发展奠定基础

最初,人类社会的初等教育或具有初等教育性质的基础教育一直是以启蒙教育和宗教价值教育的面目出现的。后来,随着资本主义政治、经济以及社会等方面的发展,人们才逐渐开始有意识地规划建立具有近代意义的小学,为普通大众子弟提供基本的学习机会,以便他们能够有效地适应当时的社会生产和生活。当时的小学教育,并没有考虑到与中等教育和高等教育的衔接问题,仅是一个独立的教育阶段。

但是,随着社会的发展和义务教育年限的延长,绝大部分小学生读完小学之后并不立即进入社会,而是进入中等教育阶段继续接受学校教育。而且,时至今日,终身教育不再仅仅是一种宣传的理念,它已经随着学习社会化与社会学习化进程的加快,变成了现实。这样,小学教育作为学生接受正规学校教育的第一个阶段,成为整个国民教育体系的基础环节,发挥着为整个教育发展奠基的功能。

2. 为社会发展奠定基础

教育主要通过培养人来促进社会的发展。小学教育是个体一生发展的基础阶段,促进社会发展的人力资源,需要经由小学教育奠定一生发展的基础。具体而言,小学教育对个体发展的奠基功能主要表现在以下几方面;其一,小学教育阶段是儿童道德品质发展的基础。小学时期正是儿童社会化的一个重要阶段,小学生进入小学学习,随着生活范围和空间的扩大,不可避免地要遇到各种各样的道德问题,因此形成道德观念、养成良好的道德行为习惯是小学教育的一项重要任务,也是儿童道德发展的基础。其二,小学教育阶段是儿童智慧品质发展的基础。小学时期正是智慧潜力逐步显现并迅速发展的时期,小学教育的一项重要任务就是启迪儿童智慧的发展,即便是知识的教学也应该为智慧发展服务,而智慧发展也应该促进知识的学习。其三,小学教育阶段是儿童人格品质形成的基础。小学阶段是儿童个体倾向性开始显露的时期,也是养成良好人格品质的重要时期。其四,小学教育阶段是儿童身体发展的基础。小学是少年儿童身体发育的时期,应当使少年儿童养成锻炼身体的良好的习惯,掌握锻炼的基本技能技巧。总的来说,小学教育首先为人的发展奠定基础,进而为社会发展奠定基础。没有良好的小学教育为人的发展奠基,社会发展将大打折扣。

第二节　小学教育的目标

教育与目标不可分离,没有无教育的目标,也没有无目标的教育。教育作为一种培养人的社会实践活动,需要用目标理论来指引和滋养其实践。小学教育作为教育的基础环节,更需要目标的统率和牵引。小学教育目标兼顾个体与社会的需求,它的起点是社会对小学教育的需求，终点是小学生个体的发展。因而，探讨小学教育的目标有助于全面了解小学教育，进而改善小学教育教学活动。

一、小学教育目标的定义、特点和功能

（一）小学教育目标的定义

小学教育目标是指小学教育所应达到的标准要求，进一步说，就是使小学生在小学教育阶段所应完成的教育任务及在这个过程中所应获得的完满健全的发展。实质上，它包含两个方面：一是所完成的小学教育任务，二是学生所应获得的发展。这二者是不可分开的。前者既要反映小学生发展的要求，又要反映社会发展的要求，而后者更主要的是反映小学生发展的要求。这两个方面的有机结合，使在教育目标上存在的"社会本位"与"儿童本位"的争论，得到了统一。在界定和把握小学教育目标时，既要克服"社会本位"的片面性，又要克服"儿童本位"的片面性。

对于小学教育目标，必须坚持它的基础性。小学教育是基础教育的初级阶段，是"基础"中的"基础"。在这一阶段，儿童身心处在加速发展和成熟的过程中。这一特点要求小学教育目标更着眼于儿童身心发展的需要，要把儿童作为儿童而不是某种"小大人"来培养。

（二）小学教育目标的特点

为了更好地理解小学教育目标，我们从以下三个方面对其特点进行阐述。

1. 全面性

小学教育的基础地位，决定了教育目标的全面性。小学教育目标兼顾每一个学生的成长、发展，不忽视不遗忘任何一个学生。所有的小学生都应得到平等对待，都应享受同等的机会和共同的教育目标。每一个孩子的发展都得到关注与悉心培养，使得每个学生在教育目标的指引下不断成长、发展，不断朝着目标迈进，达到知、情、意、行方面的变化。每个人都应获得自由而全面的发展。所以，小学教育目标最终要把学生培养成一个善良的、有德行的人，一个有文化的人，一个身体健壮的人，一个懂得美的人，一个会劳动的人。

2. 系统性

小学教育目标具有层次性，不同层级的目标相互配合，构成一套目标体系。小学教育目标具有系统性、明确的衔接性和次序性，对小学生的成长发展起着不可忽视的作用。在这个目标体系中兼顾教育质量与数量的统一、活动与发展的统一。小学教育目标始终关注小学生培养的质量问题，但也应努力提高优秀学生的数量，使得人才质量与数量方面尽可能都最大化。同时，小学教育目标关注小学生多方面的协调发展，所以小学教育目标的设计必然关注小学生的课外活动以及兴趣的培养。丰富多彩的校园活动，可以增添学生参与的积极性，增强学生的交往能力。

3. 统一性

小学教育目标有其自身的价值取向。涂尔干认为，每个人身上都同时具备双重人格：个体我和社会我。从根本和普遍的意义上讲，其实并没有必要把人的个性化与人的社会化割裂开来和对立起来，而应使二者尽可能达到某种统一，但这种统一必须是历史的、具体的统一，而不

是超历史的、抽象的和一劳永逸的统一。[①] 小学教育目标在理念层面和实践层面都应兼顾个人与社会,寻求个人与社会发展目标的统一。它既应注重培养小学生成为合格的"社会人"适应社会生活,能在社会环境中得以生存,为社会发展做出相应的贡献;同时,作为一种"人"的教育,也要彰显人的个性,即培养小学生完整的人格、独立的尊严、批判思考的能力,彰显个人的独特性。

(三)小学教育目标的功能

小学教育目标具有多种功能,主要表现为"导向功能""激励功能"和"标准功能"。

1. 导向功能

导向功能指小学教育目标为小学教育规定了特定的目标,并以此来引导小学教育朝向这一目标发展。美国教育心理学家马杰指出:"假如你不清楚要去的目的地,那么,很可能你会抵达另一个地点,而且还不知道已经走错了地方。""除非你知道你的目的地,否则你就无法选择通向目的地的最有效的途径。"[②]可见,小学教育的目标规定了小学教育的方向,奠定了小学教育的基调,对小学教育起着导向作用。小学教育的内容选择、环境开发以及活动开展等,都以小学教育目标的达成为导向。人们通过不断的信息反馈,随时矫正小学教育进程中出现的各种偏差,以提高小学教育的效能,进而顺利有效地实现小学教育目标。

2. 激励功能

激励功能指小学教育目标能够强化学生的学习动机和教师的教学动机,激发师生的教与学的主动性、积极性和创造性。比如,小学教育目标要求促进学生全面发展,学生既要取得良好的学业成就,又要形成良好的个性品质等。为了达到这样的目标,小学校长和教师就必然绞尽脑汁,不断创造,彰显才智,"智慧课堂""趣味英语"等各种新颖有效的教育策略和方法层出不穷。而且,当教师自己的创造能够有效地帮助学生不断达成目标,获得成长,教师也就可以获得持续的成就感,从而焕发出不竭的教育教学热情。

3. 标准功能

标准功能指小学教育目标是开展小学教育活动和评价小学教育状况等的基本标准。首先,小学教育目标是小学课程研制的基本标准。小学课程内容和教学方法的选择、小学课程与教学的组织、小学课程与教学的实施以及小学课程与教学的评价等,都以目标作为基本依据。其次,小学教育目标是评价学生学习活动的基本标准。评价学生学习是否达到相应的要求和水平,主要以小学教育目标为基本依据。再次,小学教育目标是评价教师教育教学工作的基本标准。在小学教育领域中,教师评价通常从两个维度进行:一是直接对教师备课、上课以及辅导学生的基本行为表现进行评估;二是通过评价学生的学习状况与学业成就等,间接地评价教师的业绩。但是无论哪一种评价,都应该以小学教育目标作为基本的和主要的依据。

二、小学教育目标的理论依据

制定小学教育目标不是主观随意的事,要有科学的理论依据。这主要包括如下几方面:

---

① 扈中平:《教育目的中人本位论与社会本位论的对立与历史统一》,《华南师范大学学报(社会科学版)》,2002 年第 2 期.

② Biehler R F,Snowman J. Psychology applied to teaching[M]. Boston:Houghton Mifflin,1986: 258.

1.马克思主义关于人的全面发展的理论

小学教育的根本目的在于培养人。培养人就要以人的发展的理论为依据。在这方面,马克思主义给我们提供了科学的理论依据。马克思主义关于人的发展的理论涉及的内容很多,从小学教育目标来看,这里主要涉及两条:一是人的全面发展;二是人的个性发展。

全面发展是马克思主义根据社会的发展及人的发展规律而揭示出来的一个发展目标。人的全面发展是人类自身发展的一个不可抗拒的趋势。人的全面发展在内涵上主要包括两个方面:一是“横向”方面,即发展的“全面性”;二是“纵向”方面,即人的发展的充分与自由的程度。前者是基础,是总体要求,一切人都要全面发展,而不是片面发展;后者是提高,就是尽量使更多的人获得尽量充分与自由的发展。人的全面发展应该是人的“德、智、体、美、劳”的全面发展,是身与心、脑力劳动与体力劳动的结合与统一。

个性发展是马克思主义关于人的发展的又一重要目标。个性发展主要指个人不同于他人的特性的健全而充分的发展。主要指三个方面:一是人的独立性的发展,包括生活、劳动、思想方面的独立性;二是人的主体性的发展,人是主体,对于自身及与他人的关系有自主权,能平等、公正地与外界发生交往与交流,没有依赖性和依从性;三是独特性,包括感知方式的独特性、思维风格的独特性、思想见解的独创性等。总之,独立性、主体性和独特性是人的个性发展的三个不可缺少的方面。比较一下的话,其中独立性是前提,主体性是基础,独特性是表现。

马克思主义关于人的全面发展与个性发展的理论是制定小学教育目标的理论依据。从人的全面发展来看,小学生的目标应该是全面的,要全面打基础,这包括小学生在思想品德、知识、技能、智力、审美能力、体质等方面的发展,也包括脑力劳动与体力劳动的结合。从人的个性发展来看,小学生的目标应该包括个性的发展。

在现实的小学教育中,常常有人把个性发展等同于特长发展,把有特长的学生视为个性发展的学生。这是一种误解。那是两个不同的概念。有特长的学生不一定有个性。训练特长不同于发展个性。特长只表明专业成绩,而个性则表明人格,是完整的人的品行。学校可以培养学生的特长,但更要重视发展个性。

2.社会学、文化学的有关理论

从社会学角度来看,小学生处在社会化过程的初级阶段。在这个阶段上,小学生主要通过书本、学校生活来了解和认识社会,获得适应社会的行为规范和能力。因此,在制定小学教育目标时,要以社会学为依据,要反映社会发展对于小学生的基本要求。

从人类社会发展来看,不同发展水平的社会对人的发展的要求是不一样的。在古代社会,儿童和少年只需要掌握和使用简单工具,就能在社会中生存和发展。而在现代社会中,人们参加社会劳动,必须掌握和使用现代工具,包括机械、电子工具,才能在社会中生存和发展。与此同时,还要熟悉和遵守现代社会所形成的行为规范,例如公平、民主、平等。所以,制定小学教育目标,必须考虑现代社会变革对人的发展的要求。

除了社会学的理论依据外,还有文化学的理论依据。小学是基础文化知识传递与学习的阶段。它肩负着使小学生接受民族的优良传统文化,使之世代延续下去的任务。文化是一个民族生存与发展的基本支柱,具有民族性和延续性的特点。民族性反映了文化的种族的地域的乃至信仰的特点，而延续性则表明了文化的可继承性和再生性特点。例如语言文字，一个时代就不能放弃原有的语言文字，而完全更换新的语言文字。这些文化的特性要求小学教育目标具有文化传递的内容。从我国乃至世界其他国家来说，小学教育目标都十分重视文化传递内容，都很重视读、写、算能力的训练。在我国的小学教育内容中，有关语言、历史、文学的比重比较大，目的在于传递民族文化。

以文化学理论为依据，不仅要求小学生学习和掌握已有的民族文化，而且要求小学生学会如何创造性地发展民族文化，以及善于吸收外来文化。文化还具有开放性、变革性和融合性。小学生主要是学习和掌握已有的文化，但也应有文化更新与发展的意识，以发展的、变革的、开放的眼光来看待所学习和掌握的文化，不能把它僵化，不能形成文化封闭意识。

3. 儿童心理学的理论

小学生处在儿童年龄的发展阶段。确立小学教育目标必须考虑儿童的发展规律和特点，以儿童心理学的理论为依据。例如，对于知识的学习与掌握，由于儿童处在以具体思维为主向以抽象思维和辩证思维为主的发展过程中，确立知识的掌握应该体现从感性知识到抽象知识和理论知识发展的要求。再如思想品德目标，由于小学生还没有充分的知识储备和有关能力的发展，这时的思想品德应该更多地从生活、人际关系方面考虑，例如爱父母、爱劳动、爱卫生、助人为乐等，逐步增加社会主义、共产主义思想品质的成分。不能脱离儿童发展的阶段，过高地定目标，“高、大、空”的目标是实现不了的。但也不能被动地适应儿童发展的阶段，使目标缺乏发展性和引导性。

除考虑小学生年龄发展阶段的特点外，确立小学教育目标，还必须从儿童的兴趣、需要出发，在统一的目标基础上，“因材施教”，不同的学生要有不同的目标。这种“因材”而定的目标更具体、更有操作性。例如，对于因先天原因而造成的弱智儿童，其教育的目标应该低于正常儿童的目标，而在智力上超常的儿童则在教育目标上应适当高于正常儿童的目标。在音乐、美术、体育等方面较早显露出天赋优异的学生，在这些方面应该有高于正常儿童的教育目标，以便使其优异的天赋得到及时而充分的开掘和发展。

总之，小学教育目标要以儿童心理学的理论为依据，既要考虑到根据儿童年龄心理学而提出的统一目标，又要注意到根据儿童差异心理学提出的不同目标，在统一性基础上照顾到多样性，通过多样性实现统一性。

三、小学教育目标的结构

小学教育目标自成体系，按照不同的标准可以有不同的划分形式。探讨小学教育目标的深层次结构，有助于更好地认识小学教育目标的内涵。

按总的要求和阶段来讲，可以把小学教育目标分为总目标和阶段性目标。

总目标具有概括性、全面性和长期性等特点，主要是指完成小学教育阶段的学习任务，初步掌握小学生应习得的相关知识和技能，发展小学生潜在的个性，促使其健康成长。小学教育是小学生良好的思维方式的养成过程，目的是发展小学生的直觉思维、发现思维、创造思维等多种思维能力，使小学生掌握正确的思维方式，学会思考；小学教育是使小学生爱好运动的教育，在游戏和活动中增强体质；小学教育也是小学生情感表达的养成过程，培养小学生的情感，增强小学生对学校、教师、同学、生活、环境等的热爱之情，激发相互间的帮助、关心的情意，教会小学生形成正确的情感表达方式，传递温暖；小学教育还是小学生道德行为的践行过程，努力做一个文明礼貌、遵守纪律的人，引导小学生形成良好的行为规范。同时，小学教育目标中也不应忽视对生命和环境本身的尊重，培养小学生的生命意识和环保意识，做一个热爱生命、尊重生命、关怀生命、爱护环境、保护环境的人。

阶段性目标主要是指以某一时间段为限，小学教育所要达成的具体任务，如年级目标、期中目标、期末目标，这些都属于短期目标。阶段性目标具有自己的特性和优势：第一，连续性。前一阶段目标是后一阶段目标的基础和前提，后一阶段目标是前一阶段目标的超越和升华，也即，后一阶段目标要巩固前一阶段目标所应达到的要求，又要比前一阶段目标有所提高，但同时控制目标提升的幅度，使其不至于前后相差太远。第二，调整性。阶段性目标是总目标的具体化，它能根据具体情况而不断调整和变化。

四、我国小学教育目标的要求

传统的小学教育目标在于为高一级学校提供生源，输送合格新生。新时期，伴随着我国义务教育的普及和发展，小学与中学实现了连贯化，小学教育旨在为初中阶段教育打下坚实的基础。同时，随着教育改革的不断推进，小学教育必然要适应教育改革的基本要求，把人作为一个人来改造①，使小学生获得更为生动、活泼的发展。

在改革发展的过程中，我国小学教育目标的基本要求可以概括为三个方面：(1)把科学主义与人文主义相结合，使客观和主观相统一；(2)随着时代的发展，小学教育目标要与时俱进，不断做出相应的调整和变化；(3)在科学与人文的结合中，在变化发展的过程中，始终坚持全面发展的原则，促进小学生的全面发展，注重各方面能力的协调发展。

科学主义与人文主义相融合的小学教育目标，把教与学结合起来，强调教与学的一体化；把学习与生活结合起来，认为“教育应该是生活本身”②；把小学生个人的兴趣与努力结合起来，主张“教育应该是主动的，并且与儿童的兴趣相联系”③；把小学生的基本知识技能训练与必要的社会实践结合起来，注重小学教育的知行统一；把个人价值与社会价值结合起来，关注自我与社会的和谐。

变化是万物发展的永恒规律，小学教育目标也是随时代的变化而不断地变化，保留最为核心的本质，变化具体的形式，增加适应时代需求的特色。改革开放以来，我国小学教育目标在沿袭传统的“德智体”三方面的基本要求的前提下，又有所创新和变化：在对社会公德推崇的同时，增加了个人的情意与品性的教育与培养；在对基本知识和技能掌握的基础上，增加了小学生的观察、动手操作、思考、辨别、终身学习等能力素质的培养；在养成健康身体、注重生活习惯的同时，加强了对小学生心理素质的锤炼；为顺应时代发展，增设美育方面要求，不断提高小学生的生活和审美品位。因此，小学教育目标还应重视历史与现实的统一，强调珍惜人类积淀起来的历史文化底蕴，传承与弘扬我国优秀文化，同时又与时俱进，开拓创新，不断培养人的适应力，不断彰显新时期的特色。如，我国小学品德与社会课程强调了解中华民族悠久的历史文化

---

① 黄济：《教育哲学通论》. 太原：山西教育出版社，1998 年，第 229-230 页.

② 黄济：《教育哲学通论》. 太原：山西教育出版社，1998 年，第 212 页.

③ 黄济：《教育哲学通论》. 太原：山西教育出版社，1998 年，第 209 页.

传统与生活习俗，关注当下人与自然(环境)、人与社会的热点问题。

全面发展是小学教育目标的内在要求。要聚焦学生发展核心素养，培养学生适应未来发展的正确价值观、必备品格和关键能力，引导学生明确人生发展方向，成长为德智体美劳全面发展的社会主义建设者和接班人。小学教育需要在科学主义与人文主义、历史与现实的交织交融中培养合格的人，培养有理想、有本领、有担当、德智体美劳全面发展的社会主义建设者和接班人。

第三节　小学教育的制度

一、教育制度的含义

教育制度究竟指什么?《中国大百科全书·教育》对教育制度做了两种解释：一是“指根据国家的性质制定的教育目的、方针和设施的总称”；二是“指各种教育机构系统”。第一种解释涉及教育思想、教育理论、教育方针政策、教育管理体制与设施，几乎涵盖了全部教育，过于泛化。第二种解释得到了较多的认同，例如，《教育大辞典》把教育制度解释成“一个国家各种教育机构的体系”。

所谓教育制度，是指一个国家各级各类实施教育的机构体系及其组织运行的规则。它包括相互联系的两个基本方面：一是各级各类教育机构与组织；二是教育机构与组织赖以存在和运行的规则，如各种相关的教育法律、规则、条例等。现代教育制度的核心部分是学校教育制度。学校教育制度简称学制，指的是一个国家各级各类学校的系统及其管理规则，它规定着各级各类学校的性质、任务、入学条件、修业年限以及它们之间的关系。

二、我国小学教育制度的发展

1. 近代小学教育制度的初创

“甲午战争”失败后，全社会强烈要求变革强国，废八股、变科举、兴学校成为时代潮流。近代小学开始兴起并逐渐推广。1878 年(光绪四年)张焕纶创办的上海正蒙书院(后改称梅溪学校)。1896 年华亭钟天纬创办上海沪南三等学堂。1897 年，盛宣怀创办南洋公学，分为四院，其“外院”就是小学。1898 年 5 月 22 日，清政府下谕命在各省、府、州、县开设学堂，将各地旧有的书院、义学、社学一律改为中西兼习的学校。省会的大书院改为“高等学”，郡城的书院改为“中等学”，州县的书院改为“小学”。同年 6 月 6 日，御史张承缨奏请于五城设立中小学堂，使当地人民与外省寓京的官吏子弟皆可入学，这可视为小学教育普及运动的发端。维新运动前后，各地都开始兴办小学。近代小学的发端、新式学堂的增多，迫切需要将相应的学校教育制度予以规范和保证。在这样的背景下，清政府颁布施行了我国第一个近代学制“癸卯学制”，标志着我国小学教育体系的建立。

(1)小学教育制度的建立。

1902 年，在管学大臣张百熙的主持下，制定了《钦定学堂章程》，即“壬寅学制”。其中初等教育包括蒙学堂4年、寻常小学堂3年、高等小学堂3年。蒙学堂招收6岁的儿童，与寻常小学堂同为义务教育。此学制并未施行，很快就被1904年1月13日由张之洞等人主持重新拟订的《奏定学堂章程》，即“癸卯学制”取代。

“癸卯学制”分三段七级(参见图2.1)。其中，初等教育阶段，包括蒙养院四年、初等小学堂五年和高等小学堂四年。第二阶段为中等教育，设中学堂五年。第三阶段为高等教育，分三级：高等学堂及大学预科三年；分科大学及大学选科三～四年；通儒院五年。学制总年限达20～21年。“癸卯学制”是中国近代由中央政府颁布，并首次得到实施的全国性法定学制。自此，我国近代小学在学校教育制度中得以确立。

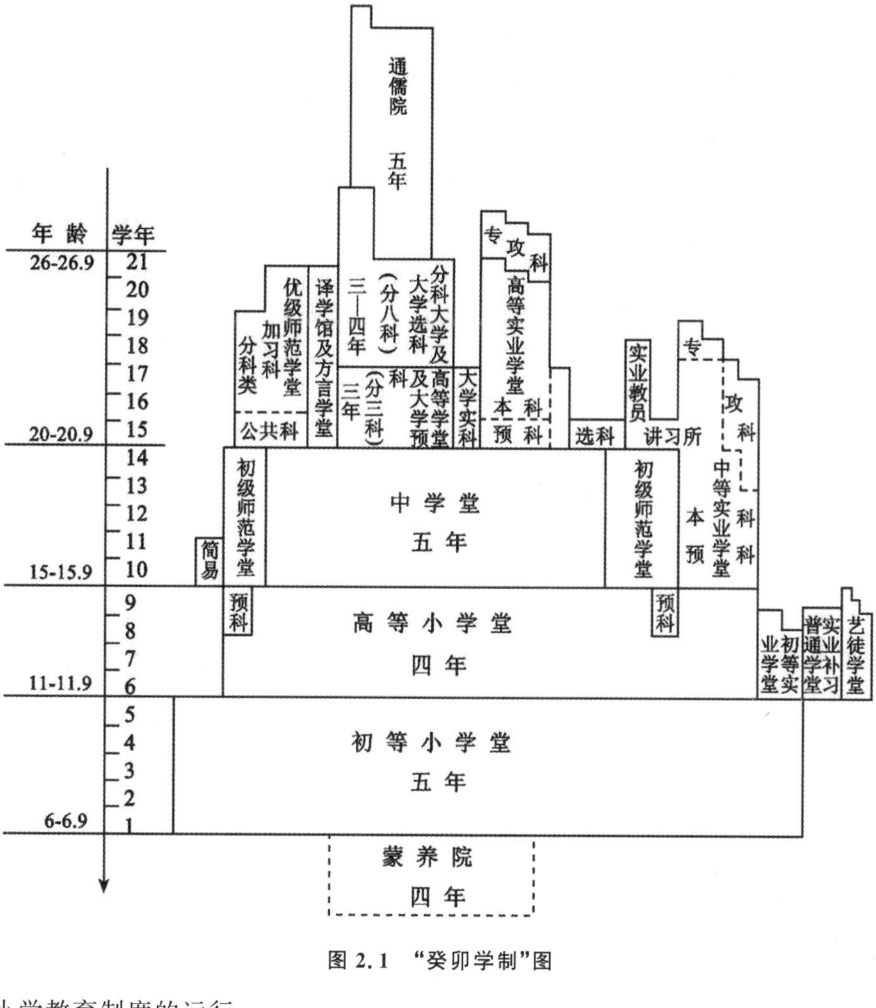

图2.1　“癸卯学制”图

(2)小学教育制度的运行。

在“辛亥革命”胜利推翻封建统治后，南京临时政府于1912年颁发实施了改造封建教育的法令《普通教育暂行办法》，教育部颁布了《普通教育暂行课程之标准》，建立了民国学制系统的结构框架，即“壬子学制”。1913年又颁布一系列法令规章，使“壬子学制”得以充实和具体化，形成了一个全面、完整的学制系统，称为“壬子癸丑学制”。这一学制涉及小学教育的文件有《小学校令》以及《小学校及课程表》，规定初等教育分为初等小学和高等小学，共7年，其中初等小学为义务教育，共4年，入学年龄为6周岁；高等小学为3年。“小学校教育以留意儿童身心之发育，培养国民道德之基础，并授以生活所必需之知识、技能为宗旨。”[①]

这一小学教育体系，显示出两大特点：一是女子与男子享有平等的受教育权利，儿童不分男女都应该接受义务教育，而且在小学阶段实行男女同校；二是缩短了学制，初等小学和高等小学都不同程度地减少了年限，有利于在中国普及小学教育。尽管后来由于中国时局变化而不断变更，但是这次小学教育改革的核心思想得以保持。

1922 年在新的历史条件下，民国政府依据各地的教育实验和改革经验，在民主与科学精神的指导下，特别是在美国实用主义教育思想的影响下，公布了学校系统改革方案，即所谓新学制。新学制体系根据儿童身心发展规律划分教育阶段，参照美国实行“六三三”学制。它进一步缩短了小学教育的年限，改 7 年为 6 年，分两级，初级小学 4 年为义务教育，高级小学为 2 年。同时幼稚园也纳入初等教育阶段，使幼儿教育与小学教育得以衔接。1922 年的新学制是一种历史的进步，是中国教育发展史上的一个里程碑，它的影响一直持续到 1949 年。

2. 新中国小学教育体系的完善

中华人民共和国成立后，在学习苏联、继承老解放区经验和改造旧教育的过程中，制定颁发了一系列新的中小学课程与教学计划。《中国人民政治协商会议共同纲领》规定国家“有计划有步骤地实行普及教育”。1963 年 3 月 23 日，中共中央发出《关于讨论试行全日制中小学工作条例草案和对当前中小学教育工作几个问题的指示》。《指示》指出：“改进教学计划，抓紧教材建设，是中小学教育当前和长远的一项重要任务。”为此，同年 7 月 31 日，教育部根据党的教育工作方针，并吸收新中国成立以来教学工作的经验，颁发了《全日制中小学教学计划（草案）》，成为改革开放前比较具有代表性的小学教学计划。[②]

“文化大革命”结束后，政府大力推动小学教育的普及与提高。1980 年中共中央、国务院《关于普及小学教育若干问题的决定》提出，20 世纪 80 年代在全国基本实现普及小学教育的历史任务。1984 年颁发的《全日制六年制城市小学教学计划（草案）》和《全日制六年制农村小学教学计划（草案）》，基本上是对 1963 年《全日制中小学教学计划（草案）》的恢复。1986 年我国颁布《中华人民共和国义务教育法》，明确规定实施九年义务教育，包括小学教育和初中教育。小学教育作为义务教育的重要组成部分被正式纳入法制轨道，这极大地促进了小学教育的发展。

1992 年，国家教委颁发了《九年义务教育全日制小学、初级中学课程计划（试行）》及配套的《二十四个学科教学大纲（试用）》。1994 年，在每周工作 44 小时的新工时制条件下，计划又进行了调整，形成了新的课程计划。[③] 新计划规定，小学开设思想品德、语文、数学、社会、自然、体育、音乐、美术、劳动等学科类课程，以及晨会（夕会）、班团队活动和科技文体活动等活动类课程。

到 1995 年，《中华人民共和国教育法》颁布实施，明确规定“国家实行学前教育、初等教育、中等教育、高等教育的学校教育制度”。我国现行学制参见图 2.2。其中，中小学学制是“六三

---

① 孙培青：《中国教育史（修订版）》. 上海：华东师范大学出版社，2000 年，第 361 页.

② 刘英杰：《中国教育大事典（1949—1990）上》. 杭州：浙江教育出版社，1993 年出版，第 359 页.

③ 国家教育委员会：《实行新工时制对全日制小学、初级中学课程（教学）计划进行调整的意见》.《课程·教材·教法》，1994 年第 9 期.

制”和“五四制”并存，正朝着“六三制”靠拢。“六三制”，即小学六年，初中三年；而“五四制”，则为小学五年，初中四年。“六年制”是我国小学的基本学制。

在1999年启动的新一轮基础教育课程改革中，新的《义务教育课程设置实验方案》按照“六三制”九年一贯整体设置课程。在小学阶段，课程门类主要有品德与生活或品德与社会、科学、语文、数学、外语、体育、音乐、美术、综合实践活动等，由低年级到高年级逐渐增加。小学开设英语课程的起始年级一般为三年级，各省级教育行政部门可结合实际，确定本地区小学开设英语课程的工作的目标和步骤。

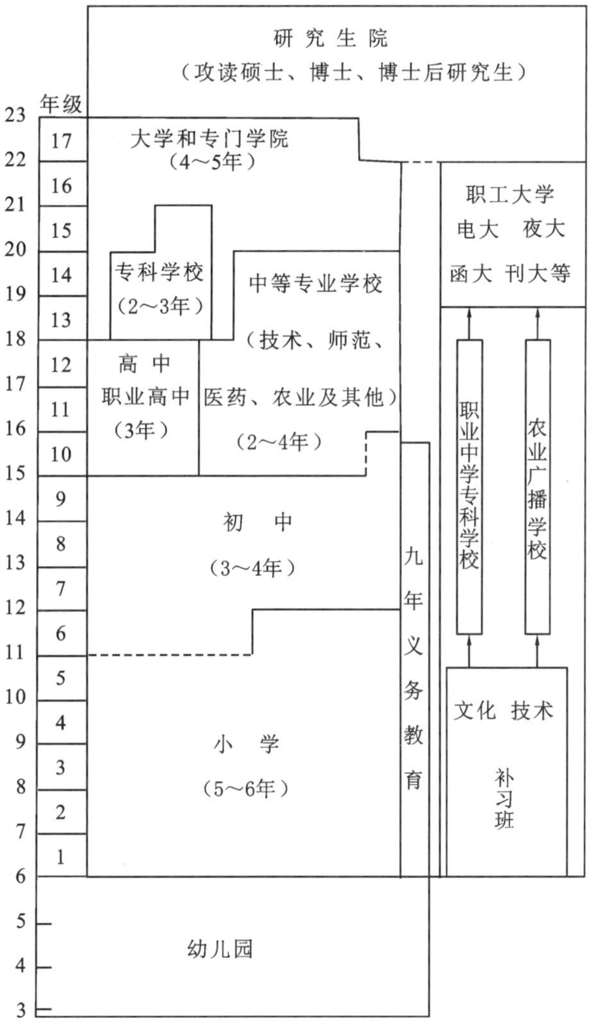

图2.2 我国现行学制图

我国小学教育的百年发展历程表现出基础化、法制化和普及化等特点。就普及化而言，我国小学教育真正开始迈出强有力的步伐是在新中国成立之后，而以国家强制力量保障推行则是在改革开放之后。

第四节 小学教育的内容

小学教育的内容是在教育目标的指引下确定的，是保证小学教育活动能够顺利开展的必要条件。

一、小学教育内容的特征

教育内容是一个包容性较广的概念，泛指一切与教育相关的内容。一般认为，教育内容是指"一整套以教学计划的具体形式(课表和课程)存在的知识、技能、价值观念和行为"。教育内容有广义和狭义之分。广义的教育内容包括家庭、学校以及社会教育等全部教育方面的内容。狭义的教育内容特指学校教育内容，是由体育、智育、德育、美育构成的，包括课程、教材、课堂教学内容、课外活动内容等。新中国成立后，我国教育内容主要集中在"德智体美"方面。

小学教育内容具有以下几个特征：

(1)基础性和选择性。

"九层之台，起于垒土，千里之行，始于足下。"小学教育是小学生身心发展的启蒙阶段。小学教育内容一般是由德、智、体、美等方面构成的。具体来说，小学教育内容提供并满足了小学生在身体、心理等方面的基本需求，如语言表达能力、逻辑思维能力、强健的身体、良好的道德品格、审美能力、科学常识和动手能力等。

小学教育内容具有选择性，不可能一一呈现人类全部的知识、文化与经验。一方面，专门的教学时间不允许，不可能在有限的时间内向小学生传授人类积淀千年的、全部的历史文化和无数有益的经验；另一方面，小学教材的编写也有自身的逻辑，不可能把所有的内容无选择地堆砌起来，它需要精选最适合、最有价值的内容成分。

(2)目的性和指向性。

小学教育内容具有明确的目的性。它是依据政府和社会为小学学校设定的教育目标和培养要求而设计的学生学习的对象。小学教育内容受到小学教育目标的制约和指引。在现代社会，小学教育的总目标是培养全面发展的人。因而，小学教育就会精选出相应的内容来促使小学生在身体、智力、品德以及审美方面的发展。

小学教育内容具有明确的指向性，指向小学生成长。小学生具有很强的可塑性和发展性。小学教育内容提供了小学生发展所需的基本养料，具有一定程度的预设性和可能的生成性。精选的小学教育内容，一方面为小学生呈现多学科的知识，另一方面旨在培育小学生基本的素质。一旦小学生的这些知识、素质得以形成，便具有稳定性，成为可能伴随其一生的财富。

(3)全面性和丰富性。

小学教育内容的全面性，源于其基础性地位和国家的人才培养要求。首先，"小学教育的重要特征不是学科教育，更不是专业教育，而是包括思想道德、科学知识、行为习惯、身体素质在内的全面性的基础教育。”[①]其次，小学生的全面发展，至少“应包含四个层面的内涵，即完整发展、和谐发展、多方面发展和自由发展”[②]。

随着时代的发展，“对当代世界性问题做出反应的新教育内容不断涌现，如有关环境、和平与民主、经济新秩序、人口等，有关价值观的新教育内容，有面向大众媒介的、关于闲暇和旅游的、现代经济与家庭的、精神或价值哲学的教育内容等。”[③]愈来愈多的新的内容融入小学，进入小学教材或小学课堂，小学教育不再囿于校园，正在与社会、与时代、与世界接轨，从小培养学生的国家意识、时代意识、全球意识。

(4)教育性与价值性。

教育性与价值性两者不是截然分离的，而是相互联系、相互融合的。小学教育内容亦不例外。小学教育内容直观的显现就是以丰富小学生的知识为基础，形成小学生对事物、对人、对世界的认知，发展小学生的认识能力、观察能力、思维能力、判断能力等。同时，在“认知”的基础上，调整和规范小学生的行为，不断地影响着小学生每一次行为的选择，最终促使小学生养成良好的习惯，达到知行统一。

价值教育，作为一种影响深远的观念系统，它广泛存在于整个社会中；作为一种塑造人的方式，它内在地存在于人的思想、行为中。小学教育是一种有意识、有目的的价值塑造，指向小学生的精神世界。它首先以一系列基本的认识能力为基础，形成小学生的价值观念系统，然后“通过深入学生的价值系统和精神世界，开发人的精神力量，在对人的现实关切中，实现某种超越性关怀”[④]，最终去改造自己、改造社会。

二、小学教育内容的发展趋势

小学教育内容必然要与时俱进，做出必要且适当的调整，在强调综合能力培养的同时，更要关注生活化、生命化和信息化。

(1)综合化。

未来的教育不应仅限于给学习者坚实的知识和培养他们对继续学习的兴趣，更应该努力地教会学生如何学习、如何生存与交往、如何生活。

现代社会，事物间的联系愈来愈紧密，人类面临的许多全球化的问题也越来越被整合到教育中来，因此小学教育的内容不再是孤立的，而是相互渗透的。这方面最显著的表现就是课程的综合化，主要表现为：自然科学的整合课程、社会科学的整合课程以及自然科学与社会科学融合而成的课程。[⑤] 这些课程有助于培养和发展小学生的各方面的能力，小学教育内容的综合化加深了知识间的相关度，减少了科目间的重复，有助于减轻小学生的学习和课业负担。

(2)生活化。

教育与生活就是根与叶的关系：教育是生活的需要，生活的更新需要通过教育来传递，生

---

① 何洪涛：《关于当今时代小学教育作用的讨论-当代小学教育宏观理论研究之三》.《延边教育学院学报》，2008 年第 6 期.

② 扈中平：《“人的全面发展”内涵新探》.《教育研究》，2005 年第 5 期.

③ 柳海民：《现代教育原理》. 北京：人民教育出版社，2006 年，第 440 页.

④ 邱琳：《人的存在与价值教育》.《教育研究》，2012 年第 5 期.

⑤ 张永明、曾碧：《小学教育学基础》. 北京：北京大学出版社，2013 年，第 136 页.

活的内容必然反映在教育中；教育不能脱离生活，相应地，教育的内容也不能脱离现实的社会生活；生活是教育的原点，因而教育的内容是生活经验的积累与人生智慧的结晶，它“应在人的现实生活中关照其可能生活”[①]。

正如儿童的人格不能分裂成为两个互不接触的世界，在一个世界里，儿童像一个脱离现实的傀儡一样从事学习，而在另一个世界里，他通过某种违背教育的活动来获得自我满足。小学教育内容亦不能与生活相分离，它必须与生活相织相融。大多数小学生的思维处于具体运算阶段，思维要依赖具体的实物，小学教育内容必须紧密联系生活，将生活再现出来，同时又要高于生活。小学语文教材中可以选取人们生活中典型的场景（城市与乡村生活），在原有基础上加工变化；小学美术课程以小学生最熟悉的周围事物为起点，指导小学生画生活中最熟悉的场景及景物；小学综合实践活动让小学生参与实践生活、了解基本的生活常识，获得相应的生活体验。不单单是小学教育内容的选取更加趋向生活，同时传递小学教育内容的手段也更加生活化、明晰化，深入浅出。

（3）生命化。

小学教育的生命化是对生命存在本身的认识以及对生命价值与意义的思考与关怀。传统教育过于强调对学生知识与技能的传授，忽视了对学生进行生命意识的教育。

提倡“以生为本”，理应关注小学生个体的生命意识。生命意识教育旨在帮助小学生形成正确的生命意识和积极的生命态度，从而认识和理解个体生命，拓展生命深度；热爱和珍惜自己的生命，尊重生命的独特性；尊重并敬畏生命，善待一切生命；创造并超越生命，提升自我的价值。

“人的生命包括两个层次：一是物质形态的生命，即身体；二是精神形态的生命，即思想。”[②]对物质生命的尊重与爱护，是生命意识教育最低限度的要求，它要求学生学会保护自己，不伤害或不任由别人伤害自己，自觉地珍爱生命并善待他人。对精神生命的追求，是生命意识教育的较高境界，它主张人生存于世，要有精神追求，要追求并实现人的价值，最终超越生命，这才不算是对生命的辜负。

校园中出现的一些虐待、殴打、责骂等现象是对学生生命的不尊重。大力进行相关的生存教育、挫折教育、死亡教育、品格教育、个性教育等，教会小学生认识和理解生命存在的基础，珍爱生命，领悟生命的价值与意义，并在个体生命存在的基础上，通过自觉、主动参与实践或社会活动去实现自我的生命价值。

（4）信息化。

知识正在不断地变革，革新正在不断地日新月异。所以，小学教育内容“应删除一些陈旧的内容，吸纳反映现代科技成果的新内容”[③]，使科学和技术帮助个人既控制自然与生产的力量，也控制社会的力量，从而控制他自己，控制他所做出的决定和行为。最后帮助人类养成科学精神，使他能够运用科学而不致为科学所奴役。

一方面，小学教育内容应关注小学科学课程。小学生要“熟悉科学探究的模式、求证的规

---

① ［美］杜威：《民族主义与教育》. 王承绪，译. 北京：人民教育出版社，2001 年，第 6 页.

② 胡芳毅：《论生命意识教育的内容及其途径》.《湖南文理学院学报（社会科学版）》，2007 年第 1 期.

③ 柳海民：《现代教育原理》. 北京：人民教育出版社，2006 年，第 446 页.

则、规定问题的方法及作出解释的路径”①。对小学生进行科学的启蒙教育，帮助小学生了解现代科学的发展进程，培养小学生对科学的兴趣与爱好；帮助小学生体验科学活动的过程与方法，使儿童了解基本的操作；呵护小学生天然的好奇心，使科学与生活相联结；培养小学生乐于与人和谐友好、与环境和谐相处的意识。

另一方面，在现代社会，掌握基本的信息技术应是人的一种必备的素养。小学生应“具备迅速地筛选和获取信息、准确地鉴别信息的真伪、创造性地加工和处理信息的能力，并把学习掌握和运用信息技术的能力作为与读、写、算一样重要的新的终身有用的基础能力”②，使其学会利用图书馆和丰富的网络资源或网络课程（如慕课）来充实和发展自己；同时，正确认识信息技术，谨防不合理使用信息技术所带来的负面效应，遵守网络道德，形成对互联网的正确认知，养成健康的态度，学会合理利用网络而不致沉湎其中。

三、小学教育内容的组成

人的整体素质结构包括身体（体力和脑力）、知识、道德、美感等要素。为了促进小学生整体素质的全面发展，也为了便于理论阐释和实践操作，根据教育目标，我们把小学教育内容分为五部分，主要包括小学体育、小学智育、小学德育、小学美育和劳动教育。

1. 小学体育

小学体育是向小学生传授运动与健康方面的知识，以增强体质和发展体能的教育。体育对小学生的成长发展起着重要的作用，能从根本上培养小学生的体育意识，促进其身心健康，提高生活质量。

（1）小学体育的任务。

一是增强小学生的体质。通过定期的体育与健康课程，向小学生传授有关身体发展的知识，并根据小学生的身体发育情况，进行相应的锻炼与改善，促进其正常生长发育。同时，传授必要的体育运动知识，使小学生形成正确的运动姿势，懂得体育运动的方法，养成锻炼身体的意识和习惯，不断增强自身的体质，提高免疫力，养成健康的身体。

二是增进小学生的健康。健康，并不是单向度的，它是一个集合体，不仅指的是身体的健康，还包括心理的健康、精神的健康等。体育与健康密不可分，小学体育应为小学生的健康打下基础，创设体育与健康的环境，帮助小学生养成卫生和安全意识，关注并增进小学生的健康，预防相关疾病。

三是帮助小学生树立终身体育的意识。终身体育是指一个人终身树立体育意识，培养其终身爱好体育、进行身体锻炼、保持健康的意识，使体育成为其生活中必不可少的一部分。它帮助小学生提升对体育的兴趣，使其积极地参与体育运动，收获成长和快乐。另外，体育锻炼还有助于小学生坚定性格的养成。

（2）小学体育的内容。

一是基本知识。体育与健康的基本知识包括有关体育大事件的一些知识、有关体育运动及其应注意事项的知识、身体与器官发育的知识、营养方面的知识、卫生知识、安全知识、疾病

---

① 蔡其勇：《小学科学课程的科学哲学研究》. 北京：教育科学出版社，2011 年，第 68 页.

② 杨慰尊：《小学生信息素养教育目标和信息能力培养途径》.《电化教育研究》，2001 年第 10 期.

的预防与处理知识等。掌握基本的体育知识，形成对体育的正确认知，有助于减少或避免小学生在各项体育运动中可能造成的意外伤害。

二是基本运动。要发展小学生体能，必然要依靠一些简单的、基础的体育运动项目。小学体育运动包括田径运动、游戏、体操、小球类、武术等。

2. 小学智育

智育是"向受教育者有目的、有计划、有组织地传授系统的文化科学知识和技能，发展受教育者的智力的教育"①。它是一个动态发展变化的过程。小学智育在于为小学生的终身幸福打下坚实的知识基础，然后超越知识本身，最终使其走向智慧，塑造完美人格。

(1)小学智育的任务。

一是传授知识和形成技能。知识是主体与环境相互作用而获得的信息及其组织，储存于个体内即为个体的知识，储存于个体外即为人类的知识。我国小学智育的任务就是系统地向小学生传授基本的科学文化知识，即"以物化的知识作为学生认识的客体，经过有指导的学习活动，将人类总体的知识转化为学生个体的知识结构"②。技能是经过练习而形成的活动方式，主要包括动作技能和心智技能，以一系列显性的外部操作方式和内部言语、非言语的方式进行。在掌握基本知识的基础上，不断形成小学生熟练的技能。

二是发展小学生的智力。传统智力理论认为，智力就是一个人的注意力、观察力、记忆力、思维力和想象力等相关能力的总和，发展智力即发展这些能力。现代智力理论则认为，智力是由广义知识构成的习得智力，智育的任务就是使学生掌握广义的知识。基于此，小学智育旨在传授广博的知识，使小学生掌握各种基础知识，了解其内容、特征、作用及运用，如陈述性知识有助于记忆和理解能力的发展，程序性知识有助于处理问题、解决问题能力的养成，策略性知识有助于深化思维能力等。但一个人广泛知识的获得还是需要智力因素和非智力因素（如意志、兴趣、动机、情绪、需要、态度等）共同作用的。

(2)小学智育的内容。

知识，包括进入教育教学活动领域的各种知识，应是小学智育内容的主体。课程知识是小学智育内容最为系统的显现。语言课是关于拼音/字母、文字/单词、语言、文学知识的学习；数学课是关于数字、空间、计算、推理知识的学习；科学课是关于基础的自然科学和社会科学常识的学习；社会课是关于社会常识和实践知识的学习；体育课是关于身体与卫生知识的学习。教材知识是人类知识的有选择性的汇总，它是课程知识的参照与来源。课堂知识、教学知识是把课程知识和教材知识具体分解、融合、提升的中介性知识。学习知识是个体习得的知识。最终各种知识经由转化并内化为小学生个体的知识体系，成为其智力结构的一部分。但知识并不是智育的全部。在课外活动、在学校内外获得的一些实践操作的技能，在知识积累基础上获得的一些智力和能力也应是智育的一部分。

---

① 中国大百科全书编辑委员会:《中国大百科全书·教育》. 北京：中国大百科全书出版社，1985 年，第 524 页.

② 李虎林、胡德海:《我国智育研究综述》.《上海教育科研》，2005 年第 6 期.

3.小学德育

我国《小学德育纲要》指出：小学德育即学校对小学生进行思想品德教育。它是促进个体道德自主建构的价值引导活动。

(1)小学德育的任务。

一是促进小学生道德品质的形成。在课堂上，教师通过有意识地向小学生传授基本的道德知识和社会常识，对小学生进行道德观念(是非善恶)的教育，激发小学生的道德意识，培养其道德情感进而规范自己的道德行为。在课外活动中，教师教导学生遵守道德行为规范，养成良好的行为习惯。小学德育促进小学生良好的道德品质的形成，完善道德人格：一方面，维护公共的秩序，遵守社会公德；另一方面，养成良好的个人品德。

二是传播政治思想观念。我国小学德育承担着传播国家政治观念的任务，应为培养现在和未来社会的合格公民做准备。小学德育要向小学生传授政治思想方面的知识，使小学生初步认识国家与社会，不断引导小学生形成对祖国和民族的深厚感情，引导其树立正确、坚定的政治立场，热爱社会主义，热爱民主，热爱人民，遵守法律。

(2)小学德育的内容。

《小学德育纲要》规定：小学德育主要是向学生进行以“爱祖国、爱人民、爱劳动、爱科学、爱社会主义”为基本内容的社会公德教育和有关的社会知识教育，着重培养和训练学生良好的道德品质和文明的行为习惯，教育学生心中有他人，心中有集体，心中有人民，心中有祖国。

一是以行为准则为主的行为规范教育。小学生各方面心智还不成熟，因此，小学德育须对小学生进行基本的道德规范教育，让小学生初步了解基本的道德行为规范，从小规范自己的行为，学会遵守在学校生活和公共生活中应遵守的纪律和秩序，养成良好的道德行为习惯，形成“三爱”(爱祖国、爱学习、爱劳动)、“三讲”(讲文明、讲诚信、讲法治)、“三护”(护安全、护健康、护家园)的观念。《小学生守则》和《小学生日常行为规范》是小学生道德行为规范的主要组成部分，它以简单、通俗、易接受的方式陈述相关行为规范，清晰明了。

二是以公民道德为基础的社会公德教育。社会公德教育主要包括爱国主义教育和集体主义教育。爱国主义是中华民族在长期的发展中形成的对祖国的热爱之情，爱祖国美丽的大好河山、爱祖国博大精深的历史文化、爱祖国艰苦奋斗的劳动人民、关心国家统一和民族安全。它是各族人民团结奋斗的精神支柱，是对学生进行价值观教育的主要来源。因此，爱国主义教育应该从小抓起，从身边做起，通过早读、朗诵、广播、开展爱国主义主题班会、观看相关爱国主义的教育影片等多样化的形式，使爱国主义教育深入小学生的生活中，培养其爱国意识和对祖国的敬爱之心。

三是以绿色和谐为核心的生态德育教育。随着时代的发展，为了追求整体的和谐与安定，必须走生态德育的发展道路，在教育中寻求希望的绿色。绿色生态德育是一种新德育观和新的人生观、自然观和生存发展观，是在生态伦理学指导下的一种研究人与自然、人与社会、人与人和谐相处的教育活动，追求的是营造一种人与自然、人与社会、人与人和谐相处、共同发展的生态系统。[1]

小学教育对自然的关注日益增多。在小学语文教材中有关环境保护的主题课文不断增多,并占有相当一部分的比例。以此对小学生进行生态德育教育,使小学生走向自然,在生活中学会从自身做起,保护环境,养成尊重、敬畏、爱护自然的习惯。

同时,小学德育还要重视人文德育。在每一个充满活力的班集体中,实践绿色生态德育理念,美化班级环境,如爱护公共财产、保持班级卫生;展示班级文化,如张贴班级小标语、展示小学生的才艺作品;促进集体团结,如尊重同学、互帮互助。

4. 小学美育

我们个性中的一个根本而必要的部分是对美的兴趣,是领悟美并把美吸收到性格中去的能力。所谓美育,就是以具体可感的美的事物或美的形象来感染和打动学生,从而培养学生认识美、爱好美、鉴别美、欣赏美、发现美和创造美的能力的教育。小学美育主要通过艺术教育对小学生进行美的启蒙教育,发展小学生的审美能力,进而通过美育来达成对小学生的心灵、语言、行为的培育,从而实现立美育人,以美陶冶情操,以美养德。

(1)小学美育的任务。

一是发展感性,培养审美能力。一切美的事物都离不开人的感知觉、想象、情感、直觉和灵感等。所以,小学美育是一场关于审美的教育活动。

审美能力包括审美感知力、审美理解力、审美想象力、审美鉴赏力和审美创造力。感知力是对审美对象的直接感知,这是审美教育的基础和关键,是审美素养的核心[2]。在感知的基础上形成的对美的事物的深层次的领悟与把握就是审美理解力,它是感性认识融合理性认识的标志。在理解基础上,利用人的大脑,发散人的思维,对审美对象的进一步加工的过程就是审美想象力。审美鉴赏力是在感知理解的基础上,对审美对象的真假进行鉴别,对善恶进行评判,对美进行欣赏,它是形成正确的审美观念的关键。审美创造力是创生新的美的事物的过程,是审美能力的最高表现。

通过审美活动的激发、培养、引导,形成小学生对美的正确认知,培育审美能力,学会判断美、辨别美、欣赏美、创造美。

二是陶冶情操,塑造完美人格。经常接触美的事物,能帮助人们排解郁闷、疏解不良情绪,激发人心底的愉悦心情,引起积极的情感体验,进而陶冶人的情操,达成人精神的欢愉与满足。小学生经常与美打交道,可以保持自己最初的童心,使他们的脸上永远洋溢着纯粹而幸福的笑容。

现代社会,人被各种外在的欲望所束缚,处于压抑的状态,人的人格并不是那么的和谐、自由。美育与人格是相吻合的,可以借由美育培育完美人格。美育,一方面能够发展人的感性,协调由智育、德育所塑造出的人的理性,促进人的感性因素与理性因素的和谐发展;另一方面,

---

① 景小霞、张立:《追寻绿色教育生态梦想——北京市万全小学教育创新研究》.北京:教育科学出版社,2010 年,第 154 页.

② 苏霍姆林斯基.《帕夫雷什中学》.赵玮、王义高、蔡兴文,译.北京:教育科学出版社,1983 年,第 424 页.

美育与人的情感息息相关，“从人的情感出发，以形动人，以情感人，通过情感系统构成的物我感应、物我交流，将真善美潜移默化地注入主体的心灵，使主体的心灵日益厚实，情感不断提升，修养、趣味、格调、理想、信念、意志等人格构成的内在精神因素逐渐丰富、充实和完善，人格日趋完美。”①

(2)小学美育的内容。

美，无处不在，所以小学美育的内容应该是丰富多彩的。

一是自然美。

自然美是指大自然中一切美的事物和现象，它是未经人类雕琢的原生态的美。通过大自然进行美育，给小学生提供了一场审美的盛宴，激发了无穷的想象力。相关自然学科的学习，使小学生积累了许多关于自然的知识，置身于大自然中，使其摆脱了对美的抽象认知，使美更加具体、可感。

二是社会美。

社会美是指社会生活中一切美的事物、情感和品质，其核心是人的心灵美。处于社会关系中的人们，最为重要的是人的心灵。只有拥有美丽的心灵，才能发现社会的美；才能主动地为社会奉献一份美，减少人为的破坏；才能学会去关心、感恩、善待他人，感受情感所带来的美的享受。

通过典型事迹或我们身边的好人好事，来彰显人类的美好品质，如善良、诚信、团结，使小学生在心底深处接受这些美好品质，然后逐步成长为一个具有美好品质的人，一个具有优良行为的人，一个品行合一的人。

三是艺术美。

艺术美是指在艺术作品中感受和体会到的美，它是艺术家融入自己的理解和审美想象所创造出的一种美。艺术美具有典型性、主观性和思想性。

小学艺术教育形式多样，包括音乐、美术、文学和舞蹈等。高雅、古典、通俗、流行、民族风、摇滚、爵士等多样的音乐形式，能激发热情、振奋精神，满足小学生的审美兴趣与需求，使其感受节奏美、韵律美；多样的舞蹈，迎合了小学生爱动的天性，满足其对形体美的追求，并通过舞蹈来传递自己的审美价值，不断塑造自己的形象美、气质美；美术提供了锻炼小学生观察力的环境，再现或创造了生活的美，给人具有冲击性的视觉美、画面美；文学以优美的文字或生动的情节描绘各种世间的美。艺术美的价值在于感染、激励、引导、教育小学生，使其保持健康的心态，积极向上。

5. 劳动教育

劳动是创造物质财富和精神财富的过程，是人类特有的基本社会实践活动。劳动教育是发挥劳动的育人功能，对学生进行热爱劳动、热爱劳动人民教育的活动。劳动教育是教育制度的重要内容，是全面发展教育体系的重要组成部分，对全面贯彻教育方针、落实立德树人根本任务、培养德智体美劳全面发展的社会主义建设者和接班人具有重要的意义。小学教育阶段的劳动教育要以丰富开放的劳动项目为载体，重点是有目的、有计划地组织小学生参加日常生

① 冉祥华：《美育的当代发展》. 北京：新华出版社，2008 年，第 121 页.

活劳动、生产劳动和服务性劳动，让小学生动手实践、出力流汗，接受锻炼、磨炼意志，培养小学生正确的劳动价值观和良好的劳动品质。

(1)劳动教育的意义。

一是促使小学生逐步树立正确的劳动观念和态度。小学教育培养的是未来的劳动者，包括脑力劳动者和体力劳动者。正确对待劳动是小学生思想品德的重要标志之一。而正确的劳动观念和态度需要专门的劳动教育来培养，而且必须从小培养。

二是学生掌握基本的劳动知识和技能，养成良好的劳动习惯。劳动教育主要是劳动活动中进行的教育。在这个过程中，要使学生掌握各种劳动活动的基本知识、要领和技能，只有这样，才能顺利地成功地完成必要的劳动任务，并从中受到教育。

三是培养学生良好的思想品德。学生的有关公平、勤奋、耐劳、不怕吃苦、意志坚强等品质往往只有通过劳动教育才能形成或增强。因为劳动本身具有一定的难度和强度，需要学生付出体力和脑力的消耗，在这个过程中，只有做到勤奋、耐劳、不怕吃苦、勇敢、坚强，才能坚持下来，取得劳动成果。所以劳动教育具有德育的作用。

(2)劳动教育的特点。

劳动教育具有如下的特点：一是实践性。如果说其他教育组成部分都有一定的实践性的话，劳动教育在这一点上更突出。劳动知识的传授、技能的培养和有关思想品德的教育，都需要学生参加实践，在实践中掌握和运用知识和技能，形成有关的思想品德。对于小学生来说，劳动教育以劳动操作为主，而不是以说教为主，那样只能是“纸上谈兵”，用处不大。所以参加必要的适当的劳动实践，通过实践来完成教育任务，这是劳动教育的特点之一。二是劳动教育更能体现脑力劳动与体力劳动的结合。其他教育组成部分虽然也有体力劳动与脑力劳动的结合，是通过两种劳动的结合来实现的，但与劳动教育相比，就不如后者明显、突出。劳动教育中应以体力劳动为主，而脑力劳动与体力劳动的结合更紧密，因为许多脑力劳动，如知识的理解、技能的领悟与掌握，都需要一边学习一边操作才能完成，所以，脑力劳动更依赖于体力劳动的配合；而体力劳动则依赖于脑力劳动的指导，没有知识的学习和技能的领悟，体力劳动的进行就困难，就产生盲目性。因此，从脑力劳动和体力劳动的关系上说，劳动教育更突出地显示出二者紧密结合的特点。

6.小学教育各组成部分之间的关系

(1)独立与依存的关系。

小学教育由德育、智育、体育、美育、劳动教育五部分组成。各部分具有完整的独立性，互相之间不可代替或包容。在现实中，有些人对五个组成部分持有一种包容性或代替性的看法，例如把美育包容进德育之中，把劳动教育包容进智育、德育之中。这种看法在实践上已经产生不良后果，例如许多学校以德育代替美育，大大削弱甚至取消了美育，也有的学校以智育代替劳动教育，使学生的全面发展受到影响。因此，必须尊重各部分自身的独立性和不可代替或不包容性。

但五个组成部分之间又不是没有关系的，而是相互依存、渗透和影响的。智育的许多内容需要通过劳动教育、美育来完成。而智育里边也包含有德育、美育、劳动教育的内容。其他组成部分也具有这样的性质和特点。这样，五个组成部分就成为一个整体，只有把它们综合在一起，构成有机整体，才会产生整体的育人效应。对学生的全面发展与个性发展起到应有的作用。

(2)并举或并重的关系。

五个组成部分之间是并重或并举的关系,无所谓何者为重、何者为轻,何者为主、何者为次。各部分是和谐的,缺一不可的,都是学生的发展所不可缺少的,轻视或忽视任何一方面,都是有害的。因此要“五育”并重或并举。

这种并重或并举的关系还可以从这一点看出来:学生的任何一方面发展上出现问题,都必须通过五个组成部分的综合作用来解决。例如思想品德问题,固然要通过德育来解决,但智育、美育、劳动教育乃至体育也有责任,也必须协同解决,没有这几方面教育的作用,仅靠德育或仅仅重视德育、提高德育的地位,是无济于事的。从这个意义上看,小学教育的五个组成部分是并重并举的关系。

拓展阅读

《新时代全面贯彻党的教育方针》[①]节选

党的教育方针是党关于教育的指导思想和基本纲领,是党的理论和路线方针政策在教育领域的集中体现,是党和政府制定教育政策和开展教育工作的重要依据。全面贯彻新时代党的教育方针首先要完整把握和准确理解其核心要义。

明确党的领导是新时代教育发展的根本保证。党的教育方针是党的教育主张,制定教育方针是党实现对教育工作领导的重要途径。“为党育人、为国育才”是教育的使命,党的领导是教育事业健康发展的根本保证,新时代的教育必须坚持党对教育工作的全面领导。

明确马克思主义是新时代教育的根本指导思想。教育方针本身就是党的创新理论的有机组成部分,新时代我国教育必须坚持马克思主义指导地位,必须把习近平新时代中国特色社会主义思想贯穿教育行政管理、办学治校和教书育人全过程。

明确我国教育的社会主义性质和社会主义的发展方向。我国是中国共产党领导的社会主义国家,这就决定了我国的教育一定是社会主义性质的教育,新时代的教育必须坚持中国特色社会主义教育发展道路和社会主义办学方向,为党治国理政服务,为巩固和发展中国特色社会主义服务,培养“社会主义建设者和接班人”。

明确教育必须为社会主义现代化建设服务、为人民服务是新时代我国教育的根本宗旨。教育是国之大计、党之大计,新时代的教育必须为社会主义现代化建设服务,坚持优先发展教育,充分发挥教育在社会主义现代化建设中的先导性、基础性和全局性的作用,为全面建设社会主义现代化国家提供坚强的人才保障和智力支持。

明确培养德智体美劳全面发展的社会主义建设者和接班人是新时代我国教育的根本目的。新时代党的教育方针确立的教育目的,坚持了马克思主义关于人的全面发展理论,反映了新时代党和国家对人才的总要求。这种人才必须既是德智体美劳全面发展的人,又是社会主义的建设者和接班人。

指明教育必须与生产劳动和社会实践相结合是新时代实现教育目标的根本途径。这一根

① 朱国仁:《新时代全面贯彻党的教育方针》.《学习时报》,2022年5月18日.

本途径是教育规律和人才成长规律的要求，是适应现代经济社会发展的现代教育的要求，也是社会主义教育必须遵循的基本原则。这样的人才必须也只能通过教育与生产劳动和社会实践相结合的途径来培养。

练习题

1. 谈谈小学教育的功能。
2. 试述小学教育目标的主要内容。
3. 试述近代以来我国小学教育制度的发展。
4. 结合实际分析“五育”的关系。

第三章 小学教育机构

·学习目标·

通过本章的学习，你将：
1. 了解小学的产生与发展；
2. 理解小学的组织结构；
3. 了解小学的管理与运行。

小学教育机构即小学学校，是学生接受初等教育的场所，是基础教育的承担机构。那么，小学的产生和发展是怎样的？小学的组织结构有哪些？小学的管理与运行又是如何进行的？

第一节　小学的产生与发展

小学是承担小学教育的专门机构，是教育者有计划、有组织地对受教育者进行系统的教育活动的组织机构，是由专职人员承担的有目的、有系统、有组织、有计划的，以影响受教育者身心发展为目的，并使受教育者的身心发展达到预定目的的社会组织。小学作为一种组织结构，与小学教育活动息息相关，我们对小学的产生与发展的认识，可以结合小学教育活动进行把握。

一、古代小学的产生与发展

1. 我国古代小学的概况

(1)古代小学的产生。

我国作为文明古国，教育的发展也是很早、很辉煌的。古代小学教育经历了产生、发展、兴盛三个阶段。

考古发现西安半坡仰韶文化遗址就有老人与小孩合住的大房屋，这说明了早期的教育已生活化地存在于生产活动与原始宗教活动中。《礼记·明堂位》记载："殷人设右学为大学，左学为小学，而作乐于瞽宗。"由此可见，我国的小学在殷商时期就可能已经产生。

西周时期，文化水平较殷商有所提高。据周代金文及《尚书》记载：周天子建立小学，太子、国子年幼时入此小学，由少傅、钟师等进行教导。相传《史籀篇》就是周代史官教儿童的蒙书。这种小学设在官府的现象，我们统称为学在官府。

春秋战国时期，奴隶社会瓦解，新兴地主阶级登上统治舞台。原为宫廷统治者服务的知识阶层开始走出宫廷，出现了学术、文化下移现象，为私学的发展提供了教师、文化条件，于是私学兴起，学在官府的局面崩溃。此时，孔子所办的私学规模最大，影响最为深远。此后各朝代都有官办和私办的小学。

(2)古代小学教育的发展。

秦代时期出现了许多专门的蒙学教材，在各种史籍中也可见到以儿童为教育对象的小学或类似的机构。

汉代小学教育显然较以往有了重大的发展，出现了大量教育儿童的专门场所——小学和蒙馆，教学内容上也开始趋于规范，如有识字、经学等。东汉的小学教育较西汉又有了较大的进步，有了具体的多元化组织形式，如小学、书舍、私学、书馆、官邸学等，而且这种教育也朝着规范化方向发展。

魏晋六朝时期也是中国古代小学教育发展的重要时期，这一时期，中国古代的小学教育开始向制度化的方向迈进。

南朝宋、齐、梁、陈四代，小学教育的发展均不甚理想。史料中记载关于四朝设立小学的概况也非常少。相反，北朝的小学教育反倒发达一些。北魏孝文帝时设立黄宗学，这是一个以皇室子弟为教育对象的学校，即便不完全属于小学教育的性质，但至少包含了小学教育的内容。太和二十年(496 年)，孝文帝又下令设四门小学，但未实施。宣武帝正始四年(507 年)重设。依记载，北魏在地方设立小学情况比中央要好。总体说小学教育较汉代有进步，至少将小学教育提到了制度化的层面上。

自隋唐开始，中国古代小学教育的制度化开始由过去的限于中央而逐步扩大到民间。到了宋代，以普通民众的子弟为教育对象的小学，不仅在国家教育决策中占有重要地位，而且小学本身在内部管理中也开始朝制度化和系统化的方向发展。

隋唐五代时，统治者的诏令中就出现了设立乡村小学的命令，这扩大了古代小学教育的范围，并且在教育程度实践上也有了突破发展，为后代的乡村小学教育的进一步制度化积累了积极的实践经验。

宋代的小学教育已有了良好的发展基础，中央政府设立的小学，情形较为复杂，除诸王宫学和宗学中包含小学教育外，在国子监内也设有小学。其中诸王宫学和宗学都是大小学混在一起的，并且都是以王室子弟为教育对象。国子监小学的设立，标志着小学教育已经纳入国家整体的教育部署当中。此外，官办小学还有州学和县学，官府也比较重视地方学校建设，且比唐代更加稳定。宋代的小学教育理论较各朝相比也有了巨大的进步。朱熹(1130—1200 年)与其学生共同编成的《小学》一书，成为儿童教育的样本。在《仪礼经传通解》中，朱熹系统阐述了小学、大学连续的教育体系的构筑，也对小学教育的目的、内容、方法进行了探讨，此外，他还根据儿童的心理发展，较为深入地探讨了儿童和小学的教育方法。

(3)古代小学教育的兴盛。

元代将宋代的小学教育制度进一步推向民间，1286 年，明文规定各地设立社学。社学尽管在设置目的、教学内容和学习期限等方面有很多局限，但具有重大意义，不仅在国家制度上有保障，而且逐步普及化，使更广大的农村贫民子弟接受了小学教育。官方不反对私人建学，也给私人办学提供了发展的机会，义塾、义学、家塾、私人建立的社学等应运而生。

明代的小学教育发展趋于鼎盛，仅就兴办学校而言，除了宗室教育外，明代的小学教育在乡村民众子弟教育方面取得了巨大成绩。除国家设置的小学外，还有一部分小学是民间大户自筹资金开办的。小学设立的区域很广，几乎遍及全国各地，一般乡村较城市密集。明代几乎各朝皇帝都对社学的设置发布过政令，并将它纳入提学官的管理范围，表明了统治者对社学教育的重视，但是明代小学同社学等并没有什么行政隶属上的区分。

清代不仅保持了明代的势头，而且分布面也远大于明代。中央政府颁布设置小学教育程度学校的命令始于顺治九年(1652 年)。康熙四十一年(1720 年)以后，屡次颁布设立义学的命令，义学开始比较多地出现在各级政府设立的小学命令中。与社学较多地设于乡村不同，义学多设于府州县卫一级，因此其性质与宋元时期地方儒学中的小学相近。清政府颁布了非常多的学规，对小学的具体管理有比较多的规定。这些对清代小学的有序发展及中国古代小学教育的规范化，都有重要的作用，也促进了我国古代小学的兴盛。

2. 他国古代小学教育概况

世界各地其他国家的小学教育也精彩纷呈。世界上最早的小学是产生于古埃及古王国时期的宫廷学校，建于公元前 2500 年左右，专门接收皇家子孙和朝臣子弟。到了古埃及中王朝时期，建立起了三种典型的初等教育或初等学校，并在新王朝时期普遍开设。第一种是寺庙学校，由祭司执教，为执行宗教职责而训练学生熟练的书写技能；第二种是宫廷学校，为皇室子弟和少数权势人物的孩子提供学习书写、阅读、宫廷习俗和仪式的教育教学；第三种是书吏学校，由政府部门掌管，训练儿童将来从事国家行政管理工作的相关技能。

古希腊时期，有斯巴达的军营式学校，儿童从小过集体的军事生活。还有雅典的琴弦学校与体操学校，儿童在琴弦学校中先识字、书写，再阅读，之后进行音乐教育。

在印度也出现了古儒学校。古儒是指对婆罗门教义有较深研究而又愿意致力于教育工作的人。这种学校一般设立在古儒的家中，学生入学年龄一般为七八岁，学习内容主要有识字、阅读、书写以及计算等基本知识和技能。这种初等教育思想与实践对农业生产力的发展和社会变迁曾产生过基础性的作用。

到了中世纪，出现了教区学校、城市学校、拉丁学校，这些均属初等教育性质。在文艺复兴以前，欧洲的许多国家存在着一类学校，叫行会学校和基尔特学校，主要学习本族语的读写、计算和宗教，这是欧洲城市最早的初等学校。

3. 古代小学教育的特点

我国与其他各国的小学教育虽然各有特色，但也有共同的特点。

(1)具有鲜明的阶级性与等级性。

教育是统治阶级或教会的特权，象征性的形式目的占据着主导地位，而功用性的实用目的不被重视。在统治阶级内部，学校与权力等级又往往直接相连，以增强学校的社会分层功能。

(2)培养目标与内容单一。

学生主要是学习一些统治术、外交术与军事训练。教材大多是经过精心编排和组织的典籍等，渗透着封建伦理的道德与宗教教义。

(3)教育方法简单刻板。

强调师道尊严，格外重视识记和背诵，看重纪律与体罚，具有刻板性和专制性。

(4)教学组织形式灵活。

在教学组织形式上，小学教育与中等、高等教育及成人教育混为一体，以个别教学为主。

二、近代小学教育的产生与发展

1.我国近代小学教育的产生与确立

我国在近代史上是比较封闭、落后与被动的，近代的小学教育发生在清末，是由西方传教士和中国留学生引入的。其过程可以分为小学教育的转换阶段与近代小学教育的确立阶段。

(1)小学教育的转换阶段。

1842年《南京条约》签订后，教会学校在香港、广州、厦门、福州、宁波、上海得到了很大的发展。据统计，上述六个地方开设学校不下90所，其中绝大部分属于小学教育程度的学校。

我国自办的近代小学开端于1878年(清光绪四年)，其标志性事件是张焕纶在上海创办正蒙书院内附设小班。公立小学正式成立于1897年，是盛宣怀创办的南洋公学。该小学堂已初具规模，分四班，每班学生40人左右，共160余人。课程有国文、算学、英文、舆地、史学、体操六科。每周上课42学时。教师由在南洋公学师范院校的学生担任，且由师范院校自编课本，这开创了小学教科书的先河。后来许多地方也跟从效仿，其中具有代表性的是北京的八旗奉直小学堂和天津的蒙养东塾。此外，还有无锡俞复等设立的三等学堂(1897年)。小学教育计划被正式纳入公文是在戊戌变法以后，即1898年5月20日，清政府下谕，命各省、府、州、县设学堂，将各地旧书院、义学、社学等一律改为中西兼备的学堂，并按照地域特征及规模将省会的大书院改为高等学堂，郡城的书院改为中等学堂，州、县的书院改为小学堂。中、小学堂应读的书籍，由官设书局编印发行。

(2)近代小学教育的确立阶段。

我国近代小学教育章程确立的开端是在1902年，标志性文件是清政府颁布的《钦定蒙学堂章程》和《钦定小学堂章程》，它们又被称为“壬寅学制”。该章程规定，将初等教育分为三级：一为4年的蒙学堂(包括公立、私立两类)；二为3年的寻常小学堂；三为3年的高等小学堂。其中蒙学的教育宗旨在于培养儿童使其有知识，并调护其身体。小学堂的教育宗旨是授以道德知识及一切有益身心之事，这是我国近代小学教育的开端。但该学制实际上并未施行。此后，清政府又进行了一些关于小学教育的制度变革，促进了小学教育在近代初期有一定程度的发展。

2.他国近代小学教育的形成与发展

近代初等教育机构最早产生于16世纪的德国，由城镇主办，教习实用知识和新教教义。随后，各国设立小学、初等学校、基础学校、国民学校等，都实施初等教育。各国小学年限大都是4～6年，个别的为3年或4年(苏联)、7年(泰国)或8年(美国的部分州等)。17世纪初，这种学校逐渐增多，成为实施义务教育的机构。欧洲各国在资产阶级革命以后，也相继成立这类机构。他国近代小学教育大致经历初步发展和快速发展两个阶段。

(1)小学教育的初步发展阶段。

进入封建社会以后，初等教育发展仍然比较缓慢，并且发展不均衡。一般只有上层社会子女才有权接受教育，下层民众很少有受教育的机会。在英国，直到16世纪，才出现有教堂附设的读经班或唱诗班，招收贫苦儿童，由僧侣教授一些初步的阅读和唱歌的知识。1534年，英国国教建立以后，各教区的国教教会才逐步举办了一些简陋的教区学校，接受贫穷儿童入学。

(2)小学教育的快速发展阶段。

1640 年，英国首先爆发了资产阶级革命，掀开了世界历史的新篇章。初等教育的发展也进入了一个新时期。这一时期初等学校包括教会学校、星期日学校以及招收上层社会子女的私立学校和为贫民举办的慈善学校等，均没有统一的学校体制，地区之间发展也很不均衡。18 世纪 60 年代开始的产业革命，极大地促进了资本主义经济的腾飞，资本主义进入飞速发展阶段。19 世纪以后，资本主义开始向垄断资本主义过渡，资本主义社会的阶级矛盾也开始激化，劳动人民争取教育权的斗争此起彼伏。但当时初等教育仍主要是各种慈善性质的初等学校形式，教育内容脱离实际，经费没有保障，师资严重不足，数量和质量都难以满足社会发展的要求。为此，初等教育开始作为国家职责，普及初等教育开始作为国家政策被提出，国民教育制度逐渐建立起来。1833 年，英国国会通过了《教育补助金法案》。这是英国教育从只作为宗教或民间行为向国家化发展的开始，也是英国建立国民教育制度的开始。1870 年，英国国会正式颁布《初等教育法》(也称《福斯特法案》)。该法案规定由国家设立公立学校，拨款补助教育，并要求实施 5～12 岁儿童的强迫教育，这是英国国民教育制度正式形成的标志。1900 年，英国公立和民办初等学校招生人数已经超过 425 万，基本上普及了初等教育。

在美国，19 世纪 30 年代，出现了公立学校运动。其主要措施包括：建立地方税收制度、开办公立小学、实施强迫入学和免费义务教育。19 世纪中期开始，美国各州先后颁布了义务教育法案。1852 年，马萨诸塞州第一个通过义务教育法，要求所有的 8～12 岁适龄儿童每年必须入学学习 12 周。到 19 世纪末，已有三分之二的州颁布了义务教育法，到 1918 年、1919 年，密西西比州和亚拉巴马州最后通过了义务教育法，美国用 60 多年的时间基本普及了初等义务教育。

19 世纪中叶，日本也开始走上资本主义道路。日本对初等教育极为重视。1872 年，日本颁布了近代第一个教育改革法令《学制令》，其中把大力发展小学教育作为首要任务。随后又经过一系列的调整，日本的初等教育迅速发展。19 世纪末，日本开始实施免费义务教育，在 1907 年入学率提高到了 97.3%，基本普及了四年制初等义务教育。

1917 年，十月革命的胜利，使苏俄成为世界上第一个无产阶级专政的国家，社会主义教育体制在人类历史上第一次建立起来。苏维埃政府高度重视教育工作，1918 年 10 月，正式公布了《统一劳动学校规程》和《统一劳动学校基本原则》(又称《统一劳动学校宣言》)，对原有学校进行改革。随后发布了《关于普及初等义务教育的决定》，并采取了各种措施增加投入。1934 年，苏联基本上完成了小学(四年)的普及义务教育工作，在工业城市、工厂区和工人居住区则完成了七年制的普及义务教育。

3.近代小学教育的特点

(1)公立化与培养国民意识。近代小学的出现与民族、国家意识的增强有关，教育举办权逐步由教会转移到国家手中，强调以民族、国家利益为重，培养国民、公民所必需的各种素养，重视对本民族文化与国家制度的学习，以及爱国主义精神的培养。

(2)法制化与指向普及。借助法律的强制性来普及和实施。

(3)内容世俗化。基本的读、写、算能力的训练与世俗知识越来越多地取代宗教知识。

(4)教学科学化。在实践上越来越注重采用建立在儿童心理发展特点之上的教育教学方法，逐步确立和形成了以心理学为基础的小学教育理论。

三、现代小学教育的形成

1.我国现代小学教育的建立

1912年，中华民国成立之后，小学教育有了较大的变更。1922年，新政府公布《学校系统改革案》，又被称为新学制。以往的蒙学院改名为幼儿园，招收6岁以下儿童，废止国民学校及高等小学校，统称为小学，小学实施六年，四二制。新学制还具体规定了7条教育宗旨：(1)适应社会进化之需要；(2)发挥平民教育精神；(3)谋个性之发展；(4)注意国民经济力；(5)注意生活教育；(6)使教育易普及；(7)多留意各地方伸缩余地。由新学制的教育宗旨可见这一时期教育思想趋于民主化、科学化、系统化、全面化。但这种现代化是外界压力与外部舶来的，根基薄弱，一直到中华人民共和国成立前夕，小学教育普及非常有限，管理非常落后，实际上是有现代之名，无现代之实。

中华人民共和国成立之后，党和政府非常重视小学教育的普及与提高。1949年9月中国人民政治协商会议第一次全体会议通过的《中国人民政治协商会议共同纲领》规定："要有计划有步骤地实行普及教育。"1951年8月教育部召开的第一次全国初等教育及师范教育会议明确提出：1952—1957年，争取全国平均有80%的学龄儿童入学；从1952年开始，争取10年内基本上普及小学教育，并提出5年内培养百万名小学教师的计划。1956年最高国务会议通过的《1956年到1967年全国农业发展纲要(草案)》中规定：从1956年开始，按照各地情况，分别在7年或者12年内普及小学义务教育。根据党和政府的一系列指示，这期间的小学教育有了较大的发展。但后来由于各种政治运动的干扰，教育科学研究处于停滞状态，小学教育的实际质量较低。

1978年改革开放以来，党和政府大力推动小学教育的普及与质量提高工作。1980年12月3日，中共中央国务院《关于普及小学教育若干问题的决定》，提出20世纪80年代在全国基本实现普及小学教育的历史任务。1986年7月1日公布的《中华人民共和国义务教育法》，明确规定实行九年义务教育。

20世纪90年代以来，我国小学教育目标也发生了深刻变化。1992年9月，《九年制义务教育全日制小学、初级中学课程计划》规定：依照国家对义务教育的要求，小学对儿童实施全面的基础教育，使他们在德智体诸方面得到发展，为提高全民族素质，培养社会主义现代化建设的各级各类人才奠定基础。

1993年颁布的《中国教育改革和发展纲要》指出：中小学要由应试教育转向全面提高国民素质的轨道上，面向全体学生，全面提高学生的思想道德、文化科学、劳动技能和身心素质，促进学生生动活泼地发展。

1999年颁布实施的《关于深化教育改革全面推进素质教育的决定》中更为明确地指出：全面推进素质教育，培养适应21世纪现代化建设需要的社会主义新人。实施素质教育，就是全面贯彻党的教育方针，以提高国民素质为根本宗旨，以培养学生的创新精神和实践能力为重点，造就有理想、有道德、有文化、有纪律的，德智体全面发展的社会主义事业的建设者和接班人。全面推进素质教育，要面向现代化、面向世界、面向未来，使受教育者坚持学习科学文化与加强思想修养的统一、坚持学习书本知识与投身社会实践的统一、坚持实现自身价值与服务祖国人民的统一、坚持树立远大理想与进行艰苦奋斗的统一。

20世纪末，我国的小学教育基本上实现全面普及。2008年全面实施免费教育。到2010

年，从入学指标等来看，我国教育已达到世界中等水平。国家中长期教育改革与发展规划纲要(2010—2020年)明确提出了教育现代化的目标，其中自然包括小学教育的现代化。

2. 西方国家的现代小学教育的形成

19世纪末到20世纪初，欧美开始了第二次工业革命，人类进入电气化时代，对劳动者素质的要求进一步提高，迫切要求小学教育制度化。在英国，1944年的《巴特勒法案》正式将小学教育、中等教育、继续教育构成连续的普通教育学校体系。法国到1946年基本实现了单一学校，即在全国设立一种性质和类型的小学，各阶级的子女进同一类学校，统一招收适龄儿童。德国在第一次世界大战后也设立了统一的小学教育学校，即基础学校。美国在南北战争之后形成了由幼儿教育、小学教育、中学教育、高等教育构成的完备的教育机构与制度体系。

同时，以蒙台梭利等人为代表的欧洲新教育运动，以杜威为代表的进步教育运动，继承了卢梭对儿童的发现(儿童是具有固定法则的自然存在)，经过艰难的实践探索，形成了划时代的新儿童教育观，他们于1921年提出了初等教育六项原则：①一切教育的根本目的是保持与增进儿童内在的精神力量；②教育应该尊重儿童的个性；③教育应使儿童的天赋兴趣自由施展；④鼓励儿童自制，培养儿童为社会服务的合作精神；⑤发展男女儿童教育间的协作；⑥要求儿童尊重他人，并保持个人尊严。新教育运动与进步教育运动，促使小学教育在目标、内容和方法上发生深刻变革。从此，小学教育进入以现代儿童观为指导的轨道，现代小学教育才得以正式出现。

第二节　小学的组织结构

一、小学的设置

为了实现学校的功能，小学的设置应当具备下列基本条件：与学生数量相适应的校舍、场地及其他基本教学设施；有符合法律规定要求的、按编制标准配备的教师队伍；有按规定标准配置的教学仪器、图书资料以及文娱、体育、卫生器材。

小学的设置一般分为下面几类：

一是初级小学。初级小学简称“初小”，是指小学一年级至四年级的教育阶段。读完四年级合格者，取得“初小”学历。在20世纪70年代，中国农村欠发达地区才普遍建立初级小学。不少地区的农村学校是“一所学校、一个老师、一个教室、一个班级”初级小学复式班。一名教师包揽了4个年级的所有课程。初小教育对于扫除文盲有重大意义。

二是高级小学。高级小学简称“高小”，是指小学五年级、六年级，称为“高年级”。读完高小合格者，取得“高小”学历。1949年之前，中国的高级小学并不普遍。

三是完全小学。具备初级小学和高级小学的学校，称为“完全小学”，简称“完小”。中国实行“普及九年制义务教育”之后，建立农村“完小”，已经成为基本标准。县城及以上城市的小学普遍是“完小”。

二、小学的组织结构

组织机构是组织管理的平台和载体，是组织活动的存在方式，也是组织管理人员达到组织目标的一种强有力的手段。小学组织机构是按照学校发展目标的要求，将学校组织的职责、岗位和人员进行合理地组合和匹配，形成结构合理、权责清晰的协作系统。小学组织机构是学校管理实体的外在存在形式，是进行管理的前提和基础。

小学组织机构一般由三个相互联系的系统组成，包括决策指挥系统、组织实施系统和检查反馈系统。按组织的性质分，包括行政组织（教导处、总务处和办公室等）、业务组织（各科教研组、科研室等）、群众组织（共青团、少先队、工会等）和其他组织（校外教育委员会、家长委员会等）。但小学的组织机构模式不是一成不变的，它随着学校教育实践活动的发展而发展，处在不断地发展和变化当中。

（一）重心下移的扁平化组织机构模式

在小学组织机构常规模式中，通常有三个管理层次，分别是校长和副校长、教导处和政教处（教导主任和政教主任）、年级组和教研室（教研组长和年级组长）。有的学校有四个管理层次，分别是校长、副校长、教导处和政教处（教导主任和政教主任）、年级组和教研室（教研组长和年级组长）。在常规学校组织机构模式中，副校长处在校长和教导主任、政教主任之间，不属于最高决策层，与教导主任和政教主任同属于协调管理层，但却构成两个管理层次。副校长既要领导教导主任和政教主任，又在很多事情上不能做主，需向校长请示。这样造成的局面就是教导主任和政教主任按照学校既定的规章制度管理教育教学常规工作，遇到学校既定规章制度之外的问题向副校长请示，而副校长却不能做出决策，还需要向校长汇报和请示。所以，副校长的处境比较尴尬，既不能进行宏观领导，又脱离了教育教学的实践管理。针对这种情况，某小学从几年前就开始探索扁平化学校组织机构模式，推出了“二级管理模式”。在这种模式中，只有两个管理层：校长是最高管理层，负责全局管理和决策；年级组是第二个管理层，是管理实体。学校设置其他管理中心，让年级组的老师担任管理中心的职责。改革后的小学组织机构模式一见图 3.1。

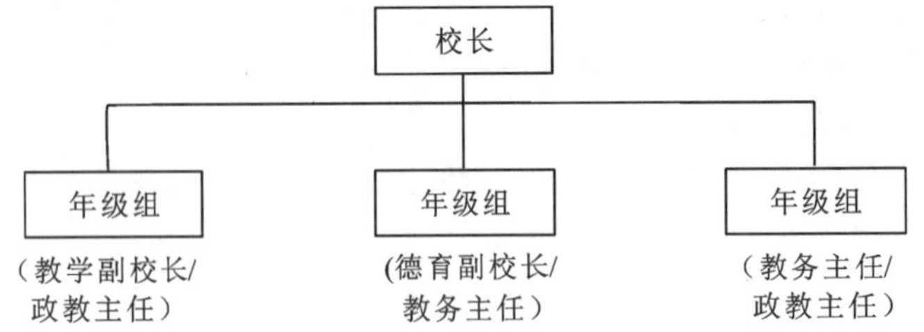

图 3.1 改革后的小学组织机构模式一

这种模式撤销了教导处和政教处这两个专门的管理职能部门，把教育教学管理的重心和管理力量放在了年级组，年级组成为重要的管理实体。这样，年级组既是教育教学实践部门，又是教育教学管理职能部门。所以，这种模式既减少了管理层次，又下移了管理重心，而且确保学校教学工作和德育工作及其管理的有机结合。

(二)以学生为中心的事务式组织机构模式

在中小学组织机构的常规模式中,学校职能部门的设置更多的是从管理者和教师的角度出发的,而不是从学生的角度出发的;或者说是以管理者的管理活动和教师的教学活动为中心设立的,而不是以学生的学习活动为中心设立的。在中小学组织的常规模式中,教导处只管学生的知识学习状况,政教处只管学生的思想品德状况,总务处只管后勤。学生在学校的活动和发展被学校纵横交错的职能部门搞得四分五裂。针对这种情况,某小学进行了以学生为中心的事务式学校组织机构模式探索,紧紧围绕学生在学校的活动和发展来设立管理职能机构。改革的具体做法是撤销原来的教导处、政教处和总务处,设立三大部,每个部下面设三个中心:课程部,下设研发中心、协调中心和管理中心;学生部,包括管理中心、服务中心和活动中心;资源部,包括人事中心、后勤中心和设备中心。改革后的学校组织机构模式二见图 3.2。

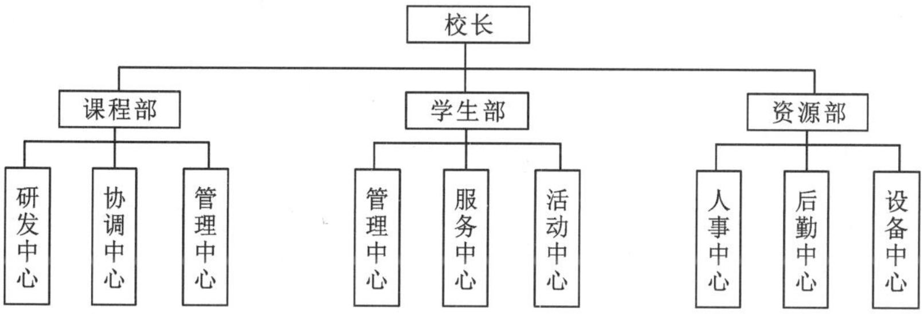

图 3.2　改革后的学校组织机构模式二

这种模式在设置学校组织机构时,把学生作为根本的出发点,紧紧围绕学生在学校的活动和发展来设立学校的组织机构,这样学校的组织机构就能真正做到有效地为学生服务,促进学校的发展。课程部负责学生学习的内容。学生部负责学生在学校的学习和生活活动。资源部负责为学生在学校的学习和发展的顺利进行提供各种资源。

(三)一校多址的组织机构模式

近些年来,随着生源的减少和教育改革的推进,教育资源的布局调整越来越频繁,撤销、合并了很多学校,产生了一批一校多址的学校。目前一校多址的学校中既有小学,也有中学。一校多址的学校由于地理位置限制,学校管理面临一些新的问题,所以客观上需要对学校的组织机构模式做出适当调整。一校多址的学校在规模、发展程度、不同校址之间的距离等方面都不尽相同,另外,小学和中学之间的组织机构模式本来就有一些区别,所以,一校多址的学校在学校组织机构方面并没有统一的模式。但是,一般来说,校长会选派一名副校长全面管理分校的教育教学工作,副校长下面再设若干名主任负责教育教学具体工作。改革后的小学组织机构模式三见图 3.3。

这种模式在设置学校组织机构时,注意加强一校多址学校在学校管理方面的一致性,特别是在教育教学业务管理方面。分校的管理以教育教学管理为主,而且把这种管理并入本校的教育教学管理系统,由本校主管教育教学的副校长整体协调。这样,分校实际上成为本校的一个教学部分,与本校结成一个有机的整体,既能加强学校管理的统一性,又能避免机构重复和办学资源的浪费。

(四)集团办学的组织机构模式

近些年来,人民群众对优质教育资源的需求越来越旺盛,一些教育教学质量高、社会声誉

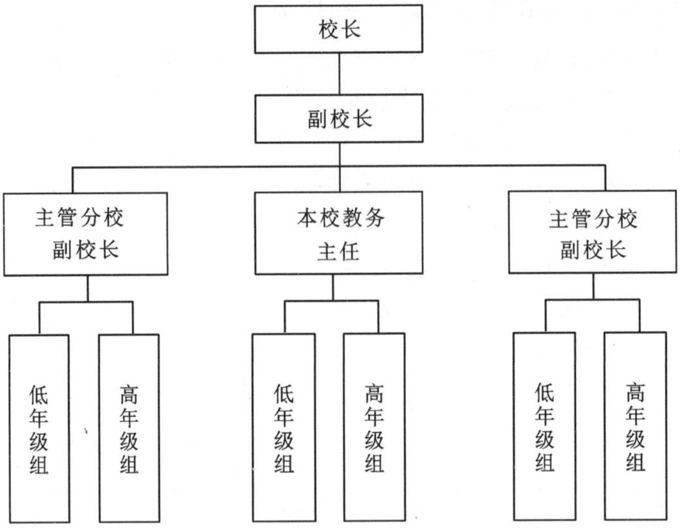

图 3.3 改革后的小学组织机构模式三

好的中小学的办学规模不断扩大。为进一步扩大优质教育资源，让更多的孩子接受更好的教育服务，一些中小学，既包括公立学校，也包括非公立学校，发展成为教育集团。

教育集团的组织机构模式一般是这样的：集团董事会是最高管理层，负责教育集团的大政方针、重大事务和重大决策，同时负责集团所属各个学校的校长的任命和工作考核、评估。第二个管理层是各个学校的校长，不同学校的校长全面负责本学校的工作，向上对集团董事会负责。在每个学校内部，其组织机构模式与普通学校大致相同，一般包括校长、学校管理中层和学校管理实践层三个管理层面。集团董事会的人员构成在公立学校和非公立学校之间存在差别。在非公立学校，人员构成一般包括学校投资方代表、学校经营方代表、集团所属各校校长。在公立学校，人员构成一般包括地方教育主管部门代表、集团所属各校校长、特聘教育专家等。改革后的小学组织机构模式四见图 3.4。

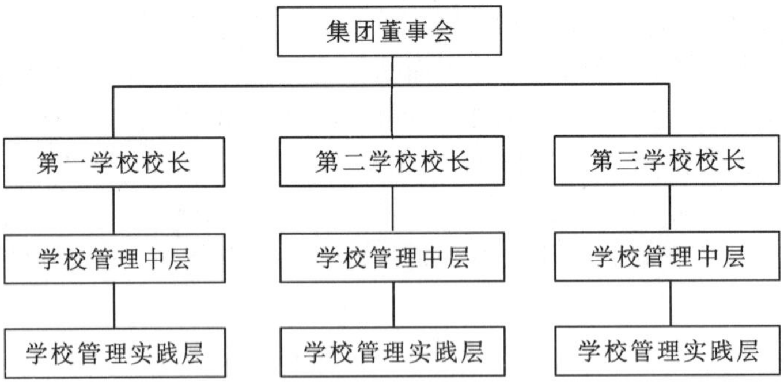

图 3.4 改革后的小学组织机构模式四

这种模式在设置学校组织机构时，既加强了教育集团的统一管理和集体决策，有利于教育集团的整体发展、特色保持和资源共享，又确保了集团所属各个学校内部的独立管理，有利于各个学校在一定程度上的自主发展。

从以上几种关于中小学组织机构模式的新探索可以看出，在变革学校组织机构模式时，学校管理者正在从关注管理者和管理活动本身扩展到关注学校教育教学实践、学生发展规律以及学校管理的整体性和效益。应该说，这些转变是积极的、有效的，有利于当前中小学的发展和学生的发展。

近几年来，不少学校进行了内部管理体制改革试验，采取了完善机构设置、强化组织职能、制定岗位职责、健全制度建设等措施，使学校组织在提高工作效率、保证教育教学工作质量方面发挥了积极的作用。主要表现在：

一是确立校长办学治校的中心地位。普遍实行了校长负责制，学校有一定的自主权，成为独立的办学实体；校长有职有权，对学校的教育教学和行政工作实行统一领导和全面负责。在校长的领导下，建立起集中统一的指挥系统，行政领导人员合理分工、分级管理，管理效率得到很大的提高，校长的工作热情和奋发进取精神进一步被激发，校长队伍的素质和办学治校的水平普遍有所提高。

二是建立健全教职工代表大会制度。许多学校的教职工代表大会已成为党支部领导广大教职工集思广益，对学校工作进行民主管理和民主监督的基本组织形式。在学校的规章制度中严格规定了大会召开的时间、形式和内容，使教职工代表大会不再流于形式，能够真正发挥出它的民主管理与民主监督作用。

三是强化学校内部的中层与基层组织管理职能。以往，学校沿袭多年的教学管理单位——教研组，这一组织形式具有组织开展学科性教研活动的优点，而目前许多学校已将教研组管理改为年级组管理负责制，以年级组作为学校教育、教学、科研的实体。由于教师集体重新组合，年级教师共同制定计划，组织实施，组内人员实行动态搭配，加强对学生进行思想品德教育，有利于研讨本年级学生德智体全面成长的规律，提高了教育质量。

四是促进了校内各组织机构工作的制度化。有些地区根据当地实际情况，组织学校搞两类责任制：一是学校集体责任制，内容包括教育思想、学校目标规划、思想政治教育、规章制度、教学、体育卫生、人事、后勤财务、教职工素质、教育质量等方面；二是教职工个人责任制，包括职、能、勤、绩四个方面，为了测定尽责程度，奖励尽职绩效，惩罚失职行为，同时配套建立了考评制度和奖惩制度，使学校工作走上了有秩序、有效率的轨道。

五是密切学校教育与社会的联系。许多学校开始与社区建立起教育协作关系，指导家庭教育，组织本地区学生参加地区精神文明建设活动。这些做法和变化，使学校教育、社会教育、家庭教育密切结合，优化了育人环境，出现了学校教育社会化的新格局。

第三节 小学的管理与运行

一、小学管理的原则

小学管理原则阐述的是小学管理工作中必须遵循的指导原理和行动准则。它是管理思想的体现，是管理活动的指南，是根据我国学校的性质、目的和任务以及管理过程的客观规律制定的，它也是学校长期管理实践经验的概括与总结。

1. 方向性原则

我们的学校是社会主义性质的学校。因此,我们的学校管理首先就是要坚持社会主义方向。坚持社会主义方向不是简单地对我们的小学生进行说教,而是按党的教育方针,用先进的、科学的教育思想和教育理念指导教育教学工作,使学生健康地成长。其次,学校的一切管理都要围绕培养学生基本素质这一总的目标来进行。学校不能片面追求升学率,不能加重学生负担,不能一味重视经济效益。

2. 整体性原则

整体性原则要求管理者必须把教学管理放在学校管理的中心地位,坚持以教学为主,全面安排各项工作。只有教学工作管好了,整个学校的管理才有了可以依托的中心,学校教育这个机体的运转才能正常和有效,学校的教育质量也才有保证。

3. 民主性原则

民主性原则是指学校领导者和管理者要充分发挥全体师生员工的积极性,共同参与学校的管理工作。管理者依靠群众的智慧和力量,把学校办好、管好。它是由我国人民民主专政这一政治制度决定的。

4. 有效性原则

有效性原则是指教育管理活动中要合理地组织、利用人、财、物等资源,从而获得高效益。它要求做到以下三点。

其一,提高用人效益。科学安排干部,知人善任,用人之长;把目标、职务、权力、责任四位一体地分配给合适的干部;要关心人,注意协调人际关系激励士气,充分调动人的积极性。

其二,提高财物利用率。尽力做到物尽其用,财尽其利,以最少的财力、物力获取最大的经济效益和社会效益。

其三,提高时间利用率。合理控制和利用时间,把主要时间花在最主要的事情上,有勇气并果断地拒绝不必要的事、次要的事;要把最重要、最困难的工作放在功效最高的时间段里去做。

5. 教育性原则

学校管理工作与其他系统的管理工作不同,它不仅要通过管理完成一般的工作任务,还要保证学校各项工作能对学生起到教育的作用。儿童、青少年模仿力强,学校的全体人员、全部工作及整个环境,都无时无刻不在影响着学生,熏陶着学生。因此,学校的环境和全部工作都应当对学生起到教育的作用。

二、小学管理的内容

1. 德育工作管理

德育是小学素质教育的重要组成部分,对青少年学生健康成长和学校工作起着导向、动力、保证作用。小学生是祖国未来的建设者,是中国特色社会主义事业的接班人。他们的思想道德素质直接关系到中华民族的整体素质,关系到国家前途和民族命运。因此,小学必须进一步端正办学思想,把德育工作摆在素质教育的首要位置,贯穿于教育教学的各个环节。

2. 教学工作管理

学校的工作以教学为主，这就是学校与社会其他各部门的根本区别所在。学校作为专门教书育人的场所，是培养人才的专门机构，教学工作是实现教育目的，培养合格人才的主要途径。为了保证教学工作沿着正确方向进行，保质保量完成教学任务，学校领导应对教学工作实行有效的计划管理、组织管理和实施管理。

(1)教学工作管理的任务。

其一，坚持正确的教育思想，贯彻党的教育方针。

其二，正确处理教学中几方面的关系：处理好教与学的关系；处理好传授知识、发展能力、进行思想教育的关系；处理好统一要求与因材施教的关系。

其三，建立良好教学秩序：建立健全各项教学工作制度，学校领导要深入教学第一线，实行全程管理；教研培训一体化，构建学习型教师群体，促进教学改革。

(2)教学过程各环节的管理。

教学管理应严格落实教学常规、教学程序、教学环节和教学评价的管理，应建立权责分明的规章制度，强化备课、授课、实验以及作业批改、课后辅导、考试考核、课外活动等各环节的管理。重视课外活动和课堂教学的有机结合，组织好课外活动。重视教学评价，建立完善的包括评价模式、评价方法以及评价结果处理的教学评价管理体系。

(3)教务行政管理。

教务行政管理，是指学校教导主任协助校长依据国家有关教育方面的法律、法规、规章和教育行政主管部门的行政管理文件，对学校的教育教学所进行的计划、组织、检查、指导等工作。教务行政管理是学校管理系统的重要组成部分，是学校实施目标管理、稳定教育秩序、推进素质教育、提高教育质量的重要保证。教务行政管理工作的质量与学校的办学水平有着十分紧密的联系。

3. 科研工作管理

教育科研管理是遵循科学研究的规律，规划、指导和组织教育科学研究、推广教育科研成果的管理活动。它有利于教育科研工作的规范化，有利于教育科研工作质量的提高，有利于教育工作者科研积极性的调动。科研工作管理包括教育科研计划管理、教育科研经费管理、教育科研的情报与档案管理、教育科研成果管理等内容。

4. 总务工作管理

小学的总务工作是一项复杂、细致而又具体的工作，对学校开展教育教学活动，提高学校工作的效率，创造和谐有序的学校工作环境起着重要的保证作用。总务工作应为教育教学服务，为师生生活服务，努力改善办学条件，提供必要的教学条件和生活设施。总务工作管理主要有学校财产和设备的管理工作、财务管理工作、生活管理工作、学校环境卫生管理工作、安全保卫管理工作等。

5. 教师管理

教师是实施素质教育的生力军，教师素质水平是学校生存的关键，学校的发展与教师的发展密切相连。教师管理是指学校对教师的任用、培养、考评、待遇、晋升、奖惩等工作进行管理的过程。它是不断提高教师素质的需要，是调动教师积极性的需要，是体现一个学校管理水平的重要标尺。

6. 学生管理

学生是构成学校的主体，是学校开展一切工作的前提，学校所有的管理和运作都是围绕学生来开展的，都是为了学生的健康成长，最终将学生培养成为社会主义事业的建设者和合格接班人。所以，学生管理是学校管理工作的重要内容。要通过对小学生适当的约束和引导，使他们身心健康，全面发展，达到课程标准所要求的各项目标，为今后的发展打下良好的基础。学生管理的分类可以从不同的角度进行划分。

(1)从管理的手段看，可分为间接管理和直接管理。间接管理体现为责任分担、层层落实，通过学校的各个相关机构和责任人来表达校方对学生的管理；直接管理体现为管理者针对个别学生、学生存在的特殊现象直接与学生接触对话，了解情况，解决问题。一个优秀的管理者对学生管理应该做到间接管理和直接管理相结合，一般以间接管理为主，直接管理为辅。特殊学校、特殊情况下两者关系可以倒置。

(2)从管理的内容看，可分为学生内在品质管理和学生外在行为管理。内在品质管理主要包括对学生的道德、情感、人生观、心理健康状况进行引导、影响等。除了耐心细致的情感交流外，学校经常要以有形的手段来对学生的内在品质实施管理；外在行为管理主要指对学生的纪律、日常行为等的管理。

(3)从管理的范围看，可分为校内管理和校外管理。校内管理指利用校内所有资源对学生实施管理。一般而言，小学管理者要注意利用好教导处、班主任、少先队组织(辅导员)、总务处、学生会等机构，让这些部门具体落实对学生的直接管理或间接管理。校外管理指利用校外的各种可以利用的资源对学生实施管理。

三、小学管理的方法

管理方法是指各种能够实现管理职能，达到管理目标，确保管理活动顺利进行的手段、途径和措施，是管理理论转化为管理活动的必要中介和桥梁。为了实现学校的教育目标和任务，学校管理必须采用一定的方式和手段。一般来说，学校的管理方法可以分为以下几类。

1. 行政方法

学校管理的行政方法是指学校管理者运用自身或其行政职位的权威，采用指示、命令、决定、规划、计划、条例等措施，通过学校的行政组织，对学校进行管理。

行政方法是以权威和服从为基本原则的，它是管理职能的根本手段。在学校管理中，行政方法是不可缺少的管理方法，但在运用时需要遵循几个基本要求：一要突出学校管理的目标导向。二要做到大权独揽，小权分散；三要按照系统原则建立一套严密的学校组织机构；四要处理好跨度和层次的关系，学校行政指令只能下达在本跨度内，然后通过层次逐级下达，各层次干各层次的事；五要责权一致，有权有责；六要提高学校领导管理人员的素质。

当然，在学校管理中，不可滥用行政方法，要把它控制在一定的范围内，也不可以单纯使用行政方法，而要把行政方法、经济方法、思想教育方法等结合起来，还要根据变化了的情况不断加以完善，使它符合学校管理客观规律的要求。只有这样，才能使行政方法在现代学校管理中发挥积极作用。

2. 经济方法

学校管理的经济方法是从经济的角度，指导、调节和影响学校管理活动的方法。具体来说，是通过工资、津贴、奖金、罚款等经济手段，从物质利益上调节和影响师生员工的行为，从而提高学校管理工作的效益。

运用经济方法对学校成员进行管理，其目的是要调动广大教职员工的工作热情，发挥他们的积极性，进而提高学校管理工作的质量和效率。但在运用的过程中，我们要注意两个基本要求。第一，在运用物质激励的同时，要提倡精神激励。将物质激励与精神激励两者结合起来，才能真正发挥经济方法的效力。第二，要提高运用经济方法的科学化水平，讲究经济方法的有效性。要研究经济方法运用的条件、环境、场合，还要研究和掌握适当的经济刺激量，运用的条件不具备，环境、场合不适当，刺激量过大过小、过强过弱，不切合人们的实际状况，都可能起不到应有的作用。

3. 法律方法

学校管理的法律方法就是学校运用国家机关制定和颁布的教育法律、各级教育行政部门规定的类似法律的教育制度以及学校的管理制度来影响和约束学校管理客体的行为的方法。

法律方法可以保证必要的学校管理秩序，有效地调节学校内部各子系统和各种管理因素之间的关系，加强学校管理系统的稳定性，对学校管理系统的发展有促进作用。运用法律方法管理学校要注意四点。第一，学校管理者要加强法制理论学习，树立依法治校的观念。第二，制定学校的各种管理法规时，要注意不可超越和脱离现实的各种条件，防止主观任意性。第三，要树立法制的权威性，做到有法必依，执法必严，违法必究，做到人人知法、守法。第四，要加强教育法律、法规的监督。

4. 思想教育方法

学校管理的思想教育方法是指通过一定精神观念的宣传，从真理性方面激发学校成员的理想，提高其思想认识，从而为实现学校的整体目标而努力的方法。

学校教职员工和学生是知识的拥有者和追求者，他们热爱真理、崇尚真理、追求真理，采用思想教育方法进行管理，往往能获得更高水平和更为持久的动力。进行思想教育的方法很多，主要有说服法、榜样示范法、感化法、学习讨论法、参观访问法、自我教育法等。

5. 学术(培训)方法

学术(培训)方法是对学校中的教学研究等学术工作进行管理时运用的方法。对这类工作的管理不应使用简单的行政命令手段，而应贯彻百花齐放、百家争鸣的方针。

四、国家对小学的管理和监督

在我国，小学是国家教育行政的重要对象，其内容之广泛远胜于其他教育领域。由于中小学是各个地方政治、经济、文化的一个重要组成部分，学校工作不能不考虑其所在地方的条件和需要。同时由于教育工作是教师与学生间的一种教与学的精神活动，很难以统一的标准来加以规范，国家对学校的管理和监督就具有某些不同于其他领域的特点，主要通过宏观的政策、法律、经费、督导等方法来进行控制和监督。

1. 学校课程计划的编制和颁行制度

小学课程计划是国家根据规定的教育目的和培养目标制定的有关学校教学内容的文件。课程计划的行政作用就在于为小学规定基本的内容要求和法定的质量标准，以达到对学校教育实践的控制。我国对教学内容的管理几十年来经过数次变化，形成了目前的中央集中领导和地方分权相结合的体制。具体地说，中央一级主要负责制定有关方针、政策，编制课程计划和课程标准。各省份可以根据当地情况和需要对课程计划做必要的调整。学校非经上级主管部门批准，不得随意改变课程计划和课程标准。1999年，第三次全国教育工作会议颁布的文件正式提出：我国基础教育实行三级课程管理制度，即国家课程、地方课程和学校(校本)课程。

2. 教科书的编写、审定和使用管理制度

教科书是根据规定的课程标准编写和审定的，系统反映学科内容的教学用书。教科书是学校教学内容的主要依据，是实现法定教育目的的重要工具，是师生教与学的主要材料，也是学校考核教学成绩的主要标准，因此具有法定约束力。同课程计划的编制和颁行一样，我国教科书编写、审定和使用的责任、权限主要集中在国家。1986年，我国对中小学教科书提出了在统一基本要求的前提下，实行多样化的方针，给予地方和学校以一定的选择权。鉴于我国地域广阔、情况复杂，除有一套或几套全国统一的基本教材外，各地区还可以适当编写地区性的补充教材。由于教材具有相对稳定性，不可能完全适应各种环境变化的需要，为了提高教学质量，教师在使用教材时，可以对其内容和编排顺序做适当调整，并利用现实生活中的生动事例补充教材。小学教材须经教材审定机构审查通过后，方可正式出版发行。经全国中小学教材审定委员会审查通过的教材，可在全国范围内供选用；经省级中小学教材审定委员会审查通过的教材，可在本省(自治区、直辖市)范围内供选用。为了加强国家对教材事业的管理，国务院于2017年成立了国家教材委员会。

3. 学校的学籍管理制度

小学的学籍管理包括成绩评定、升级和毕业等多项内容，是学校的一项重要工作。学生学习成绩的评定，传统的方法是采用以学业考试成绩为主要依据的绝对评价方法。为了使评价趋于客观、可信，现在一般实行绝对评价与相对评价相结合的方法，对学生在校学习情况进行综合的评定。根据我国有关中小学学籍管理的基本制度，小学学生成绩分为学习成绩、操行成绩和体育成绩三类，一般按百分制或等级制评定。2013年，我国首部全国性中小学生学籍管理办法《中小学生学籍管理办法》出台，这标志着全国统一的学籍信息管理制度正式建立。该办法规定，以学生居民身份证号为基础进行编码，从幼儿园入园或小学入学初次采集学籍信息后开始使用，一人一号，籍随人走，终身不变。与之相配合，全国中小学生学籍信息管理系统已全部建成。该系统全国联网运行，为每名学生建立全国唯一的电子学籍档案，对学籍注册、学籍档案管理、学籍异动、升级、毕业、成长记录等进行全程信息化管理，实现全国范围内学生流动情况的实时监控与管理。

4. 教师人事管理制度

根据我国法律的规定，小学教师是履行教育教学职责的专业人员。2003年9月，人事部、教育部印发的《关于深化中小学人事制度改革的实施意见》指出：全面实施教师资格制度，严把教师队伍入口关。凡在中小学专门从事教育教学工作的人员必须依法取得教师资格证，未取得教师资格证的人员应调整出教师队伍。努力拓宽教师来源渠道，择优聘用具备教师资格的毕业生和社会上具备教师资格的人员到中小学任教。

为了充分调动和发挥教师为教育事业服务的积极性和创造性，激励教师不断提高政治思想觉悟、文化业务水平和履行教育教学职责的能力，我国建立了统一的中小学教师职务制度。教师职务分为初级职务、中级职务和高级职务。各种级别的教师职务都有一定的任职条件和职责要求。教师职务逐步实行聘任制，聘任教师职务必须经过教师职务评审机构从政治思想、文化专业知识水平、教育教学能力、工作成绩和履行职责等方面进行评审，认定具备担任相应职务的条件，由学校或县以上教育行政部门进行聘任。聘任教师职务应有一定的任期，每一任期一般为三年，可以续聘。学校应对被聘教师进行定期或不定期的考核，建立考核档案，为教师职务的评审和聘任提供依据。

为了进一步加强小学教师队伍建设，保证和提高教师素质，我国教师人事制度正在改革之中。如何充分发挥教师的作用，改变教师队伍分布、结构不尽合理的状况，使教师队伍得到充实和加强，这些仍是有待解决的问题。

拓展阅读

《集团化办学：超越传统的学校组织形式》[①]节选

20 世纪末以来，我国基础教育领域自下而上围绕集团化办学已经开展了很多有价值的探索，各地实践形式丰富、样态多元，目前表现为名校办分校、手拉手学校、一体化学校、一校多址、教育联盟、教育组团、教育集团等多种形式。

集团化办学是教育体制机制变革的一种形式，促进了学校组织间稳定的合作关系和相互支持的生态体系的形成，在一定程度上拓展了学校边界，但集团化办学不等于创办超大规模、复杂僵化的巨型学校。集团一级与教育行政部门、学校间的关系，集团总校与成员校的关系，都需要精心考量。教育的使命是育人，要通过合作交往实现人的生命成长和精神世界的丰盈，集团化不必然要求集权化和管理层级的增加，否则会离教育真正的目的越来越远，从单中心走向多中心乃至网络治理模型的学校命运共同体更加符合教育治理现代化的要求。从政府和学校的关系来看，教育行政部门也需要积极转型，深化“放管服”改革，超越集团化办学初期典型的“外部性特征”，处理好政府办学主体责任和集团化学校办学主体地位之间的关系，增强学校发展动力，提升办学支撑保障能力，推动基础教育公平发展和质量提升，加快现代学校制度建设，为推进教育现代化、建设教育强国奠定坚实基础。

练习题

1. 试述近代以来我国小学教育制度的演变。
2. 谈谈我国小学教育的产生与发展。
3. 试述小学组织结构的主要内容。
4. 结合实际分析小学的管理与运行。

---

① 孟繁华：《集团化办学：超越传统的学校组织形式》.《中国教育学刊》，2020 年第 11 期.

第四章 小学学生

·学习目标·

通过本章的学习，你将：

1. 了解小学生的特点和身心发展规律；
2. 了解小学生的权利与义务的有关法律法规及政策制定；
3. 了解小学生可能出现的行为问题，掌握预防与应对方法。

小学学生是构成小学教育活动的基本要素，是教育活动的对象和主体。对小学生的基本认识和根本态度直接影响教育活动的目的、方式和结果，是教育理论和教育实践中极为重要的问题。教师只有真正了解学生，理解小学学生成长与发展的特点、水平和趋势，掌握有效的预防和矫正学生行为问题的方法，才能更好地为学生的学习、成长提供有利条件，有效地开展小学教育各项实践与研究活动。

第一节 小学生概述

一般来说，小学学生简称“小学生”，是小学教育领域或机构里的一种身份或角色。1986年颁布，2006年、2015年修订的《中华人民共和国义务教育法》第二章第十一条规定：凡年满六周岁的儿童，其父母或者其他法定监护人应当送其入学接受并完成义务教育；条件不具备的地区的儿童，可以推迟到七周岁。总体而言，我国小学生的年龄阶段通常在六七岁至十二三岁之间。

一、小学生的定义

《教育大辞典》对“学生”的含义有两种解释：第一，在各级各类学校和其他教育机构学习的人。按受教育阶段分，有小学生、中学生、大学生和研究生等。第二，中国古代称弟子后又有太学生、监生、贡生、廪生以及生员或从学者等。明清科甲出身的官员对主考官亦称学生。① 当前，小学生专指用专门时间在小学学校里专门从事学习活动的人。这是一个制度化的用语，表达了社会对小学阶段学生的角色期望和规定，明确了小学生的主要任务是“学习”。

---

① 顾明远：《教育大辞典(增订合编本)：下卷》．上海：上海教育出版社，1998年，第1806页．

儿童是指身心处于未成熟阶段的个体。[①] 尽管“小学生”和“儿童”这两个概念在逻辑上有不同的归属，但两者间存在交集和密切的内在关系。在一定意义上，小学生是处于一定年龄阶段的儿童。因此，出于对儿童天性的尊重以及文化习惯等多种原因，人们通常称小学生为儿童。

二、多维视野中的儿童观

儿童观，是人们对儿童的根本看法和态度，它决定着人们如何“观”儿童。古往今来，人们站在不同的立场，从未中断对儿童奥秘的探索，各种儿童观的博弈嬗变也从未停息，大体来说，可分为社会形态的儿童观、学术理论形态的儿童观和大众意识形态的儿童观。了解多维视野的儿童观，是认识和理解小学生的重要基础。

1. 社会形态的儿童观

社会形态的儿童观，指国际组织或国家政府提出的对儿童应有的观念，通常以法律法规的形式予以表达。

1989 年 11 月 20 日，国际《儿童权利公约》(*Convention on the Rights of the Child*)由第 44 届联合国大会通过，1990 年 9 月 2 日正式生效。《儿童权利公约》条文中表达的儿童观，对反思和引领小学教育有着十分重要的作用。就“尊重儿童的观点与意见的原则”而言，第十二条规定“应确保有主见能力的儿童有权对影响到其本人的一切事项自由发表自己的意见，对儿童的意见应按照其年龄和成熟程度给以适当的看待”，这就警醒和挑战着人们的思维。

在世界各国，《儿童宪章》《儿童宣言》《儿童保护条例》等陆续颁布，明确了国家和社会对儿童的基本看法。《中华人民共和国未成年人保护法》和《中华人民共和国义务教育法》等，都从不同方面表达了社会形态的儿童观及其落实途径。

2. 学术理论形态的儿童观

学术理论形态的儿童观，指哲学、心理学、教育学、人类学等领域的学者所持的儿童观，通常以学术理论的形式予以表达。不同学者的着眼点不同，与儿童接触、交往的经验不同，个人的文化背景和思维方式不同等多种因素，导致学术理论形态的儿童观多元共存，以下择要介绍其中五种。

(1)遗传决定论的儿童观。

在遗传决定论者看来，先天不变的遗传素质对人的发展起着决定性、根本性的作用，其他因素都是外在的、次要的和辅助性的力量。遗传决定论的儿童观，认为教育不能改变儿童天生的遗传素质，只能加速或延缓儿童的遗传素质的实现。由此，小学教育就要发现儿童所固有的优秀素质，并保证其得到充分展现和发展。

(2)环境决定论的儿童观。

在环境决定论者看来，真正在人的发展中起决定性影响的力量，是人的生活环境和后天所获得的教育引导。环境决定论的儿童观，并不否认儿童的发展需要依赖一些遗传素质，但坚决否认遗传素质在儿童发展过程中起决定性作用。这种观点彰显了小学教育对儿童发展的重要价值。但是，这种观点的盛行，直接导致了一些教育实践极其重视教师权威、书本知识和学校

---

① 顾明远:《教育大辞典(增订合编本):上卷》.上海:上海教育出版社，1998 年，第 316 页.

纪律,尤为希望通过控制儿童学习活动的环境、内容和方式来达到控制儿童发展的目的。可以说,这种观点,在肯定儿童发展的可塑性的同时,也将儿童牢牢地固定在失去自主性、被塑造的地位上。

(3)辐合论的儿童观。

在辐合论看来,人的发展并非由遗传决定,也非由环境决定,而是遗传素质和环境辐合的结果。辐合论的儿童观认为,儿童发展是先天遗传和后天环境共同影响的结果。也就是说,进行儿童教育,一方面需要注意对儿童发展规律与特点等的洞察,另一方面需要加强对儿童教育内容与环境等的设计。

(4)后现代理论的儿童观。

后现代理论认可世界的多样性,提倡对儿童与儿童期做多样化的理解,认为传统儿童观存在如下的缺陷:第一,盲目认为儿童存在一个普遍的发展过程,遵循一种自然的发展顺序和法则,没有考虑儿童发展中家庭氛围、社会经济地位以及周围环境等因素的影响作用。第二,错误地推崇儿童无能论,假设儿童的状态是不成熟的,以被动、依赖为特征,缺乏理性和能力,认为在任何情况下成人都是对的,儿童则是错的。第三,笼统归纳儿童发展的普遍目标,即在个人、社会和政治方面获得独立和自足,并获得理性思维。然而,儿童发展目标是由所处社会的具体政治、经济和文化条件决定的,是不断变化的,尚无法应用某种普遍标准进行统一。第四,过分渲染发展常态范围的临界作用,认为每一种与已经建立的发展常态不一致的行为就是异常表现,由此,许多孩子被贴上了"问题儿童"标签,如能力发展缓慢,或者出现发展偏差。①

以后现代理论的新视角了解儿童,就会得到一些新的看法,主要包括:第一,儿童向成人提出的一些看似奇怪的问题并不是他们一时的想法,而是他们试图与自己的经验保持一致的结果,是他们试图用可知的和可理解的要素来描绘世界的结果。第二,儿童的思维能力远远超过其表面上表现出来的能力,他们用一种原始的方式掌握着几乎所有的科学概念。当我们轻易地认为儿童还不能做某件事情时,或许我们应该仔细考虑一下,我们是否还没有真正理解这件事情,我们以为是事实的东西在儿童眼中是否并非如此。必须弄清楚,我们是已经进入了儿童的世界,还是仍然处在成人的世界里而自以为很理解儿童。第三,儿童不是以自我为中心,他们全身心关注当前的现实,儿童是生活在当前的,他们用自己的身体和直觉去理解当前的一切。第四,儿童努力探寻世界的意义。儿童有一种潜在的理解周围世界的愿望,并且愿意赋予他们遇到的各种事实与现象以不同的意义。这种意义与成人赋予的意义很可能有所不同,但并不表示儿童赋予的意义就是不正确的或者是没有理由的。第五,儿童通过填空的方式创造理论。由于我们给予儿童的有关世界的解释常常不是完整的,儿童常常会创造性地进行填空,企图创造一个与他们的知识与想法相匹配的完整世界。第六,儿童对情境具有依赖性。儿童主要基于事实发生的情境和各种条件赋予特定事实以一定的意义。这种依赖性常常使儿童对特定的条件比成人敏感。②

(5)大众意识形态的儿童观。

大众意识的儿童观,指广大社会成员对儿童的根本看法,它渗透于日常生活之中,直接影

---

① 西蒙斯坦.《儿童观的后现代视角》.常宏、赵振国,译.《幼儿教育(教育科学版)》,2007 年第 2 期.

② 西蒙斯坦.《儿童观的后现代视角》.常宏、赵振国,译.《幼儿教育(教育科学版)》,2007 年第 2 期.

响着人们对待儿童的态度和行为方式，通常以“隐喻”的形式表现出来，主要有儿童是“花朵”和“小天使”等。①

第二节　小学生身心发展的一般规律

小学生的身心发展是作为生物性个体和环境条件相互作用的结果，表现出特有的规律性。

一、顺序性

小学生身心发展的顺序性，是指在儿童的发展过程中，无论是其身体的发展和心理的发展，都表现出一种稳定的顺序，既不能逾越，也不会逆向发展。在身体发展方面，就遵循自上而下、由躯体中心向外围、从粗动作到细动作的发展规律。个体的身体和动作的发展顺序依次为头部、颈部、躯干和下肢。具体而言，儿童最先学会抬头和转头，然后是翻身和坐，接着是使用手和臂，最后才学会腿和脚的运动，直至能直立行走和跑跳。个体身体和动作发展是从身体的中部开始，然后延伸到边缘部分。越接近躯干的部分，动作发展越早，而远离身体中心的肢端动作发展较迟，所以头部和躯干比四肢先发育，手臂和腿比手指和脚趾先发育。在骨骼和肌肉的协调发展中，大骨骼与大肌肉群首先得到发展，而后是小骨骼与小肌肉群的发展。因此，儿童行动能力发展中，先有大幅度的粗动作的发展，再有精细动作的出现，如四五个月的婴儿要取面前放的玩具往往不会用手，而是用手臂甚至整个身体，儿童手握铅笔自如地一笔一画地写字，往往要到六七岁才能做到。心理的发展的顺序遵循着这样的顺序：从具体形象思维到抽象逻辑思维，从机械记忆到意义记忆，由无意注意到有意注意，由喜怒哀乐等一般情感到理智感、道德感、美感等复杂的高级情感。

身心发展的速度可以有个别差异，或加速或减缓，但发展的顺序一般不会改变。顺序性使儿童身心发展成为一种连续的、不可逆转的过程。在对小学生进行教育时，必须遵循由具体到抽象，由浅入深，由简到繁，由低级到高级的顺序，从学生的实际出发，注意循序渐进，不能“揠苗助长”，急于求成，否则只会适得其反，甚至损害学生的身体和心理健康。

二、阶段性

小学生身心发展的阶段性，指在儿童发展的连续过程中，每个年龄阶段都表现出一些稳定的、共同的、本质的典型特点。这些特点在表现方式、发展速度以及发展结构上，都有较其他阶段相当不同的特征。前后相邻的阶段是有规律的、更替的，在一段时期内，发展主要表现为数量的变化，经过一段时间发展由量变到质变，从而发展水平达到一个新的阶段。不同发展阶段之间是相互关联的，上一阶段影响着下一阶段发展方向的选择，所以，人生的每一阶段对于人的发展来说，不仅具有本阶段的意义，而且具有人生全程性的意义。

① 何媛：《儿童是什么：关于儿童的隐喻分析》.《幼儿教育(教育科学版)》，2006 年第 9 期.

三、不平衡性

小学生发展的不平衡性，是指在连续不断的发展过程中，因个体发展的速度、到达的时间和最终达到的水平而表现出的发展不平衡性。从总体发展来看，整个发展并不是与时间一致的匀速运动。在不同年龄阶段，其发展的速度和水平是有明显差异的。如新生儿(出生第一年)与青春期(13～16岁)是个体身高、体重的两个发展高峰期，与其他年龄阶段相比，处于高峰期的个体发展更加迅速。发展的不平衡性还体现在：不同系统在发展速度、发展起止时间、到达成熟时期有所不同；同一机能特性在发展的不同时期(年龄阶段)也有不同的发展速率。如神经系统、淋巴系统成熟在先，生殖系统成熟在后。个体的感知、思维、记忆、想象发展等也都处在不同的关键期。研究发现，1～3岁是口头语言发展的关键期，0～4岁是视觉发展关键期，5岁以前是音乐学习的关键期，10岁以前是第二语言学习和动作技能掌握的关键期。在关键期内施加教育影响，可以起到事半功倍的效果。因此，教育活动应顺应小学生发展的不平衡性，在关键期内施以相应的教育，促进该素质的发展。

四、互补性

互补性反映个体身心发展各组成部分相互补偿、弥补的关系。机体某一方面的机能受损甚至缺失后，可通过其他方面的超常发展得到部分补偿。如失明者在听觉、触觉、嗅觉方面的超常发展以补偿视觉的缺失。机体各部分存在着互补的可能，为人在自身某方面缺失的情况下依然能与环境协调并继续生存、发展提供了条件。

互补性也存在于心理机能和生理机能之间。人的精神力量、意志、情绪状态对整个机体起到调节作用，帮助人战胜疾病和残缺，使身心依然得到发展。相反，如果一个人的心理承受能力太差，缺乏自我调节能力和坚强的意志，那么，即使不很严重的疾病或磨难也会把他击倒。教育应结合小学生实际，扬长避短，注重发现学生的自身优势，培养自信和努力的品质，促进其个性化发展。

五、个别差异性

发展的个别差异性，是指在儿童发展具有整体共同特征的前提下，个体与整体相比较，每一具体儿童的身心发展在表现形式、内容和水平方面，都可能有自己的独特之处，这种表现于个体方面的差异性，来源于个体遗传素质和生活环境的差别。个别差异表现在身心的所有构成方面，有发展水平的差异，有心理特征表现方式上的差异。从群体的角度看，首先表现为男女性别的差异，它不仅是自然性上的差异，还包括由性别带来的生理机能和社会地位、角色、交往群体的差别。个体差异不仅表现在同一年龄阶段的儿童在不同时期的发展速度和水平有差异，在相同时期的发展速度和水平也有个体差异。当一年级的老师遇到班上差不多都是6岁的孩子时，他事实上面临着一群能力不同的学生，从学生状态的差异来说，实际上是5岁到11岁。个体发展水平的差异除了在一定程度上受到生物因素的影响，还受到环境和教育的影响，且后者对遗传素质的优势与不足起到一定发挥与弥补作用。“勤能补拙”就是对二者关系的一种经验总结。这一规律也是实行因材施教、“长善救失”教育原则的基础。

在教育工作中，教师在了解学生群体特点的基础上，深入了解每个学生的身心发展状况和水平，研究差异特征，充分发挥每个学生的潜能和积极因素，有的放矢地进行教学，使每个学生都得到充分的发展。

第三节　小学学生的权利与义务

小学生是教育法律关系中的主体，具有参与法律法规活动的权利与能力。同时，这些法律法规也保障了小学生在社会中的公民地位。我国是《儿童权利公约》的缔约国之一，在遵循《儿童权利公约》的同时，也制定了相关法律法规保护儿童的权利。如《中华人民共和国宪法》（以下简称《宪法》）第四十九条规定："父母有抚养教育未成年子女的义务"。《中华人民共和国义务教育法》（以下简称《义务教育法》）第五条规定："各级人民政府及其有关部门应当履行本法规定的各项职责，保障适龄儿童、少年接受义务教育的权利。"根据《未成年人保护法》和《世界儿童和平公约》，我国儿童应享有受教育权、生命权、身体权、健康权、身体自由和内心自由权、肖像权、名誉权、获得良好的校园环境权、拒绝乱收费权、拒绝不合理劳动权、拒绝不合理校内外活动权、荣誉权、著作权、平等对待权。下面具体介绍小学生所享有的国家宪法和法律授予的基本权利和义务。

一、小学生的权利

我国《宪法》第三十三条、第三十七条和第三十八条分别规定了学生的人身权和人格尊严。《中华人民共和国民法通则》第九条、第十二条具体规定了学生具有民事权利。作为处于学生阶段的公民还享受教育法律法规授予的各项权利。多项法规都规定了学生享有接受教育的权利。其中，核心权利是受教育权。具体说来，有以下几个方面。

1. 参加教育教学权

学生享有参加教育教学计划安排的各种活动，使用教学设施、设备、图书资料的权利。这是学生的基本权利，包括两个方面。一是参加教育教学活动权。在教学过程中，学生有权参加教育教学计划安排的各种课堂教学、讨论、观摩、实验、实习、测验和考试等活动。任何组织和个人都不得以任何借口非法剥夺学生参加教育教学活动的权利。这是广大学生接受教育和获取知识的保障，也体现了教学民主精神。二是使用教育教学设施权。学生有平等使用教育教学设施、设备和图书资料的权利。为保障学生完成学习任务，学校及其他教育机构应当依法按规定提供符合卫生安全要求的教育教学设施、设备、图书资料及其他教育教学用品。

2. 获得经济资助权

学生享有按照国家有关规定获得奖学金、贷学金、助学金的权利。对于义务教育阶段的学生，国家已经明确规定不收学费、杂费，并且由国家财政保障义务教育经费。新《义务教育法》第四十四条还规定："各级人民政府对家庭经济困难的适龄儿童、少年免费提供教科书并补助寄宿生生活费。"义务教育阶段的适龄儿童、少年有获得国家经济帮助的权利。

3. 获得学业证书权

学生享有在学业成绩和品德上获得公正评价，完成规定的学业后获得相应的学业证书、学位证书的权利。主要体现在两个方面：①获得公正评价。按照学生学籍管理的规定，学生的学籍档案里有学习成绩档案表,学校要如实地记录学生各科学习成绩和品德状况。学业成绩的评价是教育机构对学生在受教育的某一时期内学习情况和知识经验、知识水平的概括,具体包括课程考试成绩记录、平时学习情况和总评等。品德评价包括对政治觉悟道德品质、劳动态度等的评价。在学业成绩和品德上获得公正评价是指学生有权在德、智、体、美等方面获得按照国家统一的、一视同仁的客观评价。教师对学生的评价不应受到学生家长的权势、地位、金钱等影响,也不能受到其他与教育教学无关因素的影响。②获得学业证书。学生完成规定的学业后应该获得相应的学业证书或学位证书,这是学生的一项重大权利。根据国家相关教育法律法规的授权,学校可以制定校规、校纪对在校学生进行教学管理和奖惩,但是这一切都必须符合国家和法律的规定,必须保护学生的合法权益。

4. 申诉起诉权

学生享有向有关部门提出申诉或者依法提出诉讼的权利。当学生的合法权益受学校、教师的侵犯,或者对学校给予的处分不服时,学生有权提出申诉,任何人不得无理阻挠。有关部门应积极受理,并按规定及时予以答复。各级学校及教育行政部门要建立健全学生申诉制度,确保学生享有申诉起诉权。

5. 法定的其他权利

学生除了享有以上四项权利外,还享有法律、法规规定的其他权利。

二、小学生的义务

学生的义务是指学生依照教育法及其他有关法律、法规,在参加教育活动中必须履行的义务。根据就读学校的类别和年龄,学生的具体义务各有差别。除《中华人民共和国教育法》(以下简称《教育法》)《义务教育法》规定外,小学生还要遵守《小学生守则》《小学生日常行为规范》中规定的义务。《教育法》第四十四条对各级各类学校及其他教育机构的学生的基本义务专门做了规定,包括下列四个方面内容。

1. 遵守法律、法规的义务

此处的"法律、法规"是指宪法、法律、行政法规和依据法律、法规制定的规章。小学生作为国家公民,遵守法律、法规是一项基本要求。依据我国《宪法》制定的法律、依据法律制定的法规及相应的各部门规章,是国家意志的体现,符合国家和人民的共同利益,也是国家社会组织和公民一切活动的基本行为准则。我国《宪法》第三十三条规定"任何公民享有宪法和法律规定的权利,同时必须履行宪法和法律规定的义务。""中华人民共和国公民在法律面前一律平等",任何公民都必须遵守法律、法规。学生作为公民,履行遵守法律、法规的义务是不可推卸的。

对小学生来说,遵守国家基本的法律、法规外还要遵守有关教育的法律、法规和规章。我国已颁布施行了《教育法》《学位条例》《义务教育法》《教师法》《职业教育法》《高等教育法》等有关教育的法律和《扫除文盲工作条例》《高等教育自学考试暂行条例》《全国中小学勤工俭学暂行工作条例》《学校体育工作条例》《学校卫生工作条例》《残疾人教育条例》等教育行政法规,国务院教育行政部门单独或与其他部委联合制定、施行了若干有关教育的规章,地方立法机构也依法制定了大量的地方性教育法规和规章,这些教育法律、法规和规章都涉及学生的权利和义务。作为最广泛的教育法律关系主体,学生必须同教育者一起加以遵守,做到知法、守法。

2. 遵规尊师、养德修行的义务

即遵守小学生行为规范，尊敬师长，养成良好的思想品德和行为习惯的义务。小学生行为规范特指国家教育行政管理机关制定、颁发的关于小学生行为准则的统一规定，它包括《小学生日常行为规范》《小学生守则》等。这些规章集中体现了国家对小学生政治、思想品德等方面的基本要求，小学生应当遵守相应的行为规范，自觉养成良好的思想品德和行为习惯。

尊敬师长是遵守小学生行为规范的具体要求，是良好的思想品德和行为修养的具体体现。在教育教学活动中，教师是文化知识的传播者，承担着教书育人、培养社会主义事业建设者和接班人、提高民族素质的使命，理应受到学生和全社会的尊重。尊敬师长是我国的传统美德，也是社会进步的重要标志，小学生应当继承发扬这一美德。

3. 努力完成学业的义务

学习科学文化知识，完成规定的学业，以便使自己成为德智体美等方面全面发展的社会主义事业的建设者和接班人，是学生的首要任务，也是学生区别于其他公民的一项主要义务。学生"以学为主"就意味着他的主要任务是学习，意味着承担接受教育、完成学业的义务。对于义务教育阶段的学生来说，这种义务是强迫的，具有强制性。履行完成学业的义务是学生享有获得学业证书及学位证书的权利的前提。

4. 遵守管理制度的义务

学校及其他教育机构的管理制度，也是国家教育管理制度的重要组成部分，是确保学校及其他教育机构教育教学活动正常有序进行的基本措施，也是国家为实现教育权利而赋权于学校及其他教育机构制定的必要的纪律。遵守学校或其他教育机构的管理制度与遵守国家的法律法规，在实质上是一致的，小学生有义务加以遵守和服从。遵守管理主要包括遵守其所在学校的思想政治教育管理制度、教学管理制度、学籍管理制度、体育管理制度、卫生管理制度、图书仪器管理制度、校园及宿舍管理制度等。

综上所述，作为以学习为主要任务的未来公民的小学生应履行的义务最主要的还是接受教育的义务。

第四节　小学学生行为问题及其矫正

界定小学儿童行为问题时要注意以下三个方面：一是年龄特征。儿童的发展是阶段性与连续性的统一，对儿童行为问题的评定不能脱离年龄特征。二是标准的确定。对于儿童表现出的相同行为，不同的观察者会有自己的主观判断，因此对儿童行为问题的判断必须有相对客观的判断标准。三是持续时间。儿童的不良行为必须有一定的、稳定的持续时间。例如，多动症的诊断前提是出现多动行为持续六个月以上，如果儿童只是偶尔出现上课多动的行为，则并不能认为他患有多动症。[①]

① 余晓敏：《小学生行为问题及影响因素研究》.武汉：华中科技大学，2010 年.

一、小学生行为问题概述

1. 小学生行为问题的分类

(1)外攻性问题与内攻性问题。

外攻性问题指违规犯过行为、敌意抗拒行为,包括打架、骂人、偷窃、逃学、离家出走、撒谎、挑衅、反抗、不合作、欺负弱小、毁坏公物等。内攻性问题指自卑、自贬、自残、畏缩、悲观、孤僻、消极顺从等行为。外攻性问题与对待他人有关,是“缺少控制”的结果;内攻性问题与对待自我有关,是“过度控制”的结果。

(2)行为问题、性格问题与未成熟问题。

行为问题指的是那些敌对性、攻击性、破坏性、不服从行为,有时包括犯罪行为,相当于前述的外攻性行为。性格问题指各种焦虑征候、退缩行为,相当于前述的内攻性问题。未成熟问题是指不安静、无耐心、注意力不集中、被动、易受暗示等。[①]

除此之外,小学生行为问题还包括咬手指、咬指甲、肌肉抽搐、口吃、偏食、尿床、吸烟、做异性打扮等偏畸习惯。

2. 鉴别小学生行为问题的基本方法

鉴别小学生行为问题的基本方法有观察法、行为评定法、社会计量法、会谈法、自我报告法。

(1)观察法。

观察法是通过有计划地、系统地直接观察学生个体的行为表现,并对所观察的行为适时加以记录和解释,以了解学生心理与行为问题的方法。由于外向性行为问题与偏畸行为习惯(如骂人、偷窃、毁坏公物、咬指甲等)通常有比较明显的客观观察指标,故观察法是鉴别外向性行为的适宜办法。此外,观察法也适用于了解个体、行为与环境的互动关系,对于制订有效的矫正计划有辅助作用。

(2)行为评定法。

行为评定法是由父母或教师对学生过去一段时间内的有关行为进行评定,以确定某些行为是否存在以及出现的频率、程度,可以使用 5 级或 7 级标尺做出评定。行为评定一般是一种回溯式的评估方法,使用这一方法时应注意避免因观察者个人偏见、过度类化倾向、趋中倾向及光环效应所带来的偏差。

(3)社会计量法。

社会计量法用来评估学生被接受的程度、在团体中的角色地位和团体互动状况,通常用同伴提名法、配对比较法、列队法、猜人法进行评定。同伴提名法是让班级学生列出最具有某种指定特征的几个学生的名字,如“写出 3 个情绪最消极(或经常打架)的学生的名字”。配对比较法是将学生姓名两两配对,要求教师指出每对学生中哪一个更具有某种指定的行为或特征(如攻击性)。列队法是请教师或其他对学生熟悉的人,把具有指定的行为或特征的一些学生依照表现程度从最低到最高排列起来。猜人法要求学生按照所描述的一些人格特质,猜出班级中最符合这些人格特质的人。使用这些方法的目的在于筛选,即初步确定谁是有行为问题

---

① [美]林格伦:《课堂教育心理学》. 章志光,等译. 昆明:云南人民出版社,1998 年.

的学生，而不是对这些学生做进一步的评估。

(4)会谈法。

会谈法是了解学生心理行为问题最重要的方法，尤其适用于评估那些缺少明显客观观察指标的内攻性问题。教师通过会谈既可以了解学生的心理与行为问题，也可以对学生的认知、情感、意向施加影响。除了与学生会谈外，与父母或教师的会谈对于客观地评估学生的心理行为问题也很有帮助。会谈法有以下优点：可以当面澄清问题，以提高评估的准确性；通过会谈中双方的互动和学生的非言语行为可以了解一些重要的附加信息；通过会谈可以获得当事人与周围重要关系人的资料，了解当事人的认知风格以及对有关事物的主观体验和态度。这些都有助于建立有效的调适方案。会谈法有以下不足：在会谈中，一些学生对自己说谎、偷窃等外攻性行为的掩饰态度会增加评估的难度，遗忘、夸大、欺骗等现象也会使会谈资料的真实性打折扣。

为了增强评估性会谈的效果，除了要多采用半结构性的会谈方式、与谈话对象建立良好的人际关系、了解有关事实和当事人对有关事实的看法外，还要学会运用一些专门的技术，如倾听、鼓励、询问、反应、澄清等。

(5)自我报告法。

自我报告法是评估内向性问题的常用方法，包括标准化的评估工具与非标准化的技术。前者指各种自陈量表，后者指自传、日记、自我描述性的短文等。

3.小学生行为问题的影响因素

小学儿童成长过程中出现的异常心理与行为问题是心理因素、生理因素和社会因素等多种因素相互作用的结果。

(1)儿童自身因素。

儿童自身因素主要包括儿童的健康状况、生长发育状况和心理特征等。儿童的健康状况和生长发育状况会影响儿童行为问题的发生。研究发现，遗传、脑损伤、怀孕期及围生期受损、新生儿缺氧、婴幼儿期中枢神经系统感染、中毒外伤、重度营养不良以及体弱多病、过度肥胖、躯体残疾、智力低下等都会使儿童行为问题的发生率明显增高。①

儿童早期的气质特性也会对其以后的行为产生一定的影响，早期自我控制力缺乏如情绪不稳定、多动、注意持续时间短与后来产生攻击性行为之间有关联。研究发现，难养型气质类型的儿童在学校出现适应不良、活动较多、情绪消极等行为问题的概率高于一般儿童。②

(2)家庭因素。

儿童所处的家庭环境，包括家庭经济状况、家庭教养方式、亲子关系、父母的婚姻质量和父母心理状况等都会对儿童行为问题的发生产生影响。

(3)学校心理环境。

儿童所感受到的学校心理环境主要体现在对上学的喜欢程度上，尤其是在学业的胜任度、师生关系和同学关系的和谐度方面。学习成绩不佳的儿童对同伴的接纳程度更差，不良的同

---

① 任传波、李晓非、姜李妍:《大连 1200 名儿童行为问题的调查研究》.《中国健康心理学杂志》，2005 年第 3 期.

② 陈锦光:《气质与儿童行为的研究》.《中国医药导报》，2007 年第 17 期.

伴关系会进一步促使儿童行为问题的发生。社会技能较差、性发展不良和学业不良的儿童相对正常儿童而言，更难以建立和维持良好的同伴关系和师生关系。①

二、小学生行为问题的干预

正如前面所述，小学儿童行为问题的发生是多种因素综合起作用的结果，因此，干预策略需要学校、社区、家庭和儿童共同协作进行。

第一，以儿童自身特殊性问题为主导进行的干预，例如为有攻击性行为倾向的儿童制定个性化干预策略。

第二，以学校为主导，以社会技能和生活技能教育为基础的综合干预策略。研究发现，社会技能训练、行为训练和父母集体训练可以有效地改善儿童的躯体攻击行为。

第三，以社区为基础、以医疗保健机构为主导的综合干预策略。学校、家庭、社区和妇幼保健院开展心理讲座和咨询，通过社区板报等方法使人们掌握减轻儿童的违纪、多动和社交不良行为的方法。②

第四，改善亲子互动，增强家庭和个人在矫正儿童行为问题中的作用。国内外研究证明，通过亲子互动训练可以减少儿童行为问题，促进儿童社会技能的发展。

三、小学生主要行为问题

1. 对立违抗性障碍

对立违抗性障碍通常在童年早期出现，青春期达到高峰。该类障碍的最典型特征是儿童无法控制自己的情绪和行为，这不仅会严重影响其人格的健全发展，更重要的是此类障碍所带来的后果往往会使家长和教师陷入被动、无助的局面，因此，必须予以重视。

(1)对立违抗性障碍的概念界定。

对立违抗性障碍(oppositional defiant disorder，ODD)是一种以对权威人物的抗拒、挑衅、公然违抗、敌对等行为为典型特征的儿童破坏性行为障碍。有对立违抗性障碍的儿童不仅会对抗家长、教师等权威人物，消极抵制或公然违抗家长、教师的指令，而且容易在同伴中被激怒或故意激惹他人，对他人的无意行为反应过度，甚至失去控制打骂他人。

对立违抗性障碍主要在 8 岁左右开始出现，最早的可能从 3 岁就开始出现了。青春期之前，这种障碍多发于男孩身上；而青春期之后，就几乎没有性别差异了。反抗行为主要出现在家里，情况严重时也会出现在学校或公共场所等家庭以外的地方，症状会持续数月甚至数年。

对立违抗性障碍在小学生中的发病率为 5%～10%，此类障碍没有更严重的违法或冒犯他人权利的社会性紊乱或攻击行为。

(2)对立违抗性障碍的症状表现。

对立违抗性障碍儿童的症状主要表现在情绪和行为两个方面。在情绪上，对立违抗性障碍儿童的情绪很不稳定，经常表现出敌对、愤怒、怨恨等消极情绪，常将自己的过错归于他人，易对他人心生敌意。在行为上，对立违抗性障碍儿童倾向于对抗权威，喜欢和他人对着干，难

---

① 余晓敏：《小学生行为问题及影响因素研究》. 武汉：华中科技大学，2010 年.

② 赖爱平、徐秀芳：《行为问题儿童的“亲子互动”干预研究》.《中国儿童保健杂志》，2006 年第 1 期.

以服从管教，表现出对抗性和破坏性行为。[①]

在家庭中，对立违抗性障碍儿童容易和父母发生冲突，习惯性地挑衅和对抗家长，激化家庭矛盾，导致家庭功能失调，对家庭成员的身心健康产生不利影响。在学校，对立违抗性障碍儿童不服从老师管教，违抗班级和学校规定，时常与同学冲突，与老师作对，容易给同伴造成身体和情感上的伤害，给教师的教学和管理工作带来许多不便，造成同伴关系和师生关系不良。同时，儿童的人际关系也会影响其自身情绪和行为表现。此外，对立违抗性障碍儿童在某些执行功能方面也存在缺陷，比如意志力薄弱，行为缺乏计划性、目的性，学习效率低，没有上进心等。在学习方面，对立违抗性障碍儿童通常有以下表现：对学习不感兴趣，成绩差，故意拖延、浪费时间。对立违抗性障碍儿童常常烦扰、怨恨、敌视他人，他们与同伴相处困难，较少参加集体活动，与父母和老师缺乏沟通交流，适应不良。

(3)对立违抗性障碍的原因分析。

①家庭因素。

父母与子女之间的亲密关系和接触交流可以安定儿童的情绪，使儿童建立安全感与信赖感，反之则可使其产生敌意和对抗。有研究者在一项关于冲突与外化性行为障碍的双生子研究中发现，大概有30%的破坏性行为障碍儿童的家庭存在亲子交往不良甚至亲子冲突。研究发现，儿童不仅可以模仿和学习父母的攻击冲动行为，而且这些行为也可以作为一种精神应激增加儿童其他行为问题及精神障碍的发生概率，尤其是在7～11岁这一年龄段，父母的离异会导致子女出现更多的行为问题，而儿童出现对立违抗性障碍也会使家庭本已存在的矛盾恶化。

父母的养育方式对儿童的认知发展、性格形成、自我意识和行为社会化等方面有深远的影响。研究表明，对立违抗性障碍儿童的父母的教养方式缺乏一致性，时而过度宽松，使儿童不受任何约束，时而过分强制，压抑儿童的内心需求，这样就使孩子的个性具有既懦弱又反抗的双重特点。研究发现：对立违抗性障碍儿童的父母对子女疏于情感上的关爱、理解、信任和鼓励，却有过多的拒绝、否认和惩罚，同时还发现该类儿童的母亲对子女有过分的干涉与保护倾向。

父母的性格特点和精神健康状况与儿童的行为之间是相互影响的。一般认为如果父母有偏执的人格特征，如敏感多疑、主观固执、敌对、易与人发生分歧、易怀疑嫉妒别人等，便会妨碍父母理解、信任、尊重子女，从而影响亲子关系，不利于营造良好的家庭心理氛围。研究发现，与教养行为相比，有精神病性症状的父母更容易使他们的子女出现破坏性行为。

②自身因素。

研究发现，对立违抗性障碍儿童通常体质较弱、精力不充沛、睡眠不充足、食欲欠佳，与正常儿童相比有显著差异。有研究者认为，该障碍可能是由躯体的不健康状态引起的儿童心理及行为的异常。[②] 也就是说，儿童的身体健康状况与对立违抗性障碍的发生有一定的关联，具体表现在以下方面：

某些疾病本身即可导致儿童神经系统发育成熟度低或神经系统损伤，从而影响儿童神经心理发育。研究发现，低体重儿童比正常儿童发生破坏性行为的比例高，正是出于其早期体格

---

① 蔺秀云、李文琳、李泽，等：《对立违抗儿童家庭问题分析》.《北京师范大学学报(社会科学版)》，2014年第3期.

② 李冰：《对立违抗性行为障碍的行为特征及影响因素的研究》.济南：山东大学，2006年.

发育迟缓、智力发育落后的原因。

儿童在面临疾病压力时会出现心理行为异常。疾病患儿会比正常儿童面临更多的压力，他们常会受到别人的歧视、耻笑、孤立。他们因生理病性特点也常常被排斥在正常的团体活动之外，使得他们自我意识降低，学校生活适应困难，对别人容易产生敌对情绪，因攻击同学和老师而使人际关系紧张，最终导致其出现对立违抗性障碍。

儿童的健康问题会使父母的教养态度发生变化，或娇生惯养，或厌烦嫌弃，滋长了儿童不服从、敌对等情绪或行为。

儿童的社会适应能力、自尊心、自信心、意志力在儿童的成长发育中起着重要作用。研究表明，对立违抗性障碍儿童在生活中的适应能力、自理能力、意志力、自信心和自尊心均低于正常儿童，这可能是由该类儿童的心理行为特征导致的。

③学校环境因素。

对立违抗性障碍儿童在校总体表现差，上课时注意力不集中，课堂发言不积极，学习兴趣低下，学习成绩差。

此外，对立违抗性障碍儿童在学校的同伴关系也很差，社会适应困难，这是因为他们经常发脾气、易激怒，容易出现敌对、攻击、挑衅行为，因而受到伙伴的排斥与疏远，而不良的同伴关系又会加剧该症状的表现。

(4)对立违抗性障碍的干预措施。

①积极处理行为问题。

父母和教师要及时纠正对立违抗性障碍儿童在生长发育过程中出现的各种行为问题，培养儿童的自控能力和社交技能。[①] 对于对立违抗性障碍儿童表现出来的行为及情绪问题不可放任不管，而可以使用暂停法对孩子进行行为塑造。暂停法是指当孩子做出不恰当行为时，停止一切活动，让孩子暂时独处的行为治疗方法。例如，在房间的一个角落放一把椅子，让孩子独自静坐 5～10 分钟，明确地告诉孩子他违反了什么规则。

②减少父母的不良行为，提高父母的素质。

在对立违抗性障碍的治疗中，使用最广泛的是认知行为疗法，即对孩子的恰当行为进行奖励，训练孩子进行自我监管、自我指导的能力，让孩子学会遵守规则，控制内心的愤怒。在这一过程中，孩子还能掌握与他人保持和谐关系所必需的社会技巧。

孩子之所以会产生对立违抗性障碍，很多时候问题出在家人身上。因此，要想得到根本的治疗，不仅仅是孩子，父母也要有所改变，父母需要学会在对待对立、反抗的孩子时所必需的一些具体、有效的技巧。有一种被称为父母子女相互作用的疗法，它有一套纠正父母和子女之间不良沟通状态的方案，能让父母学会有效的对话方法、教育方法，普遍认为这一方案对对立违抗性障碍的治疗具有非常好的效果。

③创造良好的家庭氛围。

研究发现，儿童对立违抗性障碍多发生在家教严格、家庭气氛压抑的家庭当中，父母的心理健康状态也影响着儿童的心理健康水平，如果父母中的一方存在情绪障碍、品行障碍、多动症、反社会型性格障碍或有与滥用药物相关的障碍时，孩子出现对立违抗性障碍的概率就比同

---

① 黄广文:《儿童对立违抗性障碍有关影响因素研究》. 长沙:中南大学,2005 年.

龄人大很多。因此，提升家庭关系的亲密度，减少家庭的矛盾，创造稳定、和谐、亲密温馨的家庭环境，促进家庭成员间的相互理解、交流、鼓励和帮助，父母与儿童建立良好的情感关系，都可以在一定程度上起到预防和治疗对立违抗障碍的作用。

④学校社会对患病儿童的接纳帮助。

学校既要重视培养儿童独立思考和自立的能力，满足儿童的好奇心和求知欲，还要培养儿童养成遵守纪律的良好习惯。教师、同伴要改变对对立违抗性障碍儿童的态度，减少歧视、偏见，理解该类儿童的行为特点，给予其关心，帮助儿童纠正不良行为。

2.攻击性行为

(1)攻击性行为的概念。

攻击性行为是指有意伤害他人的身体行为或者言语行为。[①] 儿童的攻击性行为是儿童期一种比较常见的和典型的行为，指的是当儿童的需求得不到满足或者自己的权利受到损害时，表现出的以踢、打、咬、用力推搡以及争夺、破坏物体等身体动作或谩骂、侮辱、贬低等言语行为为特征的行为。

(2)儿童攻击性行为的类型。

攻击性行为从表现形式与攻击意图方面可以分为不同的类型。

①攻击性行为的表现形式：言语攻击和身体攻击。

言语攻击是指通过取笑、讽刺、诽谤、谩骂、背后说别人坏话等方式对他人进行人格欺侮，或者是恶意造谣中伤他人，破坏别人的社会交往关系。身体攻击是用身体的某些部位或者是有可能造成伤害的工具攻击他人身体。

②攻击性行为的目的：敌意性攻击和工具性攻击。

工具性攻击是儿童为了争夺物体、“领土”或“权力”而发生的身体冲突且使他人在此过程中受伤的行为，此类攻击性行为的发起者只是想得到他想要的东西或是保护那些自认为是属于自己的东西，他们的目的不是伤害别人。

敌意性攻击是由愤怒所引起的以伤害为目的的行为。儿童表现出敌意性攻击时会体验到满足，因为他看到别人的身体或心理受到了“惩罚”。他们的伤害性行为或言语有预先目的，是为了报复或达到某种目的。当儿童缺乏安全感或他们认为某些人正试图破坏他的计划时便往往会使用敌意性攻击。

(3)攻击性行为的影响因素。

①家庭因素。

家庭是儿童成长的摇篮，每个家庭都是通过各自的价值标准来塑造孩子的行为，家庭常被认为是儿童社会化过程中最有影响的动因，所以作为儿童社会化重要内容的攻击性行为也是与家庭的作用密切相关的。

民主型教养方式下长大的孩子具有健全的个性和良好的行为方式，很少有行为问题；采取放任型教养方式的父母，由于其忽视的态度，当孩子偶尔出现攻击性行为时，他们通常放任自流而不是加以制止，于是便助长了孩子攻击性行为的进一步发展；专制型父母则对孩子严格约束，一旦孩子的行为不符合规则，父母就会变得愤怒和不亲切，他们很少会考虑到孩子正常的

---

① 苏科、李菁：《儿童攻击性行为研究》.《中北大学学报(社会科学版)》，2006年第22期.

心理需求，对孩子经常性的拒绝和排斥会使其产生挫折感，导致其出现攻击性行为，他们或者攻击父母或者攻击同伴，以此发泄心中长期积郁的不满。专制型父母经常使用的不恰当惩罚模式不但不能抑制儿童有害的、不良的敌意行为，反而会使其变本加厉。

②学校因素。

学校是儿童学习适应社会生活的一个重要场所，教师和同伴是影响儿童社会化的重要因素，儿童的攻击行为与学校里各种因素的影响是分不开的。

在学校里，每个孩子在教师心目中的地位应该是平等的，教师对每个儿童的评价应该是积极公正的，当教师把儿童评为“差孩子”时，便挫伤了“差孩子”的自尊心、自信心，使其处于失败和困境中并不断地遭受挫折，从而可能引发儿童的攻击行为。有的教师多运用惩罚来对待有攻击性倾向的儿童，而过多的惩罚则会引起儿童的逆反心理，从而进一步加强其攻击性。

同伴之间的相互作用促进了儿童社会行为的发展，儿童会通过模仿同伴来学会一种行为模式，当一个儿童通过攻击别人达到了某种目的时，其他的儿童看到这种行为带来的“好处”，也会去模仿这种行为，因此同伴“榜样”的作用是引发儿童攻击行为的一个重要因素。另外，儿童在同伴群体中的地位也会影响其攻击性行为。如果一个儿童在同伴群体中的地位较低，经常遭受其他孩子的嘲弄和奚落，他就有可能进行报复性的攻击；但如果一个儿童位于同伴之首，则有可能自恃自身的强大去攻击别人。

(4)攻击性行为的矫治措施。

①减少环境中易产生攻击性行为的刺激。

西方人本主义代表人物马斯洛认为，人的天性需要在环境条件下发展成现实的人格或心理品质。我们可以通过角色扮演等途径，让孩子意识到他人对其攻击性行为的不满，从而使儿童对自己的攻击性行为产生否定情绪。

实践证明，电视节目中的暴力行为可以引发儿童的攻击行为，所以家长要指导儿童正确地看电视。第一，家长要为孩子选择节目内容，要让孩子多看一些富有知识性、趣味性的节目，对于孩子爱看的卡通片，家长也应注意其质量，避免其收看带有暴力色彩的电视节目。第二，家长要抽时间陪孩子看电视，与孩子一起讨论电视节目中暴露的问题，引导他们分清是非、美丑、善恶，使他们知道应该学习哪些行为和不该模仿哪些行为。第三，家长要为孩子提供一些儿童书籍、乐器及其他儿童娱乐用品，减少孩子看电视的时间，也就能降低其看到电视中的暴力行为的可能性。另外，家长在为孩子选择玩具时也应少买带有攻击性的玩具(如枪、刀)，因为孩子常常会利用这样的玩具模仿攻击性行为。

②对孩子的攻击性行为要及时进行适当的惩罚。

当孩子出现攻击性行为时，如果成人不加以制止和批评，就会强化孩子的攻击行为，所以有必要对孩子的攻击性行为实施惩罚。这种惩罚必须是在说理的基础上进行，要让孩子明白为什么要惩罚他，惩罚不能使用暴力手段，如打、骂。另外，教师和家长可以采用“冷处理”的惩罚方式，即在一段时间里，不去理睬表现出攻击性行为的儿童，故意冷落他，让孩子认识到自己做错了事，给儿童自我反省的机会。惩罚还可以采取另外一些方式，如不让孩子做自己喜欢做的事情，这种惩罚对孩子较为有效。但是，惩罚不能使用得过于频繁，每次应适可而止，当孩子有悔意时，成人要及时撤去对孩子的惩罚。

③鼓励培养孩子的亲社会行为和移情能力。

在日常生活中，当孩子做出合作、分享等亲社会行为时，成人要及时表扬和鼓励，培养孩子的利他行为。许多研究已证明，培养孩子的亲社会行为和移情能力，可以有效减少儿童攻击性行为的发生。

④提高儿童的社交技能和自我控制能力。

具有攻击性倾向的儿童在同伴中的社交地位较低，不易为同伴所接纳，这是因为这些儿童在解决一些同伴交往中所出现的问题时所使用的策略不恰当，因此容易遭受同伴的拒绝，而同伴拒绝会导致儿童采用攻击性行为以达到交往目的。因此，家长和教师要教给儿童一些正确的社交方法，鼓励其学会正确与同伴交往，并通过提高其社交技能来减少攻击性行为。

教师要善于发现攻击性儿童身上的闪光点，当他们有友好举动时，要及时在全班面前表扬他们，从而提高攻击性儿童在同伴中的地位，随着攻击性儿童社会交往地位的提高，不再遭到同伴的拒绝，出现攻击性行为的频率也就相应会有所减少。

有些攻击性行为的发生是由于儿童在人际交往情境中的自我控制能力较差，他们一旦受到委屈便会去攻击别人，所以家长有必要在日常生活中训练幼儿（儿童）的自我控制能力和承受挫折的能力。

⑤给予榜样示范，教给孩子正确的非攻击性解决问题的方法和手段。

研究表明，具有攻击性行为倾向的儿童之所以在解决冲突或人际交往中更多地运用攻击性行为方式，不仅是因为他们所想到的解决冲突或进行沟通的方法的数量少于一般儿童，还因为他们所能想到的方法普遍带有攻击性倾向。所以对于有攻击性行为的儿童，我们可以给予榜样示范或直接教给其正确方法。这要求成人要加强自身修养，成人的一切言行都是儿童的具体榜样，所以父母教育子女应从自身做起，使儿童能潜移默化地得到教育，尽量避免在孩子面前争吵、打架或恶意攻击。另外，应及时对孩子的攻击性行为进行矫正，即使孩子攻击性行为发生的动机可能是善意的，如"打抱不平"等，也要及时教给孩子正确的解决方法。但应该注意的是，矫正的重点不在于批评孩子的攻击性行为，而在于及时使孩子明确非攻击性行为的方式方法。

综上所述，儿童攻击性行为产生的原因多种多样，包括生理、心理、社会环境和文化教育等各种因素。学龄期是进行心理矫正的关键时期，如果这一阶段对孩子的攻击性行为不及时加以干预、矫治，待他们成年后相比同龄人就更容易走上违法犯罪的道路。因此，作为教育者，对于有攻击性行为倾向的儿童，我们应该采取正面引导和反面教育相结合的方法，让孩子学会控制自己的情绪和行为，同时我们还要培养他们的爱心和与人为善的品格，这样才能铲除儿童攻击性行为的土壤，使他们的身心得到健康的发展。

3.说谎

刚入学的小学生，由于认知能力及思维能力均未发育完善，分不清自我与环境以及周围事物的真假，便会无意编造某些"谎言"。还有些想象丰富的低年级儿童，为了满足自己幻想中的某些愿望，便常将幻想与现实掺和在一起说谎。

随着小学生年龄的增长和认知水平的提高，无意说谎会逐渐减少。但有些小学生，经常故意编造谎言就属于品行问题了，需要加以矫治。

(1)小学生说谎的概念。

说谎指的是小学生有意或无意地讲假话，它是小学生常见的行为问题。有的父母并不认为这是一种问题，因为他们会经常有意识或无意识地教自己的孩子说谎。例如，父亲不愿接待某位客人，就对孩子说："如果××叔叔来，你就告诉他，爸爸不在家。"由于父母在孩子心目中有一定威信，因此父母说的或做的孩子认为都是对的，孩子也就逐渐学会了说谎。

(2)小学生说谎行为的主要表现及特点。

一般而言，小学生说谎主要有以下几种表现形式。

①无意说谎和有意说谎。

第一种是无意识的说谎，也就是幻想式的说谎。严格说来，这不应该被纳入“说谎”之列。这种情况一般发生在年幼的孩子身上，因为幼儿对经历过的事情记忆不清晰或概念掌握不准而造成说话不真实，或把想象当成了现实而说了假话，或因控制能力差、道德认识不清而说谎。

第二种是有意识的说谎。按动机来分，它又可分为积极和消极两种。如孩子生病了，怕妈妈着急，便对妈妈说“我没有病，不难受”。这种说谎有积极的因素。如果动机是消极的，是一种欺骗的方式，那就是一种真正意义上的说谎。

②试探性说谎。

一些学生犯了错误，明知道自己不对，但还是心存侥幸心理，希望能靠说谎骗过老师和家长。其主要表现在：

第一，为了免受责罚而说谎。学生说谎有时是迫于心理压力，通常是由于遇到了难以克服的困难而采取的心理防卫方式，并非有意说谎。如在学校受到同学欺侮、教师的批评、学习遇到困难等，学生可能会装生病而不去上学。另外，如果因教师、家长对学生责备过多、惩罚过严，学生为躲避批评或惩罚也会被“逼迫”说谎。

第二，为了获得老师家长的欢心和奖励而说谎。一般在学校考试之后，小学教师都会要求家长签名，包括平时作业也需要家长的签字，其实也是为了让家长起到督促作用。但有些孩子因为考试成绩不太理想，既害怕家长知道，又希望有个好成绩来讨家长的欢心，于是就会自己涂改分数或者自己代替家长签字。罗素说过，儿童的不诚实几乎都是恐惧的结果。当他们认为自己所做的错事将受到惩罚时，就会产生恐惧和逃避的心理。有时候，成人先是承诺只要儿童承认错误就不惩罚，但当儿童诚实地承认错误后却会受到加倍惩罚，这就让儿童产生了诚实还不如说谎的想法。另外，儿童有时为了获得成人的奖励或赞赏也会说谎。

第三，养成性说谎。大部分的孩子最初说谎可能是试探性说谎，但若因此满足了自己的内心需求，而且屡次成功，久而久之便养成了说谎的习惯。现在小学生在作文中说谎的情况越来越普遍，这也应值得我们大家关注。中小学生在作文中说谎的情况被媒体一再提及，“人生说谎作文始”“语文教师教学生说谎”等指责反映出部分小学生说谎与老师平时的教育有关。

第四，反复性说谎。一旦养成了说谎的习惯，就很难改掉，其后果也是难以预料的。古训说“小来偷针，长大偷金”，就是因反复而养成的坏习惯。日久成性，用一个谎圆另一个谎，形成恶性循环，导致情况越来越严重。有些小学生无论做错了什么事情，都会自圆其说，用一些谎言来掩饰自己的行为，说谎的习惯在短时间之内很难改变。

(3)小学生说谎的成因。

小学生为什么会出现这些行为呢？就像“万物存在即合理”一样，小学生的说谎行为自然也不会凭空出现，也一定有其产生和形成的原因。说谎不是儿童应有的天性，而是周围人对儿童的态度导致的，或由特殊原因造成的。因此，儿童的说谎不仅能预防，而且可以矫正。

小学生说谎行为的成因是多方面的，既有内在的，即需要满足自身需要；又有外在的，即受环境影响或由家庭、学校、社会教育的不当所致。小学生说谎行为的成因主要有以下几个方面：

①个人因素。

布特曼说过:“每一个人都是他自己个性的工程师。”人与动物最大的区别就是人具有主观能动性,而动物没有。所以,个人因素是非常重要的。

第一,因年龄特点造成的天真“说谎”或因记忆、语言表达不准确而说谎。这种现象在低年级孩子身上较多见。这通常是因为孩子太小,对事物感知不深,理解不清,记忆不牢,表达不准,常会把这件事与另一件事混淆,以致说出类似的“谎话”。

第二,怕受批评,主观上推诿责任而说谎。许多孩子,特别是年龄稍大的孩子都有一定的是非判断力。他们知道说谎的行为是错误的,但为了逃避批评和惩罚,他们往往会想方设法掩盖事实真相。还有些孩子因为初次尝到说谎的甜头后,便一发不可收拾,久而久之,说谎就变成了习惯。

第三,为了维护“自尊”的需要而说谎。人人都有自尊,都需要被人尊重,孩子当然也不例外。然而一些孩子常常把虚荣当自尊,用说谎来维护自己的“面子”。比如:一个学生家境贫寒,觉得很没面子,怕受人歧视,于是就骗同学说自己家是多么的富有,装阔气等。

有些孩子为了表现自身的能力,让别人对他产生羡慕心理,也会编造谎言。比如有个孩子在绘画活动中常常获奖,经常受到老师和同学们的称赞,但在学习上天资不高又不肯用功,经常落在其他同学的后面。在家庭中说谎使她尝到了甜头,于是她又开始在学校里试着对老师、同学编造谎言以满足其虚荣心,她从作文书上抄作文以赢得同学的羡慕、老师的欢心,于是说谎就成了满足其内心需要的一种工具。

第四,想象与现实不分,将未满足的愿望或幻想当成现实。这种情况多发生在年纪较小的学生身上,这主要是由这一时期学生本身心理发展的特点决定的。处在此年龄段的学生对周围世界的认识在不断增多,想象力也日益丰富,但他们的思维能力仍处于低级阶段,认识问题的水平低且表面化,判断、推理能力还很有限,想象水平也比较低,并且以无意想象为主。在这个时期,学生不能完全分清什么是想象、什么是现实,经常把想象和现实混淆起来,于是容易把幻想或希望得到满足的愿望当成现实说出来。生活中许多学生向父母说谎,说老师表扬了自己,其实也是内心希望得到老师表扬的一种表现。

第五,报复性谎言是儿童内心情绪的一种表现。当儿童对某人心怀不满时,可能通过谎言来向对方示威和挑战。儿童有时会出于一种报复心理而说谎,并不是存心欺骗人。比如他们对老师或家长禁止他们干某件事不满,便会故意说他已经干了那件事情,使老师或家长生气,而受批评时又固执己见,对抗家长和老师,有意背道而驰;本来是他先动手打人,吃了亏后却跑到老师或家长面前谎说别人打了他,指望得到同情,以便惩治对手等,都属于报复性说谎。

②家庭方面。

民主、宽松的家庭氛围对儿童个性的健全发展有积极作用,而专制、粗暴、压抑的家庭氛围则容易使孩子内心缺乏安全感,导致孩子出现说谎行为。

父母是孩子人生中的第一任教师,对孩子的性格养成起着至关重要的作用。有些家长因工作太忙而无暇顾及孩子,与子女间相处的时间短,与孩子之间的沟通和交流少。然而,每个人都渴望被重视、关心和爱护,小学生在家庭之外所受的关注和关爱是有限的,所以有的学生就会用谎称生病来补偿,从而获得心理安慰。因为在这时,家长会对其百般迁就,教师也会减少或降低对他的要求。

另外，家长们的“言传身教”也尤为重要。如果家长经常说谎，孩子多半也不会诚实。有些家长喜欢夸大其词，把一件微不足道的事情吹得天花乱坠，孩子受此影响也会不知不觉地进行模仿，效仿大人吹牛说谎。

学生的年龄大小决定其接受心理暗示的程度。比如，有一些低年级的学生经常遇到大人们发出这样的提问：小朋友，你好可爱哦，好久不见，你有没有想我啊？其实，像这样的问题其实就包含一种心理暗示。小学生在年龄很小的时候或许有过“不想”的表示，但多数被家长否定了。家长回到家一定会教导孩子们，不论心里是怎么想的还是要回答说“想”，尽管那可能是谎话而不是自己心里真正所想的。

③学校方面。

除了个人方面和家庭方面的因素，学校方面的原因也是不容忽视的，主要有以下几个方面：

第一，班集体是小学最基本的组织形式，也是学生实现个体社会化、发展个性的重要环境，班级管理的运作状态直接影响到班级教育功能的发挥和学生自我管理意识的发展。一个良好而积极的班集体，必定会促使小学生们往积极的方面发展；反之，就会使小学生们养成许多不良的习惯。小学生都有“趋众”心理，容易被同龄人影响，在班级中说谎的孩子对其他儿童会造成暗示，促使其模仿。

第二，小学生有很强的模仿能力，因此，教师的言行举止对孩子的影响是深刻而长远的。在研究关于学生诚实这一性格特征时发现，喜欢教师的小学生说谎少，容易形成诚实的特征；不喜欢教师的小学生则经常说谎。学生年龄越小，受教师的影响也就越大。教师的行为对孩子来说是无声的语言和有形的榜样。

第三，从学校内部的教育来说，学校本应促进小学生德、智、体、美、劳全面发展，可是在全面实施素质教育的今天，许多学校仍然是重智育、轻德育，表面上搞素质教育，实际上还是走应试教育的老路，甚至以智代德，道德教育名存实亡。

④社会方面。

环境对性格的影响中，起决定作用的并不是环境本身，而是人与环境的相互作用。有些学生所处的话语环境不容乐观，被一种虚假、浮躁的语境“污染”。学生在家“听父母”的，在校“听老师”的，在社会上“听网络”的，结果不敢说、不想说、不愿说，而在这“三听”中听得最多的又是假话、套话、废话等。长此以往，最终孩子便可能失去想要真实表达自己想法的勇气，而是按照社会期望的规则规范自己的言行，说谎也因此成为一种生存法则。社会上的不良风气也会导致学生学会说谎，孩子的谎话是在社会中“学会”的，有的则是主动模仿学来的。从社会大环境来看，在经济转型过程中，部分经营者在利益驱动和市场竞争的压力下，出现了较为严重的制假售假等现象，经济中的虚假欺骗会不同程度地渗透到社会各领域，从而可能扰乱社会正常秩序。学校不是“世外桃源”，社会的诚信危机也会对校园和学生造成影响。

(4)小学生说谎的矫正策略。

说谎会导致人际关系紧张，甚至使说谎者形成过度焦虑和恐惧的心理障碍，不利于小学生全面、健康地发展，不利于小学生形成健全的人格。因此，分析小学生说谎的心理动因，矫治说谎，培养小学生诚实正直的人格品质，是学校德育教育中不可忽视的一个问题，也是心理教育中重要的一个方面。

说谎的动机不同，其引起的危害后果也不同，这就需要根据不同情况加以分析和矫正。

①防卫性说谎。

这种说谎行为的动机就是保护自己不受伤害，使自己摆脱不利的情境，“化险为夷”。在学生的说谎行为中，防卫性说谎占有相当大的比例。小学生的很多说谎行为都是为了免受谴责或惩罚，通过说谎，他们可以用较小的“代价”避免可能受到的痛苦或损失，从而保全自己。尽管一些孩子在说谎时感到内心不安，甚至会有比较明显的感情冲突，但是想到这样能使自己摆脱一场痛苦或尴尬的处境，便也会采取这一手段保护自己。

当发现小学生在防卫性说谎时，首先应当准确地判断其性格类型。对于性格外向、活泼好动的孩子，应当直言不讳地指出这是谎言，然后询问他为什么说谎，了解说谎的原因。当他们叙述说谎原因时，应注意他们所说的内容之间的一致性，以防又用新的谎言来掩盖真正的原因。如果发现孩子所说的原因是情有可原的，则要指出无论什么原因，说谎都是不对的，应当受到处罚。如果发现他所说的原因并不值得原谅，则更应当明辨是非，进行必要的处罚。

对于性格内向、平时安静自律的小学生，应用平静、关心的语气询问他们是否遇到了自己难以处理的事情，引导他们说出具体原因，然后针对这些原因提出一些建设性的处理、应对方式，使他们认识到说谎是一种下策。由于这种孩子的自省能力、自尊心较强，因此，不一定要点出他的谎言，而可以旁敲侧击地让他明白自己的谎话已被识破，让其有机会用自我修正的方式加以改正。无论这些孩子说谎的具体原因有什么不同，都要帮助他们用正确的方式摆脱困境和压力。

另外，在教育工作中，老师要与家长密切配合，共同为小学生创造民主、宽松的教育环境，让他们不必因惧怕受到批评或惩罚而说谎。

②恶作剧性说谎。

这种说谎行为的动机主要是戏弄别人，从中获得心理满足。恶作剧性说谎也是小学生中比较常见的说谎行为。有些孩子在感到生活不充实、难以打发一段时间时，就有可能用恶作剧性说谎的方式来戏弄别人，从别人不恰当的行为反应中获得畸形的心理满足。例如，一个高年级的小学生放学后觉得无聊，就打电话给甲同学，告诉他乙同学叫他明天带字典到学校，老师说要用。第二天，甲同学果然带了厚厚的字典来学校，可老师却没有用，于是甲同学和乙同学为这事吵了起来，而这个学生却在一旁看热闹。这种说谎行为反映了说谎者的品德不良，应当采取比较严厉的方法加以处理。发现这类情况后，必须给他们一定的惩罚，使他们知道说谎行为会引起的不良后果，让其记住这个教训以防再犯。同时，应当尽可能地创造条件，安排他们进行有益的活动，不要使他们有较多时间撒谎。

③牟利性说谎。

这种说谎的动机是利用谎话骗取钱财、用具、名誉等来满足自己的不同需要。对于这类说谎者来说，其说谎的目的很明确，就是利用说谎行为获得物质和其他方面的需要或满足。

处理这类说谎时，首先应当分析其说谎行为的原因是否合理。如果说谎的原因是合理的，比如他们的正当需要没有得到满足，那么就应当在批评他们的同时，尽量满足他们的正当需要。尤其应该向说谎者表明的是，合理的需要必须用合理的方式去满足，而说谎是一种不良的、在道德上应受到谴责的手段，不应使用。如果牟利性说谎的原因是不合理的，那么就应拒绝他们的要求，在揭穿他们的谎言时，告诉他们家里或学校不会为这种理由原谅他们。如果这种行为与他们的不良交往有关，就应采取措施，使其摆脱这种不良交往，防止他们在这种不良交往中继续变坏。

④报复性说谎。

这种说谎的动机是利用谎话对别人进行报复，发泄对别人的敌意、愤怒等情绪。当遇到批评、殴打、戏弄等挫折之后，一些小学生就有可能用说谎的方式诱骗对方上当，利用别人的力量惩罚自己不喜欢的人，或者使对方受到物质上的损失或精神上的痛苦，以满足自己的报复欲望。

报复性说谎同样是一种在道德上应受到谴责的行为，发现这种说谎行为后，必须给说谎者以严厉的处罚，如果这种说谎行为引起了严重后果，则更要加重惩罚的程度。另外，应使孩子认识到报复性行为的消极性，即报复行为会给别人造成痛苦，却不能给自己带来任何好处，尤其在报复性说谎引起了不必要的意外后果时，更会引起说谎者的内疚和自责，反而会使自己体验到更多的不安。同时要让学生知道，在为人处世时理解和宽容是最重要的，可以减少或消除麻烦和痛苦。

⑤表现性说谎。

这种说谎的动机是为了吸引别人的注意，获得在别人面前表现自己的机会。获得别人的赞扬，在别人面前展现自己的才能，是人的基本社会动机之一，而实现这种动机的正确做法是努力学习和工作，以出色的成绩和良好的表现去赢得别人的赞扬。然而，出色的成绩和良好的表现并不是所有人都能获得的，有的孩子虽然付出了努力，但是依旧难以取得良好的成绩，自然无法吸引到别人的注意，于是便可能用说谎的办法达到这样的目的。尤其是学习成绩欠佳、在学校很难得到老师和同学关注的孩子可能会通过编造一些谎言来引起别人的注意，力图使自己成为众人瞩目的中心。还有的小学生，知道父母的要求高而自己又无法达到，于是就会编一些自己在学校如何优秀的谎话来骗父母。从这种说谎者的心理来看，他们往往有很深的自卑感和强烈的表现欲，他们的说谎行为是克服自卑感的一种表现，是他们的表现欲无处发挥作用的一种结果。

此外，小学生出现了表现性说谎时，应当注意两种策略的处理。第一，不理睬谎言。由于这类谎言是想引起别人的注意，因此，任何具有去"注意"特征的反应，都会强化这种行为，使这种说谎行为继续发展下去。所以，当发现小学生试图用说谎引起别人的注意时，不听他的谎言、离开他说话的情境或进行别的工作都能使说谎者得不到说谎的机会。第二，引导小学生用建设性的行为去赢得别人的赞扬和关注。家长应告诉孩子说谎的人在夸大事实、编造情节时，时刻会有被别人揭发的危险，不但要承受一定的心理压力，当谎言被揭穿后还会成为别人鄙视的对象，而只有用社会认可的方式去努力工作和学习，才能得到别人持久的关注并赢得家长和社会的肯定。由于小学生的认识能力有局限性，因此在启发引导时，要分析他们滋生表现性说谎的原因，为其指出努力的方向和途径，而且这种引导越具体化、越个别化、越多样化，对小学生的帮助也就越大。

小学生成熟度不高，自我表现控制意识不强，认知能力和独立思考能力差，因此容易产生说谎这样的行为问题。父母、老师、社会都有责任和义务密切配合，消除不良环境，共同督促小学生改正并逐渐消除说谎行为。

4. 偷窃

小学是儿童品德和个性形成的关键时期，其道德认识还存在很大的依附性，缺乏对行为的定向和调节能力，该阶段儿童缺乏知识和经验，还没有很好地掌握社会道德准则和行为规范。另外，小学阶段的儿童好奇、好动、好试探、急于行动，还没有"三思而后行"的能力和习惯，往往会导致他们在行为表现上出现偏离，偷窃行为则是该阶段儿童较常见的行为问题。

(1)小学生偷窃行为的成因分析。

一般来说，任何一种不良行为都具有一定的起因，处于小学阶段的儿童因自我意识发展和道德品质发展得不完善，容易受到各种因素的影响。比如小学生偷窃行为的发生原因就包括个人主观、家庭、学校教育、社会环境等多方面因素。

第一，个人主观因素。小学生的自我表现意识较强，当感到自己不为老师、同学所重视或经常受到批评或不恰当的责骂时，便容易产生不良心理。他们明知偷窃是不对的，但由于认为自己受到了不公平待遇，应该反击，于是便将其偷窃行为合理化。有的学生甚至会通过偷取别人的东西来获取控制感和安全感。

第二，家庭因素。父母是孩子的启蒙老师，父母的言行举止对孩子具有潜移默化的影响，父母的不良行为也会对孩子产生不良影响。同时在现实生活中，由于孩子父母在家庭条件、学识、观念等各方面的不同，其对孩子的教育、引导也会不一样。有些父母溺爱子女，满足孩子的一切要求，使孩子的是非标准模糊不清，认为自己喜欢的就应该是自己的；有些父母则是忙于工作，把孩子独自放在家中由老人抚养，督导乏力，孩子会因家庭关怀的缺失而感到孤独，甚至对父母产生怨恨感，从而通过偷取东西以获得心理上的满足；有些父母不关心孩子的思想和心理成长，仅仅关心其学习成绩在班里、学校里是否居前，甚至认为不应该给孩子零花钱以免影响其学习，任何必要的东西都先给孩子买好，使孩子的内在需求得不到满足，从而想通过偷取别人的钱来满足自己的内在需求。

第三，学校教育因素。有些老师粗暴的教育方式会伤害到孩子的自尊心，他们把学业成绩不好的学生、行为表现不好的学生都称为“问题学生”，同时对所谓的“问题学生”冷眼相看、放任自流，若儿童在这种得不到肯定和重视的环境下学习和生活，便会产生各种消极心理并最终采取抵制行为，甚至通过偷窃来反抗老师。还有少数老师认为对偷窃行为方面的教育是家长的事情，家长应全权负责，而老师只负责孩子的学习和在校安全。

第四，社会环境因素。随着改革开放和社会主义现代化建设的不断深入，小学生接触社会的面越来越广，由于互联网、通信等的快速发展，孩子会过早地接触手机和电脑等，而小学生辨别网络信息真伪的能力低下，由此便可能导致其不良行为的产生。除此之外，现实生活中，成年人的道德缺失行为也在不知不觉地影响着小学生的行为，如聚众赌博、吸烟等现象都影响着小学生是非观念的建立，并可进一步导致其出现偷窃行为。

(2)小学生偷窃行为的心理学干预。

偷窃产生的原因各不相同，但表现结果却比较相似，如何矫正孩子的不良行为，使其健康成长，显得非常重要。

①与家长互动，改善家庭教养方式。

小学生的偷窃行为，与不良的家庭教养方式有关。有的家长对孩子溺爱放纵，当孩子出现偷窃行为时，不对其进行及时的纠正，客观上默许了孩子的偷窃行为；有的家长粗暴地打骂孩子，对孩子过于严苛，会使孩子产生逆反心理和对抗情绪，以致其出现更多的偷窃行为。因此，老师和家长应耐心地一起分析问题，找出影响其行为背后的原因，改变不良的家庭教育，为孩子营造良好的家庭氛围。老师和家长既要正确地要求孩子，也要尊重、信任他们，保护和激发他们的自尊心和自信心，使他们愿意袒露自己的想法，从而帮助他们改变不良的行为习惯。

②创设情境，提高学生抵抗诱惑的能力。

小学生的意志力较为薄弱，抵抗诱惑的能力较差。因此，在进行矫正的初期，应加强对孩子的管理，切断不良因素的影响。如让孩子避开某些诱因或使孩子与诱发物隔离一段时间，从而提高孩子在难以避免的环境和诱因下抗拒诱惑、坚持正确行为的能力。

另外，也可以通过创设新的情境，锻炼小学生的延迟满足能力，提高其意志力，同时在锻炼过程中强化和塑造其新的良好行为习惯。例如，创设一个活动情境，让孩子参与此次活动的准备工作，管理一部分活动经费，当好采购员带领大家采购物品，让他体会到同学和老师的信任，从而使孩子提高对金钱或其他物品的抗诱惑能力，矫正其不良行为习惯。

③使用心理矫正技术，帮助孩子重塑良好行为。

第一，自我指导治疗。自我指导治疗是矫正小学生偷窃行为的可行方法。该疗法认为孩子的偷窃行为是在某种内在语言的指导下进行的，因此，要矫正儿童的偷窃行为，就需要引导儿童思考造成自己偷窃行为的内在语言是什么，通过认知重建，使儿童学会改变其自我内在语言，以新的观点看待自己的问题，学习重新建立在面对某些诱惑情境时的新的、适当的、符合社会规范的内在语言，并在现实生活情境里加以练习，最后达到矫治的目的。

第二，行为改变技术。该技术要求首先了解儿童的偷窃行为是偶发性的还是习惯性的，其次要了解其偷窃的动机及背景，再使用行为改变的相关技术，如要求儿童在送回自己偷窃的物品时，加上一件自己的与所偷窃物品价值相当的东西，促使其产生心理冲突，领悟自己行为的不恰当之处，并最终做出改变。

第三，现实治疗法。现实治疗法强调每个个体都有被爱与被尊重的需要，接受爱或给予爱都会产生适度的自我价值感，爱会使个体产生成功的动机和自我价值，在爱与自我价值的交互作用下形成自我认同，完善自己。因此，该理论认为，偷窃行为是儿童内心被爱、被关注的需要没有得到满足的一种表现，这就需要家长、老师和儿童周围的重要他人给予儿童充足的爱，使孩子学会对自己的行为负责。

④发挥教师的引导作用。

在学校中，老师应该组织开展法制宣传与教育，引导儿童形成正确的价值观和道德观，既要树立供孩子们学习与效仿的道德榜样，又要通过某些替代性经验使孩子体会偷窃行为的后果。对于已经出现偷窃行为的孩子，首先要与孩子一起分析偷窃动机是什么、有什么不能满足的需要等。其次是协助儿童找出最容易导致其偷窃行为产生的情境。最后是和儿童协商克服偷窃行为的方法，例如，请老师经常提醒，请父母随时检查，利用自我核查、自我酬赏、自我契约等自我管理的策略来改变偷窃行为。

⑤正确面对矫正过程中出现的“反复”。

小学生的偷窃行为已是其头脑里内化的一种不良行为习惯，因此在矫正过程中出现“反复”现象是正常的，老师或家长不能因为孩子的行为出现反复就放弃他们，损害他们的自尊心，使他们自暴自弃，而应该鼓励和相信孩子，注意培养孩子的自我控制能力和自我监管能力。

拓展阅读

《全国中小学生欺凌现状调查与分析》①节选

学生欺凌指在校学生之间发生的强势一方对弱势一方进行侮辱性身心攻击，并通过重复实施或传播，使被欺凌的学生遭受身心痛苦的事件。

学生欺凌的类型包括：

肢体欺凌：欺凌者主要利用身体动作直接攻击被欺凌者，如殴打、推挤、吐口水等，这是所有欺凌类型中最容易辨识的一种。

言语欺凌：欺凌者主要通过口头言语方式直接攻击被欺凌者，如取侮辱性绰号、辱骂、讥讽、嘲弄、恐吓等，这是所有欺凌类型中最容易发生，且不易被发现的一种。

关系欺凌：欺凌者多通过与其他人共同排挤、孤立被欺凌者，使其被排挤在团体之外。这一类型的欺凌多伴随着言语欺凌（如散布谣言、说坏话等）实施。

网络欺凌：欺凌者主要通过 QQ、微信、电子邮件等多元网络媒介散播伤害被欺凌者的言论、图片或视频等，使被欺凌者多次、重复地在更大范围受到围观，从而造成更大、更深的精神痛苦。

强索欺凌：一是指欺凌者多次损毁被欺凌者的文具、衣服等，凌辱对方；二是欺凌者多次向被欺凌者索要钱财等。

性别欺凌：欺凌者以性或身体特殊部位为取笑、嘲弄对象，或拍摄、散播、描写令被欺凌者不舒服的与性相关的图片、影像及文字等，或攻击被欺凌者身体的特殊部位等行为。

结果显示，我国中小学生欺凌的整体发生率为 13.9%，欺凌萌芽不可忽视，言语欺凌是发生率最高的欺凌类型；欺凌者多为同班同学，教室是欺凌最常发生的地方；欺凌事件发生时，大多数围观者能及时向成人报告，多数被欺凌者会主动向他人寻求帮助，大部分欺凌者能够认识到自己的问题。

练习题

1. 试述主要的儿童发展观。
2. 简述儿童身心发展的一般规律。
3. 简述小学生的权利和义务。
4. 分析小学生行为问题的成因与矫正措施。

① 赵福江、刘京翠、周镭：《全国中小学生欺凌现状调查与分析——基于对全国 11 万余名学生和 6 千余名教师的问卷调查》.《教育科学研究》，2022 年第 5 期.

第五章 小学教师

学习目标

通过本章的学习,你将:

1. 了解小学教师的定义、劳动特点、权利与义务、专业发展和专业素质的基本内涵;

2. 理解小学教师素质结构的构成、教师职业的价值;

3. 掌握当代社会对教师的要求,并能够按照优秀教师的标准进行自我塑造,制定一个可行的养成方案。

小学教师作为小学教育的直接承担者,其劳动具有什么特点?理想的小学教师素质结构是怎样的?小学教师专业如何发展?

第一节 教师概述

小学教师是经过规范的选拔、任用,在小学从教的特定职业者。要进一步了解教师的知识,首先需要把握教师的定义。

一、教师的定义

教师是一个古老而神圣的职业,是随着人类社会的出现和发展而产生的。原始社会的生产力水平极低,教师还没有从社会生活中分化成一个特殊的职业。因此,原始社会没有严格意义上的教师(专职教师);到了奴隶社会,生产力得到进一步发展,社会产品有了剩余,产生了阶级,为专职教师的产生奠定了物质基础,知识经验的积累及文字的出现,给传授知识经验的教师提出了更高的要求。在中国,政教合一、以吏为师和官师合一出现于西周。教师同时为统治阶级的官吏服务。教师的头衔始于宋代,是当地小学教师的头衔。在西方,古希腊时期出现的"智者派"是最早的教师,给无知的人教授知识。三次工业革命给社会各方面带来了极大的变化,促使着现代学校教育的发展,也促使现代教师职业的发展。

关于教师的含义,可谓见仁见智,众说纷纭。古今中外的哲学家、文学家和教育家对教师有着不同的解说。"师者,人之模范也"(扬雄);"古之学者必有师,师者,所以传道授业解惑也"(韩愈);"教师的职务伟大而光荣,是太阳底下最光辉的职业"(夸美纽斯);"教师是知识种子的传播者,是文明之树的培育者,是人类灵魂的设计者"(培根);"世界上最美好的职业就是做一个人民教师”(高尔基)。

放眼当代,关于教师尚没有达成统一的认识,不同学者有不同的看法,观点差异之中也蕴含某些共同之处。“广义上而言,教师与教育者是等同的,但从狭义上的范畴来看,教师是专指学校教育内部的专职教师”①(张乐天);“接受社会的一定委托,在学校中以对学生的身心施加特定的影响为主要职责的人,即是我们所称的教师”②(柳海民);“教师是受社会的委托,经过专门的培训训练,以全面培育人为职责的专业技术人员”③(石忠仁)……1994 年起实施的《中华人民共和国教师法》总则第三条指出“教师是履行教育教学职责的专业人员,承担教书育人,培养社会主义事业建设者和接班人、提高民族素质的使命。教师应当忠诚于人民的教育事业”。本章关于教师的论述便是基于《中华人民共和国教师法》的界定层面。

二、教师的作用

(一)教师在儿童发展中的作用

教师在儿童发展中的作用,可从三方面加以说明。

1.在影响儿童成长发展的众多因素中,教师起着主导的作用

儿童的成长发展,是多方面的因素促成的。其中,有外界的环境和教育的因素,也有儿童自身遗传素质的因素。这三者结合起来,共同影响儿童的发展。但是,这种影响并不是消极的、被动的。作为客观因素的这三种影响,是在儿童自觉的能动的实践活动过程中实现的。归根结底,决定着儿童发展的,是儿童所从事的实践活动。

儿童的实践活动,包括在学校中接受教育和学习的活动以及在家庭、社会中的日常生活活动。这几种儿童的实践活动对儿童产生的影响并不是相同的,其中,儿童受到影响最大的是学校的教育活动。这不仅是因为儿童在学校的活动占了儿童生活的大部分时间,更重要的是,学校教育活动对儿童的影响是最强有力的。首先,它具有明确的目的性、严密的组织性和计划性。相比之下,家庭教育、社会上的大众传播媒介的作用虽然对儿童的发展也有着重大的影响,但由于它是非正式的、松散的,并且带有偶然性,所以其影响力量弱于前者。学校对儿童的影响主要是通过训练有素的教师来进行的,教师是儿童在学校学习、受教育的主要组织者和领导者。所以在对儿童产生影响的各种力量中,教师的力量处在核心的地位。教师是儿童教育的主力军,他们在造就儿童全面发展的个性中,起着主导的作用。

教师在儿童发展中起着主导作用,并不是无条件的。教师的教育工作不是孤立地进行的,必须以一定的客观条件为前提。只有在正常的社会大环境的背景下,在同各方面力量取得有效配合的情况下,充分调动起儿童的自觉性、主动性和积极性,教师才能发挥他的主导作用。

有人说,学校中教师对儿童的影响是小气候,社会的现实环境对儿童的影响是大气候。小气候敌不过大气候。对这种看法要做到具体分析,如果所说的社会现实是指我们国家的物质生产基础,是指国家规定的大政方针,那么,学校教育自然是受它决定的。在方向上,大气候同小气候是一致的,社会现实不进步抑制了教师发挥主导作用。如果社会现实的影响是指社会

① 张乐天:《教育学》.北京:高等教育出版社,2007 年,第 18 页.

② 柳海民:《教育原理》.长春:东北师范大学出版社,2000 年,第 497 页.

③ 石忠仁:《教育原理》.北京:人民教育出版社,2002 年,第 187 页.

中自发势力的负面影响，那么尚在少年时期的孩子在其影响下确实会有矛盾和抵触。在这种情况下，如果社会的自发势力的影响一时为社会舆论包括学生的家长、亲戚朋友们所认可，则它的权威性就会提高起来，足以与学校教师的正面影响相抗衡，就会削弱以至抵消教师的主导作用。但是，这通常是局部的、暂时的情况。从长远来说，社会上的消极的自发势力终究敌不过正面的势力，它不可能在社会中长期占有主导地位。所以，它不可能取代教师的主导作用。

2. 教师在塑造儿童的心灵的工作中，具有不可替代的作用

教师教育培养儿童的工作需要依靠教师的全身心投入。在教室的教育手段中，教师的人格本身具有不可缺少的特殊作用。学生的人格只有在教师的人格直接感染和熏陶之下，才能形成起来。这种作用是任何其他的力量都不能替代的。这是由教师劳动的特点决定的。

3. 教师的教育对于学龄初期儿童的成长发展，具有特殊重要的作用

学龄初期作为人的一生中的重要时期，有许多特点：一，它是为学生今后学习和生活奠定必备基础的时期；二，学龄初期儿童继续处在智力开发的最佳时期；三，这一时期儿童的可塑性很大，善于模仿，易于接受暗示，它是接受教师的教育影响最有利的时期。在这个时期中，小学教师作为儿童心灵的启蒙者，对儿童的一生有着重大的影响。有一句比喻说得好："小学教师是站在人才的摇篮边。"它使我们深刻意识到小学教师所承担的神圣责任。

(二)教师在社会发展中的作用

1. 教师是人类文明的传递者

教师为社会服务的方式就是培养人。教师对社会的贡献，就是为社会培育了一代又一代的新人，我们知道，人类社会向下一代传递社会生产和生活的知识和经验。如果没有对过去的继承，也就谈不上对未来的发展。教师承担着世代之间文明传递的职能，对社会发展具有极其重要的意义。教师是人类文明的传递者，他对社会的发展起着纽带和桥梁作用，承担起时代之间文明传递的职能。历史赋予教师这一职能，使教师在社会中处于重要的历史地位，使教师的事业成为人类社会神圣的事业。

作为人类文明的传播者，教师不仅传播前人积累的知识和经验，还要传播人类进步的所有先进的观念和道德规范。历史赋予教师的这一使命，使教师在很大程度上成为当代社会文明的代表者。从这个意义上来说，一代教师的面貌反映着当今社会文明水准和社会风貌，从而推动整个社会风气向好处发展。

2. 我国小学教师在社会主义现代化建设中的历史作用

在我国的教师队伍中，小学教师占了最大的比重。全国有将近 900 万教师，其中小学教师为 540 多万，他们在传递人类精神文明的伟大事业中，承担着提高全民族素质、培养国家的合格公民、为造就各种专门人才奠定基础的工作。这项工作，对国家实现社会主义现代化具有重大而深远的意义。

实现社会主义现代化，就需要培养现代化的人，可以从两个方面去理解，一是指各级各类专门人才，二是指全民族的人口素质。提高全民族人口素质，不仅是培养现代化社会公民的需要，也是培养各级各类专门人才的需要。两者在培养目标上是统一的，不是矛盾的。

一个国家的全民族人口素质的水平的标志，集中反映在国家实施普及义务教育的程度和质量上，至今我国的小学教育尚未完全普及，教育质量也不高，新的文盲还在产生。它成了今

天建设现代化的社会主义强国道路上的最大障碍。因此，全面实施普及义务教育，大大提高全国各族人民的教育程度，已经成为刻不容缓的大事。广大的小学教师，承担了普及九年义务教育第一阶段的光荣任务，对我国实现社会主义现代化，起着重大的历史作用。

三、教师的权利和义务

随着近年来我国教育现代化进程的加快，教育的法制化建设快速发展，政府陆续颁布了《中华人民共和国教育法》《中华人民共和国义务教育法》《中华人民共和国教师法》等法律。其中《中华人民共和国教师法》第七、八条对教师权利和义务做出了明晰的规定，使教师的教育教学工作在法律层面有了保障。

(一)教师的权利

《中华人民共和国教师法》第七条规定教师应享有下列几种权利：

(1)进行教育教学活动，开展教育教学改革和实验；

(2)从事科学研究、学术交流，参加专业的学术团体，在学术活动中充分发表意见；

(3)指导学生的学习和发展，评定学生的品行和学业成绩；

(4)按时获取工资报酬，享受国家规定的福利待遇以及寒暑假期的带薪休假；

(5)对学校教育教学、管理工作和教育行政部门的工作提出意见和建议，通过教职工代表大会或者其他形式，参与学校的民主管理；

(6)参加进修或者其他方式的培训。

(二)教师的义务

《中华人民共和国教师法》第八条规定教师应履行下列几种义务：

(1)遵守宪法、法律和职业道德，为人师表；

(2)贯彻国家的教育方针，遵守规章制度，执行学校的教学计划，履行教师聘约，完成教育教学工作任务；

(3)对学生进行宪法所确定的基本原则的教育和爱国主义、民族团结的教育，法制教育以及思想品德、文化、科学技术教育，组织、带领学生开展有益的社会活动；

(4)关心、爱护全体学生，尊重学生人格，促进学生在品德、智力、体质等方面全面发展；

(5)制止有害于学生的行为或者其他侵犯学生合法权益的行为，批评和抵制有害于学生健康成长的现象；

(6)不断提高思想政治觉悟和教育教学业务水平。

第二节　小学教师的劳动特点

教师与其他职业存在较大区别，其劳动具有复杂性、创造性、示范性、长期性、双向互动性等特点。

一、劳动对象的复杂性

教师的工作对象是青少年学生。由于遗传素质、成长环境(家庭、社会)不尽相同，学生所表现出来的智力、能力、性格、品质、兴趣等方面存在差异，学生学习过程呈现出多样性。这对教师的工作提出了很高的要求，对象的复杂性决定了教师工作的复杂性。面对千差万别的学生，再加上复杂多变的社会环境，教师要想完成教学工作，必须投入更多的时间和精力。

二、劳动性质的创造性

在社会、学校、家庭等综合因素的影响下，教师工作过程中可能随时出现一些教育事件、教育突发问题，这就要求教师具备良好的教育机智，能够做出快速反应及处理措施。当然教育机智不是一成不变的，也没有统一的标准，需要发挥教师的创新性思维，创造性地处理各种教学事件、问题。

三、劳动手段的示范性

鲁迅这样描写藤野先生对他的影响：他的性格，在我眼里和心里是伟大的……每当夜间疲倦，正想偷懒时，仰面在灯光中瞥见他黑瘦的面貌，似乎正要说出抑扬顿挫的话来，便使我忽又良心发现，而且增加勇气了，于是点上一支烟，再继续写些为正人君子之流所深恶痛疾的文字。藤野先生是鲁迅在日本学习时的解剖学老师，鲁迅虽然最后没有从事医学或解剖学研究，藤野先生的人格却深深地影响着他从事文学创作和革命活动。①

四、劳动过程的长期性

学生的成长和发展是一个持续漫长的过程，这就意味着教师的很多劳动不会起到立竿见影的效果。评判学校教育的价值，它的标准就是看它创造继续成长的愿望到什么程度，看它为实现这种愿望提供方法到什么程度。② 教师的工作具有长期性，其工作渗透于师生互动之中，教师的付出是无形的，不应当用统一量化标准来考核。

五、劳动的双向互动性

任何时候，教育活动本质上都是一种双边活动，参与者为教育者和受教育者。教师的劳动不能代替学生的学习活动，在寻找依据上必须关注学生对学习活动的动机和学习规律。教师向学生传输信息，学生通过感官获得信息，经过对信息的加工，形成概念等，然后将得到的认识通过感应器官（口、眼、手等）输出信息，对教师做出反应，表现出学习结果。学生输出的信息又反馈到教师那里，教师据此同原来输入的信息做比较，不断地调节、修正教的活动，并作为下一步教的出发点。它充分体现出教师的劳动是师生之间的一种双向互动。这一特点决定了以下结论：教育及其结果实际上是师生双方都在各自的基础上获得发展。

六、劳动的科学性与艺术性的统一

教师的劳动既具有科学性又具有艺术性，渗透在教师的教育活动过程中的劳动艺术性，至少包含下列要素：

---

① 雷振海、黄浩、康丽，等：《被“讨论”激活的中小学思政课》.《中国教师报》，2020 年第 1 期.

② ［美］杜威.《民族主义与教育》. 王承绪，译. 北京：人民教育出版社，1990 年，第 55 页.

(1)形象性示范“表演”；

(2)人格风格和环境的气氛的渲染；

(3)师生之间的心灵的交流、撞击和融合；

(4)临场的创造性发挥。

上述要素集中地指向于学生的情感，并引起学生的情绪波澜，同时唤起学生的情感愉悦和美的体验，激起学生强烈的求知兴趣和欲望。教师劳动的科学性和艺术性是学生整个学习过程中不可缺少的组成部分。

七、劳动成果是个体劳动与社会劳动相结合的产物

以上所说的教师劳动的特点，是单就教师个体劳动而言的。教师的劳动是以个体劳动的形式进行的，备课、讲课、课外活动指导均是教师的个人劳动，且每个教师都在多年的教学活动中形成了各自独特的风格，别人不可替代。然而，现代的教育中，任何一个学生在德、智、体、美诸方面的全面发展，都不再是某位教师的个人劳动成果，而是教师集体共同影响、合力促进的结果。由此，要求每个教师除个人努力学习、积极工作之外，还应该自觉树立集体协作的观念，都要主动同其他教师统一步调、通力合作，并注意协调学校与家庭、社会的影响，共同创造良好的教育环境。每个教师只有置身于良好的教育者集体之中，才能最大限度发挥自己的教育才能，取得良好的教育效果。①

第三节 小学教师的素质结构

做一名合格的小学教师，需要具有多方面的素养，概括起来可以分为以下四个方面，即思想品德、文化知识、教育能力和教学艺术。

一、思想品德

一个人的思想政治素养集中表现为一个人的政治立场，对待事物的基本观点、信念、世界观以及对待人生的态度。教师的思想政治素质特别应该体现在：具有坚定正确的社会主义政治方向，拥护中国共产党的领导；热爱社会主义祖国，具有强烈的爱国主义情感和民族自尊心；愿意为实现社会主义现代化而奋斗，具有全心全意为人民服务的精神，并把远大的理想、高尚的情操同自己的实际工作结合起来。

教师的道德素质，亦即师德，是指教师在履行职责过程中，在思想和行为方面必须遵守的道德规范和准则。它由两方面的内容构成：一方面是指作为国家的合格公民应该具备的公德，包括社会公德和家庭道德。另一方面指的是教师的职业道德，是与教师的特点相关程度高、联系上具有直接性的道德素质，它是师德中居于核心地位的要素。

小学教师的职业道德一般包括六个主要方面：

---

① 云南省现代教育评估中心：《教育学·小学》. 昆明：云南大学出版社，2015 年，第 192 页.

(1)坚定的职业信念。

坚定的职业信念,是职业道德的基础。小学教师的职业信念,包括对小学教育工作的认识态度和立志献身小学教育事业的决心,它是教师积极性与创造性的源泉。

(2)师爱。

师爱,即为对学生的爱。它包含对全体学生中每一个成员的热爱、尊重、理解和期待。师爱是教师的一种高尚的道德情操。

(3)以身作则,为人师表。

以身作则、为人师表的内涵在于,教师在教育学生的过程中,应当以自身为模范,从而教育和影响学生。这是教师职业道德区别于其他职业道德的一个显著特点。

(4)学而不厌,诲人不倦。

学而不厌、诲人不倦是教师职业品质区别于其他职业品质的又一个显著特征。学而不厌、诲人不倦不仅是育人工作的规律,而且是教师必备的职业品质和神圣职责与义务。

(5)团结协作精神。

学生的成长,有赖于教师集体长期的共同努力。教师之间应该团结协作,和睦相处,互相尊重,互相支持,尽可能做到在学生面前保持教育要求的一致。此外,教师还要注意协调好上下级的关系,处理好与同学和家长的关系。

(6)文明的言表风度。

文明的言表风度,指的是教师在教育活动中,通过言谈举止、待人接物、步态手势、面部表情、服饰仪容等外在方面表现出来的一种道德情操、审美观念和生活习惯的外部反映。文明的教师言表风度具体表现在:一是语言文明;二是举止端庄,礼貌待人;三是仪容整洁、大方。即做到语言美、行为美、仪表美。

二、文化知识

小学教师应当具有“通才”特点的,而不是通常人们所说的精通于一门专业的“专才”。根据这一特点,小学教师的文化知识结构包括以下方面。

(1)具有小学语文、数学两门主学科的知识技能,并具有能兼教其他一两门学科的知识技能。

首先,对小学语文、数学两门主学科的知识技能的深刻掌握是对小学教师最基本的要求。教师要全面、扎实地掌握这两门小学主课,再在此基础上,进一步力求精深。俗话说:“要给学生一杯水,教师应有一桶水。”

其次,教师在掌握主学科的基础上,要坚持横与纵两个方面发展的原则。横的方面,是指能不局限于两门主课,将专业技能拓展到其他学科;纵的方面,是指从会教本年级的课程向会教低、中、高各个年级的课程发展。

(2)必备的艺术、体育知识和才能以及劳动技术知识技能。

美育、体育和劳动教育,是小学生全面发展教育的重要组成部分。对小学生进行艺术、体育和劳动教育,是每个小学教师的职责。小学教师,一般都要承担音乐、体育、劳动技能的一般知识修养,并有这方面的一技之长。

(3)具有比较广博的文化修养。

一名教师的合理的文化知识结构,兼有专和博两方面。专指纵向的深度,是针对某一门学科而言;博指横向的广度,是视广泛的文化修养而言。具有广博的文化科学知识修养,这是小学教师用以充实自己的教育、教学工作所不可缺少的。首先,任何一个小学教师,对学生产生的影响绝不限于某一学科知识本身,而是对学生产生全面的影响。为了在学生身上充分发挥示范作用,教师应该涉猎更加广阔的知识领域。其次,教师应具有宽广的知识视野,以满足小学生强烈的求知欲和好奇心。在一定意义上说,教师的博学,是树立教师威信的重要条件之一。为此,小学教师应该养成勤奋好学的习惯,不断增加自己的知识储备。

(4)具有小学教育的专业理论知识。

育人是一门科学。小学教师要按照客观规律"科学育人",还要学习"小学教育学""小学心理学"以及小学各科教材教法等小学教育的专门理论知识,了解并掌握小学教育、教学工作最基本的原理、规律和方法。

三、教育能力

(1)口头语言表达能力。

语言是教师进行教育活动的重要媒介,是教师用以向学生传达影响的最重要的工具。教师不仅借助语言向学生传输一定的知识,转变学生的思想,而且,教师语言表达的好坏,还直接影响到学生的语言和思维的发展。因此,教师应具备良好的口头语言表达能力。

(2)观察能力。

教师在从事教育和教学的活动中,必须随时了解儿童的心理反应,只有对症下药,才能取得良好的教育效果。这就要求小学教师必须具备敏锐的观察能力。为了取得儿童内心世界的第一手资料,教师对学生的观察要细致入微,要特别善于从比较隐蔽的、易于忽视的细节中抓住事物的本质所在,做出恰当的、准确的判断。教师在这方面绝对不可麻痹大意,或掺杂自己的主观臆断,以防带来教育的失误。

(3)组织管理能力。

小学的教育、教学活动是通过组织小学生以集体形式来进行的。在各种学生团体中进行共同的教育活动,需要教师具有较强的组织管理能力。如果教师缺乏这种能力,就会使集体成为一盘散沙,使工作松松垮垮,出现混乱局面,哪里还能谈得上什么成效呢?

小学教师的组织管理能力表现在多方面:如善于组织课堂教学;善于组织课外活动、劳动、文体活动、科技活动、少先队活动;善于组织良好的班集体,培养干部和典型,开好主题班会,采取恰当的措施树立优良班风等。因为小学教育活动是丰富多彩的,所以要求教师的组织管理能力是多方面的。

(4)自修能力。

自修能力,这是作为一个教师为了提高自己的修养以适应不断发展的新形势的需要所必须具备的又一重要能力。教育工作作为一种创造性劳动,其自身无一套固定不变的格式,因此教师需要具备自修能力,不断提高自身的知识素养和教育能力。

(5)教育科研能力。

当前我国的学校教育正处在深化改革的过程中。在这种形势下,重要的是要培养教师具有教育科学研究的能力。教师科研能力水平的提高和科研成果的取得,都将有利于推动教育和教学质量的提高。

四、教育艺术

教师的教学也是一门艺术,它集中地通过两个方面反映出来。第一个方面是教师教学的表演技巧,第二个方面是教师在教学中临场应变的技巧,亦即教育机智。教师的教育机智,能够帮助教师在面临新的意外的情况下迅速而准确地做出判断,并且随机应变地采取恰当而有效的教育措施以解决问题。教师的教育机智是教师综合运用各种教育能力达到娴熟地步的表现,是教师教学艺术达到较高水准的表现。①

第四节 小学教师的专业发展

一、教师专业发展的内涵

教师的专业发展指的是,教师在专业方面的成长或教师内在的专业体系结构不断更新、演进和丰富的过程,是教育的专业性逐步成熟的过程。从横向看,教师的专业发展是多方面的,包括观念、知识、能力、情意等;从纵向看,教师的专业发展是一个多等级层次的发展过程,专业的成熟具有阶段性。前者构成了教师专业素质的结构,后者构成了教师专业发展的阶段。②教师专业发展的主要内容包括以下四方面。

1. 教师的专业信念

信念是情感、认知和意志三种因素的统一综合体,它是建立在一定的认识基础上所确立的对某种思想或事物坚信不疑并身体力行的心理态度和精神状态。教师的专业信念是教师基于对教育实践的认识和教学工作的理解而产生的教师职业固有的理念和信仰,并发自内心的激情去不断追求的境界。教师的专业信念包括教师的专业认识、专业理想、专业意识等内容。专业信念是教师自省专业成长和发展的必要条件,教师的专业信念一旦形成,具有较强的稳定性,并构成教师完成教学工作的内在动力。

2. 教师的专业知识

教师专业知识可以分为三类③:一是条件性知识。条件性知识指必要的教育科学知识,包括教育学的理论与方法、心理学的理论与方法、学科教学论。这是教师得以成为一名教师的保障。二是本体性知识。教师的本体性知识又有两大类型:①教师的学科专业知识,包括本学科的专业理论基础、专业发展史、专业研究方法论等,这是教师知识体系中的主干部分;②教师专业相关的其他学科的知识,比如人文地理知识、文学和美学的修养、时代性命题知识,这有助于开拓教师的视野,激发教师的教学创造性。三是实践性知识。实践性知识与前两类知识不同,它主要产生于教师的教育教学实践过程中。教师的实践性知识与教育情境紧密相连,是内隐

---

① 汤书翔:《小学教育学》.武汉:华中科技大学出版社,2001年,第299页.

② 柳海民:《教育原理》.长春:东北师范大学出版社,2000年,第217页.

③ 张乐天:《教育学》.北京:高等教育出版社,2007年,第21-22页.

性的知识体系，它对外界信息起到一种过滤作用，且又具有非常强烈的价值导向和行为导向。教师专业知识结构图见图 5.1。

3. 教师的专业能力

从事教师职业，必须先决地具有良好的语言表达能力，它是教师教学的基础性能力；为人师表的教师要具备良好的人际交往能力，能够有效地与其他任课教师、性格各异的学生、不同的家长沟通和交往，以达到最佳的教育教学效果；课堂教学的过程中也需要教师有细微的观察能力。

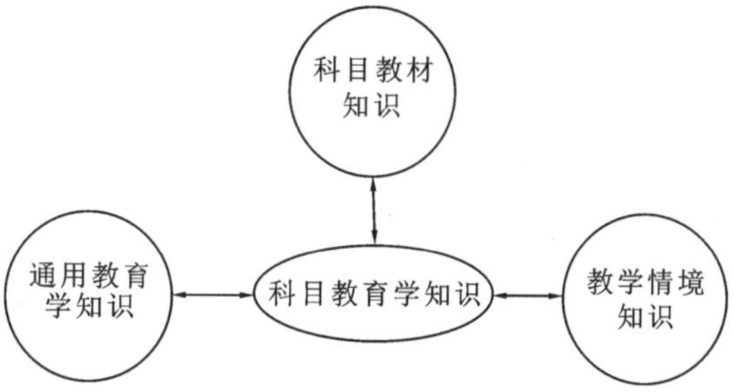

图 5.1　教师专业知识结构图

有研究者基于《小学教师专业标准（试行）》《中共中央、国务院关于深化教育教学改革全面提高义务教育质量的意见》《中共中央、国务院关于全面深化新时代教师队伍建设改革的意见》《中小学教师培训课程指导标准（班级管理）》《中小学教师培训课程指导标准（专业发展）》等文件分析提出，小学教师专业能力包含教育教学设计能力、教学实施能力、激励与评价能力、沟通与合作能力、反思与发展能力五大类①，见表 5.1。

表 5.1　小学教师五大专业能力及具体内涵

专业能力	具体内涵
教育教学设计能力	教师能够科学设计教学目标和教学计划；能够在精准分析学情的基础上，为学生提供个别化、差异化学习指导；能够充分利用各种资源设计主题鲜明、丰富多彩的教育教学活动
教学实施能力	教师能够兼顾课堂内外为学生提供全过程学习指导；能够综合利用多种资源、手段、形式，为学生营造良好的学习氛围；能够根据具体情况和学生反映调控教学过程
激励与评价能力	教师能够引导学生进行积极的自我评价；能够多视角、全过程地给予学生评价和指导；能够利用评价结果改进教育教学工作
沟通与合作能力	教师能够和蔼、平等地与学生进行沟通交流；能够与同事合作交流，分享经验和资源，共同发展；能够与家长进行有效沟通、合作，共同促进学生发展；能够协助学校与社区建立合作互助的良好关系
反思与发展能力	教师能够主动收集、分析相关信息，不断进行反思，改进教育教学工作；能够针对教育教学工作中的现实需要与问题进行探索和研究；能够制订专业发展规划，积极参加专业培训，不断提高自身专业素质

① 方丹：《学生学习品质发展视角下小学教师的核心专业能力探析——基于 9786 名小学教师和 25741 名小学生的调研》.《中国教师》，2022 年第 9 期.

4. 教师的专业自我

教师专业自我就是教师在职业生活中创造能体现符合自己志趣、能力与个性的独特的教育教学生活方式以及个体自身在职业生活中形成的知识、观念、价值体系与教学风格的总和。[①] 教师的专业自我涉及的内容较为广泛，大致包括教师职业角色的定位与思考、从事教师职业的内在动机、对教师职业现状的满意程度、自我的教学理念、课堂教学风格、自我的教师生涯职业规划等。

二、教师专业发展的阶段

教师专业发展是一个持续的过程，为了更深入地研究教师专业发展问题，根据教师职业的成熟倾向和表现特点可以划分为若干阶段。我国教育学者叶澜等人通过深入的研究，把教师专业发展划分为五个阶段："非关注"阶段、"虚拟关注"阶段、"生存关注"阶段、"任务关注"阶段、"自我更新关注"阶段。[②]

1. "非关注"阶段

"非关注"阶段是正式教师在接受专业教育前受各种环境因素影响而形成的对教师职业的初始认知，并连续支配自己从事教师职业的信念。比如，写作文时很多小学生都会写到我的理想是作为一名人民教师。小学生印象中的教师是非常神圣的，上知天文、下知地理，这一阶段就属于典型的"非关注"阶段。

2. "虚拟关注"阶段

正式的师范学习阶段，许多师范教育专业都会开设教育学、心理学、学科教学法、专业知识等课程，其目的也是让学生学习到教师职业所需的基本知识，也组织学生参加一些教学设计、板书设计、粉笔字比赛、讲课比赛、说课比赛等活动，这些都是对教师职业的"虚拟模仿"。师范教育后期，在师范生教师技能训练成熟以后，学生都会进入实习期，在中小学的讲台上讲课，参与中小学教师的各种教研活动，接受指导教师的教学技能辅导。

3. "生存关注"阶段

处于"生存关注"阶段的教师往往会对自己产生这样的疑问："我能行吗？"对于师范教育阶段的学习所掌握的知识、技能能否运用到中小学教学实际中去，许多教师都会持怀疑态度。面对新的工作和学习环境，新任教师对课堂教学实际驾驭能力不足，缺乏实践教学经验，工作中也会遇到这样或那样的困难，这就需要新任教师在教学工作过程中慢慢积累经验和吸取教训，不断反思和成长。

4. "任务关注"阶段

在度过新教师阶段之后，决定继续留任的教师逐渐进入"任务关注"阶段。其主要特征是教师随着教学基本生存知识、技能的掌握，自信心日益增强，由关注自我的生存转到更多地关注教学，由关注"我能行吗"转到关注"我怎样才能行"。经历前一阶段的诸多困惑和反思之后，教师的教学经验逐渐丰富，其主要精力放在教学工作上，置于教学实践过程中。

---

① 梁双顺、钟雪梅：《教育学》. 长春：吉林大学出版社，2012 年，第 83 页.

② 叶澜、白益民、王枬，等.《教师角色与教师发展新探》. 北京：教育科学出版社，1998 年，第 276-321 页.

5.“自我更新关注”阶段

在经历“任务关注”阶段的磨炼后，教师职业发展就会达到最后一个阶段：“自我更新关注”阶段。其主要特征是教师不再受外部评价或职业升迁的牵制，自觉依照教师发展的一般路线和自己目前的发展条件，有意识地自我规划，以谋求最大限度的自我发展，关注学生的整体发展，积累了比较科学的个人实践知识。“自我更新关注”阶段的教师侧重于关注课堂教学内部的活动及其实效，能够对问题予以整体、全面的关注。

三、教师专业发展的影响因素

1.社会环境

每位教师作为社会个体，都生活在一定的社会环境中，并时刻受之影响。正如历史上教师职业角色的反差，“天地君亲师”与“下九流”“臭老九”，不同社会环境氛围下的教师地位存在较大反差，教师职业的心理状态也有显著差异。从我国近代来看，随着《中华人民共和国教师法》的颁布和实施，教师职业的地位有了法律保障，其政治、经济方面的待遇明显改善，教师职业群体满意度相对较高，从而逐渐成为众人向往的职业。社会环境中的主流价值观影响着教育的发展和教师职业的发展。社会环境为教师专业发展提供了正确的舆论导向、隐形的文化支持、强有力的资金支持和制度保障，为教师专业发展奠定了基础。

2.学校环境

学校环境包括教师求学期间的院校、教师从职以后所在的学校。学校环境因素对教师专业发展发挥着重要的作用。学校对教师职业的重视程度体现在教学过程的各个环节当中，求学期间的学校环境对教师(学生时代)理想、信念、价值观有潜移默化的影响。在师范生选择工作单位时主要考虑的学校因素有层次结构、地理位置、经济待遇、福利保障、学校文化氛围、职业发展空间等，有些学校领导通过待遇留人、感情留人也是基于这方面的考虑。从职以后所在学校的环境在组织上为教师专业发展提供了保障，直接关系到教师专业的发展空间与价值取向。

3.家庭环境

求学期间，家庭环境在塑造孩子的教师理想方面功不可没，孩子性格和行为的养成深受父母的言行举止的影响。从职以后，新的家庭环境成为教师职业发展中提供精神支持和后续保障的承担者。家庭与学校基本构成了教师生活与工作的全部，教师每天都在家庭和学校的场域中互动，扮演着不同的角色。家庭是教师专业发展考虑的重要因素，家庭环境时刻都在影响着教师职业成长，影响着从职后教师的职业信仰、理想追求、角色定位与职业生涯规划。

4.教师自身经历

关注个人经历对教师成长的影响，目前是较为新颖的一个研究角度，即个人生活史或生命史研究。它应用于教育领域，主要叙述的是教师自己教育生活的成长史，反映的是教师教育行为、观念是如何建构的，它是将个人如何看待自己、生活情境、时过境迁后对所持有的特定观点加以呈现的过程，比较重视个体的主要经验。[①] 自身经历直接影响着教师的专业发展，与自身经历相

---

① 张乐天：《教育学》. 北京：高等教育出版社，2007年，第25页.

关的教师理想、观念、价值观、教学行为、教学理念等在教师教学过程中发挥着重要作用。[①]

四、教师专业发展的途径

1.师范教育

师范教育即正式教师教育阶段,是教师专业发展的前提保证。师范教育是教师职业的条件性知识和本体性知识形成的黄金时期,是教师技能培养和提高的关键阶段,为师范生专业成长和发展提供重要的平台基础。师范教育是正式教师专业发展的起始阶段,教师职业理想、专业知识、教学理论、教学技能都是在这一阶段逐步形成的。作为一名未来的教师要在师范教育期间认真学习专业知识,把专业基本功做扎实,通过各种方式磨炼教师教学技能(板书、教学设计、说课、讲课、教学研究等)。

2.在职培训

教师在职培训主要是为了适应教育改革与发展的需要,为在职教师提供的适应于教师专业发展不同阶段需要的继续教育,主要采取"理论学习、尝试实践、反省研究"三结合方式,引导教师掌握不断涌现的现代教育理论,培养教师研究教育对象、教育问题的意识和能力,并辅之以计算机知识、现代化的教育技术手段。[②] 在职培训是教师专业发展的主要途径,是上级教育部门或学校强制要求在岗教师参与的一种继续教育,同时也有教师个人向单位提出在职培训需求,要求继续学习的。

3.同事互助

在学校教师集体中才能更好地针对教师专业发展的共性问题进行讨论,集思广益,信息共享。在学习中,教研组是基层组织,是教师研究、成长的集体,它不仅具有重要的教学职能,而且具有重要的研究职能。这主要体现在教研组的教育研究活动中。借助这种力量,教师个体可以在成长中听到"不同意见""多种声音",可以促使教师借助集体的智慧,不断矫正个人理解的偏颇,进行更深刻、更全面的反思。[③]

五、教师专业发展的意义

教师专业发展是现代教育改革和发展的需要,是社会对教师"量"的急需逐渐转换到对教师"质"的需求的反映。

1.教师专业发展是社会进步的标志,是现代教育与传统教育的重要区别

传统教育是经验性的教育,缺乏教育科学、心理科学的基础,缺乏理性的社会保障和管理制度,对教师的专业发展没有也不可能提出全面认识和更为具体的要求。现代社会是以现代经济科技为基础的科学化、民主化、革命化的社会,现代教育是一种具有科学性、民主性和发展性的教育。现代教育所要传授的知识、技能空前扩展,科学技术与生产力的迅速发展对人培育的质量和效率提出了越来越高的要求。与此同时,教育科学、心理科学研究取得了长足进步,现代社会对人的发展的认识不断深化,现代教育为此对教师工作质量和效率的要求空前提高。此时,教师专业发展已成为现代社会与教育发展的共同特征。

---

① 汤书翔:《小学教育学》.武汉:华中科技大学出版社,2001年.

② 全国十二所重点师范大学:《教育学基础》.北京:教育科学出版社,2002年,第121页.

③ 张乐天:《教育学》.北京:高等教育出版社,2007年,第27页.

2. 教师专业发展是实施科教兴国战略的需要

在科教兴国的治国方略中，教育是兴国的奠基工作，教师专业发展是科教兴国的“软实力”之一，是实施科教兴国的重要保证。加快人才培养是增强我国综合国力、反对国际竞争的决定性因素，人才的培养必须依靠经过专业化训练并具有专门能力的教师来完成，教师专业发展所追求的目标，就是使教师具备这种专业优势，在社会与教育领域发挥不可替代的作用，为科教兴国战略的实施奉献才智。

3. 教师专业发展引领教师教学改革，加速教师教育法制化的进程

我国制定了一系列保障教师专业发展得以实现的法规，如《中华人民共和国教育法》《中华人民共和国教师法》《教师资格条例》《教师资格条例实施办法》等，确立了一系列针对教师资格、文化素质、心理素质、个性修养等的规定，使教师这一职业的运作向法制化迈向了一大步。教师专业发展的另一层法律意义在于，通过教师专业发展程度对教师资格给予确立，保障了真正具备教师资格的人员的合法权益，同时有利于形成一种全民监督机制，把一大批具有真才实学并具备良好专业知识和高尚师德的人员补充到教师队伍中来，保证教师专业的先进性和纯洁性。

教师专业发展和教师资格认定的法制化，一方面在更大程度上保障教师的质量和教师的教育活动科学化、民主化，推动教师专业的发展；另一方面教师专业发展加速了教育法制化的进程。这两方面是相互促进的关系。

4. 教师专业发展促进教师个人成长

教师专业发展对于教师个人来说，意味着素质的全面提升和个人潜能的充分发挥。首先，教师专业发展意味着教师要有合理的文化素质结构、高尚的职业情感和品格特征以及良好的教师职业行为规范。其次，教师专业发展意味着教师不仅要系统地掌握所教学科的基础理论和知识结构，而且要有特殊的教学技能和能力。再次，教师专业发展意味着教师要成为研究者，对自己的工作具有反思态度和积极探索的能力。

拓展阅读

《做党和人民满意的好老师——习近平2014年9月9日同北京师范大学师生代表座谈时的讲话》[①]节选

第一，做好老师，要有理想信念。陶行知先生说，教师是“千教万教，教人求真”，学生是“千学万学，学做真人”。老师肩负着培养下一代的重要责任。正确理想信念是教书育人、播种未来的指路明灯。不能想象一个没有正确理想信念的人能够成为好老师。唐代韩愈说：“师者，所以传道授业解惑也。”“传道”是第一位的。一个老师，如果只知道“授业”“解惑”而不“传道”，不能说这个老师是完全称职的，充其量只能是“经师”“句读之师”，而非“人师”了。古人云：“经师易求，人师难得。”一个优秀的老师，应该是“经师”和“人师”的统一，既要精于“授业”“解惑”，更要以“传道”为责任和使命。好老师心中要有国家和民族，要明确意识到肩负的国家使命和

---

① 习近平：《做党和人民满意的好老师——同北京师范大学师生代表座谈时的讲话》. 网址：https://news.12371.cn/2014/09/09/ARTI1410278235178697.shtml.

社会责任。

我们的教育是为人民服务、为中国特色社会主义服务、为改革开放和社会主义现代化建设服务的，党和人民需要培养的是社会主义事业建设者和接班人。好老师的理想信念应该以这一要求为基准。广大教师要始终同党和人民站在一起，自觉做中国特色社会主义的坚定信仰者和忠实实践者，忠诚于党和人民的教育事业，自觉把党的教育方针贯彻到教学管理工作全过程，严肃认真对待自己的职责。要注意加强中国特色社会主义理论体系的学习，加深对中国特色社会主义的思想认同、理论认同、情感认同，不断增强道路自信、理论自信、制度自信，积极引导学生热爱祖国、热爱人民、热爱中国共产党。好老师应该做中国特色社会主义共同理想和中华民族伟大复兴中国梦的积极传播者，帮助学生筑梦、追梦、圆梦，让一代又一代年轻人都成为实现我们民族梦想的正能量。

广大教师要用好课堂讲坛，用好校园阵地，用自己的行动倡导社会主义核心价值观，用自己的学识、阅历、经验点燃学生对真善美的向往，使社会主义核心价值观润物细无声地浸润学生们的心田、转化为日常行为，增强学生的价值判断能力、价值选择能力、价值塑造能力，引导学生健康成长。

第二，做好老师，要有道德情操。老师的人格力量和人格魅力是成功教育的重要条件。“师也者，教之以事而喻诸德也。”老师对学生的影响，离不开老师的学识和能力，更离不开老师为人处世、于国于民、于公于私所持的价值观。一个老师如果在是非、曲直、善恶、义利、得失等方面老出问题，怎么能担起立德树人的责任？广大教师必须率先垂范，以身作则，引导和帮助学生把握好人生方向，特别是引导和帮助青少年学生扣好人生的第一粒扣子。

“师者，人之模范也。”教师的职业特性决定了教师必须是道德高尚的人群。合格的老师首先应该是道德上的合格者，好老师首先应该是以德施教、以德立教的楷模。师者为师亦为范，学高为师，德高为范。老师是学生道德修养的镜子。好老师应该取法乎上、见贤思齐，不断提高道德修养，提升人格品质，并把正确的道德观传授给学生。

师德是深厚的知识修养和文化品位的体现。师德需要教育培养，更需要老师自我修养。做一个高尚的人、纯粹的人、脱离了低级趣味的人，应该是每一个老师的不懈追求和行为常态。好老师要有“捧着一颗心来，不带半根草去”的奉献精神，自觉坚守精神家园、坚守人格底线，带头弘扬社会主义道德和中华传统美德，以自己的模范行为影响和带动学生。

好老师的道德情操最终要体现到对所从事职业的忠诚和热爱上来。好老师应该执着于教书育人。我们常说干一行爱一行，做老师就要热爱教育工作，不能把教育岗位仅仅作为一个养家糊口的职业。有了为事业奋斗的志向，才能在老师这个岗位上干得有滋有味，干出好成绩。如果身在学校却心在商场或心在官场，在金钱、物欲、名利同人格的较量中把握不住自己，那是当不好老师的。

现在，很多地方老师还比较清苦，特别是农村基层小学老师很辛苦，收入不高，物质生活不是很宽裕，有些家庭负担较重的老师生活还比较困难。各级党委和政府都要关心广大老师特别是生活工作有困难的老师，努力为他们排忧解难。同时，老师要有“衣带渐宽终不悔，为伊消得人憔悴”的精神，兢兢业业做好工作。做老师，最好的回报是学生成人成才，桃李满天下。想想无数孩子在自己的教育下学到知识、学会做人、事业有成、生活幸福，那是何等让人舒心、让人骄傲的成就。

第三，做好老师，要有扎实学识。老师自古就被称为“智者”。俗话说，前人强不如后人强，家庭如此，国家、民族更是如此。只有我们的孩子学好知识了、学好本领了、懂得更多了，他们才能更强，我们的国家、民族才能更强。

扎实的知识功底、过硬的教学能力、勤勉的教学态度、科学的教学方法是老师的基本素质，其中知识是根本基础。学生往往可以原谅老师严厉刻板，但不能原谅老师学识浅薄。“水之积也不厚，则其负大舟也无力。”知识储备不足、视野不够，教学中必然捉襟见肘，更谈不上游刃有余。

第四，做好老师，要有仁爱之心。教育是一门“仁而爱人”的事业，爱是教育的灵魂，没有爱就没有教育。好老师应该是仁师，没有爱心的人不可能成为好老师。高尔基说：“谁爱孩子，孩子就爱谁。只有爱孩子的人，他才可以教育孩子。”教育风格可以各显身手，但爱是永恒的主题。爱心是学生打开知识之门、启迪心智的开始，爱心能够滋润浇开学生美丽的心灵之花。老师的爱，既包括爱岗敬业、爱学生，也包括爱一切美好的事物。

练习题

1. 结合实际谈谈教师的权利和义务。
2. 试述教师专业发展的主要内容。
3. 试述良好师生关系的基本要求。
4. 试述师生学习共同体的内涵及类型。

第六章 小学课程

学习目标

通过本章的学习，你将：

1. 了解几种课程的定义及作用；

2. 理解根据不同的标准区分的课程类型，以及课程设计的原理及模式；

3. 了解课程设计的原则及课程实施过程中的问题。

课程是教育目的和培养目标的具体化，是实现教育目的和培养目标的手段，是决定教育质量的重要环节。因此，小学课程是小学教育的重要组成部分，在小学教育和教学中处于核心地位。那么，小学课程的设计具有什么特点？小学课程是如何实施的？我国小学课程改革发展趋势是什么？

第一节 课程概述

要了解课程进一步的知识，首先需要把握课程的定义。

一、课程的发展

我国古代在没有出现“课程”这一专门名词之前，其实我国古代思想家和教育家如孔子、孟子等就已经在做课程的实践了，比如孔子不仅编写了《诗》《书》《礼》《易》《乐》《春秋》教材，提倡“因材施教”，他还会根据学生的年龄、学业水平等来设计相应的课程，以达到最好的教学效果。

现在学界一般认为，在我国“课程”一词最早出现于唐代。唐朝孔颖达为《诗经·小雅·巧言》中“奕奕寝庙，君子作之”句作疏：“以教护课程，必君子监之，乃得依法制也。”但这里“课程”的含义与我们通常说的“课程”的意思相差甚远。宋代朱熹在《朱子全书·论学》中也多次提及“课程”，如“宽着期限，紧着课程”，“小立课程，大作工夫”等。其意思指功课及其进程。这里的“课程”仅仅指学习内容的安排次序和规定，没有涉及教学方面的要求，因此称为“学程”更为准确。

不过后来有学者考证，“课程”一词最早出现在南北朝时期翻译的佛经中，而非学界公认的唐代。北魏凉州沙门慧觉翻译的《贤愚经·阿难总持品第三十八》中说：“尔时有一比丘，畜一沙弥，恒以严勅，教令诵经，日日课程。其经足者，便以欢喜。”这里的“课程”指的就是功课。

到了近代，由于班级授课制的施行，赫尔巴特学派“五段教学法”的引入，人们开始关注教学的程序及设计，于是课程的含义从“学程”变成了“教程”。1949年以后，由于凯洛夫教育学的影响，到20世纪80年代中期以前，“课程”一词很少出现。

在西方英语世界里，课程(curriculum)一词最早见于英国教育家斯宾塞(H. Spencer)1859年的《什么知识最有价值?》一文。它是从拉丁语“currere”一词派生出来的，意为“跑道”(race-course)。根据这个词源，最常见的课程定义是“学习的进程”(course of study)，简称学程。这一解释在各种英文词典中很普遍，英国牛津字典、美国韦伯字典、《国际教育字典》(*International Dictionary of Education*)都是这样解释的。因此对于学生而言，学校课程就是奔跑竞赛，就是一系列需要越过的障碍或跨栏。但这种解释在当今的课程文献中受到越来越多的质疑。后来，currere的动词不定式(to run)意蕴被挖掘出来，以凸显课程的“奔跑活动(running)”即“生活经验(lived experience)”的含义，进而张扬课程内含的通过“自传方法(autobiographical method)”以“自学(self-study)”的价值。这样理解课程的着眼点就会放在个体认知的独特性和经验的自我建构上，就会得出一种完全不同的课程理论和实践。

二、课程的概念

(一)词源分析

从词源来看，在中文语境中，“课程”的基本含义是指人们学习规定内容的进程，它伴随着严格的检查和考核。而《国际课程百科全书》将课程的含义阐述为“作业计划与学习进程(schedules of work and courses of study)”。

从根本上看，课程源于人的学习需要。“自然只完成了人的一半，另一半留给自己去完成。”[①]广义的课程是指学习者有指导地获得的所有学习经验，实质上是学习者的一种学习生命存在及其优化活动。课程具有学习性、过程性、选择性、目的性、计划性、结果性等特征。狭义的课程是指学校中的课程。而小学课程主要是指小学生在小学教师指导下获得的所有学习经验，实质上是小学生的一种学习生命存在及其优化活动。

(二)几种典型的课程定义

1. 课程即教学科目

我国古代的课程有礼、乐、射、御、书、数六艺；欧洲中世纪初的课程有文法、修辞、辩证法、算术、几何、音乐、天文学七艺。事实上，西方的学校是在此基础上增加其他学科，逐渐建立起各级学校的课程体系的。最早采用英文“课程”一词的斯宾塞，也是从指导人类活动方面的诸学科的角度，来探讨其知识的价值和训练的价值的。目前，我国的《辞海》《中国大百科全书》，以及众多的《教育学》教材，也认为课程即学科，或者指学生学习的全部学科，或者指某一门学科。

2. 课程即有计划的教学活动

这一定义把教学的范围、序列和进程，甚至教学方法和教学设计，即把所有有计划的教学活动都组合在一起，以图对课程有一种较全面的看法。但是，这一定义本身就存在疑义。何谓

---

① [德]兰德曼:《哲学人类学(第2版)》. 阎嘉，译. 贵阳：贵州人民出版社，2006年，第7页.

“有计划”？人们对此的理解会有很大差别。例如，有人认为，课程是指有关学校教育计划的范围和安排的书面文件，诸如教学计划、教学大纲（现有将教学计划和教学大纲合称为课程标准的趋向）、教科书、教学参考书、练习册，甚至还包括教师备课的教案。但有人通过仔细观察教师教学活动后认为，许多教学活动是基于非书面计划的课程。当过教师的人都知道，计划的东西比书面计划的范围要广得多。此外，把有计划的教学活动安排作为课程的主要特征，往往会把重点放在可观察到的教学活动上，而不是放在学生实际的体验上。例如，检查教师是否落实某些教学活动，容易导致把这些活动本身变成目的，忽视了这些活动为之服务的目的，即活动对学生学习过程和个性品质的影响。

3. 课程即预期的学习结果

这一定义在北美课程理论中有较大影响。一些学者认为，课程不应该是活动，而应该直接关注预期的学习结果或目标，把重点从手段转向目的。这要求事先制定一套有结构、有序列的学习结果；所有教学活动都是为达到这些目标服务的。然而研究表明，预期应该发生的事情与实际发生的事情之间总是存在着差异。在课程实践中，预期的学习目标是由课程决策者制定的，教师作为课程实施者，尽可能按照这些目标组织课堂教学活动。在客观上，课程目标的制定过程与实施过程是分离的，两者不可能完全一致。因此，有人提出，制定目标与实施目标之间的差距，应该成为课程研究的基本焦点。另外，把焦点放在预期的学习结果上，会忽略非预期的学习结果。而研究表明，师生互动的性质、学校文化或隐性课程对学生的成长有很大的影响。所以，尽管从表面上看，所有学生都显示出已达到预期的学习结果，但这种结果对不同的学生来说是很不相同的。

4. 课程即学习经验

美国教育家杜威（J. Dewey）根据实用主义的经验论，反对“课程是活动或预先决定的目的”这类观点。在他看来，手段与目的是一个连续体。由此推衍：手段与目的是同一过程的两个不可分割的部分。所谓课程，即学生的学习经验。

学生被认为是具有很大潜力的、独特的学习者，因此学生的经验是最为重要的。虽说经验要通过活动才能获得，但活动本身并不是关键之所在。例如，美国课程专家泰勒（R. W. Tyler）在他著名的《课程与教学的基本原理》①一书中，对学习内容、学习活动与学习经验做了比较、分析后认为，学习经验是指学生与环境中外部条件的相互作用。学生的学习取决于他自己做了些什么，而不是教师做了些什么。也就是说，唯有学习经验，才是学生实际认识到的或意识到的课程。目前，西方的一些人本主义和解释学派课程论者，都趋向于这种观点，他们尽管各自的立场不同，但都开始把课程的重点从教材转向个人。

把课程定义为学习经验，是试图把握学生实际学到些什么。因为经验是在学生对所从事的学习活动的反思中形成的，课程是指学生体验到的意义，而不是要再现的事实或要演示的行为。

从理论上讲，把课程作为个人的经验似乎很有吸引力，但在实践中很难实行。在实际教学情境中，一个教师很难同时满足四五十个学生个人独特的成长要求，很难为每一个学生制定课程计划。此外，这一课程定义过于宽泛，把学生的个人经验都包含进来，以致对其无从入手

---

① ［美］泰勒：《课程与教学的基本原理》. 罗康、张阅，译. 北京：中国轻工业出版社，2008 年.

研究。

5. 课程即文化再生产

一些人看来，任何社会文化中的课程，事实上都是（也应该是）这种社会文化的反映，学校教育的职责是要再生产对下一代有用的知识和价值。政府有关部门根据国家需要来规定所教的知识、技能等内容，专业教育者的任务是要考虑如何把它们转换成可以传递给学生的课程。认为课程应该不加批判地再生产社会文化，实际上是假想现状已达到完满状态了，即认为社会和文化的改进已不再需要了。然而，现实的社会文化远非这些人所想象的那样合理。英美一些学者在指出了他们社会中存在的大量偏见、不公正的现象后认为，倘若教育者以为课程无须关注社会文化的变革，那就会使现存的偏见和不公正永久化。

6. 课程即社会改造的过程

一些激进的教育家认为，课程不是要使学生适应或顺从于社会文化，而是要帮助学生摆脱社会制度的束缚。有人认为，课程是一个“懒惰的巨人”，它总是落后于社会上汹涌的变革潮流。因此有人提出“学校敢于建立一种新的社会秩序”的口号。他们要求课程把重点放在当代社会问题、社会主要的弊端、学生关心的社会现象，以及改造社会和社会活动规划等方面。课程应该有助于学生在社会方面得到发展，帮助学生学会如何参与制定社会规划，这些都需要使学生具有批判意识。

在这方面，当今最有影响的代表人物是巴西的弗雷尔（P. Freire）。他批评资本主义学校课程已成了一种维护社会现状的工具，充当了人民群众与权贵人物之间的调解者，使人民大众甘心处于从属地位，或归咎于自己先天性无能。所以，他主张课程应该使学生摆脱盲目依从外部强加给他们的世界观，这要求让学生在规划和实施课程的过程中起主要作用。然而，在社会上，学校并不是一个特别有影响力的机构，它还不足以在政治上强大到能够促使社会发生重大变革的地步。因此，认为学校课程能起到指导社会变革的作用，那也未免太天真了。最重要的是，不同的社会制度，对社会改造的理解有本质上的区别。

三、课程的类型

虽然课程具有多样性和复杂性，但是基于不同的标准，我们可以划分出不同的小学课程类型，进而更为深入地理解小学课程的概念。

（一）根据学科固有的属性，分为学科课程和经验课程

1. 学科课程

学科课程是一种主张以学科为中心来编定的课程，是根据知识的逻辑体系，将所选出的知识组织为学科的课程。学科课程具有逻辑性、系统性、简约性。比如学校内的数学课和语文课，都属于学科课程。

学科课程的优点是重视每门科学知识的逻辑性、系统性和完整性，有助于学生学习和巩固基础知识，也易于教师教授知识；缺点是不重视各科之间的相互联系，造成和加深学科的分离，不利于联系学生的生活实际和社会实践，会忽视学生的兴趣和需要。

2. 经验课程

经验课程是从学生的兴趣和需要出发，以儿童的主体性活动的经验为中心组织的课程。

代表人物是杜威及其学生克伯屈。杜威的新三中心(学生中心、经验中心、活动中心)便是提出经验课程的理论基础。

经验课程的优点是强调学习者当下的直接经验的价值,主张在活动中进行教学和教育;缺点是容易忽略系统的学科知识的学习,忽视了知识本身的逻辑顺序,影响了系统的知识学习。

(二)根据课程内容的组织方式,分为分科课程和综合课程

1. 分科课程

分科课程是指从不同门类的学科中选取知识,按照知识的逻辑体系,以分科教学的形式向学生传授知识的课程。其内容基本与学科课程一致。

2. 综合课程

综合课程是一种多学科的课程组织模式,它强调学科之间的关联性、统一性和内在联系。代表人物为怀特海。小学的科学课、中学的生物学及"社会研究"课程等都属于综合课程。

综合课程的基本形式包括相关课程(联络课程)、融合课程(合科课程)、广域课程(综合课程)、核心课程(问题课程)。

(三)根据课程计划对课程设置实施的要求,分为必修课和选修课

1. 必修课

必修课是指国家、地方或学校规定,学生必须学习的公共课程,是为了保证所有学生的基础学力而开发的课程。必修课程培养和发展学生的共性,体现对学生的基本要求,但是忽视了学生的个性发展。例如数学、语文等课程都属于必修课程。

2. 选修课

选修课是指依据不同学生的特点和发展方向,允许个人选择的课程,是为了适应学生的个性差异而开发的课程。选修课程满足学生的兴趣、爱好,培养和发展学生的良好个性,但是不利于学生的整体发展。选修课程更多会出现在大学当中。

(四)根据课程设计、开发和管理主体,分为国家课程、地方课程和校本课程

1. 国家课程

国家课程是由国家教育行政部门负责编制、实施和评价的课程。我们小学便开始学习的语文、数学以及思想品德课等都属于国家课程。

2. 地方课程

地方课程是由地方教育行政部门根据国家课程标准及各地发展需要而开发的课程。云南省独有的三生教育课就属于地方课程。

3. 校本课程

校本课程是由学生所在学校的教师编制、实施和评价的课程。

(五)根据课程呈现形式,分为显性课程和隐性课程

1. 显性课程

显性课程也叫显在课程、正规课程、官方课程、公开课程,指的是为实现一定的教育目标而正式列入学校教学计划的各门学科以及有目的、有组织的课外活动。显性课程的显著特征之

一就是计划性，我们平时所学的课程都属于显性课程。

2. 隐性课程

隐性课程也叫非正式课程、潜在课程、隐蔽课程，指学生在学习情境中无意识地获得经验、价值观、理想等意识形态内容和文化影响。隐性课程具有非预期性，班风、校风及学校内挂出的横幅等都是隐性课程，对于学生的价值观等都有潜移默化的影响。

（六）古德莱德的课程分类

古德莱德将课程分为以下类型：

（1）理想的课程，由一些研究机构、学术团体与课程专家提出的应该开设的课程。

（2）正式的课程，由教育行政部门规定的课程。

（3）领悟的课程，任课教师对正式的课程所领悟而形成的课程。

（4）运作的课程，教师在课堂上实际实施的课程。

（5）体验的课程，学生在课程学习过程中实际上体验到的课程。

四、课程的作用

课程在教育和教学中处于核心的地位。

1. 课程体现学校培养人才的蓝图

学校是培养人才的摇篮，而课程是人才培养蓝图的具体体现，是实现教育目的与培养目标的基础，它规定学校“教什么”和“学什么”等基本问题。课程及其顺序构成学生达到教育目的与培养目标所应学习的基本内容体系，它具体体现了培养人才的蓝图。所以，从这个意义上说，离开了课程这一个中心，谈论学校教育目的和培养目标的实现只不过是一句空话。

2. 课程是教师教和学生学的主要依据

课程主要体现在课程计划、课程标准和教材上，它们是课程的具体化。在教学中，教师选择教学内容主要依据课程内容，以一定的目的引导学生，让学生循序渐进地掌握一定的知识、技能、技巧，形成一定的道德品质和价值观，促进身心发展。在学校中，课程是学生学习的基本内容，为学生今后学习和发展奠定良好的基础。课程是学生获得知识的主要源泉。同时，课程也成为教师教的主要手段和依据，直接关系到教学质量的高低和学校教育的成败。

3. 合理的课程设置对学生的全面发展起着决定作用

学校会开设各种类型的课程，如学科课程和经验课程、综合课程和分科课程、必修课程和选修课程等，一方面，为学生的身心发展提供必要的基础知识，形成基本能力；另一方面，为他们的身心发展创设一定的条件，让他们主动探索、体验，学会适应社会生活，形成创造能力，促进他们情感、兴趣和爱好的发展。

4. 课程是评估教学质量的主要依据和标准

教育质量的评估是整个教学过程的有机组成部分。教育质量评估可以从多方位、多层次进行，其中最主要的是通过对学生学业成绩考核来实现的。对学生进行考核的依据及标准主要是所开设的课程，从命题到评价都必须体现出该门课程既定的教学目标，较全面地体现该门课程的基础知识，测量出学生稳定的知识水平与学生的智能差异。课程是衡量教学质量的重要尺度，离开这个“尺度”就无法评定教学质量的优劣。

第二节　小学课程的设计

课程设计是以一定的课程观为指导，制定课程标准、选择和组织课程内容、预设学习活动方式的活动，是对课程目标、教育经验和预设学习活动方式的具体化过程，是一个有目的、有计划、有结构地产生课程计划（教学计划）、课程标准（教学大纲）以及教材等的系统化活动。

一、课程设计的概述

课程设计不同的定义反映了不同的课程研究取向。不同的关于课程设计的定义大致可分为两类：一类是技术取向的，如普拉特（Pratt）认为，“课程设计是课程工作者从事的一切活动”。这包含他对达成课程目标所需的因素、技术和程序，进行构想、计划、选择的慎思过程。另一类则为理性主义取向，如有学者认为课程设计是指教育科研机构的专家学者对课程的研究，并拟订出课程学习方案为决策部门服务。拟订教育教学的目的任务，确定教材范围和教学科目，编写教材等都属于课程设计活动。

新近的对课程设计的研究成果则试图综合这两种观点。如《简明国际教育百科全书：课程》[①]中对课程设计的定义为“课程设计是指拟订一门课程的组织形式和组织结构”。并指出“它决定于两种不同层次的课程编制的决策。广义的层次包括基本的价值选择，具体的层次包括技术上的安排和课程要素的实施。”其中，所谓广义的层次大致相当于理性主义的课程设计定义，而具体的层次则相当于技术取向的课程设计定义。但也有学者认为除了这两个层次的课程设计外，还存在一个更微观的课程设计层次，并且不同层次的课程设计要受到不同因素的影响。

二、课程设计模式

（一）以科目为中心的课程设计

这种课程设计的共同点在于都把内容用作课程的横向、纵向结构的基础，而其他课程成分（目的、目标、学习活动等）对课程的组织所起的作用不大。在这种课程设计的类别中，科目设计、学科设计、大范围设计最为典型。

1. 科目设计

科目设计强调把课程组织成为许许多多的科目，每一个科目有意识地阐述专门的、同质的知识体系。科目可以是研究方面的分工，如物理、化学、历史、文学、哲学等。此外，还包含一些实践性领域，如家政、打字、汽车机械等。

赞成科目设计的人认为，它是使学生熟知文化遗产要素的最系统、最有效的组织形式，通过学习有组织的题材体系，学生就能有效而经济地构建自己的知识体系。当然，这一论点的基本假定是：科目的内在“逻辑”符合学生学习科目时的心理过程；为了在将来的生活情境中能够

① 江山野：《简明国际教育百科全书：课程》．北京：教育科学出版社，1991 年．

使用，这样的组织使题材储存和检索变得简便易行。

当然，这一设计也受到了一些批评。有人认为，这一设计的性质倾向于割裂知识，从而割裂了学生的理解力，脱离现实世界所关心的内容以及发生的时间，没有恰当考虑学生的需要、兴趣和经验，对学和用是无效的课程安排，等等。

2. 学科设计

学科设计出现于二战之后。跟科目设计一样，学科设计以内容的内在组织形式为依据。然而，两者间却有着重要的区别。科目设计对于用来确立科目究竟是什么的原则完全不明显，诸如数学、家政、驾驶培训等多个领域都可以接纳为“科目”，而学科设计则把知识体系确立为学科。

学科设计的倡导者把完全熟悉知识学科视为教育的基础，但他们强调理解学科的要素，而不是像科目设计那样，强调的是专有材料和信息，鼓励学生明确学科的基本逻辑或结构，即学科的关键概念、观点和原理的种种关系，理解学科独特的探究方式。此外，科目设计的讲解过程和记忆特征，在学科设计中为学习的“发现法”所取代，允许学生以自己的学习步调来发现结论。

赞成学科设计的基本论点实质上是科目设计的论点，即它是传递文化遗产最系统、最有效的组织形式，是保存人类知识整体性唯一的组织形式。此外，它以合理的方式给学生提供题材，不是一套要记忆并且在需要时回忆的事实和原理，而是来源于学生自己的活动和思维的概念、关系和理智过程。

这种设计同样也受到了不少批判。如，它给学生呈现的是破碎的课程，而没有提供使知识一体化的手段；它没有论述学校教育同生活的关系，没有充分考虑学生兴趣和经验等。虽然它在许多方面改进了科目设计中人为化的线性逻辑，但它却坚持学科结构是组织原则，没有考虑心理学研究已经表明存在着的各种学习方式。

3. 大范围设计

它是学科设计的变体，最早出现于20世纪20年代。大范围设计强调把两门以上有关的科目合并成单一的大范围教程以克服科目课程的破碎形式与固定框架的弊端。例如，在小学阶段，读、写、拼、讲、作文合并为语言艺术，而中学阶段，物理、化学、生物、天文、地质合并为普通科学。大范围设计也有其缺陷，由于它为学生提供的只是各门科目中分散的信息，因而缺乏深度，学习内容较肤浅；在某种程度上它也是破碎的，无力培养学生的经验和兴趣，无法恰当地说明学习者的心理结构。大范围设计倾向于强调的目标是内容覆盖以及信息获得，很少提供机会来实现认知或情感方面的过程目标，尽管它在这些方面要比科目设计做得好些。

（二）以学习者为中心的课程设计

以学习者为中心的课程设计是以人为中心的哲学思想的产物。这种课程设计强调个别发展，强调课程的组织形式要产生于学生的需要、兴趣和目的。这种设计的典型就是“活动—经验”设计，其主要特征为：

其一，课程结构由学习者的需要和兴趣来决定。这意味着要关注学习者自己直接感觉到的需要和兴趣，而不是由成人考虑学生需要什么或他们的兴趣应当是什么。因此，教师实施“活动—经验”设计的重要任务是：发现学生的兴趣是什么和帮助学生为学习而选择最重要的兴趣。这样，课程就不以学科设计的方式来预先计划，只有当教师和学生共同确立追求的目标，规定查阅的资料，计划实施的活动，以及安排从事的评定程序等，这时课程结构才会形成。这种合作计划是“活动—经验”设计的核心。

其二，重在问题解决。学生在追求兴趣的过程中，会碰到某些必须加以克服的困难和障碍，这些困难构成真正的、学生渴望挑战而接受的问题。在攻克这些难题，寻找解决它们的办法时，学生实现了体现着这一课程的主要价值——真实性、意义性、直接性、主动性，以及活动与经验的相关性。

然而，“活动—经验”设计的批评家对其教育效果持保守态度。他们坚持认为，以学生感觉到的需要和兴趣为基础的课程，不可能保证为生活做充分的准备，课程缺乏连续性。传统的课程设计顺序是以多种因素为基础的，即除兴趣之外还有成熟性、经验背景、先前的学习、效用和难度。然而，当学生的兴趣是课程设计所依赖的唯一基础时，学习的连续性就难以得到保证。

(三)以问题解决为中心的课程设计

以问题解决为中心的设计与学习者中心一样，同样根植于人为中心的哲学理念。二者的区别在于，问题解决中心的设计更强调集体的作用，把重点放在个人与社会生存的问题之上。这种课程设计一般包括生活领域设计和核心设计。

1. 生活领域设计

生活领域设计始于20世纪20年代末期。当时，美国的社会学研究正开始把注意力放在人们的共同活动以及这些活动如何有效地进行上。这种课程设计强调共同的社会功能并试图克服科目设计的内在弱点，同时避免“活动—经验”设计的基本缺点。但是，这种设计最突出的特征在于围绕生活领域重新组织传统的题材，这同时也是它最基本的问题之一。

由于这种设计没有充分揭示文化遗产，因而也遭到不少批判。这些批评来自科目课程的倡导者，他们提倡对内容进行传统的“逻辑”安排。当然，对此问题的立场要取决于一个人的哲学态度。然而，生活领域的倡导者坚持认为，他们的课程不仅按照当前的社会需要做了充分的揭示，而且是更加完整、更加相关、更加有效的课程。

当然，生活领域设计遭到许多与“活动—经验”设计一样的来自实践方面的批评，他们认为它没有为教师做好准备以便有效地进行这种设计，需要实施这一设计的教科书和其他教学材料不容易得到；由于它是以当前的社会生活领域为基础的，因此这一课程具有向青年灌输现存条件，从而有使社会状况固定不变的倾向。

2. 核心设计

核心这一概念起源于20世纪初，核心设计强调为了达到整个课程的紧凑性需要有统一的研究核心，其他科目要与此有关并服从它，用以反对破碎形式和从不同科目积累起来的零碎学习。如今至少有六种完全不同类型的核心课程设计：不同科目核心、关联核心、融合核心、“活动—经验”核心、生活领域核心、社会问题核心。在所有这些核心设计中，只有最后两种——生活领域核心设计和社会问题核心设计——被认为是“可靠的”问题中心的核心设计。

三、课程设计的原则

设计指通过需求分析确定课程目标，再根据这一目标选择某一个学科或多个学科的教学内容和相关教学活动进行计划、组织、实施、评价、修订，以最终达到课程目标的整个工作过程。

课程的组成是由学科的分级结构决定的，设计的原则如下：

1. 从简单到复杂

课程内容是根据学生的年龄阶段和身心发展特点而制定的，从简单易接受的课本内容向高级复杂的课本内容过渡。

2. 从特殊到一般

在传授新知识时，新的思维方式给学生带来冲击，以致学生在短时间内难以理解。在讲授这些地方的时候，教师可采用循序渐进的策略，先用特殊的、易于接受的知识导入，再逐步升级到一般的情况，引发学生的共鸣，加深学生的理解，同时还能培养学生的创新能力。

3. 现存生物体的生命循环

目前，人类对生命的理解是非常狭义的。无论是从科学的角度，还是从人文的角度，人类对生命的解释和认知依然显得如此地陌生。因此，在课程设计中应多开展关于生命科学的课程。

4. 从一般到细节

在课程设计的过程中，教师从整体设计一步步向细节设计过渡，注重细节之处，促进学生全方面地发展。

5. 从一般分类到更细的分类

目前我国课程改革的理论与实践工作者由于存在不同的思维方式和判认维度上的差别，课程类别也是多种多样的。在当前课程概念层出不穷的情况下，需要对课程进行科学、合理的分类。

第三节 小学课程的实施

一、课程实施的主要观点

课程实施是实现预期教育结果的手段。主要有两种观点，一种观点认为，课程实施问题就是研究一个课程方案的执行情况。对课程实施的研究重点就是考察课程方案中所设计内容的落实程度。这种观点是将课程方案看作固定的、不可变更的，实施就是执行的过程。作为课程执行者的学校和教师，应当很好地理解和运用课程，忠实地执行课程方案中规定的项目。而实施的效果如何，决定于课程执行者对课程方案的理解水平和落实程度。另一种观点则认为，课程实施是作为一个动态的过程而存在的。课程实施是把一项课程改革付诸实践的过程。实施的焦点是实践中发生改革的程度和影响改革程度的那些因素。因此，课程实施问题不只是研究课程方案的落实程度，还要研究学校和教师在执行一个具体课程的过程中，是否按照实际的情况对课程进行了调适，并考察影响课程改革程度的因素。

二、课程实施的基本取向

课程实施的取向是指对课程实施过程本质的不同认识以及支配这些认识的相应的价值

观。在课程实施过程中，由于持不同的教育价值观，相应地会对课程实施有不同的认识，并会以不同的态度和方式参与课程实施。课程实施存在三种基本取向，即忠实取向、相互调适取向和课程创生取向。

1. 忠实取向

忠实取向即视课程实施为忠实地执行课程方案的过程。衡量课程实施成功与否的基本标准是课程实施过程中实现预定的课程方案的程度。实施课程愈接近预定的课程方案，则愈忠实，课程实施程度也愈高；若实施课程与预定的课程方案差距愈大，则愈不忠实，课程实施程度愈低。

这种观点强调课程设计的优先性与重要性，强调事前规划的课程方案具有示范作用，教师应当不折不扣地执行。倘若课堂中的教师不能忠实地实施课程，则认为投资可观的资源、时间与精力以及规划最佳的学校课程便是前功尽弃。课程实施的忠实取向没有给教师留下太多的弹性与自由发挥的空间，不鼓励或允许个别教师在自己的课堂情境中因响应变革而修改课程内容。其基本假设是，倘若教师的课程实施选择权不多，则课程实施的方法愈明确，课程实施就愈“忠实”。忠实取向强调课程专家在课程变革中的重要地位，把课程变革看成实施预定课程计划的机械、线性的过程，对课程实施者的主动性认识不足，容易陷入机械主义和教条主义的泥潭。

忠实取向的课程实施适用于某些特定的课程情境，特别适用于课程内容极为复杂、困难且不容易掌握的新课程方案，或是学生的理解有赖于配合课程内容的特定安排，因此，课程实施的顺序有必要在事前加以规定。然而，课程的规范说明与行政命令规定可以规范课程科目知识的最小选择范围与最低成就标准，但无法硬性限制师生的最大选择范围与最高成就标准，更不应该限制师生对学习方法的选择。

2. 相互调适取向

相互调适取向即把课程实施视为课程设计人员与课程实施者双方同意进行修正调整，采用最有效的方法以确保课程实施之成效的过程。相互调适取向强调课程实施不是单向地传递、接受，而是双向地互动与改变。课程方案有必要根据学校教育的实际情境而加以弹性调整。事实上，所有的课程方案在实施过程中都必须经过修正调整才能适用于特定而变化的课堂情境。唯有如此，教师才能使学生的学习获得最大的效能。

相互调适取向认为，一项课程方案付诸实施之后，可能发生两方面的变化：一方面，既定的课程方案发生变化，以适应各种具体实践情境的特殊需要；另一方面，既有的课程实践会发生变化，以适应课程方案的特定要求。课程实施中的相互调适现象是必要的，也是必然的。

相互调适取向倾向于把课程变革视为一种复杂的、非线性的和不可预知的过程，而不是预期目标与规划方案的线性演绎过程。因此，应关注课程实施过程中社会情境因素的分析，借以揭示课程变革的深层机制。相互调适取向考虑了具体实践情境，如社区条件、学校情境、师生特点等对课程实施的影响，反映了师生的主动性及课程实施的复杂性、不确定性和过程性。与忠实取向相比，相互调适取向更符合课程实施的实际情况。

3. 课程创生取向

课程创生取向即把课程实施视为师生在具体的课堂情境中共同合作、创造新的教育经验的过程。真正的课程并不是在实施之前就固定下来的，它是情境化、人格化的。课程实施本质上是在具体的课堂情境中“创生”新的教育经验的过程。既有的课程方案不过是一种供这种经验创生过程选择的工具而已。

课程创生取向强调“课程是实践”。课程不是被传递的教材或课表，不是理所当然的命令与教条，而是需要加以质疑、批判、验证和改写的假设。课程创生取向强调“教师即课程”。教师是决定新课程成败的关键角色。专家设计的课程仅仅是一种暂时性的假设，教师要在课堂教学中加以实验，与学生交互作用，与同事讨论对话，经由这种过程建构的结果才是知识。因此，教师必须改变角色，做一个学习者、反思者。只有每一个教师都成为课程设计者，每一间教室都成为课程实验室，课程才得以完美落实。

由于课程创生取向强调教师和学生在课程开发中的创造性，重视教师和学生在课程制定过程中的作用，因此这一取向对教师和学生的要求很高，推行的范围相对有限。

三、课程实施的变革

课程实施不仅仅是教师教的过程，更是学生学的过程。基础教育课程改革的一个重要具体目标是改变课程实施过于强调接受学习、死记硬背、机械训练的现状，倡导学生主动参与、乐于探究、勤于动手，培养学生收集和处理信息的能力、获取新知识的能力、分析和解决问题的能力，以及交流与合作的能力。因此，新课程改革要求变革学生的学习方式，即要转变在一些课堂中存在的单一、被动与封闭的学习方式，提倡和发展多样化的学习方式（learning style），特别是要提倡自主、探究、合作的学习方式，让学生成为学习的主人，使学生的主体意识、能动性和创造性不断得到发展，培养学生的创新精神和实践能力。

以往我们走进课堂不难发现，课堂教学模式基本上是灌输—接受，学生学习方式基本上是听讲—背诵—练习—再现教师传授的知识。学生完全处于一种被动接受的状态，教师注重的是如何把知识、结论准确地给学生讲清楚，学生只要全神贯注地听，把老师讲的记下来，在考试时准确无误地把结论答在卷子上，就算完成了学习任务。因此，教师和家长对学生的要求是倾听，听成为学生最重要的学习方法。教育部基础教育司调查组的调查结果表明，基础教育新一轮课程改革前，我国义务教育的教与学的方式，以被动接受学习为特点。

四、课程的优化配置

（一）课程的改编

在课程的优化与配置中，最常见的就是课程改编。课程改编是指原为一些学生设计的课程在用于另一些学生时，进行修正的过程。课程改编是基于允许教师根据自己的风格在课程中发挥作用的这一课程特性，并允许教师把每个学生看作是一个独特的人。课程改编的关键原因在于生态和社会文化环境的不同、历史背景和政治观点的不同、课堂情境的不同，因此必须进行改编。

例如，在进行植物和动物的教学时，根据当地环境编写的教材要符合学生的需求。因此，对于美国以及美国的学生来说，应当参考为他们所熟悉的橡树、松树这些例子，而这些树对于印度和菲律宾等热带地区的学生来说是不熟悉的，于是后者就可以换上棕榈树、香蕉树和榕树这些例子。在日本用蚕进行许多遗传学实验，而在美国就用果蝇。

如果说，在课程改编中常常考虑到生态差异的话，那么对社会文化差异来说情况就不总是这样。很多学者主张，教育系统应该有自己特有的民族精神气质、社会特点，包括对政治、宗教、经济、社会阶级等内化了的民族态度。例如，意大利在对哈佛物理学课程的改编中，对伽利略的描述比在美国原著中的篇幅更多。

此外，一门课程需要改编的另一个理由可能是学习某一门课程的时间分配有差异。例如，生物科学标准课程在美国是为十年级学生设计的，在一学年中每周有五个课时的生物课。而在英国，生物课要学五年，每周只有一或两个课时。因此，英国在改编美国的这套课程时，必须使之适应学生在五年期间的智力发展水平。

再者，即使在不同体制下的同一年级水平上教某一门课程，有关课程的安排都需要对材料的改编做好准备。对于那些学业上处于不利地位的学生，还需改编另一种适合他们用的课程。

(二)课程决策

课程决策是对有关教育或社会化目的和手段的一种判断，往往在学校范围内采用，并且以教学大纲为中心。判断是某种有意识思考的结果，代表了以一种特殊的方式去行动或产生一个预期结果的意向。我们可以从家长、学校、社区参与情况来讨论课程的决策。

1. 家长的课程决策

家长参与教育过程已在世界范围内被普遍看作是家长对学校工作的积极支持。一般来说，对家长参与教育过程进行分类，可以明确区分出家长参与的是实际教学工作，还是学校管理和政策制定工作。有学者根据家长参与教育过程的不同形式把家长参与分为四种类型，即作为委托人的参与、作为生产者的参与、作为消费者的参与和作为管理者的参与。

2. 学校的课程决策

当学校和所属地区拥有对学校课程做出决定的权限和控制力时，就产生了学校课程决策问题。从狭义范围讲，学校的课程决策仅仅包括课程编制成果，这些成果以文件和学科教学大纲的形式反映校长和相关人员的决定。从广义范围讲，学校的课程决策是一组关于整个学校课程和有关内容的编制、实施和评价的连续动态决策过程。这一决策过程由学校、社区那些愿意参加课程决策的成员(包括校长、教师、家长、学生)参加。

3. 社区的课程决策

学校与社区合作，是国际上社会参与课程计划的趋势。这些趋向可以分为两大类:发展中国家社会参与的趋向和发达国家社会参与的趋向。但是，它们的根本目的是一致的，即提高教学质量，进一步使课程满足社会需要，并将整个社区当作一个学习环境。学校采用社区参与的形式，以促进学校与社区间建立良好的关系，支持学校行政方面的决定，充实传统教育计划。

第四节　我国小学课程改革

2001 年 5 月，国务院印发《国务院关于基础教育改革与发展的决定》，提出："加快构建符合素质教育要求的新的基础教育课程体系。适应社会发展和科技进步，根据不同年龄学生的认知规律，优化课程结构，调整课程门类，更新课程内容，引导学生积极主动学习。"2001 年 6 月，教育部印发《基础教育课程改革纲要(试行)》，大力推进基础教育课程改革，对基础教育的课程体系、结构、内容等进行了大力改革，被称为"新课程改革"。

一、核心理念

新课程改革的核心理念是：一切为了学生的发展。这里的“一切”，指的是学校的所有教育教学方略的制订，方式方法的使用，都要建立在以人为本、促进学生健康成长的基础之上；这里的“学生”，显然是指学校里的每一位学生；这里的“发展”，指的是学校的教育教学及一切课外活动，都要把目标锁定在能够有利于学生终身发展之上，有利于学生在学校获得今后走向社会所需要的基本生存能力——自主学习的能力，与人合作的能力，信息收集与处理能力，学会办事的能力，独立生存的能力。这样才能保证我们的下一代能够在未来社会生存与发展。

二、课程改革的任务

世界各国的课程改革都将课程功能的改变作为首要目标，力争使新一代的国民具有适应 21 世纪社会、科技、经济发展所必备的素质。我国新一轮基础教育课程改革，深刻分析了基础教育存在的弊端和问题，对于在基础教育领域全面实施素质教育，培养学生鲜明的社会责任感、健全的人格、创新精神与实践能力、终身学习的愿望与能力、良好的信息素养与环境意识等，具有重要意义。

新课程改革的根本任务：全面贯彻党的教育方针，调整和改革基础教育的课程体系、结构、内容，构建符合素质教育要求的新的基础教育课程体系。

新课程改革的主要任务：更新观念、转变方式、重建制度。即更新教与学的观念，转变教与学的方式，重建学校管理与教育评价制度。

所谓转变方式，即转变传统的教与学的方式。教的方式的转变，是为了转变学生学习的方式。在这次课程改革过程中，我国借鉴了美国自 19 世纪末就开始的，现正被其大、中、小学大力提倡的“以问题为中心的学习”和“以项目为中心的学习”的成功经验，引入了“研究性学习”这一新课程。其意义就在于通过改变学生的学习方式，赋予学生以自主学习能力、与人合作能力、自主决策能力、收集处理信息能力、解决实际问题能力。最主要的是引导学生关注人类面临的大问题，以培养学生的创新精神与实践能力以及对人类、对社会的责任感。

不仅如此，本次课程改革还希望能够改变学生的学习环境乃至生存环境，把中国中小学生从“课堂上被动地听老师讲，课堂外埋头于书本，专心做大量与实际生活严重脱离的练习”中摆脱出来；从过于沉重的课业负担中走出来，还给他们应有的自由时空，让他们快乐健康地度过青少年时期，让他们睁开眼睛看自然界、看社会、看生活。

所谓重建制度，即重新建立学校管理制度与教育评价制度。这里所说的教育评价制度，包括政府对教育部门、社会对学校、教育部门对学校、学校对教师、家长对老师、老师对学生乃至社会对人才的评价等。不过，我认为制度也是一种文化的产物，也是人类文明的一个组成部分。既然文化是文明，就只能继承与发展，提“重建”有点过于激进，有可能被执行者错误地理解造成严重的后果。比较恰当的提法应当是“改革制度”。

新课程追求的是使获得知识与技能的过程同时成为学会学习和形成正确价值观的过程。教学过程是师生交往、共同发展的互动过程。应逐步实现教学内容的呈现方式、学生的学习方式以及教学过程中师生的互动方式的变革。课程改革的核心环节是课程实施，而课程实施的基本途径是课堂教学。

新课程改革的核心任务是学习方式的转变。在新课程所要完成的三大主要任务中，转变教与学的方式，尤其是转变学生的学习方式是核心的任务。教师课堂教学方式的改革，最终目标是转变学生的学习方式，改变学生在学校里的生存条件，以期使培养出来的人能够比传统方式培养出来的人更具有创新精神与实践能力。

三、课程改革的目标

专家一致认为，我国这次基础教育课程改革的总目标是：基础教育课程改革要以邓小平同志关于“教育要面向现代化，面向世界，面向未来”和江泽民同志“三个代表”的重要思想为指导，全面贯彻党的教育方针，全面推进素质教育。

第一，新课程的培养目标应体现时代要求。一是要使学生具有爱国主义、集体主义精神，热爱社会主义，继承和发扬中华民族的优秀传统和革命传统；二是要具有社会主义民主法制意识，遵守国家法律和社会公德；三是逐步形成正确的世界观、人生观、价值观；四是具有社会责任感，努力为人民服务；五是具有初步的创新精神、实践能力、科学和人文素养以及环境意识；六是具有适应终身学习的基础知识、基本技能和方法；七是具有健壮的体魄和良好的心理素质，养成健康的审美情趣和生活方式，成为有理想、有道德、有文化、有纪律的一代新人。

第二，新课程改革的具体目标应实现六大转变。一是改变课程过于注重知识传授的影响，强调形成积极主动的学习态度，使获得基础知识与技能的过程同时成为学会学习和形成正确价值观的过程。二是改变课程结构过于强调学科本位、科类过多和缺乏整合的现状，使课程结构具有均衡性、综合性和选择性。三是改变课程内容“难、繁、偏、旧”和过于注重书本知识的现状，加强课程内容与学生生活以及现代社会和科技发展的联系，关注学生的学习兴趣和经验，精选终身学习必备的基础知识和技能。四是改变课程实施过于强调接受学习、死记硬背、机械训练的现状，倡导学生主动参与、乐于探究、勤于动手，培养学生搜集和处理信息的能力、获取新知识的能力、分析和解决问题的能力，以及交流与合作的能力。五是改变课程评价过分强调甄别与选拔的功能，发挥评价促进学生发展、教师提高和改进教学实践的功能。六是改变课程管理过于集中的状况，实行国家、地方、学校三级课程管理，增强课程对地方、学校及学生的适应性。

有句话说得好：有经验的校长抓课堂，缺乏经验的校长抓门房。我认为，要落实这六大目标，对于基层学校来说，关键是要将其转化为可操作的制度，落实于学校教育教学常规管理之中；对于教学一线的教师来说，主要是在每一节的课堂教学设计与实施过程中，把新课程的改革目标落实于教学的各个环节。

四、课程改革的内容

(一)课程功能的改革

课程改革强调了课程的功能要从单纯注重传授知识转变为体现引导学生学会学习，学会生存，学会做人。尤为重要的是，强调要在学习知识的过程中潜移默化地培养学生正确的价值观、人生观和世界观，培养学生具有社会责任感，努力为人民服务，引导学生树立远大理想。因为学习知识的过程将深刻地影响学生思想道德的形成，影响他们人生的抉择。

(二)课程结构的改革

课程改革强调课程的综合性，也就是课程设置既要注重根据学生的经验组织教育内容，也要注重学科内在的逻辑。同时，在课程结构的改革中设置了综合实践活动课为必修课，以加强学生创新精神与实践能力的培养，加强学校教育与社会发展的联系，改变封闭办学、脱离社会的不良倾向，培养学生的社会责任感。课程结构的改革还强调了课程的均衡性和选择性，以体现培养全面发展的人，并为每个学生具有个性的健康发展创造条件。

（三）课程内容的改革

课程改革强调“改变课程内容‘难、繁、偏、旧’和过于注重书本知识的现状，加强课程内容与学生生活以及现代社会和科技发展的联系，关注学生的学习兴趣和经验，精选终身学习必备的基础知识和技能”。

（四）课程实施的改革

在引导学生学会学习方面，课程改革提出了具体的要求：“改变课程实施过于强调接受学习、死记硬背、机械训练的现象，倡导学生主动参与、乐于探究、勤于动手，培养学生搜集和处理信息的能力、获取新知识的能力、分析和解决问题的能力，以及交流与合作的能力。”

（五）教育教学评价的改革

课程改革要求在评价的功能和评价的方式上有所突破，要充分发挥评价的教育功能，而不能仅仅把评价作为筛选与甄别的工具。

（六）课程管理政策的改革

课程改革强调了课程管理的权限应根据各级不同的责任与需要做科学合理地划分，各地要在达到国家规定课程的基本要求下，规划、开发并管理好地方课程，发展学校课程。随着教师课程设计能力的提高，学校课程的发展将有更加多样和广阔的前景。

课程改革工作是一项关系重大、意义深远的系统工程，整个改革涉及培养目标的变化、课程结构的改革、国家课程标准的制定、课程实施与教学改革、教材改革、课程资源的开发、评价体系的建立、师资培训以及保障支撑系统等，是一项由课程改革牵动整个基础教育体系的全面改革，影响巨大且深远。

拓展阅读

表 6.1 简述了我国第一次至第七次课程改革情况。

表 6.1　我国第一至第七次课程改革简述

次数顺序	时间	改革背景	改革过程
第一次	1949—1952 年	新中国成立，改造旧教育，学习苏联经验时期	教育部颁发了《中学暂行教学计划（草案）》，这是新中国第一份教学计划（1950 年 8 月）。设置了门类齐全的学科课程，政治、语文、数学、自然、生物、化学、物理、历史、地理、外语、体育、音乐、美术等课程。1952 年 3 月，教育部颁布了《中学教学计划（草案）》，同年 10 月，颁布了新中国成立以来第一份五年一贯制小学的《小学教学计划》

续表

次数顺序	时间	改革背景	改革过程
第二次	1953—1957年	从1953年至1956年，教育和课程全面学习苏联，照搬苏联的教育思想，把苏联课程模式照搬到我国	1953—1957年期间，国家共颁布了五个教学计划，其中在1953—1955年颁布的三个计划中，大幅削减了教学时数，首次在教学计划中设置劳动技术教育课。1956年国家正式发行新中国成立以来的第二套中小学教科书，这套教材理论性有所加强，特别注意了学生的动手能力的培养
第三次	1958—1965年	这一时期是我国经济发展的重要时期，同时也是“左”倾思想影响萌芽的时期	1958年“大跃进”引发了“教育大革命”，大量缩短学制，精简课程，增加劳动，注重思想教育，还出现了多种学制的改革试验
第四次	1966—1976年	“文革”十年，整个教育领域受到重大影响，学校课程与教学经历了一场灾难	课程管理权下放到学校，下放给师生。各地自定教育计划，师生自选教材内容、自编教材，中心是学“最高指示”。小学课程设置为政治语文、算术、革命文艺、军事体育、劳动五门课，基础科学充斥着与学科知识无关的内容，片面地强调联系实际
第五次	1977—1985年	“文革”结束，拨乱反正，恢复正常教育秩序，初步探索有中国特色社会主义教育时期	1978年颁发《全日制十年制中小学教学计划试行草案》，统一规定全日制中小学的学制为十年，小学五年，中学五年。1980年出版了新中国成立以来全国统编第五套中小学教材
第六次	1986—1991年	实施义务教育和全国建设中国特色社会主义体系时期	1986年《中华人民共和国义务教育法》出台。国家教委公布了义务教育教学计划初稿，突出了新型教育方针的具体要求，适当增加了基础学科的教学时数，在教学计划中给课外活动留出固定的足够的空间
第七次	1992—2000年	新一轮基础教育改革启动，建立面向21世纪基础教育课程体系	1992年国家教委第一次将以往的“教学计划”改为“课程计划”。1993年秋，新的计划突出了以德育为首、德智体美劳五育并举的全面发展的教育方针，第一次将活动与学科并列为两类课程。后来又将“课程管理”作为课程计划中的一部分独立出来。1999年教育部的《面向21世纪教育振兴行动计划》专门规范了“课程管理”的概念。这一次课程改革，我国教育界掀起了国家课程、地方课程、校本课程以及活动课程、研究性学习课程的研究热潮

练习题

1. 什么是课程，课程有什么作用？
2. 试述课程设计模式的主要内容。
3. 课程设计的基本原则有哪些？
4. 试述我国当前课程改革的基本理念和具体目标。

第七章 小学教学

·学习目标·

通过本章的学习，你将：

1. 理解“教学”含义的多样性和教学实践的复杂性；
2. 了解教学思想产生与发展的基本线索、主要教学流派的主张；
3. 了解小学常用的几类教学组织形式；
4. 掌握课堂教学设计的特征、依据和常用教学模式。

教学是实现学校教育的基本途径，是学校教育工作的中心环节。教学的质量和效率最直接、最集中地反映了教育目的、培养目标与价值的实现。那么，什么是教学？教学理论具有哪些流派？小学教学活动怎样组织？小学教学怎样设计？小学教学有哪些模式？

第一节 教学概述

要准确了解小学教学，首先得对教学发展有一定的了解。本节从教学含义、教学思想的产生与发展及主要教学流派的主张出发，对小学教学进行深入认识。

一、教学及其思想的产生与发展

（一）教学的含义及其与相关概念的辨析

1. 教学的含义

对于教学的定义目前在教育学界尚没有达成统一的认识，不同学者有不同的看法，观点差异之中也蕴含某些共同之处。在汉语中，“教学”二字最早见于《尚书·兑命》：“斅学半。”对此孔颖达的解释是：“上学为教，音‘xiao’；下学者，学习也。言教人乃是益已学之半也。”宋人蔡沈的解释是“斅，是教……也始之自学，学也，终之，教人，亦学也。”这说明其词义是一种先学后教、教中有学的双方面活动，蕴含着“教”与“学”不可分离的思想。

在英语中，“教学”一词英语为“teaching”，与“学习”一词“learning”是同源派生出来的两个词。目前，“教学”这一概念在英语中通常有三种表述，即“teaching”“instruction”与“teaching and learning”。相应地，学者们也有三种不同的解释：一是把教学（teaching）看成是教师向学生传授知识和技能的活动；二是把教学（instruction）看成教师指导学生学习并引起行为变化的过程；三是把教学（teaching and learning）看成教师的教与学生的学所组成的一种双边活动过程（two way process）。

然而，由于中外学者探讨教学概念的角度和出发点不同，因此对教学概念的具体理解也并不一致。

美国教育心理学家布鲁纳认为："教学是通过引导学习者对问题或知识体系循序渐进的学习来提高学习者正在学习中的理解、转换和迁移能力。"①

王策三认为："所谓教学，乃是教师教、学生学的统一活动；在这个统一活动中，掌握一定的知识和技能，同时身心获得一定的发展，形成一定的思想品德。"②

李秉德认为："教学就是指教的人指导学的人进行学习的活动。进一步说，指的是教和学相结合或相统一的活动。"③

钟启泉将教学理解为主体之间的语言性沟通或语言性活动，认为："教学是拥有教育理论素养的教师与学生进行沟通的文化。这种文化是现实的交互主体性关系的一种表现。在教学中，教育者和受教育者作为拥有各自不同语言文化和沟通文化的前代与后代。作为成人和成长中的新一代，作为各自在现代社会中生存的个人，在沟通和沟通关系中进行心灵的碰撞，从而提供了'发现世界''发现自我'乃至'相互发现的契机'。教学，是在语言文化与沟通文化的创造过程中，为每一个学生的发展奠定人格成长和学历发展的基础。"④

国内也有学者认为，教学是教师依据学习的原理和原则，运用恰当的教学技术与方法，刺激、指导、鼓励学生自主学习，以达成教育目的的活动。

在认识存在差异的同时，也有不少共同之处。第一，都强调教师教与学生学的结合或统一，即教师教和学生学是同一活动的两个方面，是辩证统一的。首先，教不同于学，在课堂教学情境中，教主要是教师的行为，学主要是学生的行为。教师与学生之间存在着差异，教与学之间也存在着差异。教主要是一种外化过程，而学主要是一种内化过程。其次，"教"和"学"相互依存，相辅相成。"教"离不开"学"，"学"也离不开"教"。杜威有句名言："教之于学就如同卖之于买。"⑤教学永远包括教与学，但不是简单地相加，而是有机地结合或辩证地统一。第二，都明确了教师教的主导作用和学生学的主体地位。在教学过程中，教师主导着教学活动的方向和性质，学生永远都是学习活动的主人；教师只能指导学生学习而不能代替学生学习，学生只有在教师的有效指导下才能更好地学习；既不能以任何形式削弱教师的主导作用，也不能以任何借口剥夺学生的主体地位。二者地位不可转换。第三，都指出了教学对学生全面发展的促进功能。学生身心的健康成长，离不开教学的深刻影响，学校教学不仅使学生掌握一定的知识技能，而且在学生身心发展形成品德等方面也起着积极的促进作用。因此，教学是对小学生进行全面发展教育的一条基本途径。

一般认为，对教学本质的理解和探讨，应从两个层面来进行：一是目的论层面，它凭借哲学

---

① 顾明远：《教育大辞典（上）》. 上海：上海教育出版社，1998 年，第 711 页.

② 王策三：《教学论稿》. 北京：人民教育出版社，1985 年，第 88-89 页.

③ 李秉德：《教学论》. 北京：人民教育出版社，1991 年，第 2 页.

④ 钟启泉：《文本与对话：教学规范的转型》.《教育研究》，2001 年第 3 期.

⑤ 中央教育科学研究所比较教育研究室：《简明国际教育百科全书·教学（下）》. 北京：教育科学出版社，1999 年，第 233-240 页.

资源，对教学的目的进行价值论探讨。因为教学活动是人类有意识、有目的的活动，对此，只能用应然的规范属性或价值法则予以说明。二是工具论或方法论层面，它凭借心理学、社会学等资源，对教学的手段、方式、方法进行科学的探讨。因为教学活动是以教师和学生之间的社会化交往为前提和形式的心理和行为变化过程，而人的心理和行为变化是有规律的，因此适应这种规律性变化是教学有效性的客观要求。教学的定义中应该明确地或隐含地从两个方面予以说明：教学应该怎样开展；教学应该达到何种结果。据此可以认为教学就是着眼于一定目的，在特定的环境中，基于预设的课程框架，通过师生主体间的交往和对话，促进学生学习和发展的专门社会实践活动。

2.教学与相关概念的关系

(1)教学与教育。

教学与教育既相互联系，又相互区别，两者是部分与整体的关系。教育包括教学，教学是学校进行全面教育的一个基本途径。除教学外，学校还通过课外活动、生产劳动、社会实践等途径向学生进行教育。教学工作是学校教育工作的一个组成部分，是学校教育的中心工作。除教学工作外，学校教育工作还有德育工作、体育工作、后勤工作等其他一些工作(如图 7.1 所示)。

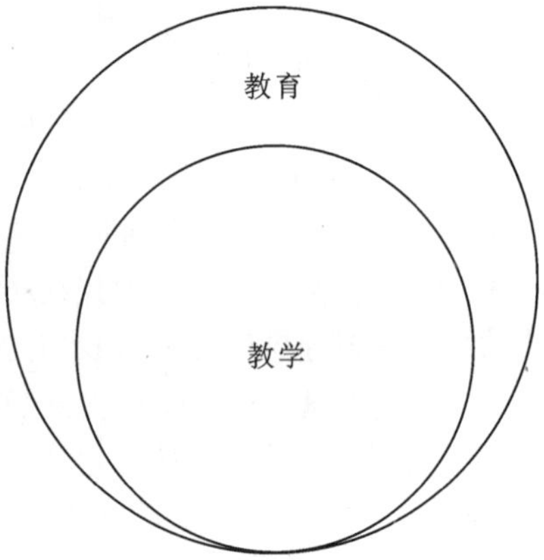

图 7.1 教学与教育的关系

(2)教学与智育。

智育是指向学习者传授系统的文化科学知识和技能，专门发展学习者智力的教育活动，它是教育的一个组成部分。教学是智育的主要途径，却不是唯一途径。智育也需要课外活动等途径才能全面实现；教学要完成智育任务，但智育却不是教学的唯一任务，教学也要完成德育、体育、美育、劳动教育的任务(如图 7.2 所示)。将教学等同于智育，容易导致对智育的途径和教学的功能产生狭隘化甚至唯一化的片面认识，在实际工作中，这种认识所产生的危害是有目共睹的。

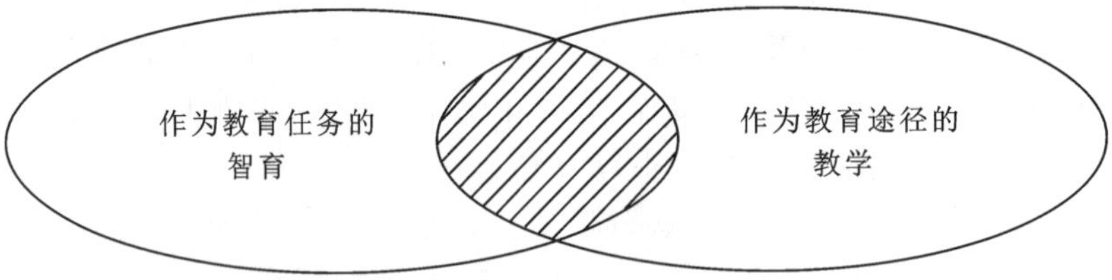

图 7.2 教学和智育的关系

(3)教学与课程。

在小学教育实践中，课程与教学是学校教育的基本途径，是学校全部工作的重心，对教育目的的实现起着决定性的作用。教学与课程的关系实际上是教学论与课程论的关系，目前国内外对于二者关系的研究一直悬而未决，国内比较有代表性的观点主要有以下几种。

①教学包含课程（大教学论）。

新中国成立后，我们全面学习苏联的教育科学。当时苏联的教育学由四大块组成：教育基本理论、教学论、德育论、学校管理。课程论被放在教学论中，内容也仅仅是介绍政府颁布的有关课程文件，如“教学计划”“教学大纲”和“教科书”[①]。在苏联的教育学著作中，自凯洛夫时代起，“课程”一词极为少见，而“教育内容”或“教养内容”却比比皆是。把课程作为教学内容来谈，教学论也就责无旁贷地承担了课程研究的任务。这是一种教学包含课程的大教学观和教学论包含课程论的大教学论（如图 7.3 所示）。

②课程与教学并列（小课程与小教学观）。

改革开放之后，我国开始大量译介西方现代课程理论，有力地冲击了传统的凯洛夫的教学论体系。1989 年，我国正式出版了两本课程论专著，一本是课程教材研究所陈侠编写的我国新时期第一本《课程论》，另一本是华东师范大学钟启泉编著的《现代课程论》。这标志着课程论研究在我国教育学界渐成热点，课程论开始成为教育科学的一门独立的分支学科，形成了与教学论并列的研究领域[②]（如图 7.4 所示）。

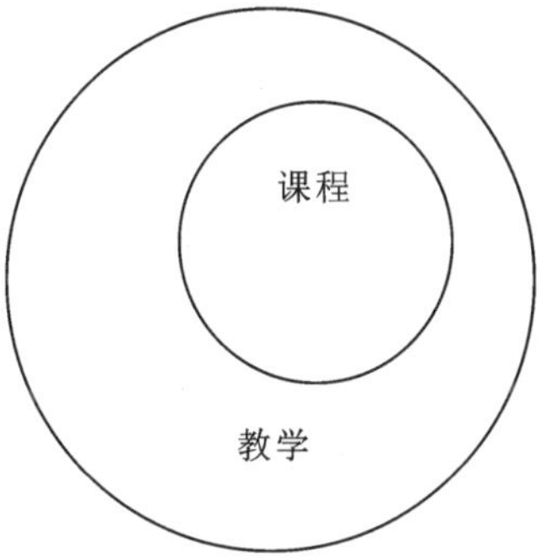

图 7.3　教学包含课程(大教学论)

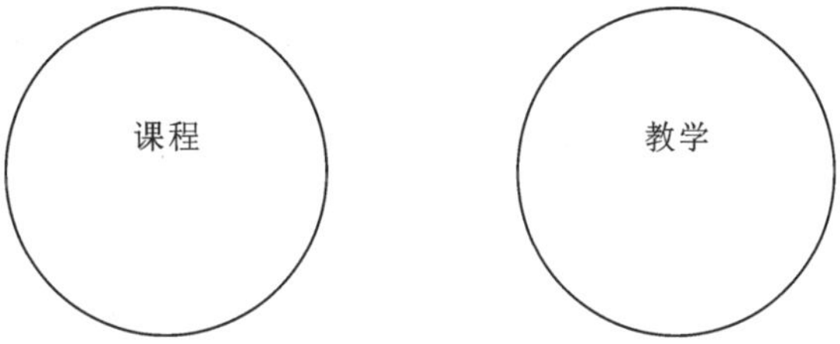

图 7.4　课程与教学并列（小课程与小教学观）

③课程包含教学（大课程论）。

在我国，随着欧美课程论及其种种术语的引进，崭新的课程包含教学的大课程观、课程论包含教学论的大课程论已经应运而生（如图 7.5 所示）。大课程观认为，课程的属性和类型是多方面的，包含学科课程与活动课程、显性课程与隐性课程，因而包含课堂教学与课外教学、模仿教学与陶冶教学[③]。

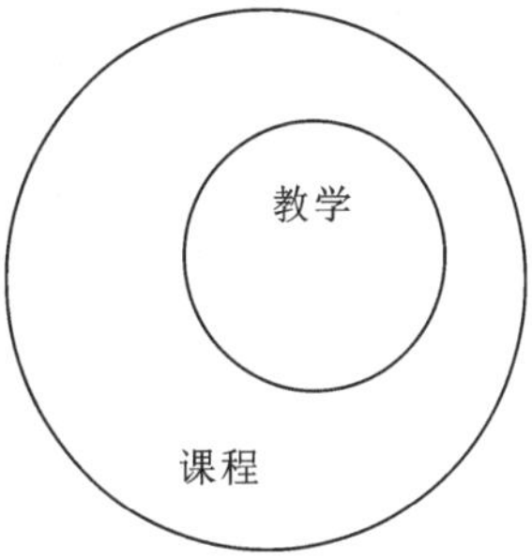

图 7.5　课程包含教学(大课程论)

(二)教学思想的产生与发展

1. 古代教学思想精华

经过漫长的历史演进，人类进入奴隶社会之后，学校教育首先出现在东方的四大文明和西方的古希腊，随后关于教学的系统思想也出现了。古代中国教育思想的奠基者——孔子首创私人讲学，打破了“学在官府”的局面，实行“有教无类”，编订“六经”教材。特别是他全面总结了教学实践经验，把道德教育放在首位，重视因材施教，倡行启发式教学，追求学思行结合等思想，对古代中国的教育教学发展产生了深远的影响。《学记》是世界上最早系统地论述教育教

① 蔡铁权、姜旭英:《我国课程与教学概念的演化及两者关系的转变》.《教育科学研究》,2008 年第 5 期.
② 蔡铁权、姜旭英:《我国课程与教学概念的演化及两者关系的转变》.《教育科学研究》,2008 年第 5 期.
③ 蔡铁权、姜旭英:《我国课程与教学概念的演化及两者关系的转变》.《教育科学研究》,2008 年第 5 期.

学思想的专著，它以极其精练的语言对教学的作用与目的、制度与组织形式、内容与方法，以及师生关系等都进行了简明扼要的概述。

在古希腊和古罗马时代，曾先后出现了苏格拉底、柏拉图、亚里士多德和昆体良等著名的思想家。苏格拉底强调完善人格的道德教育，并在讲学中采用自发式教学方法——“产婆术”，至今还具有实践指导意义。柏拉图主要从构建其所谓的“理念世界”出发，主张要寓教于乐、重视思想训练等，并根据培养军人和哲学家的目的，提出较为完整的教学思想体系。亚里士多德在教育史上首次提出了儿童成长过程的年龄分期，主张体育、德育、智育的和谐教育思想，至今仍有重要的思想和理论价值。昆体良从自己的实践经验出发，对古希腊以来的教育思想做了系统总结，在他的《论演说家的教育》一书中主张对儿童进行早期训练，教学要根据儿童的年龄特点因材施教和量力而行，要劳逸结合、给学生以奖励、反对体罚等。

2. 近代教学思想精华

近代以后，随着教育活动范围的扩大和内容的增加，人们对教学的认识也相应发生了变化和发展，其思想积累越来越丰富。我国最初是从日本辗转引进捷克教育家夸美纽斯、瑞士教育家裴斯泰洛齐和德国教育家赫尔巴特的教学思想和理论的。班级授课制的兴起对教师的“教”提出了客观要求，“怎样教”的问题成为当时的热门话题，与此相对应的“教授”一词成了教学的同义语。如《中国教育辞典》(1928)把“教学法”解释为“各种教授方术者”。其后，许多进步教育家的教学思想也都充满了可贵的探索精神。如清末著名改良主义教育家梁启超(1873—1929年)提出趣味教学思想，主张学生“乐知”，强调联系实际，使学生有所“发明”；推行自动、自主、自治、自立教学法。著名教育家蔡元培强调学生自动自学、自助自研能力的培养，反对单方面的讲授和灌输。著名教育家陶行知更是深刻地批判了“教授论”，认为教的法子必须要根据学的法子，先生的责任不在教，而在教学，教学生学。他极力主张把“教授法”改为“教学生学”。

3. 近代教学的新观念

当代社会正从工业社会向信息社会转型，当代教育正从专才教育向通识教育转变，从重心转移的角度看，当代教学观的变革主要体现为以下六大趋势。

(1)从重视教师的教向重视学生的学转变。

随着社会的发展，传统的“教师中心说”受到越来越深刻的批判。人们看到教师并不是支配课堂教学活动的绝对权威，学生虽然是教育的对象，但却是学习活动的主体和主人，教师当然重要，但更重要的是学生。因此，当代教学非常强调研究学生身心发展的规律，研究学生在课堂情境中的学习规律，并遵循这些规律组织，进而安排教学。

(2)从重视知识传授向重视能力培养转变。

当代社会，由于科学技术的飞速发展导致“知识爆炸”，知识经验陈旧周期加快，掌握全部或大部分知识既不可能也失去了必要性，重视知识传授的教学观受到了严峻挑战。因此，教学的主要任务不再只是知识的传授而是学生能力的培养，着重培养学生学习、掌握和更新知识的能力，即“授人以渔”。

(3)从重视教法向重视学法转变。

在当代社会，人们深刻地认识到，仅仅重视教法已落后于时代的客观要求，教学过程实质上应该是学生主动学习的过程，教学设计的实质是学生学习目标、学习内容、学习进程、学习方式、学习辅助手段以及学习评价的设计。目前，各种流行且影响较大的教学方法，比如问题解决法、发现学习法、学导式方法、掌握学习法、异步学法等，无不渗透出重视学法的精神。

(4)从重视认知向重视发展转变。

在当代社会，人们发现知识甚至智力并不是决定人成功与否的重要因素，最重要的因素是人的情感，进而提出了“情感智慧”的新概念，与已有的认知智慧概念相互对应统一。同时，教学中重视体质发展也成了一个迫切的现实问题。超越唯一的认知，重视儿童身体、认知和情感全面而和谐地发展，成了现代教学观念的基本精神。

(5)从重视结果向重视过程转变。

在当代社会，人们意识到教学结果是重要的，但更重要的是教学过程中学生的切身体验，包括学生的认知体验、情感体验以及道德体验等，正是这种体验决定着教学的最终结果。因此，第一，强调激发学生的兴趣，力求形成学生强烈的学习动机和乐学、善学的学习态度；第二，强调在教师启发引导的基础上，让学生通过独立思考获得对基础知识的领悟和技能、技巧的习得形成；第三，强调“知—情”对称，注重学生在学习过程中对寓于知识经验中的情感的充分觉察和体验；第四，注重教学方法的灵活多样以及多种方式方法的综合应用，为儿童设计出合乎年龄特点的活动，促使学生在学习过程中得到充分发展。

(6)从重视继承向重视创新转变。

在当代社会，人们认为教学的重要功能就是创造文化，学生的主要任务就是通过掌握知识经验，形成创造文化和创新生活的能力。无论是重视学生、重视能力、重视学法，还是重视发展、重视过程，都是重视创新的体现。

二、教学的功能

教学活动的主体性构成要素在于教师、学生、教材三者之间，在教学活动中它们不是孤立存在的，而是相互联系、相互作用和相互制约的，这些要素构成了学校的教学系统。

(一)教学系统的宏观功能

宏观地说，学校教学系统的功能在一定程度上是受社会制约的。学校教学系统的宏观功能体现的是学校教学活动的结果，这些功能是在学校整个教学活动的运行过程中实现的。从整体上说，教学系统的宏观功能主要表现在两点：

一是教学对社会的发展功能。教学活动担负着不断解决人类社会历史认识与社会成员个体认识之间矛盾的责任，是沟通人类社会的过去、现在和未来的桥梁，对社会的进步与发展发挥着不可替代的重要作用。

二是教学对个人的发展功能。教学活动对社会个体成员各个方面发展的影响，都有着重要而深刻的作用。每个学生的德、智、体、美诸方面的发展，都是与学校的教学活动紧密联系在一起的，它们是在一个统一的活动过程中不断深化的。

(二)教学活动的基本功能

1. 传播知识与发展智力

在学校教学活动中，传播知识和发展学生的智力是其最基本的功能。需要强调的是，我们这里所说的传播知识、掌握知识，对师生双方来说，都应该是一个积极能动的活动过程，而不是教师机械地传递知识、学生被动教条地接受知识的传授模式。

2. 形成技能和培养能力

技能的形成和能力的培养与知识的传播活动过程应该是统一的，知识和技能、能力是互为基础的。学生在教学活动中形成的技能，可以划分为智力性技能和操作性技能。学习技能的形成和能力的提高是有其阶段性的。无论是智力性技能，还是操作性技能，其形成的过程都要在教学活动中经历较长时间的反复训练，经过由简单到复杂、由不熟练到熟练的发展过程。

3. 创造环境与发展个性

在教学活动的实践过程中，每个学生都可能形成独具特征的知识与技能结构，这是学生个性发展的基础。它与学生个体的思想道德观念、情感意志品质、社会价值意识、身体心理素质等因素一起，影响着学生个性的发展。在学校的教学活动中，教师的教授活动并不完全直接地发生作用而使学生的个性得到发展。教师的教授活动只有通过学生的能动的活动，才能对其个性的形成与发展产生积极的作用。我们的教学要创造能够使学生在学习活动中进行反省活动的环境，在进一步完成解决自身活动的过程中，学生的个性进入一个不断发展的良性循环，这样具有个性化的学习行为才能形成和发展。

三、教学理论及其主要流派

(一)教学理论含义

教学理论是教育学的一个重要分支。它既是一门理论科学，也是一门应用科学；它既要研究教学的现象、问题，揭示教学的一般规律，也要研究利用和遵循解决教学实际问题的方法策略和技术；它既是描述性的理论，也是一种处方性和规范性的理论。

(二)当代教学的理论流派

1. 哲学取向的教学理论

哲学取向的教学理论源于古典时代的教育。代表人物有古希腊的思想家和哲学家苏格拉底和他的学生柏拉图。苏格拉底提出了"知识即道德"的理论思想。该理论认为知识、智慧和道德具有内在的直接联系。人的行为善恶主要取决于他是否具有相关的知识，只要知道什么是善，什么是恶，人们就能趋善避恶。道德教育是有意义的，德行是可以教出来的，教学的目的是形成人的道德，而道德又是通过知识积累自然形成的，因而道德是可教的。所以，为了实现道德目的，知识就成为教学的一切，由此便演绎出一种基于知识授受为逻辑起点、从目的和手段展开的教学理论体系。代表作有苏联达尼洛夫等编著的《教学论》(1957)、斯卡特金主编的《中学教学论》(1982)和王策三著的《教学论稿》(1985)。

其基本主张是：

(1)知识—道德本位的目的观。

如王策三在《教学论稿》中把我国对"教学目的和任务"的种种表述概括为三句话："第一，传授和学习系统的科学基础知识和基本技能；第二，在这个基础上发展学生的智力和体力；第三，在这个活动过程中培养学生共产主义世界观和道德品质。"即在道德的范畴内提出了"教学目的或任务"。

(2)知识授受的教学过程。

如上海师范大学编写的《教育学》中所写的教学七阶段：①启发学生的积极性是教学过程

的条件；②提供学生必要的感性认识；③使学生形成概念，掌握规律；④巩固学生的知识；⑤形成学生的技能与技巧；⑥指导学生在实践中应用知识；⑦对学生知识、技能和技巧的检查。

(3)科目本位的教学内容。

主要特征为：①过分地强调以书本知识为主，以讲授间接经验为主，沿袭了“百科全书式”的课程传统；②学科或分科课程占主导地位；③以学科逻辑来组织教材，强调教材的系统性；④课程的规范程度较高，习惯以教科书为课程的范本。

(4)语言呈示为主的方法。

这种理论在教学方法上的主张是讲授法居主导地位。在这种理论的影响下，教学基本上以书本为载体，强调知识授受的过程，注重内容的全面性和普遍性，在知识学习方面有巨大优势；但教学缺乏有效的交流和互动，不利于学生情感的发展，也容易导致教学与当代社会缺乏联系。总的来说，哲学取向的教学理论具有浓厚的理性主义色彩。

2. 行为主义的教学理论

20 世纪初，以美国心理学家华生(J. B. Watson)为首发起的行为革命对心理学的发展进程影响甚大。他在《行为主义者心目中的心理学》中指出，心理学是自然科学的一个纯客观的实验分支，它的理论目标在于预见和控制行为。依据其刺激—反应理论，该教学理论强调学习即“刺激—反应”之间联结的加强，教学的艺术在于如何强化。由此派生出程序教学、计算机辅助教学、自我教学单元、个别学习法和视听教学等多种教学模式和方式。其中以美国著名教学心理学家斯金纳(B. F. Skinner)的程序教学理论影响最大。这种理论的基本主张为：

(1)预期行为结果的教学目标。

斯金纳认为，“学习”即反应概率的变化；“理论”是对所观察到的事实的解释；“学习理论”所要做的，是指出引起概率变化的条件。根据行为主义原理，教学的目的就是提供特定的刺激，以便引起学生的特定反应，所以教学目标越具体、越精确越好。

(2)相倚组织的教学过程。

所谓相倚组织，就是对强化刺激的系统控制。斯金纳认为，学生的行为是受行为结果影响的，若要学生做出合乎需要的行为反应，必须形成某种相倚关系，即在行为后有一种强化性的后果；倘若一种行为得不到强化，它就会消失。根据这一原理，形成了一种相倚组织的教学过程，这种教学过程对学习环境的设置、课程材料的设计和学生行为的管理做出了系统的安排。

(3)程序教学的方法。

程序教学法是根据强化作用理论而形成的。斯金纳对程序学习的处理有两种形式。一种是“直线式”，包括以下特征：①小步骤进行；②呈现明显的反应；③及时反馈；④自定步调学习。另一种程序学习的形式是“分支式”，它较“直线式”复杂，通常包括一种多重选择的格式，学生在被呈现若干信息之后，即要面临多重选择的问题，如果回答正确，便进入下一个信息系统，如果回答不正确，则给予补充信息。

20 世纪 60 年代兴起了两种均以斯金纳的学习理论为根据的教学理论与方法——掌握学习(mastery learning)与凯勒计划(又称个人化系统教学法，personalized system of instruction，PSD)。关于掌握学习，国外相关的研究结果显示：①在中小学教学中，短期实施较长期实施有效；②由于它可以帮助学生克服学习困难，增加成就感，故经过这种训练的学生求学态度较为积极。[①]

3.认知教学理论

认知心理学家批判行为主义是在研究“空洞的有机体”,在个体与环境的相互作用上,认为是个体作用于环境,而不是环境引起人的行为,环境只是提供潜在刺激,至于这些刺激是否受到注意或被加工,这取决于学习者内部的心理结构。学习的基础是学习者内部心理结构的形成和改组,而不是刺激—反应连接的形成或行为习惯的加强(改变),教学就是促进学习者内部心理结构的形成或改组。提出认知教学理论的是美国教育心理学家布鲁纳和奥苏伯尔等,其中影响较大的是布鲁纳的认知结构教学理论,基本主张如下。

(1)理智发展的教学目标。

布鲁纳认为,发展学生的智力应是教学的主要目的。他在《教育过程》中指出,必须强调教育的质量和理智的目标,也就是说,教育不仅要培养成绩优异的学生,而且要帮助每个学生获得最好的理智发展。

(2)动机—结构—序列—强化原则。

布鲁纳提出了相应的四条教学原则:①动机原则,学习取决于学生对学习的准备状态和心理倾向。他认为儿童具有三种基本的内在动机:第一,好奇的内驱力(求知欲)。第二,胜任的内驱力(成就感)。第三,互惠的内驱力(人与人之间和睦共处的需要)。②结构原则,即要选择适当的知识结构,并选择适合于学生认知结构的方式,才能有利于学习。通过儿童认知发展的研究发现,人有三种表征系统,即动作表象、图像表象、符号再现表象。③程序原则,在特定的条件下,任何具体的序列总是取决于许多不同的因素,包括过去所学的知识、智力发展阶段、材料的性质和个别差异等,因此要按最佳顺序呈现教学内容,考虑儿童智力发展的历程以及学生处理信息能力的局限性等因素。④强化原则,教学规定适当的强化时间和步调是学习成功的重要一环,即要让学生适时地知道自己学习的结果,同时教师要逐渐从强调外部奖励转向内部奖励。

(3)学科知识结构。

布鲁纳认为,任何学科知识都是一种结构性存在,知识结构本身具有理智发展的效力。他认为学习基本结构有四个好处:第一,如果学生知道了一门学科的基本结构或逻辑组织,他就能理解这门学科;第二,让学生了解基本概念和基本原理,有助于学生把学习内容迁移到其他情境中去;第三,把教材组织成结构的形式,有助于学生记忆具体细节的知识;第四,如果给予学生适当的学习经验和对结构的合理陈述,即便是年幼儿童也能够学习高级的知识,从而缩小高级知识与初级知识之间的差距。

(4)发现教学方法。

布鲁纳认为,学生的认知发展主要是遵循其特有的认知程序。学生不是被动的知识接受者,而是积极的信息加工者。教师的作用在于创设可让学生自己学习的环境,而不是提供预先准备齐全的知识。因此,他极力倡导使用发现法,强调学习过程,强调内在动机。

发现学习的步骤:提出和明确使学生感兴趣的问题;使学生对问题体验到某种程度的不确定性;提出解决问题的各种假设;协助学生搜集和组织可用于作结论的资料;组织学生审查有

---

① 张春兴:《教育心理学——三化取向的理论与实践》.杭州:浙江教育出版社,1998年,第200-201页.

关资料，得出应有的结论；引导学生运用分析思维去验证结论，最终使问题得到解决。

布鲁纳的教学理论是为适应教育现代化的要求而进行的可贵探讨，其理论促进了美国20世纪60年代中小学课程与教学改革。发现学习有利于激发学生的好奇心，有利于调动学生的内部动机和学习的积极性。但实践证明，这种教学理论也具有局限性，在运用时是有条件和要求的，该理论忽视学生学习的特点和本意，对发现学习的界定缺乏科学性和严密性，而且比较浪费时间。

4.情感教学理论

20世纪60年代以来，人本主义作为心理学的第三势力崛起，力陈认知心理学的不足在于把人当作"冷血动物"，即没有感情的人，主张心理学要想真正成为关于人的科学，应该探讨完整的人，而不是把人分割成行为、认知等方面。人本主义心理学家认为，真正的学习涉及整个人，而不仅仅是为学习者提供事实。真正的学习经验能够使学习者发现他自身独特的品质，发现自己作为一个人的特征。教学的本质即促进，促进学生成为一个完善的人。美国人本主义心理学家罗杰斯的非指导性教学就是这一流派的代表，其基本主张是：

(1)培养完人的教学目标。

罗杰斯认为，最好的教育，其目标应该是充分发挥作用的人、自我发展的人和自我实现的人。

(2)非指导性教学过程。

罗杰斯把心理咨询的方法移植到教学中来，为形成促进学生学习的环境而构建了一种非指导性的教学模式。提倡从做中学，鼓励学生自由探索，强调学习过程中学生的主体地位，教师是学生学习的促进者。他认为教育的目标在于促进变化和学习，培养能够适应变化和知道如何学习的人。这种教学过程以解决学生的情感问题为目标，包括五个阶段：①确定帮助的情境；②探索问题；③形成见识；④计划和抉择；⑤整合。

(3)无意义学习与非指导性学习。

罗杰斯按照某种意义的连续，把学习分为无意义学习和意义学习。无意义学习是指没有情感或个人的意志参与，仅仅是涉及事实累积的学习，如学习无意义的音节。意义学习不是那种仅仅涉及事实累积的学习，而是以人的自主学习潜能的发挥为基础，是一种使个体的行为、态度、个性在未来选择行动方式时发生重大变化的学习。这种意义学习实际上就是一种非指导性学习。

(4)师生关系的品质。

罗杰斯认为，发挥教师促进者的作用，关键不在于课程设置、教师知识水平及视听教具，而在于教师作为促进者，与学习者之间的人际关系的某些态度品质。这种态度品质包括三个方面：真诚、接受、理解。

罗杰斯的教学理论强调教学要以学生为本，以情感为基调，发挥教师促进者的作用，注重激发学生的学习动机，满足学生的合理需要，这对学生个性和创造力的发展具有很大的促进作用。但在实践中，该理论显得过于理想化，反而使中小学学生的学业成绩呈现出下降趋势。

5.建构主义教学理论

建构主义是认知结构主义学习理论在当代的发展，是针对传统教学的诸多弊端提出的。它强调学生的巨大潜能，认为教学要把学生现有的知识经验作为新知识生长点，引导他们从原有的知识经验中“生长”出新的知识经验。建构主义认为，学习是在社会文化背景下，通过人际协作活动而实现的意义建构的过程。

(1)知识观。

建构主义者强调，知识并不是对现实的准确表征，它只是一种解释、一种假设，并不是问题的最终答案。而且，知识不可能以实体的形式存在于具体的个体之外，它取决于特定情境下的学习历程。学生对知识的“接受”只能靠自身的建构来完成。

(2)学习观。

建构主义者认为，知识不是通过教师的传授获得的，而是学习者在一定的情境即社会文化背景下，借助其他人(包括教师和学习伙伴)的帮助，利用必要的学习资料，通过意义建构的方式获得的。学习是个体建构自己知识的过程，这意味着学习是主动的，学生不是被动的刺激接受者，他要对外部信息做出主动的选择和加工，因而不是行为主义所描述的刺激—反应过程。而且，知识或意义也不是简单地由外部信息决定的，外部信息本身没有意义，意义是学习者通过新旧知识经验间反复的、双向的相互作用过程建构而成的。其中，每个学习者都在以自己原有的经验系统为基础对新的信息进行编码，建构自己的理解，同时原有知识又因为新经验的进入而发生调整和改变，所以学习并不简单是信息的积累，它也包含由于新旧经验的冲突而引发的观念转变和结构重组。学习过程并不简单是信息的输入、存储和提取，而是新旧经验之间的双向的相互作用过程。①

(3)课程观。

建构主义者强调，用情节真实、复杂的故事呈现问题，营造解决问题的环境，以帮助学生在解决问题的过程中活化知识，变事实性知识为解决问题的工具，主张课程既要基于学科，又要超越学科，面向真实世界，从而使教学始于课堂，走出课堂，融入社会。

(4)教学观。

从建构主义观点看，教学通过设计重大的任务或问题以引导和支撑学习的积极性，帮助学习者成为学习的主体。这就要求创设建构主义的学习环境。这种学习环境由情境、协作、会话和意义建构四个要素构成。

(5)学生观。

建构主义首先把学生看成是发展中的人。首先，学生发展有其规律，熟悉不同年龄阶段学生的身心发展特点，并依据其规律开展教育，是促进学生身心健康发展的前提。其次，建构主义把学生看成是独特性的人。每个人的遗传素质、社会环境、家庭条件和生活经历不同，因而形成了个人独特的“心理世界”。

(6)教学模式。

基于建构主义的教学理论，产生了一系列不同于以往的教学模式，主要有支架式教学、抛锚式教学、情境式教学、合作学习、认知学徒制、交互式教学和随机访问教学。

建构主义教学理论反对传统教学中的机械主义，主张知识是在主体与环境、他人相互作用中建构的，在本质上对人的主体性价值给予了充分肯定，适应了现代社会对教育教学的要求。

---

① 袁振国:《当代教育学(修订版)》.北京:教育科学出版社，2004 年，第 184 页.

第二节　小学教学组织形式

教学组织形式简称教学形式，是师生按照规定的秩序和一定的制度而实现协调活动的外部表现。教学组织形式不是固定不变的东西。随着社会政治经济和科学文化的发展及社会对培养人才要求的不断提高，教学组织形式也在不断发展和改进。

一、教学组织形式概述

(一)教学组织形式的含义

多年来，经过对教学组织形式的研究，国内外学者对教学组织形式有不同的理解。有人认为，教学组织形式是关于教学活动应该怎样合理组织和进行，教学时间、教学场所以及教学设备应如何妥善安排和有效利用的结构形式。也有人认为，教学组织形式就是关于教学活动应该怎样组织，教学时间和空间应该怎样有效地加以控制和利用的问题。[①] 还有人认为，教学组织形式是师生相互作用的结构形式。[②]

采用合理的教学组织形式，有助于教学方法、手段得以有效运用。教学方法、手段等只有综合于一定的教学组织形式之中，形成一定的人员、时空和程序结构，才会构成动态的教学活动，从而发挥其效用。采用合理的教学组织形式有利于教学活动的多样化。长期以来，人们对教学组织形式的探索与实践，主要是围绕如何使教学活动适应每个学生的需要、兴趣和发展潜能而开展的。教学组织形式的使用情况直接影响教学活动的规模和效果。教学组织形式在教学理论和教学实践中带有综合集结的性质，对教学活动有具体的规范作用。

(二)教学组织形式的历史沿革

随着人类社会的发展，不同的时期对人才的培养要求不同，教学组织形式也不断发生变化。纵观教学组织形式的发展历史，其大致经历了以下几个阶段：

1. 个别教学制

人类最初的教育活动，是在生产劳动和社会生活中，以儿童对成人的模仿和靠成人逐个向儿童传授知识、技能的形式出现的。学校出现后，教学从生产劳动和社会生活中分离出来，古代学校教育普遍采用的是个别教学。个别教学制是教师面对个别或少数学生进行教学的一种教育组织形式。这种教学形式的特点是对教学对象没有年龄和程度的具体规定；学习年限不定，无统一的入学、结业规定；教学不分科，不设专业教师；计划性不强，随意性大；教学采用个别对待的方式，规模小、速度慢、效率低，但有助于教师了解学生并根据学生的特点因材施教，使教学内容、进度适合于每一个学生的接受能力。个别教学形式盛行于古代社会的各国学校教育中，在欧洲一直持续到十六至十七世纪。这种组织形式之所以能长期存在，主要是因为能

---

① 刘克兰：《教学论》.重庆：西南师范大学出版社，1988 年，第 340 页.

② 李秉德：《教学论》.北京：人民教育出版社，1991 年，第 214 页.

够与当时生产力和科学技术水平低下的社会需要相适应。

2. 班级授课制

班级授课制以固定的班级为组织，将年龄大致相同的学生编成一个教学班，由教师按照固定的课程表和统一的教学进度实施分科教学的一种教学组织形式。[①] 文艺复兴之后，随着资本主义生产的发展和科学技术的进步，客观上要求更多的人接受教育。于是，在16世纪集体的教学组织形式便产生了。首先在南斯拉夫出现了实行班级教学的新型学校。这种教学组织形式的产生适应了科学知识丰富、科学门类增多、知识技能日益复杂这一趋势，有利于提高教育质量，培养新型人才。17世纪捷克教育家夸美纽斯在总结班级教学经验的基础上，对这种教学组织形式做了理论上的论证和教学法上的阐述。夸美纽斯倡导“节约时间和精力”“大量生产的班级教学组织形式，并提出依据学生的年龄分班，各学年分别设置不同学科的方案。”[②] 后来，又经德国教育家赫尔巴特的进一步完善而基本定型。

班级授课制的出现，使人类开始逐渐摆脱了几千年来手工业式的个别教学组织形式的束缚，使学校教育走向正规化的道路。班级授课制首先被英国、瑞典、匈牙利等欧洲国家采用，而后在美洲各国广为传播。到19世纪后半叶，班级授课制在世界绝大多数国家得到普遍推广。我国采用班级授课制，开始于1862年的京师同文馆，到1902年清政府颁布《钦定学堂章程》，才明令全国学校实行班级授课制。

二、常见的教学组织形式

（一）现代教学的基本组织形式——班级授课制

1. 班级授课制的含义和特征

班级授课制也称为课堂教学，是将学生按年龄和知识水平编入固定人数的教学班，由教师根据教学计划统一规定的教学内容和教学课时数，按照学校课程表进行分科教学的一种教学组织形式。它是现代教学最基本的组织形式。[③] 班级授课制的特征主要可用班、课、时三个字来概括。

班是指把学生按照年龄和知识水平分别编成固定的班级，即同一个教学班学生的年龄和知识水平大致相同，并且人数固定，教师同时对整个班集体进行同样内容的教学。

课是指把教学内容以及实现这种内容的教学手段、教学方法展开的教学活动，按学科和学年分成许多小的部分，分量不大，大致平衡，彼此连续而相对完整。这每一小部分内容和教学活动，就叫作一“课”，一课接着一课地进行教学。

时是指把每一“课”规定在统一的单位时间里进行。时间单位都是统一的和固定的。课与课之间有一定的间歇和休息。

2. 班级授课制的优越性与局限性

班级授课制的出现，是人类教育史上的一大进步。其优越性表现在：第一，它有严格的制

---

① 明庆华：《教育学导论》. 武汉：湖北人民出版社，2005年，第202页.

② 张华：《课程与教学论》. 上海：上海教育出版社，1998年，第315页.

③ 王本陆：《课程与教学论》. 北京：高等教育出版社，2004年，第269页.

度保证教学的正常开展和达到一定质量。它在自身发展过程中形成了一整套严格的制度,使教学制度化、规范化和科学化,保证教学活动周而复始地正常运转并获得一定质量。第二,以课为单位进行教学比较科学。每节课45分钟左右,符合学生身心发展和认知规律,保证学生能精力旺盛地开展学习。第三,便于系统地传授各科知识。确保学生循序渐进地学习和掌握各学科的系统科学知识,完成预定的教学计划。第四,能够充分发挥教师的主导作用。各国的教学实践都反复证明,迄今为止最能充分发挥教师在教学中的主导作用的仍是班级授课这种教学形式。第五,采用班级授课制,扩大了教育的规模,加快了教育普及的进程。

班级授课制也有其局限性:第一,集体教学中,教学活动由教师设计与组织,学生要适应教师的教学,学生的独立性与自主性受到限制。第二,在以"讲授—接受"为主要模式的班级授课中,学生的探索和实践机会少,不利于学生创造力和实践操作能力的培养。第三,由于面向全班学生,教学内容与进度整齐划一,只能以中等学力学生的水平为准,不能很好地照顾到个别差异,致使学力强和学力差的学生都有些不适应。第四,教学内容和时间的固定化,教学进程的程式化,使教学活动缺乏灵活性与新颖性。

(二)现代教学的辅助形式——个别辅导和现场教学

除班级授课制作为教学的基本形式外,还存在一些辅助的教学组织形式,例如个别辅导和现场教学,这类教学组织形式巩固和补充了课堂教学知识,并在照顾学生个体差异及理论联系实际方面起重要作用。

1.个别辅导

个别辅导是在课堂集体教学的基础上,教师对个别学生进行辅导和指导的一种教学辅助组织形式。课堂教学很难照顾学生的个别差异,而个别教学则有利于因材施教。它是课堂教学的延伸和补充。个别教学可在课内进行,也可在课外进行,但大部分是在课外进行的。个别教学的内容及形式主要包括:个别答疑、辅导、补课等;对课外阅读的指导;对课外作业的指导与检查;对学生学习方法的指导;根据学生的知识程度、智力水平和个性特点等组织家庭学习小组;教师轮回进行的检查、指导。

教师在对学生进行个别辅导时,要注意以下几个问题:第一,要对学生的疑难问题重点解决,同时要注重知识的系统化;第二,辅导不仅仅要在知识上、技能上帮助学生,更重要的是对他们的思维方法和学习方法进行引导,帮助他们掌握正确的学习方法;第三,对学生要一视同仁,无论学生的成绩或能力的好坏,对他们提出的问题要平等对待,尽力作答。

个别教学可以使教学更适合每个学生的学习需要和能力水平,充分调动学生学习的积极性,使差生不致失去学习信心,优生不致失去进一步学习的机会和条件。但个别教学有可能使学生丧失集体教学中多样的教育影响源,不利于学生个性的健康发展,同时,教师的时间和精力花费大,不经济,教师对每位学生教的方法和要求也有所区别,自然每位学生学习的成效各不一样,甚至差距极大。所以,它也只能作为课堂教学的辅助形式。

2.现场教学

现场教学是教师根据一定的教学任务,组织学生到与教学内容有关的场所进行教学的一种教学形式。学生以班或小组为单位,授课形式是教师讲或现场工作人员指导示范。现场教学适用于教学过程的各个阶段,一般通过参观调查、实习等方法来进行。它与课堂教学紧密联系,是课堂教学的必要补充,也是课堂教学的继续和发展。根据现场教学的目的和任务,可以将其分为两大类型:一种是根据学习某学科知识的需要,组织学生到有关现场进行教学;另一种是学生为了从事某种实践活动,需要到现场学习相关知识和技能,例如劳动技术教育、机械维修等。①

现场教学有其特殊的意义。首先,现场教学把教材同自然现象和社会现象紧密结合起来,使学生获得直接的经验,增强教学的趣味性,使教学更为生动和丰富,激发学生的学习兴趣;其次,向学生提供丰富的感性知识,能加深学生对理性知识的理解,使理论和实际联系起来;再次,它可以营造轻松、愉快的学习氛围,调动学生的积极性与主动性;最后,现场教学还要求学生自己动手操作,使他们的动手操作能力和解决实际问题的能力得到充分的锻炼和提高。

进行现场教学时,应当注意以下问题:第一,教学目的要明确。无论是教师还是学生,包括参与教学的现场有关人员都必须事先明确教学目的。第二,准备要充分。这种准备既包括学生要做好必要的知识准备,还包括教师要动员学生做好心理和物质上的准备。第三,组织要严密。现场主讲人要与教师共同备课,密切配合,紧紧围绕已确定的教学目的进行讲授,使现场教学做到有目的、有计划、有组织地进行。

现场教学是把教学活动安排在有关现场进行的活动。这里的"现场"可以是生产现场,也可以是社会活动现场等。现场教学的特点是借助于现实的有关条件,如客观事物、现象、事件演化过程等组织进行。

现场教学的优点是打破了课堂空间的限制,将学生带到生产或社会生活现场,有利于理论密切联系实际,使学生获得更多的生动活泼的感性材料,学到实际有用的知识。但现场教学事先应有周密的计划,否则会流于形式。

(三)现代教学的特殊组织形式——复式教学

复式教学是班级上课制的一种特殊形式,对我国农村普及小学教育具有十分重要的作用。复式教学同单式教学(即把同一年级的学生合成一班,在一个教室内由一位教师教学)相对,它把两个或两个以上年级的学生编在一个班里,由一位教师分别用不同程度的教材,在同一节课里对不同年级的学生采取直接教学和自动作业交替的方法进行教学的组织形式。②

复式教学的主要特点是:直接教学和学生自学或做作业交替进行。由于学科头绪多,讲课时间少,教学任务重,因而备课时对教学过程的组织、教学时间的分配和教学秩序的处理等,有更复杂的要求。

复式教学给教学工作带来了困难,主要有以下几个:第一,教师教的科目多、年级多,教学任务繁重,备课难度加大;第二,同时组织几个年级学生的教学活动,必须使直接教学与自动作业搭配得当、在时间上互相衔接,这就使教学过程的组织和教学时间的分配与掌握变得复杂,困难;第三,几个年级学生同时在一节课进行不同的教学活动,互相干扰注意力,使教学组织变得困难;第四,自动作业时间长,直接教学时间少,如果组织得不好,教学活动容易失控,降低课堂教学质量。

采用复式教学,首先,应正确处理好直接教学和自动作业的关系。自动作业是复式课堂教学中静态环境的一种基本活动形式,是学生复习旧知、学习新知、培养能力、发展智力、逐步掌

---

① 王本陆:《课程与教学论》. 北京:高等教育出版社,2004 年,第 270 页.

② 马云鹏:《课程与教学论》. 北京:中央广播大学出版社,2003 年,第 268 页.

握学习方法、学会学习、获得全面发展的一条重要途径。要提高复式课堂教学效果，精心设计自动作业是复式班教师的一项重要教学内容。其次，要向时间要效益。教师在进行课堂设计的组合过程中应充分考虑时限性，精心设计教学步骤，使学生的注意力高度集中。同时，讲解指导和静态作业的数量、深度要符合儿童心理特性，要避免学生注意力分散、厌倦或者无事可做而无聊的现象在课堂上出现，更要注意使课堂中的动态、静态交替组合处于最佳状态，符合学科教材特点。

尽管复式教学给教学工作带来了一些困难，但是也具有其优势。第一，有利于培养学生独立获取知识的能力；第二，有利于培养学生的自控能力和注意力，养成专心学习的良好习惯；第三，有利于培养学生自觉遵守纪律的自主能力和学生骨干的组织能力；第四，有利于教师对学生全面培养，因材施教。

三、教学组织形式的改革与发展

（一）授课制的完善和发展

班级授课制自其产生以来，在提高教学效率方面发挥了巨大的作用。然而，班级授课制又存在不少缺陷。因此，许多教育家从自己的教育理念和自己所面对的具体实际出发，不断地对教学组织形式进行新的探索、改革。在这种情况之下，出现了多种多样的教学组织形式。

20 世纪 50 年代以来，教育改革浪潮在世界各国蓬勃兴起，其中一个主要方面就是教学组织形式的改革，先后涌现出许多新的教学组织形式。

1. 分层教学（能力分组）

分层教学组织形式产生于 19 世纪末，一些教育家认为班级授课制不能适应学生的个别差异，因而提出这种能适应学生的个别差异的教学组织形式。在当代，分层教学组织形式有了许多新的发展。所谓的分层教学，比较集中地强调了几点：①学生的现有知识、能力水平；②分层次；③所有学生都得到应有的提高。综合各家观点，分层教学就是教师根据学生现有的知识、能力水平和潜力倾向把学生科学地分成几组水平相近的群体并区别对待，这些群体在教师恰当的分层策略和相互作用中得到最好的发展和提高。分层教学又称分组教学、能力分组，是将学生按照智力测验分数和学业成绩分成不同水平的班组的教学形式，教师根据不同班组的实际水平进行教学。分层教学在西方一些国家尤其是美国十分流行，一般在中学实行，有些学校在小学高年级实行。

2. 小组合作学习

小组合作学习是目前世界上许多国家普遍采用的一种富有创意的教学理论与方略。由于其实效显著，被人们誉为近十几年最重要和最成功的教学改革。各国的小组合作学习在其具体形式和名称上不甚一致。如欧美国家叫"合作学习"，苏联叫"合作教育"。综合来看，小组合作学习就是以合作学习小组为基本形式，系统利用教学中动态因素之间的互动，促进学生的学习，以团体的成绩为评价标准，共同达成教学目标的教学活动。

小组合作学习是基于班级授课制的一种教学方式，即在承认课堂教学为基本教学组织形式的前提下，教师以学生学习小组为重要的教学组织手段，通过指导小组成员展开合作，发挥群体的积极功能，提高个体的学习动力和能力，来达到完成特定的教学任务的目的。小组合作学习改变了在传统集体教学师生单维交流中，教师垄断了整体课堂的信息源而学生处于十分被动的局面，学生的主动性、创造性也因此得以充分地发挥。

3. 小班教学

小班教学在发达国家基础教育各阶段已经普遍实行，许多国家在教育法中规定每班学生人数在15～25人之间。小班教学是社会和义务教育发展到一定程度的产物，是为了满足社会成员对教育公平性、公正性的进一步要求，以及获得高质量教育的需要。可以预见，在今后几十年内，小班教学会成为我国义务教育的主要发展趋势之一。

(二)对班级授课制的否定和抛弃

1. 文纳特卡制

由美国教育家华虚朋提出，于1919年在伊利诺伊州文纳特卡镇公立学校实行的一种个别教学与集体教学相结合的组织形式。这种组织形式将课程分成两部分：一是指定作业，教学按学科进行，以学生自学为主，适当进行个别辅导，要求每个学生按自己的能力和可能的进度拟定学习计划，并在工作簿上记录进展情况，最后以考试形式检验学习结果，引导学生自己根据考试成绩决定下一步学习方向。二是团体活动与创造性活动，由文化性和创造性的经验组成，分小组活动或施教，通过手工劳动、音乐、艺术、运动以及商业、编辑、出版等团体活动随机进行，没有确定的程序，也不考试，目的在于发展儿童的社会意识。其特点在于：其一，有具体的学习目标和内容，对每个单元都有细致的规定和小步子的自学教材；其二，应用各种诊断法检查测验学生每个单元的学习情况；其三，通过自学及诊断测验后可学习另一单元的这类教材；其四，教师经常深入到学生中间，因人、因时、因事地进行个别辅导；其五，个别教学与集体教学相结合。

2. 开放教学

开放教学源于20世纪30年代，70年代后在英国和美国等地较广泛地流行，主要在幼儿园、小学和初中低年级使用。其基本做法：在一个大教室内设计若干个功能不同的活动区，学生可以根据自己的兴趣在不同的活动区进行相应的学习活动，形式不固定。教师的职责是为学生的学习创设并布置好学习环境，并提供指导。这种教学组织形式的特点：其一，以卢梭、福禄贝尔、杜威、蒙台梭利、皮亚杰以及英国心理学家艾萨克等人的理论为依据，强调儿童的个性、兴趣与需要；其二，不分年级，不分能力，儿童自由组合，进行适应个别需要的各种活动；其三，在活动和讨论中学习，以此代替传统的课堂教学；其四，教室的建筑结构采用各种活动装置，如隔板、门帘等，既可供全班儿童进行大型活动，又可随时隔为若干个小间和区域进行小组活动；其五，教室及走廊内布置“学习角”“作业区”“兴趣区”等，并陈列图书、资料、游戏器材等，供儿童使用；其六，教师对儿童进行个别或集体辅导。

(三)综合化的教学组织形式

1. 特朗普制

特朗普制又称“灵活的课程表”，由哈佛大学教育学教授劳伊德·特朗普提出。其基本做法是，把大班上课、小班研究和个别作业三种教学组织形式结合起来。首先是大班上课，把两个或两个以上的平行班合在一起上课，应用现代化教学手段，由最优秀的教师任教；其次是小班讨论研究，每个小班20个人左右，由教师或优秀学生负责，研究和讨论大班上课的材料，在教师的指导下确定自己的学习计划和研究课题；最后是个别作业，其中部分作业由教师指定，部分作业由学生自选，以此促进学生的个性发展。这三种形式的时间分配大致为：大班上课占40%，小班讨论研究占20%，个别作业占40%。不难看出，这种教学组织形式是一种综合的教学组织形式，它试图将班级教学、分组教学和个别教学的优点结合起来，使学生既能集体上课，又有一定的讨论研究时间，学生个体还能够进行独立钻研。这种教学组织形式目前仍在试用。

2. 协同教学

协同教学又称小队教学。其基本做法如下：由若干名教师组成教学小队，共同负责一个班或几个平行班的教学工作，共同制订教学计划，并根据各人所长，分工合作，完成教学任务并评价教学效果。

协同教学的特点：第一，能发挥教师的集体力量和教师个人的特长，共同对学生进行教学，这有助于提高教学质量，起到互助合作的效果。第二，根据学生向教师学习、相互学习和自我学习的不同途径，采用大班上课、分组讨论和独立学习相结合的形式，能够做到既有集体的学习，又兼顾学生的个性特点，有助于培养学生的自学能力。第三，能够比较有效地使用人员、图书、仪器和其他设备。第四，有助于教学小队的教师开展某些教学研究活动，有助于提高教师的教学水平。

（四）现代个别化教学组织形式

1. 程序教学

程序教学的思想起源于桑代克的联结主义和刺激、强化、反射的原理。1924 年美国的普莱西发明了一种可测验、记分以及教学的简单机器，随后斯金纳于 30 年代发明了程序教学机。程序教学是根据教材设计和编制顺序，循序渐进进行的一种个别教学形式。其主要特点是将一门课程的教材按逻辑次序分成一系列的小步子或问题，学生对每个问题用填充、是非或选择的方式做出答案后，即指出答案的正误（通过教学机器或程序教材呈现），并指导下一步应如何学习。程序教学可以使学生按照自己的需要和速度进行学习，实现一对一的人机学习，以学生自学为主，教师处于辅助地位，打破了传统教学制。

实施程序教学，首先要仔细地考虑在特定的时间里计划教学的内容是什么，这些教学内容最终是要通过学生的行为的获得来表示的。其次要考虑有哪些可以利用的强化物。这种强化物包括两种：一种是学习者在学习过程中对所操纵的材料具有强烈的兴趣，另一种是在学习过程中给予学生奖励，譬如教师的一个善意的微笑、一句肯定的赞语、一件奖品等。再次，强化最有效的安排，即教师要把非常复杂的行为模式逐渐精致地分解成小的单位或步骤，也就是把教学目标进行具体分解，确定每个步骤的强度，以使强化的效果提高到最大限度。

2. 计算机辅助教学

计算机辅助教学简称 CAI，是在计算机辅助下进行的各种教学活动，以对话方式与学生讨论教学内容、安排教学进程、进行教学训练的方法与技术。广义的理解是指把计算机用于教学的各种形式，如计算机模拟教学、计算机管理教学等；狭义的理解是指利用计算机辅助学生学习，如训练和练习、问题解答、个别指导等。狭义的理解即利用计算机进行训练和练习。利用计算机系统提出问题，要求学生一一作出回答。计算机由浅入深自动地为学生提供复习和练习的机会，并可把学生的反应和学习效果记录下来，帮助教师掌握学生的学习情况。计算机辅助教学大致可分为四个阶段，如表 7.1 所示。

表 7.1 计算机辅助教育的发展阶段

发展阶段	主要特点
形成阶段	以一些大学和计算机公司为中心进行计算机辅助教学的软件、硬件的开发研究工作，出现了一些有代表性的系统
实用化阶段	研究规模扩大，先期的研究成果大量投入应用；计算机辅助教学的应用范围不断扩大，进一步趋向实用化
发展完善阶段	大型的计算机辅助教学系统进一步完善；微型计算机的出现，使计算机辅助教学的发展有了突破性的变化；智能化计算机辅助教学系统的出现对计算机辅助教学的发展发生了重大影响
成熟阶段	多媒体化、网络化与智能化

CAI组织形式具有许多优势，它能够为学生提供一个良好的个性化学习环境。综合应用多媒体、超文本、人工智能和知识库等计算机技术，克服了传统教学方式单一、片面的缺点。它的使用能有效地缩短学习时间、提高教学质量和教学效率，实现最优化的教学目标。

3. 凯勒式教学制

这种教学组织形式是以引导式的讲课来激起学习动机，而后学生按自己的速度学习教材，采用预测性的测验，检查和测定学生对教材的掌握情况，并加以相应的纠正教学。教学的组织和监督方面，由教师指定学生中学习能力强或年龄较大的学生来担任，同时也起到一种互教互学的作用。

凯勒教学理论的基本架构如下。

(1)熟练标准。

单元的标准越高，期望就越高，有助于学生获得较高的学习成就。学生若通过单元考试即表示已达熟练标准，若未通过就必须重新学习原单元教材，直到自认熟练后再参加该单元考试。若仍未能通过，则须再学习、再考试，直到通过单元考试才可继续学习下一单元教材。

(2)学生自定学习进度。

学生依其兴趣、能力、时间及其他条件去决定学习的进度，对于学生学习进度没有任何限制，完全由学生自行决定。

(3)单元考试和复习考试。

单元的教材份量不宜太多，但单元考试次数要多。教材少，则较容易评量出每一项单元学习目标，学生也较容易分配各单元学习时间，有助于学习动机的增强。缺点是会增加教师和助理的工作负担。

(4)立即回馈。

学习之后，学生能立即获知自己的成绩表现，有助于学习成效的提升。若一直不知道自己的学习表现或知道的时间延迟太久，可能失去自我补救或更正的机会，对日后的学习也会有不良影响。

(5)助理制度。

助理除了担任客观的评量者并使学生得到立即回馈外，另一项功能是作为一对一的学习指导者，并回答学生各项问题。

(6)书面资料。

书面文字数据是主要的教学来源，教师只是辅助者的角色。书面数据包括学生的学习指引、评量试题、指定阅读的教科书及作业等。学习指引包括各单元目标的明确叙述、教材内容的分析及示范练习题等，对于目标的叙述则有行为目标或示范练习题等方式。评量试题必须有多套，才能适应学生在不同时间参加评量的需求。

(7)讲述和展示。

凯勒原先的教学计划中也设计有少数的讲演和展示或讨论会。这些安排的目的主要是激发学生的动机及兴趣，而不是用来提供该科目的内容。因此，学生可自由选择参加，讲述的内容也不列入考试的题材。

案例7-1

翻转课堂与深度学习的实践①

教学设计可以分成如下几个环节：

环节一：借助于动画图片创设情境，实现学生的“先学”。通常情况下，教材在涉及这一内容的时候，都是给出一个实际问题。如，某工厂的车间有22个操作工，每人每天的产能是1200个甲件或2000个乙件。已知甲件与乙件是1∶2配套的，那么为了每天的产品能够完全配套，这22个工人应当如何分配？这样的问题呈现方式是抽象的，教师可以通过动画来说明，这样学生更能看懂问题所对应的情境。

环节二：立足于问题解决，教师准备好“后教”。在“实际问题与一元一次方程”这一内容的教学中，最核心的环节就是基本过程的总结。要在学生先学的基础上总结出这一规律，关键在于学生必须具有一定的认知基础。上面通过动画所创造出来的问题情境，然后通过反思环节的设计，让学生在这个环节形成初步认识。实际上绝大多数学生都能想到在面临实际问题的时候，要“设未知数，列方程”，而列了方程之后就要“解方程”。只是对方程的解进行检验这一点，学生不大容易想到，需要教师的点拨。因此这也应当是翻转课堂中的一个核心环节。

环节三：引导学生总结，生成系统认识。完成了先学后教这样一个翻转课堂的学习之后，必须让学生经历一个总结概括的过程，这是一个生存系统认识的过程，也是学习从浅层走向深度的过程。如果说此前的先学与后教打下了深度学习的基础，那么此处的概括就是深度学习的升华。在“实际问题与一元一次方程”翻转课堂实施的过程中，概括的目标是“设、列、解、检、答”，这一认识的形成必须对应于学生此前的学习过程，让深度学习落地生根。

第三节　小学教学设计

教学设计是教师根据课程标准的要求和教学对象的特点，将教学诸要素有序安排，确定合适的教学方案的设想和计划，具有较强的主观性。科学的教学设计包括哪些要素？如何根据

① 陈安林、胡世娟：《教学改革》.《数学教学通讯》，2021年第5期.

实际选择设计教学?

一、教学设计概述

(一)教学设计的含义

何谓教学设计(instructional design)? 教学设计专家格斯塔弗森(K. L. Gustafson)指出,"教学设计"这一术语被用以描述包括分析教学内容、确定教学方法、指导实验和修改以及评定学习的整个过程。[①] 布里格斯(L. J. Briggs)认为,"教学设计是分析学习需要和目标以形成满足学习需要的传送系统的全过程"。瑞奇(R. Richey)进一步认为,教学设计是"为了便于学习各种大小不同的学科单元,而对学习情境的发展、评价和保持进行详细规划的科学"。[②] 可见,格斯塔弗森倾向于从过程的角度对教学设计加以定义,这与西方教学理论界另一个常用的术语"教学开发(instructional development)"更加相近。布里格斯和瑞奇更是根据系统的特性,描述了教学设计的特征,即系统性。

我国学者认为,教学设计是指"对整个教学系统的规划,是教师教学准备工作的组成部分,是在分析学习者的特点、教学目标、学习内容、学习条件以及教学系统组成部分特点的基础上统筹全局,提出教学具体方案,包括一节课进行过程中的教学结构、教学方式、教学方法、知识来源、板书设计等"[③]。或"教学设计是以获得优化的教学效果为目的,以学习理论、教学理论和传播理论为理论基础,运用系统方法分析教学问题,确定教学目标,建立解决教学问题的策略方案、试行解决方案,评价试行结果和修改方案的过程"[④]。也有学者认为,"教学设计就是为了达到一定的教学目的,对教什么(课程、内容等)和怎么教(组织方法、媒体资料的使用等)进行设计"[⑤]。还有学者认为,教学设计是指在实施教学之前,依据学习论和教学论的原理,用系统论的观点和方法对教学的各个环节统筹规划与安排,为学生的学习创设最优环境的准备过程。[⑥]

尽管对教学设计概念的界定不同,但教学设计的过程实际上就是为教学活动制定蓝图的过程。通过教学设计,教师可以对教学活动的基本过程有个整体的把握,可以根据教学情境的需要和教学对象的特点确定合理的教学目标,实施可行的评价方案,从而保证教学活动的顺利进行。另外,通过教学设计,教师还可以有效地掌握学生学习的初始状态和学习后的状态,从而及时调整教学策略、方法,采取必要的教学措施,为下一阶段的教学奠定良好的基础。所以,课堂教学设计就是教师根据班级学生的实际需要和特点以及所教课程的内容,将课程目标转化为单元或课时目标,并对这种目标加以分解和细化,据此选择适当的教学模式、教学策略、教学方法和教学程序,对照目标检测教学效果的一种安排。

---

① 何克抗:《对美国"建构主义教学:成功还是失败?"大讨论的述评》.《电化教育研究》,2010 年第 10 期.

② 孙可平:《现代教学设计纲要》. 西安:陕西人民教育出版社,1998 年,第 1 页.

③ 顾明远:《教育大辞典:第 1 卷》. 上海:上海教育出版社,1990 年,第 210-211 页.

④ 王辉、高长梅、原真:《学校教育技术操作全书》. 北京:经济日报出版社,1999 年,第 577 页.

⑤ 李伯黍、燕国材:《教育心理学》. 上海:华东师范大学出版社,1993 年,第 297 页.

⑥ 皮连生、刘杰:《现代教学设计》. 北京:首都师范大学出版社,2005 年,第 3 页.

(二)教学设计的特征

1. 指导性

教学设计是教师为组织和指导教学活动而精心设计的施教蓝图,是教师有关下一步教学活动的一切设想,如将要达到的目标、所要完成的任务,将要采取的各种教学措施等均应反映在教学设计中。

2. 统合性

教学是由多种教学要素组成的一个复杂系统,教学设计则是对这诸多要素的系统安排与组合。以系统、科学的方法指导教学设计,这是科学的教学设计与实际经验的教学设计的重大区别。从系统、科学的方法出发,就是要求对由诸多要素构成的教学活动进行综合的、整体的规划与安排。

3. 操作性

教学设计既有一定的理论色彩,又明确指向教学实践。在教学设计方案中,各类教学目标被分解成具体的、可操作性的目标,教学设计者对教学内容的选择、教学方法的运用、教学时间的分配、教学环境的调适、教学评价手段的实施都做了具体明确的规定和安排,成为教师组织教学的可行依据。

4. 预演性

教师进行教学设计的过程,实质上就是实际教学活动的每个环节、每个步骤在教师头脑中的预演过程。这一过程带有较强的预演性和生动的情境性。它能使教师如临真实的教学情境,对教学过程的每一个细节周密考虑、仔细策划,为教学活动的顺利进行提供可靠保证。

5. 凸显性

教师在设计教案时,可以有目的、有重点地突出一种或某几种来教学,以达到特定的教学目标。如可以在教学方案中突出某一教学方法的运用、某一部分教学内容的讲述、某一种新教学环境的设计,从而使教学活动重点突出、特色鲜明、富有层次感。

6. 易控性

这一点表现在两个方面:一是由于教学设计是对教学活动的预先规划和准备,教师有充足的时间对整个教学过程进行周密计划、反复检查。二是教学设计要确定明确的教学目标,教学目标对教学活动的诸要素具有较强的控制作用,既控制着教学活动的方向,也控制着教学活动的大致进程、内容、程序和活动中主客体间的动态关系。

7. 创造性

教学设计的过程,实际上也是教师根据不同的教学目标和不同学生的特点,创造性地思考,设计教学实施方案的过程。而且,由于教学设计同每个教师的教学经验、风格、智慧紧密相关,每个教师设计的教学方案都会不同程度地带有个人风格与色彩,因而它为教师个人创造才能的发挥提供了广阔天地。

(三)教学设计的依据

1. 现代教学理论

理论的指导是教学设计由经验层次上升到理性、科学层次的一个基本前提。现代教学理论是指导现代教学实践的基本依据。通过教学理论的指导不仅可以避免教师教学设计的盲目性，而且可以促使教师的教学设计由感性经验层次上升到理性科学层次，从而最大限度地保证教学设计的合理性与有效性。

2. 系统科学的原理与方法

运用系统方法分析课堂教学系统中各因素的地位和作用，使各因素得到最紧密、最佳的组合，从而优化课堂教学效果，是教学设计的一个基本特征，同时也是教学设计成功与否的关键所在。

3. 教学的实际需要

教学设计的全部意义就在于满足教学活动的实际需要，在于为实现这种需要提供最优的行动方案。

4. 学生的需要和特点

教学设计的基本特征之一就是它既关心“教”，又关心“学”。教是为了学，学是教的依据和出发点，教师的教必须通过学生积极主动的学才能起有效作用。

5. 教师的教学经验

教师在教学设计中，既不能完全依据经验行事，也不能否定教学经验的作用。只有将科学的理论方法与好的教学经验结合起来，教学设计才能既有共性，又有个性，并最终达到科学性和艺术性的有机统一。

二、教学设计程序与模式

(一)教学设计的基本程序

教学设计作为对教学活动系统规划决策的过程，其程序有：①规定教学的预期目标，分析教学任务，尽可能用可观察和可测量的行为变化来作为教学结果的指标；②确定学生的起点状态，包括他们原有的知识水平、技能、学习动机、状态等；③分析学生从起点状态过渡到终点状态应掌握的知识技能或应形成的态度与行为习惯；④考虑用什么方式和方法给学生呈现教材，提供学习指导；⑤考虑用什么方法引起学生的反应并提供反馈；⑥考虑如何对教学的结果进行科学的测量与评价。

上述基本程序集中体现了教学设计的四个基本要素。

(1)教学所要达到的预期目标是什么？(教学目标)

(2)为达到预期目标，应选择怎样的知识经验？(教学内容)

(3)如何组织有效的教学？(教学策略，教学媒体)

(4)如何获取必要的反馈信息？(教学评价)

这四个要素从根本上规定了教学设计的基本框架，无论在何种范围内进行教学设计，教学设计者都应当综合考虑这四个基本要素，否则，所形成的教学设计方案将是不全面、不完整的。

(二)教学设计的常用模式

1. 系统分析模式

系统分析模式是在借鉴工程管理科学的某些原理基础上形成的。这种模式将教学过程看作一个“输入—产出”的系统过程，“输入”是学生，“产出”是受过教育的人。这一模式强调以系统分析的方法对教学系统的“输入—产出”过程及系统的组成因素进行全面地分析、组合，借此获得最佳的教学设计方案。系统分析模式的设计思想一般如图 7.6 所示。

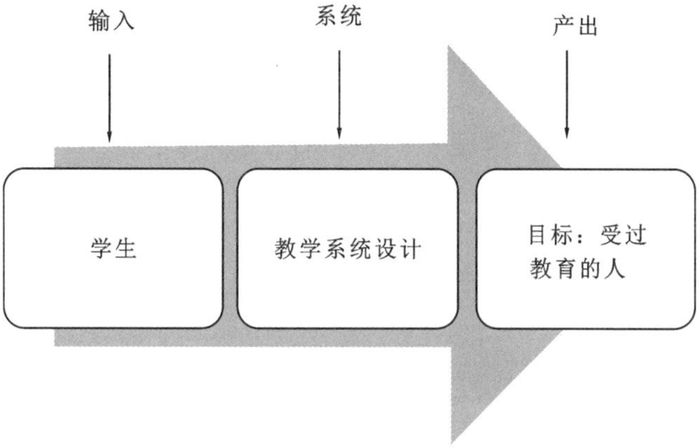

图 7.6　系统分析模式

美国心理学家加涅(R. M. Gagne，1916—2002)和布里格斯提出了系统分析模式应遵循的 10 个基本步骤：①分析和确定现实的需要；②确定教学的一般目标及特定目标；③设计诊断或评估的方法；④形成教学策略，选择教学媒体；⑤开发、选择教学材料；⑥设计教学环境；⑦教师方面的准备；⑧小型实验，形成性评价及修改；⑨总结性评价；⑩系统地建立和推广。

2. 目标模式

这一模式又称系统方法模式，是由美国教学设计专家迪克(W. Dick)和科瑞(L. Carey)提出的。[①] 其基本程序呈直线形。

(1)确定教学目标。即根据总目标确定教学的行为目标，行为目标应对学生学习活动的预期结果、课程中的重点难点及其他特殊要求有明确的规定。

(2)进行教学分析。确定教学目标后，要通过对目标的进一步分析，确定学生应掌握的各种知识技能和技巧，并确定掌握某种技巧的过程或步骤。

(3)分析学生的现实发展水平。学生的现实发展水平主要指学生已有的知识能力水平、学习准备状态和一般的身心发展特点。这些情况都是教师必须事先予以认真分析和准确把握的。

(4)列出操作目标。在完成前三项工作的基础上，教师要进一步列出具体的可操作的目标，即对已确定的教学目标做进一步分解和细化。

(5)确定测验项目的参照标准。这项工作要求以教学目标为依据，设立测验项目的要求与目标所陈述的行为类型应有关联。

(6)确定教学策略。为达成预定的目标，教师必须考虑采用何种教学策略和方法来有效地实施教学。

(7)选择教学材料。这项工作要求教师根据教学需要，合理选择和利用有用的资源，如教学材料、学生学习指南、教师指导书和试卷等。

---

① 李定仁:《大学教学原理与方法》.北京:科学出版社，1994 年，第 211-212 页.

(8)进行形成性评价。教师或教学设计人员可以从三类形成性评价中获得有益的反馈，即个体评价、小组评价和学科评价。

(9)修正教学。根据形成性评价所得到的资料，发现教学中的不足之处，从而修正教学方案。

这一模式的基本特点是强调教学目标的基础作用，它最接近教师的实际教学，即在课程规定的教学内容、教学目标的条件下，如何根据学生的初始状态传递教学信息。因为多数教师还不具备良好的课程开发能力，还不能改变现有的课程及其所规定的教学内容和教学目标，他们只能在微观上研究“如何教”的问题，即怎样更快、更好地组织教学信息并用有效的方法传递给学生。因此，这种模式设计过程系统性强，具体的设计步骤环环相扣，易于操作。

3. 过程模式

过程模式是由美国新泽西州立大学教授肯普（G. E. Kemp）提出的。[①] 这一模式与目标模式的主要区别在于，它的设计步骤是非直线形的，设计者根据教学的实际需要，可从整个设计过程的任何步骤起步，向前或向后实施。具体设计过程如图 7.7 所示。

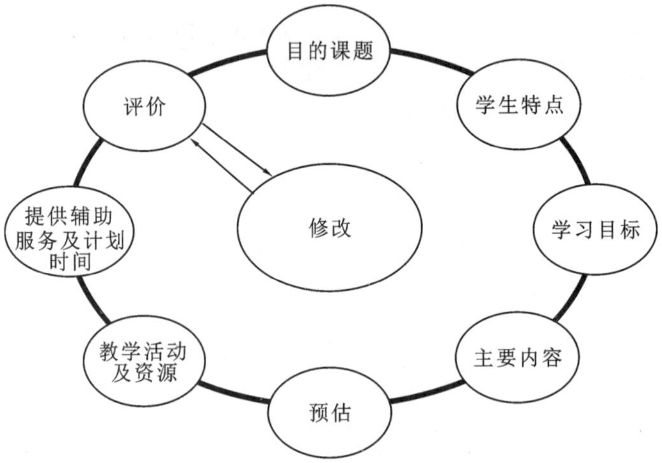

图 7.7 过程模式

过程模式的设计步骤主要有：①确定教学目的和课题，主要是解决在教学中想要完成什么的问题；②列出学生的重要特点，如学生的一般特征、兴趣和需求等；③确定学习目标，并向学习者陈述；④确定学习的主题内容，主要是将学习内容具体化和操作化，如列出所要学习的事实、概念、原理等；⑤预测学生已有的学习准备状况，如已有的知识经验水平和学习能力等；⑥构思教学活动方式和策略，选用教学活动的资源；⑦计划教学活动进行的时间安排；⑧及时评定学生学习目标的达成状况，适应性地评价和修正教学方案。

这一模式的基本特点是灵活、实用，教学设计人员可以根据教学情境的需要设计教学方案。

---

① 李定仁：《大学教学原理与方法》. 北京：科学出版社，1994 年，第 213-214 页.

三、教学设计的基本内容

(一)教学目标设计

1.教学目标设计的含义

教学目标设计是对教学活动预期所要达到的结果的规划,它是教学设计的重要环节。合理的教学目标是保证教学活动顺利进行的必要条件,因为:①教学目标规定着教学活动的方向、进程和预期结果;②教学目标是评价教学效果的基本依据;③教学目标是学习者自我激励、自我评估、自我调控的重要手段。

2.教学目标设计的步骤

(1)钻研课程标准,分析课程内容。

(2)分析学生已有的学习状态。

(3)确定教学目标分类。

(4)列出综合性目标。

(5)陈述具体的行为目标。

3.教学目标的表述

一个规范、明确的行为目标的表述,应当包含以下四个要素。①

(1)行为主体。行为主体指的是学习者,因为行为目标描述的是学生的行为,而不是教师的行为。

(2)行为动词。行为动词用以描述学生所形成的可观察、可测量的具体行为。

(3)情境或条件。即指影响学生产生学习结果的特定的限制条件或范围,主要指明学生在何种情境下完成指定的操作。对条件的表述有四种类型:①使用手册和辅助手段或者不允许使用任何辅助手段;②提供信息和提示;③使用工具和特殊设备或者完全不用;④完成行为的情境。

(4)表现水平或标准。即指学生所达到的最低表现水准,用以评量学生的学习表现或学习结果。

(二)教学内容设计

教学内容的设计过程也就是教师认真钻研教科书,选择组织讲授内容的过程。教学内容集中体现在教科书中。但是,由于教科书的编排和编写要受到书面形式等诸多因素的制约,总是存在着一定的局限性,如往往偏于顾及知识的逻辑结构,难以更多顾及学生的认知结构。为达成教学目标,教师不可能原封不动地将教材搬给学生或不加指导地任凭学生自发学习,而要根据教学目标的要求,结合学生的实际水平,对教材进行科学的再加工,对教材进行取舍、补充、简化,重新选择有利于目标达成的材料。所选的材料要具有科学性、思想性、启发性,并有一定的深度和广度。根据教学目标选定了教学内容后,就需要对这些内容进行恰当的安排,使之既合乎学科知识本身内在的逻辑顺序,又合乎学生认知发展的顺序,从而把教材的知识结构和学生的认知结构很好地结合起来。只有这样,学生才能快速有效地掌握知识,顺利地达到教

---

① 傅道春:《教师技术行为》.哈尔滨:黑龙江教育出版社,1994年,第153-155页.

学目标。

教学内容可以按照演绎法和归纳法两种方法来组织。演绎法是指按从一般到特殊的顺序组织材料，即从概念或原理开始，引导至事实，然后至观察、应用及问题解决。采用此方法组织内容，可以先设计“先行组织者”。所谓“先行组织者”是先于新知识本身而呈现给学生的引导材料，它在概括与包容的水平上高于新知识，同时又能清晰地同学生原有认知结构相关联，是新旧知识发生联系的桥梁。然后按照从一般到特殊的顺序组织内容，采用逐步分化的过程，把范围较广的概念分解成范围较狭窄的概念，由抽象到具体穿插足够的材料和实例帮助学生掌握。在渐进分化的同时注意融会贯通，帮助学生形成完整的知识体系。按归纳法组织内容，即由事实、事物细节开始，引导至概念及原理的形成，而后至问题的解决。布鲁纳主张按此种方法来组织和呈现教材。他认为采取这样的学习过程是可取的：从各种事例归纳出一般法则，以掌握扎根于事实的结构，并用来解决新问题。在这种观点的指导下，教材的组织是从特殊事例到一般原理，即先提供有助于形成概括结论的实例，然后概括出一般性的结论。当然，上述两种方法经常是结合在一起使用的，不可能只绝对地使用一种方法。

(三)教学方法和教学媒体的选用设计

教学方法和教学媒体两者是紧密关联的。一方面，无论哪一种教学方法都需要媒体的配合，教学方法具有物质性的特点。教学方法的物质性也就是它对教学媒体的依赖性，是不以人的意志为转移的。另一方面，媒体的使用必须贯穿一定的教学方法。教学方法和教学媒体是相互作用的，任何一方不恰当，均会影响课堂教学效果。

1. 教学方法的选用设计

教学方法是指在教学过程中，教师和学生为完成教学任务所采用的手段和途径。古今中外积累起来的教学方法极为丰富多样，但任何一种具体的教学方法都有它的特点、功能和适用范围，没有哪种方法是万能的。所谓“好的教学方法”是指在一定条件下的最适当的方法。教学方法的选择和运用要受到各种因素的制约，那么根据什么标准来选择教学方法呢？在具体选择方法时，要根据教学目标、教学内容的要求，教学媒体与学生的实际水平以及学校的环境和设备等具体情况来选择恰当的方法。不同的教学目标要求运用不同的方法，即便是同样的教学目标，由于学科性质不同，具体内容不同，所要求的教学方法往往也不一样。此外，教学方法的选用不能脱离学生的原有基础，而且要有利于调动学生学习的主动性。以上几条标准是一个整体，在选择教学方法时必须从实际出发，以整体性的观点全面综合地选择和合理地组合运用多种教学方法，提高课堂教学质量。

2. 教学媒体的选用设计

教学媒体是传递教学信息的工具，它直接沟通教与学两个方面，对课堂教学的效果影响很大。课堂教学设计中媒体的含义是广泛的，是指包括语言、文字、粉笔和黑板等传统媒体以及现代电子媒体在内的一切媒体。同教学方法一样，教学媒体种类繁多，如何选择教学媒体也是课堂教学设计的重要一环。具体说来，媒体选择的标准有以下几个方面：

(1)教学媒体的使用必须服务于教学的整体目标。不同的教学媒体，其特点、功能各不相同，所实现的具体目标也不相同，应该根据具体的教学目标选择相应的教学媒体。如教学目标是让学生纠正某一动作技能的错误，最好的选择是录像；又如声乐学习中不同发声法的比较和模拟，则可以利用录音机。

(2)要以教学对象、教学内容的特点为出发点。在选择教学媒体时,要始终把学生放在中心地位,使学生的积极性、主动性得以充分发挥。教学媒体还要适合于表现教学内容,如了解一静止事物,幻灯、图片常可获得满意效果;而学会一种体育动作,用录像、电影等手段比文字描述的效果更佳。

(3)根据媒体的基本特性选择恰当的教学媒体。不同的教学媒体在传递教学信息时,其功能是不同的。在进行课堂教学设计时,一定要了解各种教学媒体的特点、功能及其局限性,选择恰当的教学媒体。关于教学媒体的研究已经说明,各种教学媒体各有所长,各有所短,不存在对所有教学情境都适用的或万能的教学媒体。我们要克服重此轻彼的倾向,要注意多媒体的组合运用,使之结构合理,配备恰当,发挥整体效益,以利于教学目标的实现。

(四)教学评价的设计

在一切系统中都存在着信息反馈,没有信息反馈,系统就无法实现有目的的最佳的运动。课堂教学作为一个动态系统,要有序地达到既定的教学目标,也必须在经常的调控中才能实现。教学评价就是对课堂教学系统实施调节与控制的必要手段和重要依据。

教学评价是对教学工作质量所做的测量、分析和评定。它以参与教学活动的教师、学生、教学目标、内容、方法、教学设备、场地和时间等因素的有机组合的过程和结果为评价对象,是对教学活动的整体功能所做的评价。

教学评价种类繁多,根据不同评价标准可将其分为几类。

根据评价在教学过程中的作用不同,可分为准备性评价、形成性评价和总结性评价。准备性评价指的是在具体的教学前实施的评价。通过准备性评价,可以了解学习的准备情况,教师可据此决定教学的起点。形成性评价是在教学过程中,为使活动效果更好而进行的评价。形成性评价的目的在于帮助教师更清楚地了解学生学习的进展情况,并根据这一反馈信息来调节教学活动。它贯穿于整个教学过程,如一个单元或课时结束时的小测验,就属于形成性评价。总结性评价指某项活动告一段落时为把握最终的活动成果而进行的评价。对于单元或课时的教学来说,主要是进行准备性评价和形成性评价,总结性评价一般在学期结束时进行。

根据评价所运用的方法和标准不同,可分为相对性评价和绝对性评价。相对性评价是用常模参照性测验对学生成绩进行评定,它依据学生个人的成绩在该班学生成绩序列中或在常模中所处的位置来评价他的成绩优劣。绝对性评价是用目标参照性测验对学生成绩进行评定,它依据教学目标和教材编制试题来测验学生的学业成绩,判断学生是否达到了教学目标的要求。

根据评价的主体不同,可分为教师评价和学生自我评价。教师评价主要是指任课教师与班主任对学生的学习状况与成果进行的评价;学生自我评价是指在教师的引导下学生对自己做的作业、试卷、其他学习成果进行的评价。

教学评价是课堂教学必不可少的一个部分,它既是教学活动本身,又为教学活动提供反馈,在进行课堂教学设计时,要对这些评价做出适当的安排,预先做好准备。课堂教学设计中要进行的有关评价工作主要有:

1. 确定评价标准

教学评价是一个确定学生达到教学目标程度的综合过程,教学目标是评价的出发点和依据。课堂教学设计强调设定明确具体的教学目标,这也使教学评价有了一个明确具体的目标。

2.根据教学目标选择评价手段

当教学目标确定后，则应选择和使用适当的评价手段。选择评价手段时应注意到各种评价手段都有其局限性，某种评价手段，对一些目标是合适的，而对另一些目标则有可能不适合了。如客观测验中的匹配答案多，可同时考察许多相关事物的知识及理解能力，适用于考察人物与事件的关系、事件与时代及场所的关系、因果关系、知识的应用等评价目标；但不适用于对必须正确记忆的事实、原理以及更复杂的能力的评价。因此，我们要根据特定的教学目标，选择各种相应的评价手段，以求获得更综合和客观的反馈信息。

在课堂教学中，教师可以通过采用观察法、测验法、调查法、自我评价法及时了解学生的学习情况，获得反馈信息。

(1)观察法。观察是直接认知被评价者行为的最好方法。它适用于在教学中评价那些不易量化的行为表现(如兴趣、爱好、态度、习惯与性格)和技能性的成绩(如唱歌、绘画、体育技巧和手工制成品)。

(2)测验法。主要以笔试进行，是考核、测定学生成绩的基本方法。适用于对学生学习文化科学知识的成绩的评定。

(3)调查法。调查是了解学生的学习情况，为评定学生成绩而搜集资料的一种方法。如果教师对学生的成绩有疑问则需要经过调查解决；特别是要了解学生的学习态度、方法和习惯。调查一般通过问卷、交谈进行。

(4)自我评价法。可以帮助学生更好地理解教学目标，正确地评价自己，从而自觉改进学习。

教师在进行教学评价设计时，要围绕教学目标，对于所要提的问题、练习题、测试题进行精心的设计。教师可根据每节课的教学目标，精心编选一些诊断性测试题，包括判断题、填空题、匹配题、选择题等，供每节课结束前的小测验使用，通过测试获知学生达到教学目标的程度。一个单元结束时，可利用课内时间进行形成性测试，通过测试了解学生单元达标的情况，然后根据获得的反馈信息调整教学活动。

3.教学评价应当遵循的原则

(1)客观性原则。教学评价要客观公正、科学合理，不能主观臆断、掺杂个人情感，防止评价不符合实情。

(2)计划性原则。教学评价必须紧密配合学校工作，有计划地进行，科学地控制各科教学评价的次数及总量并做出合理的安排，避免因评价太多或过于集中而使学生和教师负担过重。

(3)发展性原则。教学评价应着眼于学生的学习进步、动态发展，着眼于教师的教学改进和能力提高，以调动师生的积极性，提高教学质量。

(4)指导性原则。教学评价应在指出学生的长处与不足的基础上提出建设性意见，使被评价者发扬优点、克服缺点，不断前进。

第四节　我国小学常用教学模式

教学模式要探讨的问题，是教学活动的方式问题。教学模式是在一定教学思想或教学理论指导下建立起来的、较为稳定的教学活动结构框架和活动程序，我国小学常用的教学模式包括传递—接受式、自学—辅导式、引导—发现式、情境—陶冶式及示范—模仿式及任务驱动教学模式等。

一、教学模式概述

（一）教学模式的概念

国内外对教学模式概念的理解并不一致。在国外较有影响的是美国的乔伊斯和威尔所下的定义。他们认为，教学模式是构成课程、选择教材、指导教学活动的一种计划。国内关于教学模式的定义，大致有下列几种。第一种认为"教学模式是在教学实践中形成的一种设计和组织教学的理论，这种教学理论是以简化的形式表达出来的"，可称其为"理论说"。第二种认为教学模式是"在一定教学思想或理论指导下建立起来的各种类型教学活动的基本结构或框架"，可称其为"结构说"。第三种认为教学模式是"在一定教学思想指导下建立起来的完成所提出教学任务的比较稳固的教学程序及其实施方法的策略体系"，可称其为"程序说"。第四种认为"常规的教学方法俗称小方法，教学模式俗称大方法。它不仅是一种教学手段，而且是从教学原理、教学内容、教学目标和任务、教学过程直至教学组织形式的整体、系统的操作样式，这种操作样式是加以理论化的"，可称其为"方法说"。

模式，一般是指标准的形式和样式。我们把教学模式理解为开展教学活动的一整套方法论体系，实质上是在一定教学思想或教学理论指导下建立起来的、较为稳定的教学活动结构框架和活动程序。它是教学理论的具体化，又是教学经验的一种系统的概括。它既可以直接从丰富的教学实践经验中通过理论概括形成，也可以在一定的理论指导下提出一种假设，经过多次实验后形成。

（二）教学模式的结构

一个完整的教学模式的结构一般包括以下几个方面：

(1)理论基础。它是指教学模式所赖以建立的教学理论或思想，即建立各个教学模式的理论基础。模式的理论基础是其深层内隐的灵魂和精髓，它反映了模式的内在特征。理论基础在教学模式结构中既有独立的因素，又渗透或蕴含在其他各个因素之中。

(2)教学目标。它是指教学模式所能达到的教学结果，是教育者对某项教学活动在学习者身上将产生什么样的教学效果而设计创立的。教学目标在教学模式的构成因素中居于核心地位，对其他因素有制约作用，也是教学评价的标准和尺度。

(3)操作程序。它是指教学在时间上展开的逻辑步骤以及每个步骤的主要做法等。任何教学模式都具有一套独特的操作程序和步骤。

(4)构成因素关系式及策略。它是指促使教学模式发挥效力的各种因素(教师、学生、教学内容、手段、时间、空间等)在教学活动中构成的某种相对稳定的联结方式与最佳组合方案。策略是指为教师运用模式而简要提出的原则、方法和技巧，即操作要领。要保证模式的程序在执行时的可靠性，提出的要领必须是清晰、确切的。

(5)评价。它是指评价的方法、标准等。由于各个教学模式在目标、操作程序、策略方法上的不同，因而评价的方法和标准也就不同。每种教学模式一般都有适合自己特点的评价方法和标准。如掌握学习教学模式的评价因素不同于标准化评价，它的评价标准是目标参照性评价。

(三)教学模式的特点

(1)独特性。它是指教学模式特有的性能。任何一种教学模式,都有其特定的应用目标、条件和范围。如果超越了或不具备其要求,就很难产生良好的教学效果。

(2)操作性。它是指任何一种教学模式都是便于理解、把握和运用的。教学模式如无操作性特点,就难以让人模仿、学习、传播、发展和完善,难以应用于实践中。同时,我们也应该看到教学模式是一套程序,是一个完整的系统。应用教学模式在一定意义上说,就是要按照一定的程序和规则从事教学活动。

(3)开放性。它是指教学模式随着教学实践、观念和理论的变化而不断发展。教学模式一旦形成,其基本结构保持相对稳定,但这并不意味着教学模式的内容要素和非基本结构不发生变化。一个教学模式刚形成时,仅是一个雏形,要经过长期的反复实践,不断总结,不断完善。

(4)针对性。每一种教学模式都有自己的指导思想,都是为达到某一特定的教学目标而设计的,具有很强的个性特点。由于教学模式的着眼点和侧重点不同,其适用范围也不同。

(5)稳定性。教学模式是在一定教学理念的指导下形成的教学结构和活动序列的结合体,它通过概括教学经验,去粗存精,抽取出重要的教学要素组成,在一定程度上揭示了教学活动的普遍性规律,因此具有相对稳定的特性。

(6)优效性。优效性是教学模式的生命所在。为了保持优效性,教学模式要不断变革、发展。教学模式产生、发展于教学领域,是对某些有效的具体教学活动方式经过优选、概括、加工的结果,是一种优化了的范式,具有优效性。越是有生命力的模式,其优效性越高。

(7)局限性。每一种教学模式都有明确的主题、一定的目标、有序的进程和适用的范围。一种模式形成的同时也意味着某种教学思想普适性的丧失。某种模式可能在某所学校或某个教师的运用下能产生很好的效果,一旦脱离其适用范围,其有效性的发挥就将受到限制。

(四)教学模式的选择和应用

随着教学实践的丰富和深入,以及教学论研究的发展,涌现出了多种多样的教学模式。但由于着眼点和侧重点不同,每种教学模式都有自己特定的适用范围,我们选择和运用教学模式时,一定要根据具体情况做具体分析。

(1)特定的教学目标。教学目标是教学一般性任务具体化的表现,每一学科、单元、课时都有明确具体的教学目标。不同的教学目标要靠不同的教学模式去完成。

(2)教材的性质。不同学科性质的教材,应采取不同的教学模式,但是,就某一学科中的具体内容而言,又需要采取与之相适应的教学模式。

(3)学生的特征。学生的特征主要包括心理特征和知识基础特征。不同年龄阶段的学生,想象力、思维能力、学习能力和已经掌握的知识,及其构成的认知方式等都存在着极大的差异,这些差异也是教师选用教学模式时应考虑的因素。

(4)教师自身的特点。每位教师都具有不同的气质、性格、能力等个性特征,在长期的教学实践中又都形成了自己独特的教学风格。所以,教师在选用教学模式时,要根据自己的实际情况,扬长避短,以充分发挥自身的特长和潜能。

二、小学常用的教学模式

(一)传递—接受式

这是以传统课堂教学为基础逐渐演化而来的,被我国中小学教学普遍采用的教学模式,主要运用于系统知识、技能的传授和学习。它源于德国教育家赫尔巴特的四段教学法(明了—联想—系统—方法),之后经过多次修改和完善。其基本程序是诱导学习动机—复习旧课—感知理解教材—巩固运用知识—检查反馈。这种模式以教师为主导,首先,由教师组织、调节和控制整个教学过程。按照学生认识活动的规律,教师通过口头讲解、直观演示、设置情境等,激发学生的学习动机,让学生感知、理解教材,并达到领会的程度。其次,组织学生练习、运用、巩固所学知识。最后,由教师检查或组织学生自我检查,反馈教与学的效果。这种模式的最大特点是能使学生在较短的时间内迅速有效地掌握大量系统的知识,传授系统性的知识,有利于学生后继学习,较好地体现了教学作为一种简约的认识过程的特点,故它在长期的教学实践中盛行不衰。但是,在这种教学模式中,过分强调了教师的主导作用,忽视了学生的主体地位。

(二)自学—辅导式

这是由中国科学院心理研究所在总结国外程序教学法的基础上,经过"自学辅导实验"后提出的。这种模式主要用于培养学生的自学能力和形成良好的自学习惯。其基本程序是教师提出自学的任务和要求—学生自学—讨论交流—教师启发答疑—练习总结。这种模式试图改变传统课堂教学中教师讲、学生听、学生处于被动地位的局面,主张由以"讲"为主转向以"导"为主,以学生自学为主。首先,学生独自阅读教材,教师根据学生的不同情况,帮助学生理解,形成自己的个人观点。其次,教师对讨论过程中的重点、难点、关键问题进行启发、解惑、指迷。最后,学生通过完成各类作业、实验操作等巩固知识。它把传统的"讲—听"单通道输入信息,改变为多感官结合,手脑并用,有助于提高学习效率。同时教师与学生、学生与学生多向交流,有助于调动学生学习的积极性。由于学生的基础、水平不一致,因此教师还要因材施教,适应学生的个别差异。

(三)引导—发现式

引导—发现式的教学模式从儿童好奇、好问、好动的心理特点出发,以学科的基本结构为内容,在教师的指导下,让学生自己去发现、回答和解决问题,以培养学生探究性或创造性思维能力。其基本程序是问题—假设—验证—总结提高。这一教学模式以"解决问题"为中心,注重学生的独立活动。首先,教师提出要解决的问题或创设问题情境,激发学生探究问题的动机。其次,学生利用教师和教材所提供的信息材料,对课题进行分析思考并提出自己的假设。最后,教师引导学生展开争辩,验证假设;引导学生做出总结,获取原理或概念,并验证核实。运用这种模式能充分发挥学生认识的能动性,让他们在探索中增强成就感,提高学习兴趣;能训练学生的科学态度,掌握认识问题的科学方法,提高学生的抽象思维能力,培养创造精神。但是,这种模式比较费时,也不利于学生掌握系统的科学知识,不能处处采用。

(四)情境—陶冶式

情境—陶冶式教学模式是在教改实验中,将我国教学实践经验与保加利亚心理学家乔治·洛扎诺夫的暗示教学理论相结合的产物。它是在课堂上运用听音乐、做游戏、从事操作等多种活动手段，使学生轻松愉快地获得知识，增强记忆效果，提高教学质量的一种教学模式。其基本程序是创设情境—参与活动—总结转化。这一教学模式认为，人的认识是有意识心理活动和无意识心理活动的统一，是理智活动和情感活动的统一，强调个性的发展不仅要重视理智活动，还要重视情感的陶冶，充分调动学生无意识心理活动的潜能，使他们在思想高度集中、精神完全放松的情况下学习。运用这一模式，教师要善于根据教学任务的要求，采用语言描述、实物演示、音乐演奏等手段为学生创设学习环境，使学生积极参与游戏、表演、谈话等各种活动。最后通过教师总结，启发诱导，学生达到领悟，实现情与理的统一。这种模式能使学生在轻松的气氛中，获取知识，完善人格。但这种模式对教学条件、教学设施和教师本人都提出了较高的要求。

（五）示范—模仿式

这是由西德教育家瓦·根舍因等提出的。他们认为要培养真才实学的人才，必须对内容烦琐的教材进行改革，充实根本的、基础的、本质的内容，主张从日常生活中精选隐含本质或基本因素的典型范例（事例），让学生在教师启发诱导下，通过范例掌握科学知识和科学的方法论，训练学生独立思考和分析判断的能力。范例教学模式包括三个主要的阶段，即教师解释典型范例；教师阐明范例的种属关系，分析、概括和综合同类事物；教师引导学生掌握与范例同类的知识的联系和规律，使他们的认识由具体上升为一般。它要求教学上达到四个统一，即教学与训育统一、解决问题的学习与系统学习统一、掌握知识与培养能力统一和主体与客体统一。教师备课做到五个分析，即基本原理的分析、智力作用的分析、未来意义的分析、内容结构的分析和内容特点的分析。学生通过接触和认识范例，加深对教材内容的理解，加强理论知识与实际生活的联系，提高灵活运用知识解决实际问题的能力。运用它时，教师要注意精选范例，引导学生弄清“个”的范例与“类”的范例的联系，并处理好各门知识体系编写的教材内容。

（六）讨论—评价式

这种模式以学生集体为基础，变“静态的集体背景”为“动态的集体力量”，从而提高教学质量，并促进学生集体主义观念形成，发展学生个性。这种模式的程序是独立思考—小组讨论—组际交流—集体性评价。[①] 这种模式可以比较充分地发挥学生学习的积极性，为每位学生提供表现自我的机会。同龄的学生之间交流还可以满足他们之间的心理需要，会使学习气氛生动活泼，容易激发学生强烈求知欲，有利于班集体的形成和建设。这种模式的核心是小组讨论。小组讨论给予学生们平等的发言机会，同时讨论本身具有启发性，可以将个人的思考成果转化为全组学生的共识，具有互补性，利于学生开动脑筋。

小组讨论的前提是有学生的个人思考，这样讨论才会有意义，讨论过程中教师要加强引导，从分小组到确定讨论主题、时间掌握等方面具体安排，防止走过场。在组际交流的基础上进行“集体性”评价，可以由学生评价，也可以由教师进行总结性评价。评价时，教师要充分尊重学生的劳动成果，多给学生一些鼓励性的评语；对全班同学经过讨论出现的共同性问题，要及时给予指导和订正。

---

① 叶立群：《小学教育学》．福建：福建教育出版社，1997 年，第 217-218 页．

三、当前值得关注的几种教学模式

(一)自主探究教学模式

自主探究教学就是引导学生的自主学习以促使学生进行主动的知识建构的教学模式。自主学习不是让每个学生各学各的,而是要激发起全体同学的学习兴趣,使每个学生都积极主动地去探索、去学习,并加强合作交流,少走弯路。

自主探究教学模式的理论基础是建构主义。建构主义认为,学习者要想完成对所学知识的意义建构,即达到对该知识所反映事物的性质、规律以及该事物与其他事物之间联系的深刻理解,最好的办法是让学习者到现实世界的真实环境中去感受、去体验(即通过获取直接经验来学习),而不是仅仅聆听别人(如教师)关于这种经验的介绍和讲解。

自主探究教学模式的教学目标可以概括为几点:掌握学习的具体认知策略与元认知策略;不断培养学生主动学习的兴趣;形成和提高学习所需的一般能力;培养学生在探索与解决问题过程中的交流与相互协作的意识。

(二)研究性教学模式

研究性学习是教育部 2000 年 1 月颁布的《全日制普通高级中学课程计划(试验修订稿)》中综合实践活动板块的一项内容,是指学生在教师指导下,从学习生活和社会生活中选择和确定研究专题,主动地获取知识、应用知识、解决问题的活动。

研究性教学模式的主要教学目标包括:获得亲身参与研究探索的体验,培养发现问题和解决问题的能力,培养收集、分析和利用信息的能力,学会分享与合作,培养科学态度和科学道德,培养对社会的责任心和使命感。

研究性教学模式的教学程序包括五步:确定研究性学习的组织形式;选定研究主题或研究范围并选择一个好课题;搜集资料、调查研究、教师指导及和学生的讨论交流,这是具体实施阶段;结题阶段;形成研究型报告,教师给予相应的评价。

(三)问题解决教学模式

问题解决教学模式是指依据教学内容和要求,由教师创设问题情境,以问题的发现、探究和解决来激发学生的求知欲和主体意识,培养学生的实践和创新能力的一种教学模式。其中,教师创设问题情境是教学设计的中心环节。在问题情境的引导下,学生收集素材、资料,深思酝酿,提出假设,引发争论,进行批判性思考和实验探究,得出结论,通过应用又产生新的问题,使学生思维不断发展、升华。

问题解决教学是一种高效和发展性的教学,这是因为:第一,思维活动产生于问题;第二,解决问题的教学能使学习者的思维具有明确的目的性;第三,解决问题的学习能使学习者在已知知识和未知知识、旧知识和新知识之间形成联系,建立自己的知识系统;第四,学生不仅掌握了科学结论,更为重要的是学生通过亲身探究和实践,参与了知识的发生、形成和发展过程,"像科学家一样工作"地学习,培养了创新精神和创造能力。

问题解决教学模式的主要目标包括:确保学生直接与被传递的新知识发生相互作用,使学生通过自己的探索进行学习,取得经验;让学生通过自读、自学、实验、讨论等方法,解决问题,从而提高学生收集处理有关资料、文献、数据的能力,并在探索中训练概括新知识的能力,提出解释或解决问题的方案,从而培养创新能力;使学生在教学过程中建立思维模型,掌握基本的思维方法，提高其思维的广阔性、敏捷性、深刻性和独创性。

(四)任务驱动教学模式

任务驱动的教与学的方式，能为学生提供体验实践的情境和感悟问题的情境，围绕任务展开学习，以任务的完成结果检验和总结学习过程等，改变学生的学习状态，使学生主动建构探究、实践、思考、运用、解决的高智慧学习体系。

任务驱动教学模式包括以下四个基本环节：

1. 创设情境

使学生的学习能在与现实情况基本一致或相类似的情境中发生。需要创设与当前学习主题相关的、尽可能真实的学习情境，引导学习者带着真实的“任务”进入学习情境，使学习更加直观和形象化。生动直观的形象能有效地激发学生联想，唤起学生原有认知结构中有关的知识、经验及表象，从而使学生利用有关知识与经验去“同化”或“顺应”所学的新知识，进而发展能力。

2. 确定问题(任务)

在创设的情境下选择与当前学习主题密切相关的真实性事件或问题(任务)作为学习的中心内容，让学生面临一个需要立即去解决的现实问题。

问题(任务)的解决有可能使学生更主动、更广泛地激活原有知识和经验，来理解、分析并解决当前问题，问题的解决为新旧知识的衔接、拓展提供了理想的平台，通过问题的解决来建构知识，正是探索性学习的主要特征。

3. 自主学习、协作学习

不是由教师直接告诉学生应当如何去解决面临的问题，而是由教师向学生提供解决该问题的有关线索，如需要搜集哪一类资料、从何处获取有关的信息资料等。任务驱动教学模式强调发展学生的“自主学习”能力。同时，倡导学生之间的讨论和交流，通过不同观点的交锋，补充、修正和加深每个学生对当前问题的解决方案。

4. 效果评价

对学习效果的评价主要包括两部分内容，一方面是对学生完成当前问题的解决方案的过程和结果的评价，即所学知识的意义建构的评价，而更重要的一方面是对学生自主学习及协作学习能力的评价。

(五)翻转课堂教学模式

翻转课堂是一种教学模式，它将课程的集体教学从课堂转移到线上个体学习空间，并将课堂转变为一种教师引导学习者应用理论，并创造性地进行主题学习的动态交互学习环境的一种教学形态。

翻转课堂的教学形式是：学习者在上课之前，根据个人情况自学慕课或其他在线课程，利用学习资料补充知识缺陷；进入课堂中，学习者可以与教师或其他学习者一起研讨、答疑，解决学习中的疑难问题。翻转课堂借助网络，重新调整课堂内外的时间，将学习的决定权从教师转移给学习者，创建以学习者为中心的学习环境，采取以学习者为中心、学习者主动学习的教学策略，最终实现对深度学习的促进。

翻转课堂改变了传统的教学模式，为教育事业注入了新的活力。与传统教学相比较，主要有以下突出特点:第一,翻转了教学理念。不似在传统教学中要紧跟教师的节奏,翻转课堂中学习者有更多的自主性,更加突出“以学习者为中心”“因材施教”,实现个性化学习。第二,翻转了教学流程。翻转课堂的教学流程基本上是先课外,后课堂。学习者课前自主学习,通过观看教师事先制作的线上课程学习知识,在课堂中通过做作业、解惑、讨论、研究等活动消化知识,掌握和学习运用课前学到的新知识与技能。第三,翻转了师生主体角色。在翻转课堂学习中,课下学习者以自己的学习需要和能力为基础,主动学习;课上,主要是学习者在研讨发言,学习者在课内和课外的学习过程中,都占据主动地位,而教师在其中只是起到组织、指导、帮助、督促的作用。第四,翻转了教学模式。在翻转课堂中,教师课前把帮助学习者学习的学案、课程 PPT、教学视频、测试题等各种学习资源共享到线上学习平台,学习者可以随时进行学习。

(六)O_2O 线上线下混合教学模式

线上线下混合教学模式,主要以互联网信息技术作为重要依托,教师在线上平台提供教学视频、课程 PPT 等学习资源,学生课下通过线上平台完成自主学习活动,教师在课堂活动中对教学中的重难点进行详细讲解,解决学生学习过程中遇到的问题,有利于学生更好掌握知识。在实施线上线下混合式教学模式的时候,有“三段式”的教学模式,将所有的关键环节包含其中:

1. 线上资源发布,学生线上学习

教师将事前录制的教学视频等材料上传至平台,课前对学生进行课堂和学情分析,根据分析结果对学生在平台的学习提出要求;学生课前观看相关的教学视频,对可能出现的难点和重点进行记录并预习,如需要的话,学生自主针对课上需讲解的内容进行准备。

2. 课堂师生互动

课上,教师进一步讲解视频中的难点,让学生对理论知识点掌握得更加牢固,部分章节可以通过学生讲解来激发学生的学习积极性,让学生对线下课堂教学更感兴趣;教师在课上与学生建立更加良好的互动关系,鼓励学生发言,尊重学生的建议,师生共建课堂,充分发挥课堂的教学效果。

3. 课后反思

课后,引导学生进行课后反思,学生通过对视频的反复观看,进一步学习课上的难点和重点,完成课后作业。教师针对学生的学习状况和作业情况进行成绩评定,从而调动学生的主动性和积极性,避免学生“上课认真听,下课马上忘”的情况。

拓展阅读

《让课堂焕发出生命活力》[①]节选

从生命的高度用动态生成的观点看课堂教学,包含着多重丰富的含义。首先,课堂教学应被看作师生人生中一段重要的生命经历,是他们生命中有意义的构成部分。对于学生而言,课

① 叶澜:《让课堂焕发出生命活力——论中小学教学改革的深化》.《教育研究》,1999 年第 9 期.

堂教学是其学校生活的最基本构成部分，它的质量直接影响学生当前及今后的多方面发展和成长；对于教师而言，课堂教学是其职业生活的最基本的构成部分，它的质量直接影响教师对职业的感受、态度，以及专业水平的发展、生命价值的体现。

课堂教学蕴含着巨大的生命活力，只有师生的生命活力在课堂教学中得到有效发挥，才能真正有助于学生的培养和教师的成长，课堂上才有真正的生活。因此，要改变现有课堂教学中常见的见书不见人、人围着书转的局面，必须研究影响课堂教学师生状态的众多因素，研究课堂教学中师生活动的全部内容，研究如何开发课堂教学的生命潜力。

练习题

1. 简要评析教学的本质观。
2. 简述小学教学组织形式的发展历程。
3. 简要评析主要教学设计模式。
4. 简要评析当前主要教学模式。

第八章 小学课外活动

·学习目标·

通过本章的学习，你将：

1. 理解课外活动的源流、定义与特点；
2. 了解课外活动的形式与内容；
3. 掌握课外活动应如何进行设计；
4. 掌握课外活动的注意事项。

第一节 课外活动概述

课外活动很早就伴随正式教育而出现，现代课外活动则在人全面、自由发展的基础上发展起来的。如何做好课外活动的工作，需要我们有深刻的认识。

一、课外活动的源流与定义

1. 课外活动的源流

课外活动并非这个时代的产物，在我国两千多年前，作为世界历史上最早专门论述教育、教学问题的著作《礼记·学记》就对课外活动进行了阐述，“大学之教也，时教必有正业，退息必有居学”，“故君子之于学也，藏焉，修焉，息焉，游焉”。这提醒我们学校教育中除了“正业”即学习正式的课程外，在“居学”时还要进行与正式学业有关的各种课外活动，只有把学习、修炼与休息、游乐融合起来，才能使学生“安礼”“乐学”，从而达到“安其学而亲其师”“乐其友而信其道”“虽离师辅而不反”的教育效果。

随着隋唐科举制度的实行，学校教育活动几乎都用在“四书五经”的学习和诠释上，认为足不出户的学生才算得上是好学生，稍稍放纵就会被指斥为“不务正业”和“玩物丧志”之徒。民国以后，现代意义上的课外活动得到相当程度的重视。“课外活动”这个译名开始出现在教育学论著中。20 世纪 20 年代上半叶，中国南方的一些中学就成立了课外研究会组织机构，机构涉及语文、数学、外语等十多个不同的学科。到 30 年代初，有学校就已经组建了科技、学术、体育、文艺等三十多个课外活动社团。新中国成立后，1955 年 9 月《关于小学课外活动的规定的通知》规定课外集体活动每周共 120～140 分钟并给出了实施细则，在 1978 年教学计划的说明中还规定了学生在校活动的课时。80 年代后，课外活动倍受重视。1981 年制定的《全日制五年制小学教学计划(修订草案)》，第一次把活动纳入了周课时总量。[①] 1992 年《九年义务教育全日制小学、初级中学课程计划(试行)》则将活动与学科并列纳入课程设置中，明确了我国"课外活动"的性质。1994 年国家教委在《贯彻执行国务院颁布的新工时制 全国普通中小学今秋将实行调整后的教学计划》中，规定课程由学科类课程和活动类课程组成。2006 年《全民科学素质行动计划纲要(2006—2010—2020)》指出国家希望通过进行课外科技活动的开展，来引导学生不断增强创新意识、提高学生的实践能力。2010 年《国家中长期教育改革和发展规划纲要(2010—2020 年)》指出"学校教育需要留给学生认识社会、深度思考、主动动手进行实践的时间；学校教育要培养学生的兴趣爱好，丰富学生的课外活动以及校外活动"[②]。

在国外，从古希腊时期的课外活动就以雅典和斯巴达的为典型。在雅典，为了造就自由、和谐的公民，雅典学校很注意鼓励学生开展一些课外活动。在弦琴学校中，学生在业余时间常举行唱歌活动；在文法学校中，学生在业余时间则对阅读很有兴趣；在高一级的体操学校中，体育活动是最受欢迎的。在斯巴达，情形很不相同，军事教育是斯巴达学校教育的核心，也是学生课外活动的核心。在中世纪，西方进入宗教统治时期，课外活动是严禁之列。到了文艺复兴时期，在一些充满人文主义精神的学校中，教育者总是热情地开展一些生动活泼的课外活动，如体育、游戏、旅行、弹唱等。直到 18—19 世纪课外活动才普遍地、迅速地发展起来。在英国，足球、棒球、辩论、戏剧、俱乐部活动以及学生自治组织等大量涌进中等学校。在美国，戏剧、俱乐部、音乐会、辩论会、体育比赛备受欢迎，由学生办的杂志、期刊、报纸及出版社也如雨后春笋般涌现出来。这些由学生自己开展的活动及其内容的丰富性和形式的多样性，引起了教育工作者们的注意。

于是，人们便根据"课程(curriculum，复数是 curricula)"的概念把它们概括为"课外活动(extra-curricular activities)"。"extra-"是个构词前缀，有额外的、多余的和附加的等意思。[③] 随着社会的变化，西方学者认为课外活动的有效开展迫在眉睫，因此西方国家建立了不少与课外活动相关的研究机构。在东方，日本 1977 年公布的教学计划就削减各科课程的教学时数，增加了课外活动的时间，如日本工程大学附属小学将每周上课总时数减少 5 节，在课表上设置了 5 节自由活动时间，用于安排各种有趣的活动。[④] 在韩国的国民学校(即小学)从 1972 年就开始实行每周一天的"自由学习日"，又称"不带书包到校日"，在这天学校开展不用教科书的各种轻松愉快的活动。[⑤] 苏联教育家苏霍姆林斯基把课外活动看作个性发展的一个重要条件，认为"只有当孩子每天按自己的愿望随意使用到 5～7 个小时的空余时间，才可能培养出聪明的、全面发展的人来。离开这一点去谈全面发展，谈论培养素质、爱好和天赋才能，只不过是一些空话而已"。在他主办的帕夫雷什中学，仅上午上课，下午开展各种课外活动，晚上不安排学生做功课，而让他们参加文娱活动。该校建立了一百多个课外小组，有供课外活动专用的各种

---

① 李臣之:《"课外活动'课程化'"问题探析》.《教育科学》,1997 年第 4 期.

② 金妍序:《关怀理论视野下小学课外活动开展的个案研究——以兰州市 Z 小学为例》. 兰州:西北师范大学,2019 年.

③ 石中英:《课外活动与课堂教学关系的传统与变革》.《教育研究》,1996 年第 2 期.

④ 范树成:《国外课外活动的理论与实践及启示》.《河北师范大学学报》,1992 年第 2 期.

⑤ 湛庆福:《国外校长如何管理课外活动》.《外国中小学教育》,1989 年第 4 期.

场所和设备。[①]

到了二十世纪八九十年代，课外活动更是蓬勃发展。在英国的阿什帝恩小学，每年都会为新入校的学生组织各种活动以启发他们了解周围的生活环境，包括欧洲语言日、泰迪熊野餐、班级基督诞生欢迎会、圣诞派对、森林远足等。针对不同年级的小学生开展难度不同的集体野营及包括攀壁、攀岩、皮划艇、制造救生筏比赛、独木舟划行、路障碍练习、徒步行走、箭术、跌落行走、空中索道、绳索练习等探险性质的活动。在新西兰的圣肯迪格恩学院(1—8 年级一贯制男校)开展有校内校外的课外活动。校内活动有田径(越野赛)、体操、游泳、球类、帆船、舢板运动以及乐团、管弦乐队、戏剧俱乐部。校外活动主要围绕教学内容来展开，如低年级(1—3 年级)参观奥克兰市的画廊、博物馆、港口以及实地考察植物品种，通过这些活动来发展孩子们解决问题的技能，中年级学生(4—6 年级)参观蒂利蒂利马唐伊岛(Tiritiri Matangi Island)湖，6 年级学生参加在 MERC(海洋教育和娱乐中心)进行的为期两个星期的宿营，学习海洋系统和水安全，在确保安全的前提下，给学生提供机会参加航行。在澳大利亚的圣·弗莱安南小学以能提供满足学生的兴趣和才能的多种多样、范围广泛的课外活动为骄傲，其课外活动有校内、校外两类。校内课外活动包括乐队、合唱团、体育活动。4—7 年级学生可以在其乐队指挥的指导下学习各种各样乐器的演奏。4—5 年级学生从初级乐队开始，学习掌握他们所选乐器所需的一些基本技能，6—7 年级进入到高级乐队中去进一步训练演奏的技能和技巧，并参加学校音乐会的演出，学校还有一支面向所有学生的弦乐队，其中“爵士乐”是特色项目，学校合唱团向 5 年级以上的学生开放，合唱团在学校音乐会、幼儿园开放日、各种节日中演出。此外，学生在校期间要参加几次野营活动，学校让学生离开学校、家庭到野外的宿营地过一两天集体生活，帮助学生增长才干、适应社会，培养学生的责任感、领导能力和人际关系。每个学生都是志愿者，每星期到自己生活的社区做一到两小时义工后，领取证明交给老师。[②]

2. 课外活动的含义

课外活动是教育机构教育活动的重要组成，其作用在受教育者的社会化过程中不可替代。课外活动原意是指学校组织学生在课程计划(教学计划)和课堂教学形式以外进行的教育活动。例如，苏联教育家凯洛夫在《教育学》对课外活动是这样定义的：“所谓课外活动，就是指学校在必修的教学内容和教学大纲要求之外举办的形形色色的具有教育性质的作业和教育措施。”我国学者也有相似的定义：“课外活动是指学校在教学计划的范围和教学大纲的要求之外，对学生进行的多种多样的教育活动”[③]；“课外活动是指学校在各种教学大纲范围以外，由学生自愿参加的多种教育活动的总称”[④]。我国学者中也有根据其他思路来定义课外活动的，如根据课堂教学的时间划分来定义：课外活动是“在课余时间，学校对学生进行的各种各样的教育活动。它是班级教学的补充，是全面发展教育的重要组成部分，是德育方法之一。”[⑤]由曾琦等主编用于教师资格证考试辅导用的教材则根据课堂教学来划分定义：“课外活动是指学校在课堂教学任务以外有目的、有计划、有组织地对学生进行多种多样的教育活动。它是学生课

---

① 苏霍姆林斯基：《帕夫雷什中学》. 北京：教育科学出版社，1983 年，第 13、179 页.

② 孔凡蕾、王洁、章建丽，等：《英语国家初等学校的课外活动》.《外国中小学教育》，2007 年第 3 期.

③ 邵宗杰：《教育学》. 上海：华东师范大学出版社，1990 年，第 245 页.

④ 顾明远：《教育大辞典》. 上海：上海教育出版社，1998 年，第 223 页.

⑤ 张念宏：《教育学辞典》. 北京：北京出版社，1987 年，第 365 页.

余生活的良好形式。”[①]

基于以上分析，本书采用的课外活动概念是学校在国家教育规划指导下，在规定课程教学外由学生自主参与的各种教育活动。它是学生课余生活的良好形式。

二、课外活动的价值与作用

1. 马克思主义关于人全面发展的理论基础[②]

马克思主义中关于人全面发展的理论内涵十分丰富，主要包括以下几个方面的内容：

(1)人的需要的全面发展。

马克思认为“在现实世界中，个人有许多需要”[③]，“他们的需要即他们的本性”[④]，“你自己的本质即你的需要”[⑤]。人本身就是“以其需要的无限性和广泛性区别于其他一切动物”[⑥]。因此，需要是人的本性，需要是人类一切活动的源泉和动力，“任何人如果不同时为了自己的某种需要和为了这种需要的器官做事，他就什么也不能做”[⑦]。人的需要的不断丰富和全面，标志着人本质力量的新的呈现和人存在的充实。所谓人的需要的全面发展，就是除了物质需要(包括生存性的物质需要和享乐性的物质需要)以外，社会关系方面的各种需要和精神生活中的各种需要，以及自我实现和发展、自由的需要，等等。

(2)人的主体性的全面发展。

人的主体性是指凭借自己的综合素质与实践活动而处于支配地位，成为主人的人所具有的特殊属性。马克思认为，人是社会历史的主体，“历史什么事情也没有做，它‘并不拥有任何无穷尽的丰富性’，‘它并没有在任何战斗中作战’，创造这一切、拥有这一切并为这一切而斗争的，不是‘历史’，而正是人，现实的、活生生的人。”[⑧]恩格斯进一步指出在社会主义中，“人终于成为自己的社会结合的主人，从而也就成为自然界的主人，成为自己本身的主人——自由的人”[⑨]。可见，人并不是可有可无的因素，而总是作为社会运动的主体和目的出现的。人的全面发展不但指其特殊属性的充分发挥，而且指人成为自然界的主体、社会的主体和自我发展的

---

① 钟启泉、曾琦：《教育教学知识与能力(小学版)》，上海：华东师范大学出版社，2018 年.

② 段鹏飞、刘泓侠：《马克思主义“人的全面发展”理论在我国的实践和创新》.《陕西青年职业学院学报》，2009 年第 1 期.

③ 中共中央马克思恩格斯列宁斯大林著作编译局：《马克思恩格斯选集：第 3 卷》，北京：人民出版社，1995 年，第 532、760 页.

④ 中共中央马克思恩格斯列宁斯大林著作编译局：《马克思恩格斯全集：第 3 卷》. 北京：人民出版社，1995 年，第 37、286、330、514 页.

⑤ 中共中央马克思恩格斯列宁斯大林著作编译局：《马克思恩格斯全集：第 42 卷》. 北京：人民出版社，1979 年，第 34、123 页.

⑥ 中共中央马克思恩格斯列宁斯大林著作编译局：《马克思恩格斯全集：第 49 卷》. 北京：人民出版社，1982 年，第 130 页.

⑦ 中共中央马克思恩格斯列宁斯大林著作编译局：《马克思恩格斯全集：第 3 卷》. 北京：人民出版社，1995 年，第 37、286、330、514 页.

⑧ 中共中央马克思恩格斯列宁斯大林著作编译局：《马克思恩格斯全集：第 2 卷》. 北京：人民出版社，1957 年，第 118、614 页.

⑨ 中共中央马克思恩格斯列宁斯大林著作编译局：《马克思恩格斯选集：第 3 卷》. 北京：人民出版社，1995 年，第 532、760 页.

主体。这不仅是人的全面发展理论的重要内容，而且是达到人的全面发展的重要条件。

(3)人的能力或才能的全面发展。

马克思把人的能力的全面发展看作是人的全面发展的核心。他曾指出，“任何人的职责、使命、任务就是全面发展自己的一切能力，其中也包括思维的能力”①。而且认为“人以一种全面的方式，也就是说作为一个完整的人，占有自己的全面本质”②。恩格斯也曾指出，“每个人都无可争辩地有权全面发展自身的才能”③，人的全面发展，就是要“使社会全体成员的才能得到全面的发展”④，并预言“依据共产主义原则组织起来社会将使自己成员能够全面地发挥他们各方面才能”⑤。人的能力是多方面的，包括人的自然力和社会能力、潜力和现实能力、体力和智力等。只有人的这些能力或才能都得到充分发展，才是真正的全面发展。

(4)人的个性的自由发展。

人的个性是人的本质力量发展的集中体现，是个人的生理素质、心理素质和社会素质在不同社会领域的集中表现，是人的自主性、能动性、独特性、创造性的充分展示。马克思指出，个性的自由发展就是“一切天赋得到充分发展”⑥。在他看来，人的自由发展正是“建立在个人全面发展这一基础上的自由个性”⑦的发展。此外，马克思还特别提倡“个人的独创性和自由”，他在《共产党宣言》中指出，“每个人的自由发展是一切人自由发展的条件”⑧。人的能力的发展、社会关系的发展，都与人的个性发展分不开，从某种意义上可以说，人的能力和社会关系的发展都是为“自由个性”服务的。

(5)人的社会关系的全面发展。

人的社会关系是指人与自然、社会以及他人的关系。社会关系是人的现实本质，或是人的本质的现实性表现。马克思认为：“人的本质并不是单个人所固有的抽象物，在其现实性上，它是一切社会关系的总和。”⑨所以，在其本质意义上，人的全面发展实际上就是人的一切社会关

① 中共中央马克思恩格斯列宁斯大林著作编译局：《马克思恩格斯全集：第 3 卷》，北京：人民出版社，1995 年，第 37、286、330、514 页.

② 中共中央马克思恩格斯列宁斯大林著作编译局：《马克思恩格斯全集：第 42 卷》. 北京：人民出版社，1979 年，第 34、123 页.

③ 中共中央马克思恩格斯列宁斯大林著作编译局：《马克思恩格斯全集：第 2 卷》，北京：人民出版社，1957 年，第 118、614 页.

④ 中共中央马克思恩格斯列宁斯大林著作编译局：《马克思恩格斯选集：第 1 卷》. 北京：人民出版社，1972 年，第 223、224、273 页.

⑤ 中共中央马克思恩格斯列宁斯大林著作编译局：《马克思恩格斯选集：第 1 卷》. 北京：人民出版社，1972 年，第 223、224、273 页.

⑥ 中共中央马克思恩格斯列宁斯大林著作编译局：《马克思恩格斯全集：第 3 卷》. 北京：人民出版社，1995 年，第 37、286、330、514 页.

⑦ 中共中央马克思恩格斯列宁斯大林著作编译局：《马克思恩格斯全集：第 46 卷》，北京：人民出版社，1979 年，第 104、109、367 页.

⑧ 中共中央马克思恩格斯列宁斯大林著作编译局：《马克思恩格斯选集：第 1 卷》. 北京：人民出版社，1972 年，第 223、224、273 页.

⑨ 中共中央马克思恩格斯列宁斯大林著作编译局：《马克思恩格斯全集：第 1 卷》. 北京：人民出版社，1979 年，第 270 页.

系的全面发展，因为“社会关系实际上决定着一个人能够发展到什么程度”[1]，“一个人的发展取决于与他直接或间接进行交往的其他一切人的发展”[2]。因此，人必须积极参与社会生活多个领域的交往，在交往中形成丰富而全面的社会关系。

2. 素质教育的基本国策要求

20 世纪 80 年代，随我国基础教育改革的探索，提出了“素质教育”一词，随着讨论兴起，素质教育的内涵、意义及措施得到系统阐述。1994 年《中共中央关于进一步加强和改进学校德育工作的若干意见》提出“增强适应时代发展、社会进步，以及建立社会主义市场经济体制的新要求和迫切需要的素质教育”，素质教育开始成为我国教育政策中一个重要而明确的指导思想。1996 年 3 月，第八届全国人民代表大会第四次会议通过的《中华人民共和国国民经济和社会发展“九五”计划和 2010 年远景目标纲要》再次提出，“改革人才培养模式，由‘应试教育’向全面素质教育转变”。从而以法律性文件的方式确立了素质教育的发展方向。

2012 年十八大提出，要全面实施素质教育，深化教育领域综合改革，着力提高教育质量，培养学生社会责任感、创新精神、实践能力。2017 年十九大提出，“建设教育强国是中华民族伟大复兴的基础工程，必须把教育事业放在优先位置，深化教育改革，加快教育现代化，办好人民满意的教育。要全面贯彻党的教育方针，落实立德树人根本任务，发展素质教育，推进教育公平，培养德智体美全面发展的社会主义建设者和接班人”。第一次在党的代表大会的报告中提出“发展素质教育”，表明党和政府推进素质教育的立场更加坚定、方向更加明确，昭示素质教育进入了新阶段。[3]

不管是马克思对人的全面发展的理论指导还是素质教育的基本国策，课外活动都是绕不开的、有效可行的教育途径。

3. 课外活动的作用

在整个教育活动中，课外活动的影响是广泛而深刻的，作为一条教育途径它在人的身心发展中有着重要的作用。

(1)课外活动是培养良好公民的一种手段。课外活动应从开始就培养受教育者做一名良好的社会公民。培养他们热爱祖国、遵纪守法，热情赞助公共事业，爱护名誉，诚实、公正等品质。在课外活动中，通过进行革命传统教育活动，培养受教育者热爱祖国、热爱人民的情感；通过参观访问现实生活中的先进人物，使学生对照自己找到差距，不断提高；参加社会公益劳动，提高学生的服务社会意识。

(2)课外活动不仅能加深、巩固和扩大课堂上所学到的间接知识，可以培养学生搜集和处理信息的能力，获取新知识的能力，分析和解决问题的能力以及交流合作的能力，发展受教育者的认知的复杂性与综合性。受教育者可以把在课堂上获得的知识迁移到各种复杂环境，既是对知识的活用，又可以体验到知识的力量，加深对知识的理解。在已获知识的基础上，进行实际操作，不断地发现新的知识，掌握新的技能。

---

① 中共中央马克思恩格斯列宁斯大林著作编译局:《马克思恩格斯全集:第 3 卷》. 北京:人民出版社，1995 年，第 37、286、330、514 页.

② 中共中央马克思恩格斯列宁斯大林著作编译局:《马克思恩格斯全集:第 46 卷》. 北京:人民出版社，1979 年，第 104、109、367 页.

③ 杨兆山、时益之:《素质教育的政策演变与理论探索》.《教育研究》，2018 年第 12 期.

(3)课外活动可以训练受教育者的人际交往能力及自我调节能力，如自信、自我意识。小学生生活在一个关系丰富而复杂的社会环境里，每一个人都应该学会如何去认识他人，评价他人，都应该学会与人交往。社会交往能力的学习与训练，能够为受教育者在未来的工作、家庭、社会生活中接触各种人、应对各种环境做好准备，为走向社会、适应社会和认识社会打好基础。

(4)课外活动有利于学生个性的形成和培养，使受教育者能学会合理地安排闲暇时间，发挥自己的爱好、特长、聪明才智，发展自己，锻炼自己，完善自己。课外活动，不仅使受教育者的业余时间得以利用，还是锻炼他们独立自主生活能力的一个极好机会。

(5)课外活动还可以使教育者能从中及早地发现人才，促进人才的早期培养。课外活动内容丰富，学生个人的志趣、爱好、特长以及各种才能都可以在活动中得到充分的发挥和表现。教育者可以从中发现在某一方面有特殊才能的人，并及时培养和训练，防止人才的埋没。

三、课外活动的特点

1. 学生参与课外活动选择的自愿性

学生参加课外活动是以自主选择为原则的。课堂学习是学生的义务和责任，有一定的强制性。但课外活动则完全由学生根据自己的兴趣、爱好而自由选择，自愿参加，教师不能强迫。学生根据自己的选择，在丰富多彩的活动中，找到自己合适的位置，各显其能，各极其长。参与的主动性与学生的兴趣和能力相结合，可以让学生在活动中较好地发挥自己的学习积极性和学习潜力，消除因被动学习造成的厌烦情绪或逆反心理对学习效果的负面影响。

2. 学生参与课外活动的自主性

课外活动的主体是学生。小学生性格有的性格外向、开朗、活泼、善交际，有的性格内向、孤僻、沉静、好独处；有的学业成绩好，但缺乏文艺、体育方面的特长，有的学业成绩差，却有体育禀赋与文艺才能。对于学生的差异性，课外活动提供了更大自由、自主活动的空间。自主学习使学生有更多的机会，自己决定读什么书、用什么样的方法解决问题、用什么样的合作方式来共同完成一个任务，等等。

3. 学生参与课外活动形式的灵活多样性

课外活动的规模可大可小，形式灵活多样。课外活动的组织形式不受教室的限制，有全班、全年级乃至全校性的群体性活动，有各种小组的活动，也可以是个人的活动。

4. 学生参与课外活动资源的开放性

课外活动资源的开放性包括学习资源的开放性。课外活动不受或是不完全受教学计划的控制，它主要以学生的兴趣、爱好、好奇心等为基础，结合学校的条件开展活动，建立各种兴趣小组，给学生展现独特天赋的机会。课外活动资源的开放性还包括组织者的开放性。课外活动可以是校内老师来组织，也可以由家委会或社会团体来组织，如充当本地各个博物馆讲解员助理、社区环保公益大使、本土文化学习与传承等。

5. 学生参与课外活动实践的综合性

课外活动学习与活动内容可以突破课程分科学习的局限，学习综合性的知识、技能，运用多学科知识解决问题。如烹调学习，就综合了物理、化学、营养学、美学、安全知识以及相关的操作技能，这些内容可能课堂内学过或没有学过，但其综合性不言而喻。又如机器人的课外活动，就需要运用物理知识、编程语言等知识进行搭建、设计、编程等工作，使用各种传感器实现机器人灌篮、相扑、踢足球等功能。

四、课外活动与课堂教学的关系

课外活动与课堂教学有很大区别。课堂教学的内容是统一的，目的是让学生掌握共性的知识，学习方法是接受和练习，参与具有一定的强制性。而课外活动是学生自愿参加的，其学习以兴趣为基础，以自主活动的探究性操作为主要方法，活动目的更倾向于促进其个性化发展，培养学生的动手能力、创造性思维能力和开拓精神。现代课外活动有其相对独立的教育价值，不是课堂分科教学的补充、拓展和深化，它是除必修课、选修课之外的又一类有独立价值的课程，是“全校教育（The whole schooling）”和“全人教育（Education for the whole person)”的必要组成部分。课堂教学和课外活动之间的关系不是一种主辅关系，而是一种并列互补的关系，两者共同构成现代学校教育的整体结构，促进现代学科教育的目标的转换和实现。[①] 这里把课外活动与课堂教学以如下表格(表 8.1)加以比较。

表 8.1　课外活动与课堂教学的比较

分类依据	课堂教学	课外活动
教学任务	达到教学计划要求	全面发展、发展特长
教学安排	编入固定班级	学生自愿参加
组织形式	班级授课制	形式多样
学习内容	由课程标准规定	内容广阔、开放
师生地位	教师主导，学生为主体	学生自主

第二节　小学课外活动的形式

课外活动要满足不同学生的全面与个性化发展，需要各种资源才能有丰富多样的内容与形式。课外活动资源不仅包括校内也包括校外，不仅包括物质也包括精神。把各种资源调动起来，课外活动内容与形式也就相应地丰富起来。

一、课外活动的资源与开发

1. 校内资源

在学科教学中，有许多课外探究实践活动，我们要将实践探究活动与课外活动进行有机融合，逐步形成阅读类、舞蹈类、美术类、体育类、天文类等综合实践活动。这些活动的开展为小学生带来了快乐，学生在得到快乐的同时，也把自己的感受记下来，和家长、教师、同学一起交

① 石中英:《课外活动与课堂教学关系的传统与变革》.《教育研究》,1996 年第 2 期.

流，共同分享。

2. 网络资源

随着信息技术的高速发展，网络教育在小学教育中的优势越来越突出。搭建网络化、数字化、社会化的课外活动管理信息平台，让每一位中小学生都拥有自己的课外活动空间的有益探索。通过资源整合，打破校际和区域界限，实现学校和社会现有资源的充分利用，建立一所没有围墙的课外校园。

3. 传统节日

学校在清明节、重阳节、端午节、中秋节、春节、元宵节等传统节日，可以开展传统节日文化学习活动。通过开展有意义的活动，引导学生进行社会调查，深入探究传统节日的来历，参加节日公益活动等，让学生从实践活动中挖掘传统文化精髓。

4. 乡土资源

利用红色老区资源开展实践活动，如搜集革命故事、参观革命旧址、搜集革命遗物、关心革命老人等实践活动，对学生进行革命传统教育。利用景区资源开展实践活动，通过本地景点的介绍、典故传说的收集、文物的考察、环境的保护、旅游路线的规划、旅游纪念品的设计等实践活动引导学生探究家乡环境，提高学生保护环境的自觉性。利用农区资源开展实践活动，结合本地的生态农业基地，开展农田里的故事，了解家乡农田的变迁。

5. 社区资源

社区内可开发的人力资源有党政干部、企业界人士、专家学者与离退休干部，他们可以为课外活动筹集资金，为学校与辖区单位牵线搭桥，组织双向服务，统筹各个部门，协调各方面关系，为课外活动提供智力支持，对课外活动进行深入研究和理论指导，还可以作为校外辅导员向学生普及自然科学、社会科学基本常识，介绍最新的学术前沿问题，组织社区内各种课外活动等。

社区物质和环境资源可以为学生开辟广阔的社会实践空间和丰富的活动内容。社区的文化基础设施是课外活动的重要场所，依靠社区综合管理部门统筹协调，因地制宜建立学校、社区、家庭三结合的多功能社区少年儿童活动站，利用社区内所辖单位建立社区校外活动实践基地。工厂、农村、机关、部队、商场等各类单位，都是向社会学习的活动场所。

6. 家庭资源

学生家长来自不同的单位，从事不同的工作。家长的职业可以使我们更方便地了解各行业的情况。学校可以借助"家长学校"的优势，充分发挥家长的职业优势，为学生的课外活动服务。

二、课外活动的形式

课外活动的组织形式通过不同层面的细分，提供丰富的活动形式，可以提高学生及教师对课外活动形式的理解，增强采用多种形式的自觉性。从不同层面看课外活动形式，可以有物理层面和人际交往层面。

从物理层面看，课外活动可以按时间、空间、人数规模来分类。从人际交往层面看，课外活动可以按组织单位、网络使用情况来分类。

1. 按时间长短来分类

把课外活动形式按时间长短来分类，有长期性、短期性与临时性等活动形式。

(1)长期性活动。

长期性活动有演出社团、课外阅读、社团、协会、墙报等形式。其特点是活动内容较复杂，应该通过长时间或长期坚持的活动才能取得一定效果，如果时间短了，就会半途而废或效果不明显。

(2)短期性活动。

短期性活动有各种为参加表演、比赛所做的训练班，“某某活动月”，“某某宣传周”等形式。其特点是相关活动具有很强的目标性、短期性，只需完成活动目标即告结束。

(3)临时性活动。

临时性活动有报告、讲座、竞赛、展览、表演、调查访问、参观、劳动等。其特点是相关活动具有定时、定地点、一次性的特点。临时性活动一般都预先计划好，但往往根据天气、出席人、环境的变化情况来确定时间与地点，临时决定或举行或延期。

2. 根据活动空间来分类

课外活动根据活动空间来分类，有室内活动与室外活动等形式。

(1)室内活动。

室内活动，如报告、讲座、阅读、晚会、创作练习等。其特点是相关活动不受天气影响，风险容易把控，但室内活动范围有限，只适合特定的活动。

(2)室外活动。

室外活动，如室外体育锻炼、校园劳动等，校外活动如调查、访问专家、社会服务、研学活动等。其特点是相关活动范围大，容易受天气影响，要事先设计各种应变方案，要注意风险把控。

3. 按活动人数规模来分类

课外活动按活动人数规模来分类，可以分为个人活动、小组活动和集体活动等形式。

(1)个人活动。

个人活动是学生在课外进行单独活动的形式。它往往与小组或集体性活动相结合，由小组或班级分配任务，根据个人的兴趣、才能，个别单独地进行。个人活动的主要形式有阅读课外书刊，写读书心得，记日记，练习创作、书法，绘画，演奏，摄影，采集标本，自发进行的小发明、小制作、小论文、小实验、小改革活动，以及各种体育锻炼等。其作用在于充分发挥每个学生的积极性和创造性，丰富学生的个人生活，培养他们独立工作的能力。个人活动对学生了解社会和科学技术的新信息显得更为重要。在现代信息传播工具日益发达的情况下，学生每天都可从报纸、杂志、课外读物、广播、电视等方面获得大量的社会、科技信息，这些信息对他们的发展起着愈来愈明显的作用。

(2)小组活动。

小组活动是课外活动的主要组织形式。它是根据部分学生的兴趣、爱好、要求以及学校的具体条件，就某一活动内容组成小组，进行有目的、有计划、经常性的活动。小组活动小型分散，便于开展多种多样的活动，能满足学生不同的兴趣、爱好，使学生得到更多的学习和锻炼的机会。如学科小组(文学、数学、历史、地理等)，科技小组(无线电、航模等)，艺术小组(音乐、绘画、书法、舞蹈等)，体育小组(体操、球类、武术等)，劳动技术小组(电工、电器维修、刺绣、公益服务)等。小组人数根据活动的性质和参加者的愿望而定，一般以10～20人为宜，有的活动小组要求参加者众多，可再分成若干小组。小组在吸收成员时，应以对该项活动有比较稳定兴趣的学生为对象，愿意参加的学生不要以课内成绩为条件加以限制。组建小组时，要动员每个学生至少参加一个项目的活动，但不宜同时参加过多的小组活动，以免造成负担过重。

(3)集体性活动。

集体性活动是组织多数或全体学生参加的一种带有普及性质的活动。它可以在较短的时间内使较多的学生受到教育。这种活动有全校性的或校际性的，有全班性的或班际性的。参加活动的具体人数，则根据活动的目的、内容而定。活动方式有报告会、讲座、演讲、社团、纪念日活动、文艺主题会、文艺晚会、墙报和黑板报、看电影、参观、访问、游览、表演、各项竞赛、公益劳动、文娱训练、体育锻炼、校运会等。

4.按组织单位来分类

按组织单位来分类，可以有班级活动、校级活动、家庭教育活动以及校外辅导机构组织的活动等形式。

(1)班级活动。

班级活动是班级建设的重要途径，是围绕预设的组织愿景开展并由班级所有成员参与的教育性活动，通过活动设计、活动准备、活动实施、活动评价来完成。常见有晨会活动、班会活动、少先队中队等活动形式。班级活动一般由班主任组织，经过培训，部分主题可交由班干部负责安排和实施。

(2)校级活动。

学校要进行管理，就要开展各种校级活动，如每周一的升旗礼、校级的文体比赛、教育讲座、郊游与节日庆典等。为了应对各种意外，维护师生员工的健康和安全，校级活动都要做好活动计划与安全事故应急预案。

(3)家庭教育活动。

家庭教育活动有着得天独厚的条件，良好的家庭教育活动与学校教育活动可以相得益彰。学校与家长应加强联系，双方及时、顺畅交换学生的表现，以便更好地开展有针对性的教育活动。

(4)校外辅导机构组织的活动。

校外辅导机构是向青少年和儿童实施校外教育的单位和活动场所。如公办的少年宫、少年之家(站)、儿童少年活动中心、青少年活动营地、青少年科技馆(站)、儿童影剧院(场)、青少年业余体校等，另外还有非公办的校外培训机构。这些机构组织的活动是学校教育的一种延伸与补充。

5.按网络使用情况来分类

按网络使用情况可以分为线下活动、线上活动、线上与线下相结合的活动。

(1)线下活动。

线下活动指不需要互联网就可以开展的活动，许多传统的课外活动都不需要互联网即可开展。如体育训练活动与调查访问、参观、劳动等户外活动。

(2)线上活动。

线上活动指依托互联网形成有线或无线的网络，在网络上发起，全部或绝大部分在网络上进行的活动。常见方法如下：把原来线下活动全部或部分搬到网上，如传统节日的活动、线上祭英魂活动、线上听讲座、线上读书会、线上答题活动等；利用网络信息海洋，让学生收集专题资料，如环保、科技小发明、历史长廊、地方风土人情等；还有一些活动一定要用到网络，如异地同步联欢活动、多地同步直播活动、多地同步电竞活动等。

(3)线上与线下相结合的活动。

随着互联网与5G技术的发展，“慕课”“翻转课堂”“微课”等理念与实践的推广，融合线上与线下的联动，很多课外活动以新面貌出现并呈现强大的生命力，如各学科课外活动，利用互联网收集最新信息，网上老师或专家在线回复学生问题，课外活动以混合式学习形式呈现。

三、课外活动的内容

课外活动的范围广，内容丰富。参照不同标准可以有不同分类，从不同层面看课外活动内容，可以有知识与课程层面和心理与文化层面。

从知识与课程层面看，可以按知识技能掌握层次要求以及课程在计划内或计划外对课外活动的内容进行分类。从心理与文化层面看，课外活动内容可以按心理与文化来分类。

1.按对知识技能掌握层次要求来分类

按对知识技能掌握的层次要求来分类，可以分为兴趣性的课外活动与竞赛性的课外活动。

(1)兴趣性的课外活动。

兴趣性的课外活动可以包括计划内的课程，其开展的目的主要是拓宽学生知识面，增强学生对本学科的兴趣，如语文课程的一月一(或多)本好书的读书计划、戏剧社、话剧表演、小品表演等活动，科学课程的小动物观察日记、花草种植等；还可以包括计划外的课程内容，如钢琴、小提琴、芭蕾舞、民族舞蹈、棋类、球类等学习与表演活动。

(2)竞赛性的课外活动。

竞赛性的课外活动包括部分计划内课程活动，如各学科的竞赛；也有部分计划外课程活动，如航模制作、电竞、各种体育竞技等。这些活动大都以培养选拔拔尖人才为目的。

2.按课程在计划内或计划外来分类

按课程的计划性可以分为计划内课程的课外活动、计划外课程的课外活动。

(1)计划内课程的课外活动。

计划内课程课外活动是指学校在国家教育规划指导下，按规定课程教学所对应课程的课外活动，如语文、数学、科学、思想品德、美术、音乐、体育等学科的课外活动。这类计划内课程的课外活动不是课内教材的补充或延伸，而是学科中某一领域内容的加深和扩展，是学科的一些新理论、新知识。[①]

(2)计划外课程的课外活动。

计划外课程的课外活动是指不在国家教育规划指导范围内开展课程学习的课外活动，常见的有生命科学、编程语言、天象观察、机器人制作以及文艺类的课外活动(如书法、舞蹈、棋类、乐器等训练表演活动)、语言类的课外活动(如古汉语、日语、俄语、方言学习与表演)等。这些课程一般都不在计划课程内，但部分学生有兴趣学习，可以通过课外活动来满足他们。

---

① 国家教委基础教育司:《普通中学课外活动指导意见(草案)》.《课程·教材·教法》,1992年第2期.

3.按心理来分类

课外活动内容按心理来分,可以从活动机能、心理行为训练目的两方面来分类。

(1)根据活动机能,课外活动内容可分为接受性活动、训练性活动、创造性活动。

①接受性活动,如视频、电影、讲座、阅读等,其特点是学生能接受大量信息,互动性相对较少,适合于不定期的主题活动或系列性的主题活动。

②训练性活动,如艺术、体育训练活动等,其特点是学生要通过长时间反复训练才能掌握,这种训练往往能挖掘、促进学生的专长。

③创造性活动,如各种学科的科技制作、科学实验、编程、艺术创作等。其特点是学生已经掌握一定的基础知识,针对拔尖人才进行的特殊培训活动。

(2)根据预设的心理行为训练目的来分类,课外活动内容可以分为自我认识与接纳活动、人际沟通活动、团队信任与合作活动、挫折与意志力培养活动等。心理行为训练是应用行为心理学、认知心理学和咨询心理学等学科的基本原理,借助于行为训练来提高受训人员基础心理素质和心理健康水平的一种途径和手段。

①自我认识与接纳活动。通过活动帮助学生认识自己的身体、心理特征,使其能够全面了解自己,明确自己的定位,找到发展目标。

②人际沟通活动。通过活动让小学生认识到人与人之间存在差异,学会主动积极地认识他人,学会一些人际交往技巧和化解人际冲突的策略。

③团队信任与合作活动。通过活动让学生感受信任的力量,领会团队协作的重要性,学会合作共赢。

④挫折与意志力培养活动。通过活动让学生明白挫折的意义,探讨应对挫折的积极态度、方式,增强意志力。

4.按文化来分类

从文化层面看,课外活动内容可以分为校园文化活动与社会文化活动两类。

(1)校园文化是学校所具有的精神氛围和文化特质,校园文化活动是校园文化一个组成部分,是校园文化的显性表现,包括与其他学校相同的活动内容,也常常有自己本校特色,如韶关乳源县一小"坚美教育"、金禧小学"国学教育"、八一小学"军人文化"、侯公渡中心小学"三生教育"、大桥中心小学"博搏文化"等。[①] 又如甘肃省白银市靖远县高湾镇住寨小学打造的"石头文化"活动,其中有"赞石头"诗文朗诵、"我做一颗小小石"作文大赛、石头书法、石头彩绘、石头知识比赛以及石头图案设计竞赛,并延伸到篆刻等。[②]

(2)社会文化活动主要指校园以外、社会上举行的文化活动。现在各个地方都在深挖培植本地各种文化资源,如红色文化资源、非遗文化、乡土特色文化、民族特色文化等,这些丰富资源都是可利用的课外活动内容。

案例8-1

课外活动的活动形式和内容举例见表8.2。

---

① 韦英哲:《乳源:释放红利,交出教育惠民的满意答卷》.《广东教育(综合版)》,2018年第9期.

② 戴明宏:《农村小学校园文化打造案例》.《考试周刊》,2019年第19期.

表 8.2 课外活动的活动形式和内容举例①

活动项目	主要活动形式和内容	主要目的
学科主题活动	分单学科或多学科联合进行，突出不同学科的知识技能特点，适合集体性活动，兼顾高、低层次学生的需求	拓宽视野，发展技能，提高相关素质
体育兴趣小组	突出体育学科和相关知识技能的提高发展，选择篮、足、排等球类项目，跑跳、投掷等田径项目及武术、体操、杂技等有条件的项目开展活动	加强身体和心理素质
音乐兴趣小组	突出音乐知识技能特点，任选管乐、弦乐、键盘乐、打击乐和声乐等部分有条件的项目	培养对音乐的兴趣，提高基本素质
欣赏园地	提供音乐、课外读物、书画等有欣赏价值的材料	提高审美鉴赏能力
书画天地	突出书法和绘画创作交流	提高继承和创新能力
英语角	给英语爱好者提供练说口语或展示文字的机会	提高口语或文字表达能力
理化演示	对物理、化学的某些实验进行示范性演示，提供观摩机会	培养动手操作能力和观察力
实验报告	对物理、化学、生物等有关内容进行实验验证，并用文字进行科学表述	提高总结表达能力
科学小论文	对有一定科学理论和实践价值的小发明或实验写出论文，并推荐发表	培养创新精神和创新能力
学习经验交流会	定期交流自己或他人先进、科学的学习方法	总结借鉴学习方法，提高学习效率
标本采集制作	学习采集、制作有关生物标本的方法	培养学习兴趣和动手能力，提高创新能力
教具制作	帮助教师制作各类简易教具	
手工制作	剪纸、泥塑、雕刻、折纸、粘贴等	
小发明	鼓励进行各类小发明创造	
演讲、演唱、辩论	进行各类形式的单独和集体的公开演讲(唱)	提高口头逻辑表达能力
专题讲座	聘请有关人士进行专题性演讲	开拓视野，活跃思维
手抄报	个人或几人联合自编、剪辑一份小报后传阅或张贴	培养创新思维
黑板报、墙报	由学生定期自行编写创作	营造品德教育环境
自办小刊物	自编发行小刊物，在班内或校内传阅	提高自我教育、自我完善的意识
故事会	讲述科学家、名人故事及寓言故事等	进行品德教育

① 赵克强、赵伟:《浅议素质教育中的课外活动和第二课堂》,《兰州教育学院学报》,2001 年第 1 期.

续表

活动项目	主要活动形式和内容	主要目的
时事报告会	解读当今或当前国内外重大事件	形成国际视野
先进事迹报告组(团)	主要宣讲校内或全国其他学校中出现的一些优秀学生或教师的感人事迹	弘扬正气和时代主旋律，激励学生上进
校园广播(稿)	鼓励学生向校园广播投稿，自办校园广播站	
摄影天地	学习交流摄影技巧和作品	丰富业余爱好，提高审美情趣
集邮爱好者	学习交流集邮、集币等的知识作品	
网络世界	学习交流电脑网络知识	提高使用获取有用信息的能力
小记者站	为校内外各类报刊采访、投稿	提高观察和分析问题的能力
图书角	班内集体购书或捐书建立图书角	互通有无，丰富文化生活
游戏场(室)	开展各类游戏、谜语竞猜等活动	调节学习生活
党(团、队)日活动	开展各类主题性活动	体现先进性和模范带头作用
小小擂台赛(竞技场)	进行文化、体育等方面的竞赛(竞技)	加强竞争意识教育和挫折教育
文明监督岗(小交警)	主要在班内或校园内设立	自我管理，自我教育
社会(家庭)调查	对自己家庭或其他较为熟知的单位进行调查	了解社会，加强公民意识
科普行动	参加一些必要的科普宣传活动	进行必要的世界观、人生观、价值观和法制教育等
“扫盲”小组	参加社区和家庭扫盲活动	
绿色(环卫)小组	参加种草、种花、种树和保护环境等活动	
义务宣传员	参加义务宣传，如“保护母亲河”“保护牙齿”“碘与我们的健康”	
“献爱心”活动	参加校内外一切救助行动	
假日旅行(远足、夏令营)	在条件允许的情况下走进大自然，进行一些短途游访活动	培养热爱大自然的意识
义务劳动	参加校内外义务劳动和家务劳动	艰苦奋斗，珍惜劳动成果教育
电影录像观赏	不定期观赏、品评健康而有意义的影视作品	提高鉴赏力

第三节　小学课外活动的设计

课外活动是学校、社会为学生提供的有目的的教育活动。课外活动的教育效果,很大程度上取决于课外活动的设计优劣。课外活动的设计要考虑活动内容的特点、适当的形式、可利用的资源等客观条件以及设计原则。

一、课外活动设计的原则①

课外活动的设计要考虑活动内容、形式、资源等因素,把这些客观条件与设计原则结合起来,是课外活动设计的基本方法。课外活动设计的主要原则如下。

1. 以小学生的年龄特征和个性发展需求为基础

儿童心理发展规律表明,儿童在某个年龄阶段的能力水平、兴趣倾向和个性特点,是制约其学习与发展的重要因素。因此,要针对活动者的情况,对不同年龄阶段儿童课外活动的设计,要从内容、形式和活动目的等各方面反映出活动者的差异。

2. 以培养小学生的科学精神、创新意识、动手能力和合作能力为主要目的

课外活动与课堂教学有很大区别。课堂教学的内容是统一的,目的是让学生掌握共性的知识,学习方法是接受和练习,参与具有一定的强制性。而课外活动是学生自愿参加的,其学习以兴趣为基础,以自主活动的探究性操作为主要方法,活动目的更倾向于促进其个性化发展,培养小学生的动手能力、创造性思维能力和开拓精神。

3. 课外活动的组织形式和活动方式灵活多样,兼顾知识性、趣味性和实践性

这一原则要求在课外活动的设计时,既要增加学生的知识,又要使活动内容有趣味性,对小学生有吸引力,让小学生在快乐的活动中享受、成长,应尽力使活动丰富、广泛,活动形式要灵活、富于变化,活动要有操作性,让学生有亲身体验的机会。只有学生参与活动过程,在活动中与其他人产生互动,才能实现课外活动对学生发展的促进作用。

二、课外活动设计的一般过程

课外活动设计一般从主题选择开始,然后根据选定的主题设计活动目标、分析学习任务,再根据目标分析确定活动环节、活动措施并给出激励机制,最后写出活动方案。

1. 确定课外活动的主题

可以从校内外、课程内、生活里与实践中去发现存在或急需解决的问题,聚焦热点寻求新信息,提炼出活动的主题。主题要能激发学生的兴趣,调动学生的积极性。可以为课外活动选择合适的名称,名称要能反映活动的主题,要简练、醒目、易记,要有学生的生活气息。主题确定后,如果想要探究的问题很多,可以把提出的问题进行梳理分类,确定子课题。如果要分小

---

① 黄济、劳凯声、檀传宝:《小学教育(第三版)》.北京:人民教育出版社,2019年,第270-271页.

组，就要选出小组长，教师要与学生一起制订小组活动计划。

2. 设计活动目标

课外活动的目标设计主要是确定活动要达到的预期结果，目标设定可以指导活动方向，用来检验活动后的效果。

3. 分析活动任务

活动前要分析学生的起点，分析学生主要的认知障碍、可能的认知途径、活动的重难点，预设意外情况，找到达成目标的途径和方法。

4. 设计活动措施

在考虑活动具体环节时要围绕活动目标展开，要考虑学生的兴趣所在，要充分考虑安全因素，在综合考虑各方面因素后，确定活动时间、地点、物资、人员安排、活动程序与意外情况预案等事项。

5. 设计活动激励机制

为了使活动顺利开展，活动前需做好推介工作，活动中要有激励方法，活动结束后要进行活动评价。

6. 写出活动方案

把设计好的活动方案形成文本，课外活动方案编写的格式一般有课时教案、表格、流程图等几种形式。

三、课外活动成果的多元评价

由于课外活动的主体、形式、学习资源与课堂学习都有很大不同，因此评价形式就不仅是定量的评分制或模糊的等级制，应该更多利用褒奖性评语来体现学生的表现，或等级制与评语相结合，还可以采用观察记录、汇报表演、娱乐竞赛、成果展览、举行讨论会和报告会等形式进行。

1. 无级评价法

“无级评价法”的基本要点如下：第一，取消用分数或等级来评价学生的做法，代之以“达到”“稍欠”“须努力”等暗示性的评价语言，使学生能从作业的各项要求的判断中得到启发，明确自己的薄弱之处，进行有针对性的改进。第二，以己之长补己之短，让学生的特长也能在评价中有一席之地，打破绘画、设计、手工等类别的限制，鼓励学生在某一方面“冒尖”，而在另一方面则允许自己表现平平。第三，为学生提供多次机会，只要学生自己愿意，可以反复申请进行评价，直到学生自己觉得满意为止。这样多次评价一次作业，有利于学生养成改错的习惯，让更多学生体会成功。

2. 语言评价法

在作业批改时，教师不急于给学生的练习评定等级，而是先采用鼓励性的语言进行引导。“先肯定后指正”是我们常用的评价方法，此法从儿童心理学出发，使学生乐意接受。“你的人物造型画得真不错，没有多少人能比得上，但如果给他加些笑容，将会吸引更多的观众。”“你画的这个小朋友真让人喜欢，如果在他身边再添些其他的小伙伴，他会很开心的，你喜欢许多小朋友们跟你玩吗？”“啊呀，你的手真巧，这个小公鸡是你做的吗？你真棒，想想看，要是给大公鸡穿上花衣裳，它一定会很感谢你的。”让鼓励点亮孩子的自信，让点拨启迪智慧，使老师真正成为学生的引导者。

3. 实物评价法

当一种评价方式实行一段时间后，学生们往往会失去开始的热情，使评价失去吸引力。所以必须要及时更换评价方式，以适应儿童的好奇、喜欢新事物的心理，再次激起他们对学习的兴趣。有时“优”“良”等级制符号用多了，学生对此会不感兴趣。于是，在作业的评价上可换用实物来展示评价。可以用印章和一些剪、画出来的小东西来表示，如印朵小红花表示你的画真美，粘个大拇指表示你真棒，画面飘拂的小红旗表示你要加油。夸张、有趣的实物，让学生看着喜爱。有时还可贴学生中流行的一些小饰物，学生在相互攀比中比以往学得更有兴趣。

4. 符号评价法

学生可以根据自己的意愿，在画面的背面画上色彩或构图符号，标明满意、较满意、不够满意等，一次评价不满意还可取回再修改再评价。这种动态的作业批改方法，注重了学生的自我评价，使学生做作业的热情高涨，经常有学生找老师对作业进行多次批改。

5. 评语评价法

如果说符号是评价的一种手段，那么评语是激励学生学习的动力。在期末综合评定学生作业时，可采取评语与学生学习感受有机结合的方法，评语是对学生阶段性学习的一种肯定和总结，学生的学习感受是对个人阶段性学习的回顾与希望。

6. 家长评价法

让家长参与评价，写上简短的评语，可以引导家长更好了解自己的孩子，使家长也成为学校教育可利用的有效资源。让学生将作品带回家，让父母给予批阅：请父母们根据作业要求相应地打出“优”“良”“中”“差”，并附上简短的评语。还可以将节日与作品相结合，完成后送给家长，既创作了作品又能体现出孩子对父母的亲情。

7. 展览评价法

举办班级或学校范围内的各种展览，让学生互相观摩，互相欣赏，互相学习，通过展示自己作品，让学生找到自己的信心，体验成功的快乐。

四、课外活动设计的案例

课外活动的形式与内容多种多样，这里只给出学校内两个常规组织层面的案例。

1. 学校层面课外活动的设计

学校课外活动要有全面规划，要把长计划、短安排以及大型活动在开学前安排好，要把全校课外活动编进校历、周历，要有一张全校课外活动安排总表，使各项活动井然有序地开展。学校可以根据学校自身情况，选择某方面开展有本校特色的活动，持之以恒以收成效。

案例8-2

书香校园活动计划

以新课程理念为行动指南，以全面推进素质教育为根本目的，结合我校实际，特制订我校课外阅读活动计划。

一、活动目标

1. 通过活动的开展，以建设有品位有特色的“书香校园”为落脚点，树立大阅读观，拓宽学生学习知识的渠道，引领学生阅读经典、阅读思想、阅读文化、阅读精神。

2. 通过活动的开展，培养学生的学习兴趣和自主学习能力，为学生的终身学习和健康发展奠定坚实基础。

3. 通过读书活动，培养学生的阅读兴趣，在班级形成热爱读书的良好风气。

二、活动构想

1. 制订切实可行的读书计划。

2. 营造良好的读书氛围。

三、建立组织

组长：张老师。

副组长：何老师。

组员：班主任、语文、英语教师。

四、活动设计

1. 时间落实。各年级每周开设 2 节课外阅读指导课，并列入课表，专时专用；每一天确保学生课外阅读的时间有 30 分钟。

2. 保证阅读数量。要求一、二年级采取听读和自读结合的做法，每期要保证学生读 1 本书；三、四年级学生每期至少读 2 本书；五、六年级学生每期至少读 4 本书。

3. 各班建立组织。各班建立班级读书会的组织机构，并将学生分成若干个书友队，设队长一人，要为书友队取个别致的名字，想一句读书口号。

4. 各班建立图书角。充分利用校园现有资源及学生自愿订阅的图书，保证学生有书可读，有好书可读。

5. 活动落实。“自信来自鼓励，习惯决定人生。”定期开展一些班级学生喜爱的活动，使课外阅读成为一种有组织的群众活动，让尽可能多的学生乐在其中，尽情地展示自己的语文才能。活动的形式多种多样，如举行读书故事会、佳作欣赏会、人物评论会、读书心得交流会、好的读书笔记的展评会等。对表现好的学生予以表扬，满足学生的荣誉感，激发其阅读的积极性。

6. 指导落实。教师的指导，主要是引起兴趣，提示方法。阅读的方法指导也是多样化的，如指导理清情节，评论人物；提几个练习题，要求读后回答；指导欣赏语言、写法；在看录像、欣赏音像资料后，指导写观后感；等等。对课外阅读的指导，教师同样应该精心备课。

7. 检查落实。对课外阅读应该经常检查、督促、交流、评价。对学生课外阅读的篇目、字数进行定期统计，对阅读笔记经常检查，以督促学生形成习惯。

8. 建立家长联系卡制度。课外阅读，就其形式来讲，绝大部分时间是在课外读书的，因此与家长配合是很有必要的。当然，这种方法要以适度为准，同时要以学生同意为前提，根据学生的读书需求来进行，否则，效果会适得其反。

2. 学科层面课外活动的设计

学校开展的各项课外活动常常会分解到各学科中进行，学科老师开展课外活动有着天然优势。

案例8-3

校园定向越野比赛

一、活动目的

1. 帮助学生学会使用地图，如怎样辨别方位、识别图例、了解比例尺的大小与实际范围的关系等。

2. 对本学期所学习的区域地理的基本知识进行巩固，如掌握一个大洲、一个地区或者一个国家的地形、气候特点或者经济特点等。

3. 培养团队精神，培养合作意识，提高学生对学习地理的兴趣。

4. 锻炼身体，增强体质。

二、准备工作

1. 几份校园附近区域的大比例尺地图，标出不同方位的六个目标地点，其中包括有图例的几个地点。

2. 在对应的六个目标地点分别布置两位同学"蹲点"，分发不同色彩的彩笔；根据本学期所学区域地理的知识准备一些题目，题的难度要大体相当，分发到各个目标地点，前两个目标地点分发《认识大洲》这一章的题目，中间两个目标地点分发《了解地区》这一章的题目，而最后两个目标地点为《走进国家》这一章的题目，保证公平。

3. "蹲点"同学尽量藏在相应位置的隐蔽地点，增加活动趣味性。

三、资料及步骤

1. 准备几张白纸，标上序号，准备秒表。

2. 自由报名，抽签定组，把全班同学分为六组，每组发一张地图。

3. 小组抽签决定出发顺序，分发带有自己组编号的白纸，每隔三分钟出发一个组，并分别计时。

4. 小组可自由选取到达目标地点的顺序，到达后用相应彩笔在白纸上做标记，再抽题答题，完全答对、答完整后方可继续前进；如不会答，可放弃，但需在用时上加两分钟。

5. 所有地点都找齐后，回到出发点，计时结束，比较用时，时间最短的前三名予以奖励。

6. 活动结束后所有参加活动的同学开展交流讨论会，分享经验，并以小组为单位提交一份活动感想。

四、注意事项

1. 比赛过程中要注意安全。

2. "蹲点"同学要公正、耿直，保证比赛结果的公平性。

五、活动总结

通过这次活动，期望各小组同学都能学会正确使用地图的方法。

第四节　小学课外活动的实施

课外活动搞好了，学生高兴，家长欢迎，对学生的学习成绩、心理健康也是正面促进。这一切都在于怎么实施好课外活动的设计。

一、实施课外活动的基本要求

学校要真正组织好课外教育工作，使之成为教育学生的重要途径，必须依据学校现有的主客观条件来确定活动的内容与形式，同时积极创造条件，发挥各方面潜力，力求做到课外教育工作丰富多样，以达到预期的效果。组织好课外教育工作应遵循以下原则：

1.要有明确的目的性和计划性

组织小学课外活动必须从全面贯彻教育目的、落实小学培养目标的高度来确定每一项课外活动的目标要求，要仔细考虑每一具体活动可以使学生受到哪一方面思想品德教育，掌握何种类型的知识与技能，发展什么样的智力与非智力因素。对那些庸俗的、低级趣味的、有损学生身心健康的活动要加以抵制。目标的确定要做到明确、具体。加强课外活动的计划性是保证课外活动目标实现的重要手段之一。根据课程计划要求，对小学阶段课外活动要有整体设想与安排，然后要将这个整体设想与安排分解到每个学期、每个月、每一周，还要落实到部门和具体人的身上。

2.活动要丰富多彩，富有吸引力

课外活动只有内容丰富、形式多样，才能适应学生的需要而富有吸引力，学生才会自愿参加课外活动。课外活动本身应具有知识性、科学性、趣味性，这样才能激发学生参加活动的愿望和要求，提高学生参与的积极性和自觉性。知识性是指课外活动能给学生以一定的知识、技能，使学生有所收获，不过，它不同于课堂教学，而是寓知识于活动之中，在活动中接受知识教育；科学性要求课外活动的内容应该正确，活动的形式要符合学生特点；趣味性是指课外活动对学生来说是有趣味的、吸引人的。其中知识性是整个活动的基础，将知识教育寓于多种形式之中，学生参加活动犹如在知识海洋中遨游；科学性是活动的标准，要求活动必须符合生活实际并维护科学的严肃性；趣味性是吸引学生参与活动的手段。在课外活动中，要注意处理好“教”与“乐”的关系，应将它们有机结合起来。课外活动必须具有“乐”，对学生具有吸引力，能激发学生参加活动的兴趣，引起学生参加活动的愿望和内在要求。但“乐”并不是课外活动的根本目的，不能单纯追求趣味性。

3.充分发挥学生的积极主动性和创造精神

课外活动是学生的自主性活动，因此要充分依靠和发挥学生的自主性、积极性和主动性。在各项活动中，要使学生参与设计、管理、评价的全过程，使之感到自己真正是活动的主人，从中学会自治、自理，进而培养独立思考、独立工作的能力。在设计课外活动时，要从组织形式、学生的实际能力、活动方法等方面突出课外活动的主要目标，避免将课外活动作为学科教学的补充形式。但强调学生的主体作用和积极创造精神，并不意味着忽视教师的作用。教师是活动的指导者，他们应当帮助学生选择参加的活动项目，为学生进行活动提供条件；还应当在活动中给学生启发诱导，从知识技能、思想倾向以及活动的组织等各个方面给学生以辅导，帮助他们解决疑难问题。教师要信赖学生，即使学生在活动中出现了一些问题甚至错误，教师不必大惊小怪，而要加强帮助和指导，困难和挫折有助于学生成长。

4.符合学生的年龄特征，尊重和发展学生的兴趣和特长

儿童在某个年龄阶段的能力水平、兴趣倾向和个性特点，是制约其学习与发展的重要因

素。针对不同年龄阶段儿童的课外活动的设计，要从内容、形式和活动目的等方面反映出活动者的差异。低年级和高年级学生的活动内容和形式应有所不同。中低年级学生的兴趣及知识能力水平，虽有一定的发展，但兴趣尚不稳定，独立性仍不高，因此可以组织一些文艺小说、科技知识的阅读活动。随着学生年级的增高，学生兴趣的稳定，知识水平及独立工作能力相对提高，可以组织一些具有较高水平的科技活动及智力、体力活动。在同一年级还要考虑学生的个性特点，个人兴趣爱好，应承认学生之间的差别，鼓励个人发挥特长，不可强求一律。对于某些有特殊才能的学生，要重点加强培养，使他们的才能得到进一步发展。活动的内容和形式要为学生所理解、所胜任。课外教育工作与教学工作相比，更应承认差别，更应鼓励个人发挥专长。对于某些有特殊才能的学生，可由有专长的教师着意指导或选送到校外教育机关去培养，使他们的才能得到进一步发展。

5. 因时因地因校制定活动

各地区之间、各学校之间有很大差别，各地及各校的师资、设备条件及学生水平都不一致，因此开展课外活动应是多层次的，任何学校都要从实际出发，根据自己的特点、自己的优势积极开展有特色的活动。例如，农村学校可组织种植小组、饲养小组、气象小组等；有良好的文体活动传统的学校，可组织各种文体活动小组，多培养文体项目的拔尖人才；设备较先进、师资辅导力量较强和地处大城市的重点学校，可开展各种先进的科技活动。

6. 积极争取家长、社区、校外教育机构的支持与合作

课外活动的内容广泛，涉及面广，需要学校、家庭、社会多方面的配合，以丰富课外活动的资源。要积极与当地的文化体育团体、科研单位、工厂、社团、街道、驻军联系，聘请辅导员，请他们帮助提供活动场所和物资设备，同时要主动争取广大家长与家委会的积极支持。只有得到社会各方面的支持，才能使课外活动持久、有效地开展下去。

二、实施课外活动对教师的要求

1. 自身要有兴趣爱好与特长

指导教师自己要有一项以上的兴趣爱好与特长，要有能使学生折服的专业技能，才能确立老师在学生心中的地位，这是确保课外活动高效运作的基础。

2. 对指导的活动领域要有充足认识

指导教师对指导活动领域要有足够的了解，要积极搜集相关资料以加深认识，才能使活动深入进行。要认真记录与总结自己所指导的活动，不断提高活动质量，否则就容易流于形式，学生没有兴趣继续参与。

3. 要掌握学生活动时的特点

课外活动与课堂教学有很大不同，教师要注意了解学生对什么形式更感兴趣，思考怎么改进才能让学生感兴趣并积极参与。除了了解学生兴趣爱好的一般倾向，还要掌握学生的个别差异，适当照顾落单的学生。

4. 要有过硬的组织能力

课外活动很多时候需要学生动起来，不管是大型活动还是中小型活动，都需要教师组织好学生，有序安全地进行活动，对突发问题要有紧急预案并及时解决。教师有过硬的组织能力才

能确保活动开心、顺利、安全地开展。

三、课外活动的组织管理[①]

1. 学校要高度重视，加强领导和管理

课外活动应从提高学生基本素质、发展学生个性才能出发，把课外活动列入学校工作计划中，并加强领导和管理。学校制订规划及学年(学期)工作计划时，应把课外活动工作列入规划和计划中。课外活动计划制定包括活动目标、活动形式、活动内容、安全措施、活动项目、辅导教师、活动时间、地点与评比、竞赛、奖励办法等内容。在活动实施过程中，学校行政要对课外活动进行检查评比，及时掌握课外活动开展情况，发现问题及时解决，确保活动顺利、有效地进行。每学期课外活动结束后，学校要及时进行总结，并记录下课外活动取得的成绩。

2. 学校各方面分工合作，保障课外活动的活动质量

在学校课外活动工作总体规划、学年学期计划、阶段性安排的指导下，各个教研组、年级组、图书馆(室)、实验室、总务处等各方面都要结合全校课外活动的工作计划，制定活动目标、活动形式、活动内容、安全措施与活动安排，落实具体活动项目的负责人员。如果开展全校性大型课外活动，要在活动前由负责人拟定好实施计划，包括内容、目的、要求、时间、地点、参加的年级或班、活动的方式、经费预算、组织准备工作和检查措施。涉及学生的安全和健康的活动项目，应在实施计划中具体列出安全保健措施。校医(保健教师)应切实监督检查活动前的安全和卫生保障的准备工作，活动中随时准备对学生发生的意外事故进行及时而迅速的处理。在活动进行中应进行监督及检查，以便及时帮助解决活动进行中发生的矛盾。

3. 建立课外活动辅导队伍，提高辅导教师队伍素质

建立一支辅导队伍，是开展课外活动工作的重要条件。提高辅导队伍素质则是提高课外活动工作质量、有效地发挥课外活动的育人作用的关键。所以学校应做好以下几方面工作：

(1)配备课外活动小组辅导教师。

在课外活动进行中，辅导教师和学生的接触比较密切，特别是在为数不多的课外活动小组中，小组辅导教师对成员的影响更为深远。所以，课外活动小组的辅导教师应是思想好、作风正派、有一定组织工作能力的人员，他还应该具有开展课外活动所需要的科学、技术知识和技能。

(2)制定辅导教师岗位职责，明确辅导教师岗位要求。

辅导教师应从育人出发，依据课外活动的特点培养学生，促使学生得到全面发展，正确引导学生既要积极参加课外活动，学习自己喜爱的活动内容，又要不荒废学科课程的学习。应培养课外活动的骨干，使课外小组不仅得到发展和巩固，而且能够在校内持续开展。尤其应着眼于学校课外活动传统项目参加者的培养，使这些传统项目不仅在校内代代相传，并能在校外享有声誉。还应注意积累资料，总结经验，积极探索课外活动的育人规律。

(3)提高辅导队伍素质。

课外活动项目的开展，特别是小组活动项目的开展难度较大。课外活动在内容上无教学

---

① 贺乐凡、赵幼侠:《中学管理》. 天津:天津教育出版社，1992 年，第 197-205 页.

大纲可遵循，只能靠辅导教师精心设计，因此辅导教师需要有特定项目的知识和技能。另外，参加小组活动的成员虽兴趣一致，但存在个体差异，在因材施教上还需要辅导教师去克服种种困难，进行耐心的、持久的训练工作，需要辅导教师对学生有爱心，对课外活动有热心。辅导教师在辅导课外活动中表现出来的精心、耐心、爱心和坚毅的意志力，都建立在教师本身的基本思想觉悟基础上。因此，学校领导者一方面要鼓励和帮助辅导教师发展专长，另一方面要积极提高辅导教师的思想觉悟，鼓励、表彰先进，努力建设一支思想好、作风正、业务能力强、有组织管理能力并热心于课外活动工作的辅导教师队伍。

4. 创设条件，高效利用各种资源

开展课外活动需要有一定的物资设备，诸如场地、工具、图书、仪器、其他原材料等。各学校都应本着自力更生、勤俭办学的方针，从学校实际出发，艰苦创业。除创造条件建设必要的设备外，还应积极利用现有资源。例如利用校外场馆、基地等资源开展活动，利用校内教室、实验室等作为活动室或制作场所，鼓励师生自己动手制作各种工具等。有些活动项目，如航模与舰模制作、绘画、编织、篆刻等类别，可由学生自带原材料，学校只需提供必要的工具设备即可。

繁重的课业负担迫使学生舍弃所好，不能很好地参加课外活动。这就要求学校领导和全体教师全面贯彻教育方针，积极提高学科课程课堂教学效能，减轻学生过重的课业负担，控制上课总时数、作业份量和考试次数，做到给学生以足够的活动时间，使他们在课外活动的广阔天地中，广泛实践，经受锻炼，发展才能。

5. 重视小组活动型的课外活动

小组活动是课外活动的基本形式，它小型分散，便于开展多种多样形式内容的活动，满足学生的不同兴趣和爱好，多方面发展各种才能，使学生得到更多的学习和实践锻炼的机会。所以，加强小组管理，提高小组的活动质量，是提高课外活动质量的中心环节。对课外活动小组管理的重点主要有三个方面：

(1)建立健全各种活动小组。

小学课外活动小组有多种类型。学科小组的活动内容，主要是知识性的作业。教师可以根据学生知识基础、水平的层次，建立高层次水平的全校性的学科小组，也可以在班级内建立具有普及性的活动小组。这样建立起来的小组，由于学生知识水平较为一致，便于安排活动内容及掌握进度。技术小组活动内容以实践性作业为主，参加者可不限定在同一班或同一年级之内。无论学生参加哪一种小组，都应坚持自愿原则，科任教师和班主任应加以引导，但不能强迫命令或硬性指定给予编组。为便于开展活动，小组成员人数不宜过多。小组的组长，低年级一般由教师任命，高年级应由学生自己推选。辅导教师应培养学习成绩优良、热心于集体工作、对小组活动内容有浓厚兴趣的学生成为小组的骨干力量，以增强小组的内聚力。

(2)设计并安排好小组活动内容。

设计小学课外活动方案，既要考虑小学课外活动的一般规律与特点，又要考虑本校的实际情况。方案的设计要具有可行性，措施要详细具体，活动内容要富于思想性、趣味性、知识性、实践性，形式要生动活泼，要把教育与训练、理论与实践结合起来，使学生乐于参加活动，既动脑又动手，能够发挥其潜能，增长其才干。

(3)制定小组工作制度。

各个课外活动小组，都应制定小组工作制度及公约，以保证小组成员自觉遵守纪律，团结互助，共同把小组活动持久地开展下去。

6.进行课外活动工作的协调

对课外活动开展中发生的各种矛盾，学校应及时进行协调解决，以保证课外活动健康发展，从而保证校内各方面工作正常有序地进行，做到活而不乱。

7.课外活动全程性管理

为保证课外活动的实施，要做好课外活动的全程性管理。

(1)制定每一项活动的实施方案。

活动前要制定好实施方案，要有活动目的、活动内容、注意事项，要详细落实人、财、物、时间、地点等事项。

(2)做好课外活动实施的布置工作。

方案顺利实施的先决条件是活动的参加者能充分认识开展课外活动的意义，理解所要实施方案的特点，明确实施方案的详细步骤方法、自己所要承担的工作任务与应当达到的目的要求。布置工作的详细做法有多种；由指导者的权威发动，老师之间有效地平行沟通，个别谈话等。

(3)加强方案实施中的检查与指导。

方案实施中，学校要经常定期进行检查。要有目的、有方案地抓好一些典型工程，用典型人、典型事来推动课外活动的开展。对直接组织学生课外活动的老师来说，同样需要抓好典型，用典型带动更多同学参加课外活动，受到更深化的教育。

(4)做好方案实施的总结工作。

课外活动方案实施的终结性环节是总结。要做好课外活动的总结，在工作进程中就要不断积累正面与反面材料，不仅要积累详细的数据与事实，还要积累平时对材料的分析与体会。这样，到方案实施终结时，总结就能顺利完成。课外活动总结的一般表现形式是写出总结报告。为使总结具有说服力，还应该注意活动成果的登记和展出。

四、课外活动工作的检查

课外活动工作的检查，包括在课外活动工作进行中对工作的检查和对课外活动的成果进行检查。学校需对课外活动工作进行有计划的检查：检查课外活动工作计划的执行情况；检查课外活动工作的进展；检查学生参加课外活动是否负担过重，有特长的学生参加课外活动后，是否出现了偏废学科课程学习的情况，后进生是否也被吸引和组织到课外活动中来；检查知识性作业的思想性、科学性是否得到保证；检查实践性活动中，是否切实采取措施保证学生的安全和健康，以及是否对学生进行了爱护公物的教育；检查课外活动与课堂教学在时间、场地、辅导力量、学生参加活动等方面是否发生矛盾；检查课外活动与学科课程在使学生全面发展上是否能做到相辅相成。

五、课外活动工作的总结与评价

结合检查，应对学校的课外活动工作质量进行总结，还应对课外活动的成果进行评价。一切课外活动的优异成果、获奖项目及其创造者，都应记入学校课外活动工作档案，载入学校光荣册，用以激励师生更好地开展课外活动，并应作为校史的组成部分，借以鼓励后生。

学校课外活动工作还应向家长和社会展示，以取得社会的评价。学校应在课外活动工作总结、评价的基础上，结合家长会的召开，举办课外活动成绩展览或汇报演出，邀请家长来校参观，以更好地取得家长对学校工作、对学生参加课外活动的支持，和对培养、发展学生特长的重视，从而进一步推动学校课外活动的开展。在课外活动工作总结、评价的基础上，学校还应把优异的课外活动成果，如社会实践考察报告、科技发明和创造等，向社会有关方面推荐，赢得社会的评价。应把优秀成果的创造者、各方面特殊才能的拥有者，选送、推荐给有关部门，以使他们得到更高层次水平的培养和训练。

拓展阅读

《国际学校课外活动的特色解析》[①]节选

国际学校的课外活动主要分为两类。第一类是学校放学后组织的课外活动(after school activity)。这类活动有时在校内举行，诸如运动类和学科知识类活动；有时到校外举行，如到临终关怀医院做义工，或者到校外考察水质和生态等。第二类是学校假期组织的课外活动(school activities/school camps)，主要包括夏令营、冬令营以及周末组织的主题活动。

课外活动一般由专职部门(如活动部)负责，部门人员包括行政人员、体育教师、心理学或者拓展训练方面的专业人士。校内教职工是课外活动的具体组织者，但是要求其必须有与活动主题相关的专业背景。活动部负责课外活动的设计工作，具体步骤如下：活动部人员与学生进行积极对话，征求学生的意见，根据学生需求和学校资源设计活动方案；将方案提交给学校董事会、学生管理部门、教学部门等科室，确保方案不影响学校常规教学；征求后勤等相关部门意见以赢得支持保障；将活动方案汇总发送给全体学生及家长，听取学生和家长的建议；根据各方反馈意见调整方案，形成学校课外活动项目指南，在学校网站上公布或印成小册子发给学生。

学校课外活动项目指南一般在活动开展前一两个月公布，其中除了活动方案外，还对相关技能和方法做出说明。一些活动还会对参与学生的能力提出要求，因此学生申报活动项目时并不是根据自己的兴趣简单报名即可，而是采取学生自主规划、分期选择活动的方式。(1)学生阅读学校课外活动项目指南，分析自我兴趣点和能力，把所有活动按照兴趣排序。(2)对于有准入考核的活动项目，需自我审核个人能力，列举出现在就有能力参加的活动和需要经过一些训练准备才有可能参加的活动。(3)根据学校的限报要求核算个人本学期可申报的项目，大致规划下一学期的预报项目。

练习题

1. 结合自己的成长经历，试述课外活动的作用。
2. 试述课外活动有哪些形式？你熟悉其中哪几个形式？
3. 选定一个主题，设计一份课外活动的计划。
4. 参与组织一次班或年级的课外活动，并写出活动记录与反思。

① 周晓蕾、王晓玲、陆柏林：《国际学校课外活动的特色解析》.《中小学管理》，2015年第9期.

第九章 小学德育

·学习目标·

通过本章的学习，你将：

1. 了解德育在广义和狭义上概念范畴的差异，理解德育本质与功能，掌握德育的基本规律；

2. 理解并掌握小学阶段德育的目标和内容；

3. 了解小学德育常用的途径，掌握小学德育常用的方法；

4. 了解我国小学德育实践中有代表性的德育模式，掌握其实施策略。

第一节 德育概述

小学德育是德育体系的重要组成部分。了解德育概念、本质、功能等理论有助于我们更全面和深刻地认识和理解小学德育，为小学德育工作提供知识基础。

一、德育的概念

(一)德育的词源

我国古代“德”和“育”是分开使用的。“德”字最早出现在甲骨文中，形状如图 9.1 所示。“德”的本义，作为动词，表示“看清方向，大道直行”；作为形容词，则表示“合乎天道的，自得自在的”；作为名词，表示合乎天道的思想、方法，合乎是非标准的思想品质、善行或恩惠。[①] 在中国文化中，“德”与“得”是相通的，“德者，得也”。汉代许慎在《说文解字》中是这样解释的：“德(原文为悳)，外得于人，内德于己。”古代“育”字(见图 9.2)从最初“生育”的意思，发展为养、长等意，如《说文解字》里的“育，养子使作善也”就不仅是将其解释为生育的意思，还有养育、使其成长的意思。

虽然在中国古代并没有德育的概念，未曾使用“德育”一词，但已经有着非常丰富的德育实践。

---

① 刘慧、李敏，等：《小学生品德发展与道德教育》. 北京：高等教育出版社，2015 年，第 5 页.

图 9.1　德的甲骨文　　　图 9.2　育的甲骨文

"德育"一词是近代以来出现的新概念，最早由德育哲学家康德提出。他将遵从道德法则培养自由人的教育称为德育。英国学者斯宾塞在《教育论》一书中将教育划分为智育、体育、德育，第一次明确提出"德育"的概念。"德育"概念传入我国是在清朝末年。1902 年，清政府颁发的《钦定学堂章程》(史称壬寅学制)中"外国学堂于知育体育之外，尤重德育"提到了德育。1906 年，王国维著作的《论德育之宗旨》一书，正式使用"德育"一词，将其理解为道德教育。1928 年，唐钺等人编著《德育大辞书》，也把德育理解为道德教育。可见，最初我国对德育概念的理解是一种狭义德育。经历一个多世纪的不断发展，"德育"概念发生了很大变化，从最初指道德教育，发展到今天包括政治教育、思想教育、道德教育，甚至法制教育、心理教育、纪律教育、环境教育、国防教育、安全教育、生命教育等在内的广大范畴。

(二)广义德育和狭义德育

学术界对德育概念有着不同的理解。在《中国大百科全书·教育卷》中认为：德育是"教育者根据一定社会或阶级的要求，有目的、有计划、有组织地对受教育者施加系统的影响，把一定的社会思想和道德转化为个体思想意识和道德品质的教育。"[①]我国著名教育家鲁洁和王逢贤认为："德育是教育者根据一定社会和受教育者的需要，遵循品德形成的规律，采用言教、身教等有效手段，在受教育者的自觉积极参与的互动中，通过内化和外化，发展受教育者的思想、政治、法制和道德几方面素质的系统活动过程。"[②]我国著名德育专家檀传宝认为："德育是教育工作者组织适合德育对象品德成长的价值环境，促进他们在道德认知、情感和实践能力等方面不断建构和提升的教育活动。"[③]

德育的内涵极其丰富，有广义和狭义之分。狭义的德育是专指道德教育，是培养道德品质的活动。广义的德育，不仅是道德教育，还包括政治教育、思想教育等，甚至包括法制教育、劳动教育、礼仪训练、心理咨询等。[④] 学术研究者更偏重狭义德育的理解；德育实践工作者更偏重广义德育的理解。鉴于小学德育实际，本章所述德育更偏重广义的德育。

二、德育的本质

德育的本质问题，是直接影响人们认识及实践德育的最核心的前提问题。任何德育理论都必须对此做出自己的判断。

德育的本质属性究竟是什么？对此的认识有很多种方式。

一种方式是通过给德育下定义来获得。如前所述，当前对德育的界定有多种观点。尽管

---

① 中国大百科全书出版社编辑部：《中国大百科全书：教育卷》. 北京：中国大百科全书出版社，1985 年，第 59 页.

② 鲁洁、王逢贤：《德育新》. 南京：江苏教育出版社，2000 年，第 129 页.

③ 檀传宝：《德育原理》. 北京：北京师范大学出版社，2007 年，第 6 页.

④ 刘济良：《德育原理》. 北京：高等教育出版社，2010 年，第 2 页.

对德育的理解在文字表达方式上有所不同，但共同的点却是明确地指向培养受教育者的思想品德，这也解释了德育的本质属性所在。

一种方式是通过分析德育与其他教育的区别来认清德育本质。德育与智育相比，德育虽然要以认知做基础，但它解决的并非事实性认知，而是价值性认知，它要回答的是“应该是什么”“可能怎么样”等问题；与体育相比，德育虽然要培养个体践行道德的行为习惯，但它追求的不是动作上的完美和优美；与美育相比，德育需要培养健康向上的道德情感，但又不是单纯的情感问题；与劳动技术教育相比，德育所指向的是培养精神和人格健全的“有道德的人”，而非技术娴熟或掌握操作技能的人。可见，德育是一个价值问题，是体现并规定教育价值取向的特殊的精神实践活动。

所以，对德育本质的理解不能限于事实性分析，还要进行必要的价值性分析。它不仅体现为对现实社会和现实生活的适应性，也必然体现着对个体发展和社会发展某种超越性。

三、德育的功能

德育活动对社会个体品德发展发挥着不同程度的作用和影响，对不同的社会子系统也发挥着不同程度的作用和影响，这种作用和影响可能是正面的也可能是负面的，可能是积极的也可能是消极的，可能是显性的也可能是隐性的。因此，德育功能是一个多维度的概念，可以从不同维度对德育功能进行划分。

这里我们主要依据德育作用对象的不同，将它划分为个体性功能和社会性功能。

(一)德育的个体性功能

德育的个体性功能，是指通过系统而优良的德育活动，促进个体形成一定的道德认识、道德情感与道德行为，从而使其从一个自然个体转变为社会主体。

1.品德形成功能

德育促进个体品德形成功能主要表现为：第一，促进个体道德认知的发展。道德认知是人们对客观存在的道德现象、道德关系以及处理这种关系的道德原则和规范的认识。道德认知虽然与个体身心成熟程度有关，但受到后天环境的影响，与教育活动有着直接的联系。例如，学校德育向个体系统地传授一定社会的道德价值概念、道德理论知识，从而促进其理解与掌握一定的道德原则和道德规范；通过开展各种活动帮助个体形成相应的道德观。第二，德育促进个体道德情感的发展。道德情感是人们根据社会的道德规范去评价自己和他人的举止行为、思想意图时所产生的一种情绪体验。道德情感对道德行为起着激发、引导、调控的作用。学校德育不仅向学生传授道德知识，培养学生道德情感也是学校德育的一项重要任务。学校向学生提供真实的道德情境，使其能将抽象的道德原理规范以具体生动的方式呈现出来，从而加深学生的道德认知，培养学生的道德判断能力，激发学生的道德情感体验。第三，德育促进个体道德行为发展。道德行为是人们根据一定社会的道德原则和规范，对他人、社会和自然所做出的行为反应，是人的内在的道德认识和情感的外部行为表现。道德行为是衡量个体品德形成的重要标志。

2.智慧发展

关于道德和智慧的关系，中外思想家们早已做过阐述。在中国儒家思想里，“德”“智”是一体的，例如《春秋繁露·必仁且智》里就讲到：“仁而不智，则爱而不别也；智而不仁，则智而不为也。”

德育对智慧发展有着重要的影响，表现在：第一，德育影响着个体智慧发展中的非智力因素。非智力因素，指的是智力因素以外的一切心理因素，包括动机兴趣、情感、意志、性格等。认知过程离不开非智力因素的参与，而非智力因素的发展，更多依靠德育活动来完成。在社会生活中，个体智慧的发展除了和个体认知能力有关，还与个体自身的世界观、人生观、价值观等因素有着密切的联系。德育对个体智慧发展的影响，主要就是通过培养个体的世界观、人生观、价值观等非智力因素实现的。第二，德育为个体认知活动提供良好的环境氛围。德育通过一定道德价值规范的传授，形成个体之间良好的人际关系，保持个体之间的协调一致，避免或减少价值冲突，为个体健康成长构建一个和谐、自由、有序的学习环境和良好的人际氛围。第三，德育引导着智力发展的方向。个体认知能力的发展除了水平高低之外，还有方向的问题。学校德育通过对个体道德品质的培养，使个体形成正确的价值观、人生观，引导其走上正确的道路。正所谓是用德性之“善”，引导着智慧之“真”。

3. 个体享用

德育的个体性功能不仅体现在对个体品德发展、智慧发展等方面，也体现在对个体的精神享用和自我超越上。个体享用功能是德育个体性功能的最高体现。德育的个体享用功能，是指个体通过德育过程实现自身的道德需要与愿望，从中体验到某种快乐幸福，获得精神上的享受与愉悦。从最本质意义上讲，道德是一种精神享用，德育是一种满足人们精神享受、促进人领悟生命的意义、实现幸福生活的教育。

（二）德育的社会性功能

德育的社会性功能是指德育活动对社会其他子系统的影响和作用，分别表现在德育对社会政治系统、经济系统、文化系统、生态系统发生作用时而产生的政治功能、经济功能、文化功能、生态功能等。

1. 政治功能

德育的政治功能主要是指德育活动对一定社会政治系统的影响和作用。德育通过传播特定阶级的政治意识和价值观念来引导一定的政治行为，实现一种特定政治关系的再生产，从而巩固和发展社会政治制度和秩序。在中国古代社会，德育的社会性功能主要表现为单一的政治功能，道德教化成为治理社会最有效的方式。随着社会的发展，德育的经济功能、文化功能等得以凸显，但德育在政治教化方面仍然发挥着重要的影响，“以德治国”的理念仍然具有鲜活的生命力。当前我国治国的基本方略就提到要坚持“以德治国”和“依法治国”。

2. 经济功能

德育对经济领域、生产领域的作用和影响一直是客观存在的。在近现代社会之前，这种作用和影响一直潜隐地存在着。近现代社会以后，人们开始关注德育的经济功能，认识到德育对生产、再生产、消费、分配等经济领域的活动产生着调节、激励等作用。从宏观的角度来看，德育对经济发展具有一种导向作用。通过德育活动可以传播一定的道德价值观念，形成一定的社会意识形态，这些意识观念对社会经济的发展产生重要影响。从微观的角度来看，德育对经济领域的作用主要体现在发展和完善个体的思想品质和道德素质，规范和约束个体在生产环节、消费环节、分配环节的行为，从而实现对经济系统的影响。

3. 文化功能

德育的文化功能指的是德育活动对社会文化系统的整体结构及其子系统所产生的影响和作用。德育基本的文化功能，首先表现为文化传承功能，即维系原有文化及其结构，保持文化相对稳定性的功能。德育要发挥这一作用，需要通过合理选择民族的优秀传统道德文化，并以生动具体的、行之有效的方式传递给年轻一代，使其获得文化认同感和民族归属感。其次，德育的文化功能表现为文化创新功能。德育以文化积淀的形式塑造着个体的道德人格，这种“塑造”并不局限于对传统道德文化的承续，而是同时实现着对文化的“再造”，推动并促进文化的变革。当代学校德育不仅承担着对学生进行文化启蒙的职责，更是要注重培育学生的理性精神、主体意识和创造能力。

4. 生态功能

人们对德育生态功能的认识源于对人类生活、地球生态恶化等问题的反思。随着科学技术的迅猛发展以及物质财富的充分涌现，人与自然的关系进入一个敏感、脆弱且危险的时期。在面对能源危机、环境污染、自然灾害频发等一系列重大而紧迫的问题时，人们不得不把目光转向道德，期望通过德育来合理调节人与自然的关系。一方面，通过德育帮助个体形成新的人生观与自然观。在改变“人类中心论”观点的基础上，树立自然是人类生存之本、人与自然和谐相处的新的道德观。另一方面，通过德育规范人与自然交往的行为。学校德育不仅要让学生正确认识人与自然关系中的善恶问题，学会从道德的维度审视自然、反思自我，还要通过各种活动引导学生从小养成保护环境、节约资源、热爱生命、尊重生命多样性等良好的行为习惯。

四、德育的规律

个体思想品德的形成与发展是有其客观规律的，开展学校德育工作需要认识并遵循这些规律，方能产生预期效果。当前，对德育过程规律的认识主要体现在以下几个方面：

（一）德育过程具有开端性，是对学生知、情、意、行的培养提高的过程

知、情、意、行是对道德认知、道德情感、道德意志和道德行为的简称。“开端性”是指德育过程可以从知、情、意、行任何一个心理环节开始。一般来讲，智育主要是从认知出发，美育主要是从情感出发，体育主要是从行为出发开始教育过程。[①] 但德育则不然，可以从知、情、意、行任何一端开始教育过程。究其原因，一方面是因为知、情、意、行具有相对独立性和相互渗透性，这就为每一具体过程的多种开端提供了可能性；另一方面，是因为学生每一种思想品德的形成，其知、情、意、行的发展方向和水平经常处于不平衡状态，需要在德育过程中充分利用这种多开端的规律，开辟多种渠道，有的放矢地使学生在知、情、意、行几个方面都得相应的发展。

有教师根据自己多年的从教经验将德育工作总结概括为“晓之以理、动之以情、持之以恒、导之以行”，这是符合该德育过程规律的。教师根据学生品德发展的具体情况，或从“晓之以理”开始，或从“导之以行”开始，或从“动之以情”开始，或从“持之以恒”开始，最后达到的是学生品德在知、情、意、行等方面和谐、统一的发展。

---

① 檀传宝：《德育原理》. 北京：北京师范大学出版社，2007 年，第 228 页.

(二)德育过程是组织学生活动和交往,对学生多方面教育有影响的过程

学生的思想品德是在积极的活动和交往过程中逐步形成发展起来、表现出来并接受检验的。教育者应把组织活动和交往看作是德育过程的基础。活动和交往的性质、内容、方式不同,对人的品德影响的性质和作用也不同。德育过程中的活动和交往与一般性的社会活动与交往是不同的,其区别表现为:第一,学校组织学生开展各种活动,是在教师指导下进行的,是根据教育目的和德育目标组织安排的,具有明确的目的性和计划性;第二,学校组织的活动和交往的内容形式多种多样,对学生品德形成的影响具有全面性和深刻性;第三,学校的活动和交往是按照学生品德形成发展规律和教育学、心理学原理来组织的,具有更强的科学性,因而也能够更加有效地影响学生思想品德的形成。

(三)德育过程是促使学生思想内部矛盾运动的过程

"一般认为,学校德育过程中的基本矛盾主要有三个方面。从过程之外到过程之内,这三个矛盾依次是:学校道德教育影响与一般社会道德影响之间的矛盾;德育目标要求同学生的道德发展实际的矛盾;学生的道德认知、道德理想与道德实践之间的矛盾。其中第二个矛盾常常被认为是德育过程的主要矛盾。"[①]具体来说,学生思想内部矛盾主要反映为这几个方面:第一,反映外部客观世界的矛盾。如学生思想中已有的道德标准与社会某些现象、行为之间不相符合。再如社会的不正之风会使学生产生各种疑惑,通过教育引导,提高认识,矛盾就解决了。第二,反映在学生认知水平之间的矛盾。教师根据社会要求向学生提出道德的要求,使学生已有的品德水平与社会要求之间产生矛盾,这种矛盾的产生与解决促进了学生道德认识发展,实现从知到不知、从知之不多到知之较多的转变。第三,反映在认识内容的矛盾上。学生头脑中常会遭遇正确思想与错误思想的矛盾,通过教育,认识错误,矛盾解决了;通过教育,提高了实践水平,学生的品德就会得到发展。因此,学生的品德形成过程就是知与不知、正确思想与错误思想等的内部矛盾不断斗争的过程。

所以说,学生的品德形成和发展,是外部教育影响和学生内部思想矛盾运动的结果。没有学生内部思想矛盾运动,就不可能产生新的思想品德。

(四)德育过程是一个长期的、反复的、不断前进的过程

德育过程具有长期性,是一个长期教育、逐步积累的过程。任何一种思想品德的形成,都需要在道德认识、道德情感、道德意志、道德行为诸方面获得相应的发展。无论是道德认识的掌握、道德情感的培养、道德意志的锤炼,还是道德行为的形成,都不是一朝一夕之功,需要一个长期的培养教育、陶冶训练的过程。随着社会的发展与进步,对人们思想品德的要求总是在不断提高,任何人的思想品德都难以达到尽善尽美的境界,必须长期坚持不懈地进行培养与提高。

德育过程具有反复性,是一个不断反复、逐步提高的过程。从学生角度来说,他们正处于成长时期,思想不够成熟,情感不稳定,缺乏生活经验,因而容易出现这样或那样的反复与波动。从外界环境来说,意识形态领域里正确思想与错误思想、先进思想与落后思想的斗争长期存在,这种斗争反映到学生思想上,也会造成思想品德的反复。已经初步形成的良好思想品德,也会因受到某些错误、落后思想的影响而停止,甚至倒退。因此,德育过程必须"反复抓,抓

---

① 檀传宝:《德育原理》.北京:北京师范大学出版社,2007年,第224页.

反复,常抓不懈”。

第二节　小学德育的目标与内容

目的性是人的一切实践活动的根本属性。德育作为培养人的道德品质的特殊的精神实践活动,必须确定其活动的目的,在目的的引导下进行德育内容的选择、德育过程的调控以及德育效果的评价。

一、小学德育目标

(一)德育目的与德育目标

德育目的是通过德育活动在受教育者品德形成和发展上所要达到的总体规格要求,即德育活动所要达到的预期目的或结果的质量标准。德育目的是德育工作的出发点,它不仅决定了德育的内容、形式和方法,而且制约着德育工作的基本过程。德育目的是一种哲学性陈述,是对所培养的人的品德素质的大致规定。其制定受到一定时代与社会发展的需要,国家的教育方针和教育目的,民族文化及道德传统,受教育者思想品德形成、发展的规律及心理特征等因素的制约。

德育目标则是对各级各类学校具体的德育活动所要实现的结果的特殊要求,是不同类型、不同层次的学校所要完成的较为具体的德育任务。德育目标是围绕德育目的展开的针对特定对象的较为具体的明确的规定。根据对象层次的不同,我们可以将德育目标划分为小学德育目标、中学德育目标、大学德育目标。

在德育理论中,德育目的与德育目标是处于不同层位的两个范畴。德育目的属于上位概念,德育目标则属于下位概念。从两者的概念外延来看,德育目的是大于德育目标的;从概念内涵来看,德育目标则比德育目的更具体。德育目的具有抽象性和理论性,发挥着目标统摄和价值牵引的作用,它通常不关注达成目的的程序、手段、方法。而德育目标类似于德育任务,是较为具体、明确的,对德育活动的影响是直接、明示的。所以德育目标也可称为“具体的德育目的”或德育目的的具体化。

新中国成立以来,我国制定并颁布了一系列关于道德教育方面的政策文件,其中或明确或含蓄地涉及德育目的。“培养有理想、有道德、有文化、有纪律的时代新人”是我国现行的德育目的。在这一目的的统摄指导下,小学、中学、大学阶段各自承担的目标和具体任务是不同的。

(二)小学德育目标的具体表述

跨入二十一世纪,党中央、国务院和各级教育行政部门更加重视加强学校的德育工作。2001 年 6 月,教育部制定并颁发了《基础教育课程改革纲要(试行)》,其中指出“要使学生具有爱国主义、集体主义精神,热爱社会主义,继承和发扬中华民族的优秀传统和革命传统;具有社会主义民主法制意识,遵守国家法律和社会公德;逐步形成正确的世界观、人生观、价值观;具有社会责任感,努力为人民服务……成为有理想、有道德、有文化、有纪律的一代新人”。根据课程总目标,教育部又相继制定了中小学品德课程标准,指导中小学德育工作的实施。2004

年 2 月 26 日，中共中央、国务院印发《关于进一步加强和改进未成年人思想道德建设的若干意见》，提出了未成年人思想道德建设的主要任务是：从增强爱国情感做起，弘扬和培育以爱国主义为核心的伟大民族精神。从确立远大志向做起，树立和培育正确的理想信念。从规范行为习惯做起，培养良好的道德品质和文明行为。这是新时期指导中小学德育工作、全面推进素质教育的纲领性文件。2016 年 6 月 28 日，教育部、司法部、全国普法办公室联合印发《青少年法治教育大纲》，提出在"小学阶段，着重普及宪法常识，养成守法意识和行为习惯，让学生感知生活中的法、身边的法，培育学生的国家观念、规则意识、诚信观念和遵纪守法的行为习惯。初中阶段，使学生初步了解个人成长和参与社会生活必备的基本法律常识，进一步强化守法意识、公民意识、权利与义务相统一观念、程序思维，初步建立宪法法律至上、民主法治等理念，初步具备运用法律知识辨别是非的能力，初步具备依法维护自身合法权益、参与社会生活的能力。"

为了加强对中小学德育工作的指导，切实将党和国家关于中小学德育工作的要求落细落小落实。2017 年 8 月 17 日，教育部颁布了《中小学德育工作指南》(后面简称《指南》)，该《指南》是指导中小学德育工作的规范性文件，适用于所有普通中小学。

文件中明确了中小学德育工作的总体目标和学段目标。内容如下：

总体目标：培养学生爱党爱国爱人民，增强国家意识和社会责任意识，教育学生理解、认同和拥护国家政治制度，了解中华优秀传统文化和革命文化、社会主义先进文化，增强中国特色社会主义道路自信、理论自信、制度自信、文化自信，引导学生准确理解和把握社会主义核心价值观的深刻内涵和实践要求，养成良好政治素质、道德品质、法治意识和行为习惯，形成积极健康的人格和良好心理品质，促进学生核心素养提升和全面发展，为学生一生成长奠定坚实的思想基础。

学段目标：

小学低年级：教育和引导学生热爱中国共产党、热爱祖国、热爱人民，爱亲敬长、爱集体、爱家乡，初步了解生活中的自然、社会常识和有关祖国的知识，保护环境，爱惜资源，养成基本的文明行为习惯，形成自信向上、诚实勇敢、有责任心等良好品质。

小学中高年级：教育和引导学生热爱中国共产党、热爱祖国、热爱人民，了解家乡发展变化和国家历史常识，了解中华优秀传统文化和党的光荣革命传统，理解日常生活的道德规范和文明礼貌，初步形成规则意识和民主法治观念，养成良好生活和行为习惯，具备保护生态环境的意识，形成诚实守信、友爱宽容、自尊自律、乐观向上等良好品质。

初中学段：教育和引导学生热爱中国共产党、热爱祖国、热爱人民，认同中华文化，继承革命传统，弘扬民族精神，理解基本的社会规范和道德规范，树立规则意识、法治观念，培养公民意识，掌握促进身心健康发展的途径和方法，养成热爱劳动、自主自立、意志坚强的生活态度，形成尊重他人、乐于助人、善于合作、勇于创新等良好品质。

高中学段：教育和引导学生热爱中国共产党、热爱祖国、热爱人民，拥护中国特色社会主义道路，弘扬民族精神，增强民族自尊心、自信心和自豪感，增强公民意识、社会责任感和民主法治观念，学习运用马克思主义基本观点和方法观察问题、分析问题和解决问题，学会正确选择人生发展道路的相关知识，具备自主、自立、自强的态度和能力，初步形成正确的世界观、人生观和价值观。

《指南》中按照小学低年级、小学中高年级、初中学段、高中学段四个阶段，提出了分层次的德育目标，尊重学生身心发展的规律和特点，充分体现了螺旋式上升的渐进性。

二、小学德育内容

德育内容是用以形成受教育者品德的社会思想政治准则和道德规范的总和。在《指南》中明确了所有普通中小学德育的五项主要内容。

(一)理想信念教育

开展马列主义、毛泽东思想学习教育,加强中国特色社会主义理论体系学习教育,引导学生深入学习习近平总书记系列重要讲话精神,领会党中央治国理政新理念新思想新战略。加强中国历史特别是近现代史教育、革命文化教育、中国特色社会主义宣传教育、中国梦主题宣传教育、时事政策教育,引导学生深入了解中国革命史、中国共产党史、改革开放史和社会主义发展史,继承革命传统,传承红色基因,深刻领会实现中华民族伟大复兴是中华民族近代以来最伟大的梦想,培养学生对党的政治认同、情感认同、价值认同,不断树立为共产主义远大理想和中国特色社会主义共同理想而奋斗的信念和信心。

(二)社会主义核心价值观教育

把社会主义核心价值观融入国民教育全过程,落实到中小学教育教学和管理服务各环节,深入开展爱国主义教育、国情教育、国家安全教育、民族团结教育、法治教育、诚信教育、文明礼仪教育等,引导学生牢牢把握富强、民主、文明、和谐作为国家层面的价值目标,深刻理解自由、平等、公正、法治作为社会层面的价值取向,自觉遵守爱国、敬业、诚信、友善作为公民层面的价值准则,将社会主义核心价值观内化于心、外化于行。

(三)中华优秀传统文化教育

开展家国情怀教育、社会关爱教育和人格修养教育,传承发展中华优秀传统文化,大力弘扬核心思想理念、中华传统美德、中华人文精神,引导学生了解中华优秀传统文化的历史渊源、发展脉络、精神内涵,增强文化自觉和文化自信。

(四)生态文明教育

加强节约教育和环境保护教育,开展大气、土地、水、粮食等资源的基本国情教育,帮助学生了解祖国的大好河山和地理地貌,开展节粮节水节电教育活动,推动实行垃圾分类,倡导绿色消费,引导学生树立尊重自然、顺应自然、保护自然的发展理念,养成勤俭节约、低碳环保、自觉劳动的生活习惯,形成健康文明的生活方式。

(五)心理健康教育

开展认识自我、尊重生命、学会学习、人际交往、情绪调适、升学择业、人生规划以及适应社会生活等方面教育,引导学生增强调控心理、自主自助、应对挫折、适应环境的能力,培养学生健全的人格、积极的心态和良好的个性心理品质。

第三节　小学德育的途径与方法

“工欲善其事必先利其器”,学校德育工作也是如此。只有找到合适正确的途径和方法,才能使学校德育产生事半功倍的效果，反之，亦然。

一、德育途径

德育途径是教育者对学生进行思想品德教育时所选用的渠道。《指南》围绕立什么德、如何立好德进行了顶层设计，同时提出了一系列具体可操作的要求，让中小学德育工作有章可循。在中小学德育的实施途径上，《指南》明确了要从课程育人、文化育人、活动育人、实践育人、管理育人、协同育人这六个方面开展学校德育工作。

(一)课程育人

关于“课程育人”，在《指南》中是这样规定的：“充分发挥课堂教学的主渠道作用，将中小学德育内容细化落实到各学科课程的教学目标之中，融入渗透到教育教学全过程。严格落实德育课程。按照义务教育、普通高中课程方案和标准，上好道德与法治、思想政治课，落实课时，不得减少课时或挪作他用。要围绕课程目标联系学生生活实际，挖掘课程思想内涵，充分利用时政媒体资源，精心设计教学内容，优化教学方法，发展学生道德认知，注重学生的情感体验和道德实践。”

课堂教学是学校实施全面发展教育的主要途径，也是学校德育最基本、最经常、最有效的途径。德育课程是按照道德知识的逻辑加以组织的，是直接传授道德知识、规范的系统性课程，例如小学阶段的“道德与法治”课；而其他各科教学进行德育主要是通过传授学科文化知识实现的。各科教材中都包含丰富的德育内容，充分发掘教材本身具有的德育因素，把教学的科学性和思想性统一起来，在传授知识的同时使学生受到科学精神和人文精神的熏陶，形成良好的品德。

(二)文化育人

关于“文化育人”，在《指南》中是这样规定的：“要依据学校办学理念，结合文明校园创建活动，因地制宜开展校园文化建设，使校园秩序良好、环境优美，校园文化积极向上、格调高雅，提高校园文明水平，让校园处处成为育人场所。

“优化校园环境。学校校园建筑、设施、布置、景色要安全健康、温馨舒适，使校园内一草一木、一砖一石都体现教育的引导和熏陶。学校要有升国旗的旗台和旗杆。建好共青团、少先队活动室。积极建设校史陈列室、图书馆(室)、广播室、学校标志性景观。学校、教室要在明显位置张贴社会主义核心价值观 24 字、《中小学生守则(2015 年修订)》。教室正前上方有国旗标识。要充分利用板报、橱窗、走廊、墙壁、地面等进行文化建设，可悬挂革命领袖、科学家、英雄模范等杰出人物的画像和格言，展示学生自己创作的作品或进行主题创作。

“营造文化氛围。凝练学校办学理念，加强校风教风学风建设，形成引导全校师生共同进步的精神力量。鼓励设计符合教育规律、体现学校特点和办学理念的校徽、校训、校规、校歌、校旗等并进行教育展示。创建校报、校刊进行宣传教育。

“建设网络文化。积极建设校园绿色网络，开发网络德育资源，搭建校园网站、论坛、信箱、博客、微信群、QQ 群等网上宣传交流平台，通过网络开展主题班(队)会、冬(夏)令营、家校互动等活动，引导学生合理使用网络，避免沉溺网络游戏，远离有害信息，防止网络沉迷和伤害，提升网络素养，打造清朗的校园网络文化。”

整洁、优美、富有教育意义的校园环境，井然有序的校园文化能使学生受到良好的熏陶和影响，提高学生道德素质和修养。学校在积极进行校园环境建设的同时，还要加强校园文化氛围的营造，充分发挥校歌、校训、班训、班歌等对学生的激励和约束作用；利用黑板报、橱窗、广播、图书馆、荣誉室等多种形式专用场所，创造良好的教育环境；根据网络发展的新形式，开发网络德育资源和途径，真正实现文化育人。

（三）活动育人

关于“活动育人”，在《指南》中是这样规定的：“要精心设计、组织开展主题明确、内容丰富、形式多样、吸引力强的教育活动，以鲜明正确的价值导向引导学生，以积极向上的力量激励学生，促进学生形成良好的思想品德和行为习惯。

“开展节日纪念日活动。利用春节、元宵、清明、端午、中秋、重阳等中华传统节日以及二十四节气，开展介绍节日历史渊源、精神内涵、文化习俗等校园文化活动，增强传统节日的体验感和文化感。利用植树节、劳动节、青年节、儿童节、教师节、国庆节等重大节庆日集中开展爱党爱国、民族团结、热爱劳动、尊师重教、爱护环境等主题教育活动。利用学雷锋纪念日、中国共产党建党纪念日、中国人民解放军建军纪念日、七七抗战纪念日、九三抗战胜利纪念日、九一八纪念日、烈士纪念日、国家公祭日等重要纪念日，以及地球日、环境日、健康日、国家安全教育日、禁毒日、航天日、航海日等主题日，设计开展相关主题教育活动。

“开展仪式教育活动。仪式教育活动要体现庄严神圣，发挥思想政治引领和道德价值引领作用，创新方式方法，与学校特色和学生个性展示相结合。严格中小学升挂国旗制度。除寒暑假和双休日外，应当每日升挂国旗。除假期外，每周一及重大节会活动要举行升旗仪式，奏唱国歌，开展向国旗敬礼、国旗下宣誓、国旗下讲话等活动。入团、入队要举行仪式活动。举办入学仪式、毕业仪式、成人仪式等有特殊意义的仪式活动。

“开展校园节（会）活动。举办丰富多彩、寓教于乐的校园节（会）活动，培养学生兴趣爱好，充实学生校园生活，磨炼学生意志品质，促进学生身心健康发展。学校每学年至少举办一次科技节、艺术节、运动会、读书会。

“发挥学生会作用，完善学生社团工作管理制度，建立体育、艺术、科普、环保、志愿服务等各类学生社团。学校要创造条件为学生社团提供经费、场地、活动时间等方面保障。

“要结合各学科课程教学内容及办学特色，充分利用课后时间组织学生开展丰富多彩的科技、文娱、体育等社团活动，创新学生课后服务途径。”

学校里的活动是丰富多彩的，无论是通过学校中的节日纪念活动、仪式教育活动、各种科技节艺术节活动，还是由学生社团来组织开展的活动、课外校外活动，都要精心组织安排，“主题明确、内容丰富、形式多样、吸引力强”是组织活动的基本要求，切忌流于形式、走过场。

（四）实践育人

关于“实践育人”，在《指南》中是这样规定的：“要与综合实践活动课紧密结合，广泛开展社会实践，每学年至少安排一周时间，开展有益于学生身心发展的实践活动，不断增强学生的社会责任感、创新精神和实践能力。

“开展各类主题实践。利用爱国主义教育基地、公益性文化设施、公共机构、企事业单位、各类校外活动场所、专题教育社会实践基地等资源，开展不同主题的实践活动。利用历史博物馆、文物展览馆、物质和非物质文化遗产地等开展中华优秀传统文化教育。利用革命纪念地、烈士陵园（墓）等开展革命传统教育。利用法院、检察院、公安机关等开展法治教育。利用展览馆、美术馆、音乐厅等开展文化艺术教育。利用科技类馆室、科研机构、高新技术企业设施等开展科普教育。利用军事博物馆、国防设施等开展国防教育。利用环境保护和节约能源展览馆、污水处理企业等开展环境保护教育。利用交通队、消防队、地震台等开展安全教育。利用养老院、儿童福利机构、残疾人康复机构等社区机构等开展关爱老人、孤儿、残疾人教育。利用体育科研院所、心理服务机构、儿童保健机构等开展健康教育。

"加强劳动实践。在学校日常运行中渗透劳动教育，积极组织学生参与校园卫生保洁、绿化美化，普及校园种植。将校外劳动纳入学校的教育教学计划，小学、初中、高中每个学段都要安排一定时间的农业生产、工业体验、商业和服务业实习等劳动实践。教育引导学生参与洗衣服、倒垃圾、做饭、洗碗、拖地、整理房间等力所能及的家务劳动。

"组织研学旅行。把研学旅行纳入学校教育教学计划，促进研学旅行与学校课程、德育体验、实践锻炼有机融合，利用好研学实践基地，有针对性地开展自然类、历史类、地理类、科技类、人文类、体验类等多种类型的研学旅行活动。要考虑小学、初中、高中不同学段学生的身心发展特点和能力，安排适合学生年龄特征的研学旅行。要规范研学旅行组织管理，制定研学旅行工作规程，做到'活动有方案，行前有备案，应急有预案'，明确学校、家长、学生的责任和权利。

"开展学雷锋志愿服务。要广泛开展与学生年龄、智力相适应的志愿服务活动。发挥本校团组织、少先队组织的作用，抓好学生志愿服务的具体组织、实施、考核评估等工作。做好学生志愿服务认定记录，建立学生志愿服务记录档案，加强学生志愿服务先进典型宣传。"

学生的思想品德是在各种实践活动和交往中逐渐形成和发展的。因此，重视社会实践活动是学校德育取得成效的不可或缺的有效途径。社会实践的形式很多，小学里常见的有主题参观、校园劳动、研学旅行、学雷锋活动等。

(五)管理育人

关于"管理育人"，在《指南》中是这样规定的："要积极推进学校治理现代化，提高学校管理水平，将中小学德育工作的要求贯穿于学校管理制度的每一个细节之中。

"完善管理制度。制定校规校纪，健全学校管理制度，规范学校治理行为，形成全体师生广泛认同和自觉遵守的制度规范。制定班级民主管理制度，形成学生自我教育、民主管理的班级管理模式。制定防治学生欺凌和暴力工作制度，健全应急处置预案，建立早期预警、事中处理及事后干预等机制。

"明确岗位责任。建立实现全员育人的具体制度，明确学校各个岗位教职员工的育人责任，规范教职工言行，提高全员育人的自觉性。班主任要全面了解学生，加强班集体管理，强化集体教育，建设良好班风，通过多种形式加强与学生家长的沟通联系。各学科教师要主动配合班主任，共同做好班级德育工作。加强师德师风建设。培育、宣传师德标兵、教学骨干和优秀班主任、德育工作者等先进典型，引导教师争做'四有'好教师。"

学校的一切工作都要着眼于提高学生的素质、促进学生全面发展。所以，各级教育行政部门一直倡导和要求学校要全员育人、全过程育人，构建全方位育人体系。管理育人就是全方位育人体系中的重要方面，对学生品德成长产生潜移默化的影响。

(六)协同育人

关于"协同育人"，在《指南》中是这样规定的："要积极争取家庭、社会共同参与和支持学校德育工作，引导家长注重家庭、注重家教、注重家风，营造积极向上的良好社会氛围。

“加强家庭教育指导。要建立健全家庭教育工作机制，统筹家长委员会、家长学校、家长会、家访、家长开放日、家长接待日等各种家校沟通渠道，丰富学校指导服务内容，及时了解、沟通和反馈学生思想状况和行为表现，认真听取家长对学校的意见和建议，促进家长了解学校办学理念、教育教学改进措施，帮助家长提高家教水平。

“构建社会共育机制。要主动联系本地宣传、综治、公安、司法、民政、文化、共青团、妇联、关工委等部门、组织，注重发挥党政机关和企事业单位领导干部、专家学者以及老干部、老战士、老专家、老教师、老模范的作用，建立多方联动机制，搭建社会育人平台，实现社会资源共享共建，净化学生成长环境，助力广大中小学生健康成长。”

学生道德品质的发展是一个复杂的过程，光靠学校努力是远远不够的。学校德育要取得成效，还需要家庭教育的配合，需要社会各相关部门和组织的大力支持。

二、德育方法

德育方法是在德育过程中为达成德育目标而展开的有秩序和相互联系的活动方式和手段的组合。德育方法受德育内容、任务的制约，是以德育规律、德育原则为依据的。德育方法是提高德育实效的关键，在具体德育工作中必须根据实际情况，选择行之有效的方法，这样才能做到事半功倍的效果。

小学德育中常用的方法主要有说服教育法、榜样示范法、情感陶冶法、实践锻炼法、品德评价法等。

(一)说服教育法

说服教育法是通过摆事实、讲道理使学生明辨是非、善恶，掌握行为规范标准，提高品德水平的一种方法。说服教育法是德育的基本方法。说服的形式多种多样，包括讲解、报告、谈话、讨论、参观、访问等。

说服不是压服，要努力使对方心服口服，在运用该法时就要注意以下几点要求：

1. 内容有针对性

针对性是提高说服教育实效性的前提和条件。在说服中，必须实事求是地从学生的思想实际、年龄特点、个性差异以及心理状态等实际出发，做到有的放矢，切中要害，防止“放空炮”“模式化”“一刀切”。

2. 情感要充沛

情感在品德形成中起着催化剂的作用。所谓“情通则理达”，因此说服教育要求教师要善于以自己真诚的态度、充沛的热情和坚定的信念去唤起学生情感上的共鸣，激起思想上的波澜，从而得到内心认同，才可能转化为信念和行为，达到良好的教育效果。

3. 态度要民主

说服教育要坚持民主、平等、和蔼、诚恳的待人态度，循循善诱，坦诚相见，不“扣帽子”“揪辫子”“小题大做”，也不讽刺、挖苦，盛气凌人，以权压人，让学生在一种和谐的良好氛围中心悦诚服地接受意见。

4. 讲究教育时机

说服的成效，往往不取决于花了多少时间，讲了多少道理，而取决于是否善于捕捉教育的时机，拨动学生的心弦，引起他们的情感共鸣，被他们所接受。

（二）榜样示范法

榜样示范法是以正面人物的优良品质、模范行为和卓越成就来影响学生品德的一种方法。列宁曾指出："榜样的力量是无穷的。"在德育中，榜样是一种尤为重要的德育资源。榜样既可以是学生身边可见的直接榜样，也可以是通过文字、影视、广播等媒介传播的间接榜样。由于学生的模仿性强、可塑性大，因此榜样示范对学生品德发展有着不可或缺的作用。

运用该法时，要注意以下要求：

1. 正确选择学习的榜样

选好榜样是学习榜样的前提。一方面，在选择榜样时要注意青少年的年龄特征、接受能力、社会氛围和时代特点，使榜样对学生产生积极影响；另一方面，教师要善于引导学生进行分析鉴别，区别对待榜样示范和偶像示范，防止消极影响。

2. 树立榜样的威信

榜样的威信直接影响德育的效果。我们选择的榜样必须来自生活，具有真实性、可信性、可行性，能以他们高尚的情操和感人的事迹，赢得人们发自肺腑的敬仰和爱慕，这样才能让学生产生自觉性；相反，把榜样任意拔高以及"神"化的做法，只能让学生产生怀疑和反感。

3. 激发学习榜样的动机，付诸行动

榜样的教育效果不仅依赖于外部条件，也依赖于受教育者自身的内部条件。激发受教育者的学习动机是非常重要的。第一，通过宣传，使榜样的模范事迹深入人心，激发受教育者的学习模仿积极性；第二，对受教育者提出具体可行的要求，使其明确学什么和怎样学；第三，有目的地组织一些活动，提供实践的机会，使学习榜样见之行动。

4. 教师要以身示范

在日常教育生活中，教师要注意检点、省察自己的言行，及时调整自己的行为方式，尤其是对自己身上细节性道德行为进行有意的雕饰，久而久之，教师自身的道德感召力和影响力就会与日俱增，对学生产生的道德示范效应也会日趋明显。"桃李不言，下自成蹊"就是最好的体现。

（三）情感陶冶法

情感陶冶法是教育者通过创设良好的情境，潜移默化地培养学生品德的方法。其主要方式有三种：人格感化、环境陶冶、艺术熏陶。人格感化，即教育者靠自己高尚品德、人格以及对学生深切期望和真诚的爱来触动、感化学生，促进学生思想转变，积极进取。环境陶冶，即通过学校的物质文化和精神文化环境使学生受到熏陶和感染。艺术熏陶，指通过音乐、美术、舞蹈、诗歌、影视等文化艺术活动，使学生潜移默化地接受影响。

运用该法时，应注意以下问题：

1. 提高教育者自身修养

通过人格感化来陶冶学生，要求教师必须加强道德修养，恪守教师道德，处处以身作则，言传身教，以自己优良的品德、高尚的风格和崇高的情操来感染学生，影响他们的人格、品质和情操，使学生在教师经常性、恒定性的身教中受到熏陶和教育。

2. 创设良好的教育情境

良好的情境是陶冶的条件和工具。要有效地陶冶学生，必先创设良好的情境，营造良好的氛围，可通过校园物质环境建设、丰富校园文化生活等来熏陶感染学生。

3. 引导学生参与情境建设

学生在积极创建美好情境的活动中，他们会感到自豪自尊，会更加严格要求自己，他们的思想认识、品德素质也可以得到深化、提高。

4. 与说理等其他方式相结合

为了更有效地发挥情境的陶冶作用，不能只让创设的情境自发地影响学生，还需要教师配合以启发、说服，引导学生喜爱其学习与生活的美好环境，自觉接受有益影响。

（四）实际锻炼法

实际锻炼法是指教育者根据学生身心发展和社会的需要，让学生在日常生活和社会活动中亲自参加实践，从中受到教育和锻炼，以形成良好思想品德和能力的方法。

实际锻炼法在学校德育中最常见的形式包括：执行制度，即让学生按照学生守则、课堂纪律、作息制度等必要的规章制度进行锻炼；委托任务，指教育者或学生集体委托学生完成一定的工作任务；组织活动，组织学生参加各种实际的活动，如学习活动、课外活动、劳动以及一定的社会实践活动等。

运用该法时，应注意以下问题：

1. 调动学生参加实践的积极性

参加品德实践要有自觉积极性，才能全身心投入，获得良好的心理效应，否则难有实效。所以应当引导学生充分认识实际锻炼的意义，使其有自觉锻炼的要求。

2. 坚持严格要求，并持之以恒

有效的锻炼有赖于严格的要求。任何一种锻炼，如果不严格遵守一定的规范和要求，就会流于形式，走过场，不可能使学生得到锻炼和提高。所以对学生品德进行实践锻炼贵在一个“严”字，丝毫不能放松。当然，“严”必须与尊重、信任和爱相结合。同时，教师在指导学生进行锻炼时不能放松对他们的督促和检查，要鼓励他们克服困难，长期坚持下去。良好的习惯与品德的形成必然经历一个长期的反复锻炼过程，前紧后松，一曝十寒，时冷时热，都无益于品德的培养。

3. 及时评价反馈

教师要对学生在锻炼过程中的表现情况进行评价，无论是即时评价、阶段性评价，还是总结性评价，都是提高学生认识、增强信心、激发热情、鼓舞斗志所必需的。

（五）品德评价法

品德评价法是教育者根据德育目标要求，对学生的品德水平给予肯定或否定的评价，以促进学生发扬优点、克服缺点，逐步培养其良好品德的方法。品德评价主要方式有奖励、惩罚、评比、操行评定、成长档案袋等。

运用品德评价法，应注意以下几点要求：

1. 要有明确目的

评价是一种教育手段而不是教育目的，是为了长善救失，激励人们进步。故评价时应有明确的目的，从调动受教育者内在积极因素出发，充分肯定成绩，诚恳地适当地指出缺点，提出改进意见。

2. 要客观慎重，实事求是

评价学生时，要坚持从实际出发，一分为二，灵活掌握评价的分量和时机，做到公平合理，恰如其分，该奖则奖，该罚则罚，使之与学生品德表现的好坏程度相适应，坚决防止主观臆断、感情用事、滥用评价的做法。

3. 要充分发扬民主

评价，特别是重大问题的评价，要发扬民主，广泛征求各方面的意见，并取得集体舆论的支持与赞同。否则就削弱教育作用，甚至产生不良后果。

4. 注意对象的个别差异

品德评价要考虑学生的年龄特征、个性差异，灵活实事求是进行。如：对那些经常犯错误、挨批评的学生，做了点好事，应及时给予表扬鼓励；而对经常受表扬的学生，提出更高要求；对偶犯过失与明知故犯或屡犯不改者，在处理上也要有不同的分寸，不要千篇一律，简单从事。

第四节　我国小学德育实践探索

在当代德育实践中，德育模式是备受关注的热点话题。德育模式是对德育实践的概括化与简约化的描述，是德育理论的具体化与程序化。关于我国小学德育实践探索方面的内容，简要介绍几种具有代表性的德育模式。

一、生命德育模式

道德内在于生命，生命是道德发展与教育的基础。传统德育模式的致命弱点就是忽视了生命本体。20 世纪 90 年代涌现了叶澜、朱小曼、檀传宝、刘慧等一批关注“生命意义”教育研究的学者。从生命视野来看，主体性德育、欣赏型德育、情感德育等都是具有生命取向的。

1. 理论基础

生命道德理论是该模式构建的理论基础。生命是一种独特的现象，人与生命之间存在着独特的道德关系——生命道德。“生命道德就是调整人与自己生命、他人生命以及其他类生命之间关系的道德。它既是一个独立的范畴，又与其他道德范畴相关。生命道德至少包含这样几层含义：关爱生命是生命道德的第一层含义，也是生命道德的基本准则。关爱生命，主要体现为保护生命、尊重生命、相信生命、敬畏生命四个层面。生命不仅指个体人的生命、人类的生命，而且包含动植物的生命。感恩自然是生命道德的第二层含义。感恩自然是重建人与自然和谐关系的最深沉的内在情感动力。自然是人类的母亲，人类只有对自然怀有感恩之情，才能真正意识到自身的渺小，消解自身的狂妄自大，才能真正建立起与自然的和谐关系。追求生命意义是生命道德的第三层含义。”[①]要实现真正对生命的关爱，至少有两个条件：一是回到生命之中，即回到人与人、社会、自然彼此相通、彼此独立而又相互依赖的生态性存在的生命世界中，以生命为原基点，从生命出发，通过生命，为了生命。二是遵循生命之道，即要遵循生命所具有的规律。

2. 实践策略

第一，树立“以人为本”的基本理念；第二，建立平等和谐的师生关系；第三，确立思品为主、学科渗透、适当补充的生命德育课程；第四，建构分享体验的道德学习方式；第五，营造积极向上、丰富博大的教育环境。[②]通过各种教育活动、措施引导学生树立正确的生命观，使学生善待生命、完善人格、健康成长。

3. 简要评价

生命德育模式针对的是教育中应试化、工具化压抑学生个体生命的倾向，提出直面生命、充分关注学生生命的生存状况和生存意义，关注其生命的生成和完善的观点。这是以人为本的社会中最体现生命关怀的一种实践。该模式主张具有可持续性与生命性的德育课程体系，不断拓宽德育内容，加快了德育内容大融合的实现，倡导建立多向、平等、自由的伙伴式师生关系，让德育走进灵魂深处，彰显了生命活力。

二、生活德育模式

道德与德育不仅有生命基础而且有生活基础。“任何试图脱离生活世界的道德教育的努力，都将在抽掉人性丰富性的同时，也抽掉道德教育自身的丰富性，从而丧失魅力。”[③]生活德育的目标就是帮助学生在日常生活实践中学会按照一定的道德规范去生活，即“引导学生学会过有道德的生活，提升生活的意义和价值”。

1. 理论基础

第一，马克思主义道德观强调，要从实际活动着的人的现实生活过程中来揭示道德的起源和发展，扎根于人的现实生活的道德理论才是彻底的。所以，生活德育认为，学校德育的取向是回归生活世界。第二，生活德育理论是生活德育的基础。杜威提出的“教育即生活”，陶行知提出的“生活即教育”，都在强调教育与生活的关系，教育要回归日常生活世界。第三，人本主义教育理论、建构主义也是生活德育的基础理论。要培养完整的人，就要放弃成人本位，以儿童为本，注重儿童感受和体验，回到儿童生活之中。

2. 实施策略

第一，实施原则。生活德育模式倡导在实施过程中遵循主体原则、关怀原则、主导原则、层次原则、情境原则与建构原则，其目的是把道德教育和时代要求结合起来，把道德教育和现实生活结合起来，把道德教育和体验诱发结合起来，把道德教育和自主创造结合起来。

---

① 刘慧：《生命德育论》. 北京：人民教育出版社，2005 年，第 6 页.

② 陈卫：《让生命之花美丽绽放——中小学生命德育实施策略》.《现代中小学教育》，2008 年第 4 期，第 18 页.

③ 刘惊铎、刘慧：《回归生活世界 促进道德体验》.《中国教育报》，2003 年 10 月 20 日.

第二，实施过程。以“引导”为核心的生活德育过程包括四个环节：引导—品德实践、引导—品德体验、引导—品德感悟、引导—品德选择。这个过程由主导性贯穿，可循环往复。

第三，评价机制。首先要及时对道德行为做出评价；其次要完善道德评价方法；最后，道德评价的标准要贴近生活，既要体现道德的先进性，又要体现道德的广泛性。①

3. 简要评价

生活德育模式建立在对传统知性德育批判的基础上，是对以往以分裂、知性和技术化管理为特征的德育范式的转化和超越。生活德育模式主张生活是德育的根据和源泉，学校德育要以现时的、自然的、真实的生活为基本途径来引导学生在生活过程中，认识社会与道德，体验道德生活，发展道德理性与道德感悟的能力，进而将自己的认识、体验、感悟化在生活之中。

三、情感德育模式

道德的深层本质应该是发于情、出于自愿的行为。情感的产生是道德教育成功的基础，所以，德育不能缺乏情感性。德育的根本目的是发展人，那就应当把情感培养作为核心追求目的，这也是建构有魅力德育的关键所在。

1. 理论基础

情感德育模式强调“德由情生”。情感在个体的道德形成中具有特殊地位：一是人对道德信息的接受以情绪的活动为初始线索；二是人的道德价值的学习以情感—体验型为最重要的学习方式；三是人的道德行为的发生受情感的引发和调节；四是以情感为核心的动力机制是个体道德发展的内在保证。

2. 实践策略

第一，通过亲身感受和体验发展情感品质。人的情感需要亲身经历才能获得，才能产生深刻的体验。第二，通过认知的发展培养情感品质。情感的产生和升华离不开认知的发展。如果个体认知发展不好、思维表面化，那么情感分化也会粗糙，无法体会更深刻、细腻的情感。所以，要充分发展儿童认知，做到智德统一。第三，利用行动培养情感品质。情感的培养不能局限在课堂内、在校园内；许多社会性情感需要在课堂之外的活动中获得，因此需要通过活动拓展学生的社会性认知，增长其社会性经验。②

3. 简要评价

情感德育模式把人的情感发展当作道德教育的目标，强调情感在德育过程、德育目标中的应有地位，注重运用人的情绪情感的心理形成机制，如情绪感染、情感共鸣、情绪放大、情绪强化等来开展学校德育。该模式以情感为核心来推动知、情、行的发展，具有丰富的层次性，有鲜明的人本色彩。

四、活动德育模式

传统学校德育中存在“重知不重行”的痼疾，而活动德育模式就是针对这一痼疾而侧重于

---

① 戚万学、唐汉卫：《学校德育原理》. 北京：北京师范大学出版社，2012 年，第 254 页.

② 戚万学、唐汉卫：《学校德育原理》. 北京：北京师范大学出版社，2012 年，第 251 页.

道德行为锻炼的德育模式。尤其是活动课程在中小学德育的实施,使得这种模式在我国德育实践中发挥着越来越重要的作用。

1. 理论基础

活动与道德发展的关系是活动德育模式的理论基础。这里的活动指的是有道德教育意义或功能的外部的教育活动。活动与道德发展的关系主要表现在:第一,活动是个体道德形成、发展的根源和动力。活动德育的实施,就是以学生的兴趣和道德需要为基础,通过学生自主参加来保证的,以促进学生加深对道德规则的理解,形成和发展学生自觉的道德行为习惯。第二,活动是学生自我教育的基础,具有道德教育意义。“道德就是现实的人的活动,个体的自主活动既是德育的目的,也是德育的手段。作为目的,活动或实践道德生活应当成为学校德育追求的最高境界;作为手段,应当将活动视为个体道德发生和发展的源泉,作为促进道德发展的手段加以运用。”①

2. 实践策略

第一,学校德育要树立主体性的教育观;第二,转变道德教育课程观,建立以活动课程为主导的道德教育课程理念和课程体系;第三,全面建立合作、民主的师生关系;第四,建立学生之间健康的合作活动环境,在合作和交往中培养学生的自我意识、自我评价能力、责任感和义务感;第五,建立学生参与学校管理、从事自我管理的教育管理机制,培养学生的参与能力、自治能力,增强民主意识和能力等。

3. 简要评价

活动德育作为一种现代体验式道德教育模式,既克服了传统道德教育“灌输”和“专制”的弊端,也弥补了先导认知主义道德教育脱离生活、缺乏实践的缺陷,其整体性、实践性、开放性、生成性、自主性、情境性和反思性等特点既反映了儿童道德成长的规律,也契合了当代世界学校德育改革发展的潮流和趋势。

拓展阅读

《道德教育的根本作为:引导生活的建构》②节选

道德教育的根本使命就是要引导人走上“成人之道”。中国古代道家经典中的“道”意味着一种本然性的存在方式。在《道德经》中“道”就是天地万物的本体,它是有所积聚而形成的,是积万物之理而成就的。“德”则是道所体现的人之内在本性。许慎在《说文解字》中对于“道德”的解读是“道,所行之道,从行从首”,“性之德也,合内外之道也”。可见,古人在“道德”一词中所指的是一种人的本体性的存在方式,它关系到做人的根本目的和方向。孔子在《论语·述而》中教学生要“志于道,据于德”。《中庸》也有“道也者,不可须臾离也”之说。这是因为道并非虚无缥缈的,作为一种本体性的存在,它渗透于生活的方方面面,如《中庸》所说的,“道者,日

① 李剑萍、魏薇:《教育学导论》.北京:人民出版社,2006 年,第 290 页.

② 鲁洁:《道德教育的根本作为:引导生活的建构》.《教育研究》,2010 年第 6 期.

用事物当行之理……无物不有,无时不然,所以不可须臾离也"。

古希腊亚里士多德也把道德理解为与人的终极意义相关联的东西。他认为,道德所导向的是人的目的的实现。对他而言,"德性"并不仅仅是狭义上的道德品格,他在道德上提出什么是人的目的、何种生活才是人类最好的生活等关系到人生的根本问题。从上述道德的本意来看,道德就是要使人按照人的本然存在方式去存在,它为人指明的就是成人之道。由道德的本意所阐发的道德教育的根本使命也就是要促使人循着做成一个人的目的去生活,自觉走到成人之道上来,如海德格尔所说的,"使人随时随地都要去他所是的存在",它所关注的是怎样使人活得更像一个人,它所确定的是人的生活原则、生活的根本方向,它所涉及的是整体生活的善,它最终要达及的是使人成为人。

练习题

1. 如何正确理解广义德育和狭义德育?

2. 当前我国小学德育内容主要包括哪些方面?如何正确理解小学阶段的德育目标?

3. 小学德育的实施途径有哪些?常用的德育方法有哪些?

4. 什么是德育模式?请选择当前学校实践中的某一德育模式进行深入学习,然后谈谈你对该模式的认识。

第十章 小学班级管理

学习目标

通过本章的学习，你将：

1. 了解班级、班级管理的概念和内容，树立班级管理主体多元化的意识；
2. 了解小学班主任及其工作内容；
3. 掌握小学班集体培养的意义和措施；
4. 知道小学班级管理常见问题及其应对措施。

第一节　班级管理概述

一、班级管理的定义

对于班级管理的定义，不同学者有不同的看法，观点差异之中也蕴含某些共同之处。所谓班级管理，就是班主任和教师以关注每个学生在班级生活中的参与和成长为宗旨，以开放的而非外在控制的方式推进班级发展，共同建设一个和谐且富有成长气息的班级组织。[①] 小学班级管理是指小学班主任对小学班级组织的领导。小学班主任在小学班级组织中根据一定的教育目标，针对小学班级管理对象的特点，设计、组织、协调、控制班级组织内的一切活动，以实现预定的班级组织目标。[②]

二、班级管理的内容

班级管理的内容主要包括班级组织建设、班级制度管理、班级教学管理、班级活动管理四部分。

（一）班级组织建设

班级组织建设主要是指班级岗位角色的分配与运作。班级组织建设的主要工作包括以下

---

① 全国十二所重点师范大学联合编：《教育学基础》. 北京：教育科学出版社，2008 年，第 298 页.

② 李学农：《班级管理》. 北京：高等教育出版社，2004 年，第 24 页.

几项：第一，设计班级组织建设；第二，指导班级组织建设；第三，发挥好班集体的教育作用。

（二）班级制度管理

班级制度管理的主要内容有成文的制度和非成文的制度。成文的制度是学校教育教学工作的基本规范要求，即常规管理的制度；非成文的制度是指班级的传统、舆论、风气、习惯等，即不成文的、约定俗成的非常规管理的制度。

（三）班级教学管理

班级教学管理的核心是教学质量管理。班级教学管理的主要内容包括以下几个方面：第一，明确班级教学管理的目标和任务；第二，建立有效的班级教学秩序；第三，建立班级教学管理指挥系统；第四，指导学生学会学习。[①]

（四）班级活动管理

班级的教育管理是通过各种活动实现的，组织开展相关活动是班级管理的重要内容。

三、班级管理的原则[②]

班级管理原则是根据班级管理规律和实践经验制定的，班主任在开展班级管理时应遵循这些基本原则。

（一）方向性原则

方向性原则就是指班级管理工作必须坚持正确的方向，用正确的思想引导学生。[③]

方向性原则有利于确立正确的目标，使班级各任课教师和学生更有向心力、凝聚力。

贯彻方向性原则要求：首先，要用马列主义、毛泽东思想、邓小平理论去指导班级工作；其次，班级管理者要用正确的教育思想去教育和引导学生，要善于把正确的教育思想体现在班级管理的各项工作中。

（二）全面管理原则

学生管理必须全面了解学生的情况如思想品德、身心健康、学习状况，面向全体，从整体着眼。[④] 这是学校的培养目标决定的，也是所有班级管理者应该充分认识的。这就意味着班级管理应该坚持全面管理原则。

贯彻全面管理原则要求：第一，注重学生德、智、体、美、劳的全面发展，不能有所偏废。第二，要鼓励学生个性发展。教育要根据每个学生具备的条件（诸如素质、环境、成长经历等）进行工作，以发展学生适应现代社会生活的个性，培养他们适应未来社会的品质、能力与态度。第三，做好个别教育工作，要根据每个学生的特点，进行有针对性的教育，尤其注意做好后进生的转化工作。

（三）自主参与原则

自主参与原则是指尊重学生的主体性，发挥班级群体和每个学生的主动性，主动积极地参

---

① 全国十二所重点师范大学联合编：《教育学基础》. 北京：教育科学出版社，2008 年，第 302 页.

② 庞云凤、王燕红：《小学班级管理策略》. 济南：山东人民出版社，2014 年，第 15-22 页.

③ 郭毅：《班级管理》. 北京：人民教育出版社，2006 年，第 223 页.

④ 郭毅：《班级管理》. 北京：人民教育出版社，2006 年，第 229 页.

与班级建设和班级教育。[①]

贯彻自主参与原则要注意做到：①培养学生的主人翁意识。学生是教学的客体，更是教育的主体。因此，无论是班级目标的制定，奖惩制度的建立和贯彻执行，还是班干部的选举，班会的设计组织，都要让学生充分参与进来，使他们了解班级工作的各个环节，明确自己应该承担的各种义务。只有这样，学生才会具有主人翁的意识，才会促进班级建设。②必须及时采纳学生的正确意见，接受学生的监督，不搞一言堂，切忌家长作风。学生自己提出的合理意见和建议是不是被管理者采纳，是影响他们主动性和参与意识的一种重要因素。当他们合理的意见和建议得到了管理者的肯定并得以实施，他们就会产生一种满足感，主动性和参与意识就会得到进一步强化。③发展和完善学生的各种组织，逐步扩大班委会等组织的权限。班级的各种组织机构的干部成员，都应该让学生民主选举产生，并授予他们进行管理的权力。逐步放手让他们去大胆开展工作，锻炼和提高他们独立工作的能力，使他们成为自己得力的助手和班级集体的核心力量。④努力创造一种民主气氛，为学生行使民主权利提供机会，创造条件。

（四）教管结合原则

教管结合是指把班级教育和班级管理辩证地统一起来，做到教中有管，管中有教。[②]

贯彻教管结合原则，首先，要求管理者坚持正面的引导。小学生以具体形象思维为主，班主任应运用生动形象的科学道理和正面的事例，对学生进行启发诱导，调动其接受教育的内部动力，并积极引导学生自觉地调控自己的思想言行，使他们在德智体等方面沿着正确的方向发展。其次，要制定一定的规章制度，更要注意规章制度的贯彻执行。在执行纪律制度过程中，要对学生的违纪行为进行相应的惩罚，更要通过说服教育，发挥惩罚过程的教育作用。班主任在制定班级规章制度时，应当注意下面几点：

第一，充分发扬民主，让学生参与制定工作。我们经常发现有些班级的规章制度形同虚设或者贯彻执行过程存在困难，究其原因是规章制度的制定过程没有发扬民主，有些班主任一厢情愿地制定班级规章制度结果导致制定的规章制度得不到学生的认可，相关的奖励惩罚得不到学生的支持，导致规章制度的教育功能削弱。班级的发展主要靠学生，班级管理也主要依靠学生。因此，在规章制度的制定过程中要在了解班级情况的基础上，充分听取学生的意见，不管是规章制度初稿的制定还是规章制度的定稿，还是实践过程中对规章制度的完善和调整，每一次都要让学生充分参与进来，要通过学生进行，保证制度内容的有效性。

第二，所定的规章制度要明确具体，宽严恰当，便于记忆，利于执行，使之具有可行性和可操作性。班级规章制度确定的内容应该符合我国教育目的和教育方针的精神要求以及教育工作的客观规律，还应该考虑到班级的实际情况，不要过严也不要过松，要符合班级的实际情况，而且规章制度一旦确定就不应随意更改，要有相对的稳定性。

第三，制定的规章制度要坚持激励性原则，规章制度的建立都要考虑到人的发展，要创造一个适宜人的发展的宽松环境。多从积极方面鼓励，避免以消极方面限制防范，不应当简单地与“禁令”“处罚”画等号。

第四，规章制度一经制定，就要坚决执行，不能随意放松要求。

---

① 班华：《中学教育学》. 北京：人民教育出版社，2012 年，第 326 页.

② 班华：《中学教育学》. 北京：人民教育出版社，2012 年，第 328 页.

(五)全员激励原则

全员激励,包括两方面内容:一是指激励全体成员自觉完成学习任务,充分发挥他们的智力、体力等各方面的潜能,实现个体的目标和班级总目标。二是班级每个成员都可能激励其他成员完成学习任务。①

贯彻全面激励原则,首先要求班主任平等对待所有的学生。在一个班级里,既有学习成绩优秀的学生、为班级发展付出较多的学生干部,也有许多处于一般状态的中等生,还有性格内向、能力差、成绩不好的后进生,班主任对所有的学生都应该一视同仁。用同样的感情对待所有的学生,避免只激励少数表现好的学生,忽略了其余的学生。

其次,要善于用适当的班级目标激励所有成员。班级目标,是班级成员共同的期望,它具有导向和激励作用。要引导全班学生根据班级目标制定个人目标。同时,还必须采取各种有效措施,使目标具体化并变为行动。

再次,要经常运用各种激励的教育方法。如"强化激励",它是指以表扬激励为主的正强化和以批评、处罚为辅的负强化。正强化是指利用积极向上的心理,积极地塑造完善自我,使人奋发努力,潜在能力能得到最大的发挥。负强化则是为避免不良行为重复发生。强化激励应以正强化为主,负强化为辅。班主任还应注意选择具有自主性、活动性、竞争性、新异性、知识性、趣味性、娱乐性等特点的激励方法。

(六)平行管理原则

"在集体中,通过集体和为了集体而进行教育。"这是马卡连柯的一项重要的教育原则。在班级中,除了师生之间的垂直关系外,还有同学之间的平行关系。平行管理原则,是指管理者对学生进行管理时,既通过对集体的管理去间接地影响个人,又通过对个人的直接管理去影响集体,从而把对集体和个人的管理结合起来,以收到更好的管理效果。

贯彻平行管理原则的要求是:

首先,要组织、建立良好的班集体。正如马卡连柯指出的:"只有建立了统一的学校集体,才能在儿童的意识中唤起舆论的强大力量。这种舆论的力量,是支配儿童行为并使他纪律化的一种教育因素。""不管用什么样的劝说,也做不到一个真正组织起来的、自豪的集体所能做到的一切。"实践证明,一个积极向上的集体,可以激励和推动集体中的每个成员不断进取;反之,一个不好的集体则会使学生松散疲沓,甚至相互影响,沾染各种恶习。因此要发挥学生集体的教育功能,就要耐心组织,精心培养优秀的班集体。

其次,要善于发挥班集体的教育作用。班集体一旦形成,它就成为一种巨大的教育力量。要充分发挥集体的教育和管理作用,管理者在工作中要注意培养集体、依靠集体,通过集体进行管理,充分发挥学生集体在管理中的作用。这就是说,管理者应当充分利用集体的目标、集体的各项要求、集体的舆论等,使之成为教育因素,激励学生向上发展。

再次,要加强个别教育。个别教育和集体教育是相辅相成的,强调教育集体并不否定对学生的个别教育。个别教育的好坏,也会影响集体的巩固和发展。个别教育,不仅仅指对后进生的教育,对尖子学生也应施以个别教育。

---

① 班华:《中学教育学》.北京:人民教育出版社,2012年,第326页.

(七)情通理达原则

现代教育以人为中心,现代的班级管理也是以人为中心的管理。小学生具有丰富的情感,小学生的师生关系也具有较强的情感性,班主任在对他们进行教育时,要注意情感在管理中的作用。

贯彻情通理达原则,首先,要动之以情,以情感人。

其次,要晓之以理。在和学生沟通好情感之后,应加强认知环节的教育,对于小学生,班主任要认真选择生动形象的材料帮助学生明白道理。

再次,要科学地处理好"情"与"理"的辩证关系。班级发展必须有严格的规章制度,但是规章制度不是一成不变的,要根据实际情况进行调整,认真处理好情和理的关系。

(八)协同管理原则

协同管理原则是指班级管理者主动调动一切相关力量共同参与管理,使管理工作趋于科学、完善。[①] 组织协调班级各方面教育力量,互相配合共同合作,步调一致地做好班级管理工作。影响学生成长和班级管理的主要因素是家庭、社会和学校。

首先,班级管理者应当广泛地联系家庭、社会以及学校内部各方面的力量,使之密切合作,相互补充,形成对班级学生进行综合管理的合力网络。

贯彻协同管理原则,首先要充分发挥教师集体的作用。班主任是主要的班级管理者。他对于班级管理工作起着十分重要的作用。因此,班主任必须首先加强自身的修养,严格要求,以身作则,用自己好的榜样来影响学生。这样,班主任才会在学生中产生强大的影响力,才会取得班级教育管理的良好效果。同时,班级管理要卓有成效,还需要任课教师的密切配合,形成一个团结一致的教师集体。没有良好的教师集体,就不能形成统一的教育力量,也就不可能把班级管理好。

其次,要做好与团、队、班委会的协调工作。班上的团队组织和班委会是学生集体的核心,是班级管理者开展工作的依托力量。要充分发挥他们在班级管理中的主动性、积极性和创造性。

再次,要争取家庭和社会有关方面的配合。班级管理者应经常同学生家长和学生所在的社区保持联系。主动了解学生在家里和社区的表现,主动向家长和社区反映学生的情况,反映班级和学校工作的要求,争取他们的配合支持。

四、班级管理的方法[②]

班级管理的方法很多,常用的有调查研究法、目标管理法、榜样示范法、情境感染法、规范制约法、舆论影响法、心理疏导法、行为训练法等。

(一)调查研究法

调查研究法是班级教育管理者了解班级学生和班级整体情况,把握班级特点,解决班级教育管理问题的方法。调查研究的内容是了解学生个体和班级整体的情况。学生个体情况包括

---

① 郭毅:《班级管理》.北京:人民教育出版社,2006 年,第 261 页.

② 庞云凤、王燕红:《小学班级管理策略》.济南:山东人民出版社,2014 年,第 22-24 页.

个体的思想品德、学习兴趣、学习成绩、学习方法、兴趣爱好、个性特点、人际交往等。班级整体情况包括班级舆论、班风、班级群体及其核心人物、班干部情况等。调查研究法一般可以通过访问、开座谈会、问卷等具体方式展开。

(二)目标管理法

目标管理法是班级教育管理者和班级学生根据社会发展要求、学校任务和班级实际情况，共同规划班级或个体在一定时间内要达到的目标，并将目标分解成一定的层次，逐级落实，通过采取一定的措施，努力使目标实现的一种管理方法。

实施目标管理，必须尽可能对班级总目标进行分解，形成班级目标体系并落实到小组、学生个人身上，使每个小组、每个学生明确各自的努力方向，从而提高班级教育管理的实效。在目标的检查反馈中，管理者要引导学生对照个人和班级目标，检查目标实施的情况，并根据反馈信息对目标进行必要的调整，以保证目标的实现。同时，教师应根据学生对目标的实施情况，对学生加以引导，促使学生及时调节自己的行为，尽自己最大的努力实现目标。

(三)榜样示范法

榜样示范法是以他人的优秀品德、模范言行来影响学生的一种教育管理方法。[①] 常用的榜样类型主要有典型榜样、家长和教师榜样、学生榜样。

运用榜样示范法应注意：

(1)榜样的适应性。

(2)要注意榜样的真实可信性。

(3)要引导学生正确认识榜样，自觉落实到行动中。

(四)情境感染法

情境感染法是班级教育管理者通过自觉地利用环境、气氛、作风以及自身教育因素对学生进行潜移默化的影响，使其耳濡目染、心灵受到感化，以达到教育目的的方法。[②]

教育情境具有形象性、感染性，易于引起学生内心的情感体验，激发他们的行为动机，一般学生在没有任何压力作用下，自然而然受到感染时，其教育效果最明显。班级教育管理者要从班级的教育要求出发，把教育情境设置和教育目标结合起来，形成最佳的教育契机，将学生置身于典型的、目的明确的情境之中，通过亲身的感受，激起丰富真切的情感体验，并在学生间引发情感互相感染，使全班学生形成情感的共鸣，从而达到学生情感体验与外部教育情境的和谐一致。

(五)规范制约法

规范制约法是用规范、制度等约束学生行为，促使学生逐步形成良好行为习惯的方法。

班级规范的内容一般包括两个方面：一是学生在学习、生活中应该遵守的准则，具体包括课堂规范、作业规范、出操规范、卫生规范、劳动规范、就餐规范、宿舍规范等。二是执行或违反规范的奖惩规定。在运用规范制约法时，要注意以下几点：第一，引导学生共同制定班规，从而使班规得到更好的认同；第二，注意加强指导和监督，防止规范软化现象；第三，适当运用奖惩

---

① 班华：《中学教育学》. 北京：人民教育出版社，2012 年，第 331 页.

② 班华：《中学教育学》. 北京：人民教育出版社，2012 年，第 331 页.

手段,优化规范的运用效果;第四,教师要发挥榜样作用。

(六)舆论影响法

一个良好的班集体要形成正确的舆论和良好的班风,进而影响、制约每个学生的心理,规范每个学生的行为。正确的舆论是一种巨大的教育力量,对班级每个成员都有约束、感染、熏陶、激励的作用。要形成正确的舆论就要树立正确的集体风气。正确的舆论和良好的风气,可在班级中树立起正确的是非美丑善恶标准,使学生自觉地谴责和抵制不良行为。舆论影响法是班级教育管理者通过健康向上的集体舆论,形成积极浓厚的班级学习、生活的环境氛围,从而对身处其中的每个学生产生潜移默化的影响的方法。健康的班级舆论是形成良好班集体的一个不可缺少的条件,又是良好班集体形成的重要标志之一。

(七)心理疏导法

心理疏导法是班级教育管理者运用心理学知识、方法,遵循人的心理活动规律,对学生给予辅导、疏导,解开学生心结,使学生保持心理平衡,促进其心理健康发展的方法。

心理疏导法的常用方式有心理换位法、宣泄疏导法和认知疏导法三种。

心理换位法就是与他人互换位置角色,即站在对方的角度思考、分析问题,以此来体会理解对方的情绪和思想,进而化解双方的矛盾,消除和防止不良情绪。

宣泄疏导法就是将受挫者遭受挫折后所产生和积累的消极情绪宣泄出去,以维持其生理、心理的平衡,进而能积极地适应和应对挫折的方法。

认知疏导法就是通过引导使学生改变不正确的认知和信念,树立正确的心理认知,以消除或减弱不良的心理情绪和行为的方法。

(八)行为训练法

从青少年身心发展的特点看,小学生可塑性强,小学阶段正是培养和形成良好行为习惯的基础阶段。行是知的最终目的和归宿,小学生的认知只有转化为行为,并且在连续反复的训练中,才能不断巩固成为习惯。心理学认为,反复练习、训练,有利于形成“动力定型”“习惯成自然”。

行为训练法是指在学生的日常学习、生活、劳动等实践活动中,班级教育管理者运用心理学的行为改变技术有目的、有计划地对学生的错误行为进行矫正,使其知行统一,形成良好的行为习惯的方法。学生行为矫正包括两个方面:一是正强化,使其得到巩固;二是负强化,即对错误行为的矫正和控制。

第二节　小学班主任及其工作内容

小学班主任是小学日常思想道德教育和学生管理工作的主要实施者,是小学生健康成长的引领者。在班级建设中行使着多种职能,扮演着多种角色,班主任要努力成为小学生的人生导师。

一、小学班主任职责

小学班主任在班级管理中有着十分重要的地位和作用，有以下三点：第一，小学班主任是小学班级建设的设计者。班级建设的设计主要包括班级建设的目标及实现目标的途径、具体方法和工作程序。第二，小学班主任是班级组织的领导者。小学班主任要善于利用自己职权的影响力和个性影响力来领导和组织班级。第三，小学班主任是协调班级人际关系的主导者。小学生之间的良好人际关系对于班集体的建设有很大的影响。研究班级中学生的交往行为、指导学生形成良好的人际关系，是班主任的重要职责之一。总之，小学班主任的工作对于小学学校教育工作至关重要。

教育部 2009 年 8 月 24 日印发的《中小学班主任工作规定》(简称《工作规定》)中指出，小学班主任的主要职责与任务主要包括以下几个方面：

全面了解班级内每一个学生，深入分析学生思想、心理、学习、生活状况。关心爱护全体学生，平等对待每一个学生，尊重学生人格。采取多种方式与学生沟通，有针对性地进行思想道德教育，促进学生德智体美全面发展。

认真做好班级的日常管理工作，维护班级良好秩序，培养学生的规则意识、责任意识和集体荣誉感，营造民主和谐、团结互助、健康向上的集体氛围。指导班委会和团队工作。

组织、指导开展班会、团队会(日)、文体娱乐、社会实践、春(秋)游等形式多样的班级活动，注重调动学生的积极性和主动性，并做好安全防护工作。

组织做好学生的综合素质评价工作，指导学生认真记载成长记录，实事求是地评定学生操行，向学校提出奖惩建议。

经常与任课教师和其他教职员工沟通，主动与学生家长、学生所在社区联系，努力形成教育合力。

二、小学班主任工作内容

班级是学校开展教育教学活动的基本单位，小学班主任通过领导和组织班集体、协调各个科任老师与家长及学生的关系来实施对全班学生的教育。小学班主任工作的内容非常多，一般来说，小学班主任工作的内容有以下方面：小学班级日常管理、小学班级组织建设、小学班级活动管理、小学班级教育力量的管理。

(一)小学班级日常管理

小学班主任在每天工作中碰到最多的问题就是学生的日常行为问题，每天管理的事情中大部分也是学生的行为。班级日常管理是小学班主任工作中一个重要的组成部分，要建立良好的班级集体和班级氛围，就必须重视班级的日常管理工作。班级日常管理的主要内容有：

1. 了解和研究学生

了解和研究学生是小学班主任工作的前提和基础，是小学班主任做好班级工作的先决条件。小学班主任要全面去了解和熟悉班级里的学生，只有充分、全面地了解和研究学生，才能确保工作计划的针对性和科学性。了解和研究学生的过程，也是班主任与学生建立良好师生关系的过程。班主任可以借助学生的成绩表、日记、周记、作业等书面材料对学生进行了解；还可以与学生进行面对面的谈话来深入了解学生的一些基本信息，如学生的家庭类型、家庭物质生活与精神生活条件、学生的学习情况、家长的思想品德、家长对学生的态度等。

2. 班级里的各项建设

第一是班级环境的建设，包括设立班级植物角、布置教室、小图书馆、阅读角、黑板报等。第二是班级卫生的建设，包括打扫卫生（教室内、外的清扫和保洁）、卫生习惯的培养、常见病预防、学生体检等。

3. 班级教学常规管理

教学常规管理工作包括维护教学正常秩序，进行课堂纪律的评比、考勤，制定本学期班级建设的目标和工作计划，确立请假制度，明确考试纪律等。

4. 班级总结评比

总结评比可以分为四个方面：第一，对小学生进行操行评定，填写和发放学生成绩通知单。操行评定的一般步骤是学生自评、小组评议、班主任评语、信息反馈。第二，做好期末三好学生、优秀学生干部等各类优秀学生的评选。第三，班级总结。第四，对小学生进行奖惩。

5. 假期生活管理

假期生活管理包括设立校外学习小组、志愿者活动、假期活动安排指导及布置假期作业等。

（二）小学班级组织建设

班级是学校教育的基层组织，建设好这一组织是班级管理的首要任务。班级组织建设是把一个随机组成的学生群体，逐步建设成为一个目标明确、机构健全、规范有序、有凝聚力的班集体。

班级管理目标，根本在于良好班级组织的建设，因而班级管理目标的实现，有赖于班级组织建设。班级在组成之初，是一群人随机地组合到一起。这个时候，虽然有了组织的形式，但是这个班级还没有成为一个真正的组织。一个真正的组织，至少应当有明晰的目标，有完整的组织机构，有一套组织规范，组织成员一般能够在组织规范内行动，去完成组织的共同任务。

组织不是一种静止的状态，而是发展的状态。组织的发展水平有不同，或者说组织有发展阶段的不同。目标的明确，机构的设置，规范的建立，这是组织的初建阶段；目标逐步为组织成员所接受，组织机构能有效运作，组织任务能基本完成，组织向自己的目标迈进，这是组织的发展阶段；组织的目标成为组织成员自觉追求的目标，组织的规范被成员内化，组织形成了独特的氛围，成员间有着强烈的凝聚力，组织目标的达成有充分的保障，这是组织发展的高级阶段，即集体的阶段。组织建设虽然可能有上述阶段，但并非说所有的班级组织都向着同一方向发展，最后达到最高阶段。有一些班级组织建设不善，可能停留在组织建设的某一阶段。

（三）小学班级活动管理

班级活动是个人与个人、个人与集体之间的桥梁。《工作规定》中指出：班主任要“组织、指导开展班会、团队会（日）、文体娱乐、社会实践、春（秋）游等形式多样的班级活动，注重调动学生的积极性和主动性，并做好安全防护工作”。班会、团队会（日）、文体娱乐、社会实践、春（秋）游成为学生发展的重要实践活动，它们在学生的发展历程中有着非常重要的意义和价值，班主任要通过形式多样的活动建立与学生的直接联系，让学生积累经验、收获体验、获得发展。班级活动是由班级成员参加的集体活动。广义的班级活动是在教育者的组织和领导下，为实现培养目标、完成教育计划而组织的由班级成员参加的一切活动，包括学习活动、生活活动、班会活动、团队活动、综合实践活动等。狭义的班级活动是指在班主任的组织和领导下，为实现班级教育目标而举行的各种主题教育活动，如主题班会等。

一般来说，班级的活动主要有两大类：经常性的教学活动和各种形式的教育活动。

教学活动是班级中最基本的群体活动。班级的组成首先是为了适应教学活动的需要。教学活动是学校的中心任务，是实现教育目的和形成班集体的基本方式。在教学活动中，学生不仅学习知识、技能，发展智力与创造力，而且接受思想品德教育。教师在教学过程中，结合教学内容，运用以理导人、以形动人、以情感人、以严律人的方法，对学生不断地进行学习目的的教育，帮助他们提高认识，端正学习态度，激发学习的积极性与创造性。在教学活动中，全班学生形成了共同的目标，建立了班级的各种组织机构，为发展学生的各种才能提供了机会和舞台，加强了师生的交往和联系，建立了和谐的师生关系，并在教学活动中逐渐形成了与学习有关的班风。通过学习活动，学生可以学习如何正确处理人与人之间、个人与集体之间的关系，培养良好的思想道德品质。过去往往忽视教学活动对巩固班集体的作用，这是片面的。虽然教学活动的主要任务不是为了建立班集体，然而班集体的形成却是完成教学任务的最重要的保证。

再者，组织形式多样的班级文体活动，丰富学生的课余生活，发展学生的兴趣、爱好和特长，这些都是班主任的工作职责。文体活动主要包括文艺联欢会、生日联欢会、节日联欢会、毕业联欢会、班队科技活动等，还包括班队的其他活动，如春游、秋游、参观等。它们在一定程度上拓展了学生对生活的理解，是在书本和现实间建立联系的实践活动，有着非常重要的经验累积的意义。通过各种形式的活动来教育学生，是班级工作的重要特点，也是班级教育工作行之有效的方法。一次有意义、富有成效的班级活动，往往会给儿童留下终生难忘的印象，它对于学生智慧的启迪、世界观的形成、人生道路的选择都能起到很重要的作用。因此，应该充分珍惜班级活动这一思想教育的重要阵地，充分利用这一有效的教育形式。

（四）小学班级教育力量的管理

班主任要履行协调各方的职责，让教育形成合力。《工作规定》中指出：班主任要“经常与任课教师和其他教职员工沟通，主动与学生家长、学生所在社区联系，努力形成教育合力”。根据教育的一致性原则，班主任要坚持以学校教育为主导，协调生生、师生间的关系，协调任课教师间的教育力量，还要协调家庭、社会与学校间的关系。

1. 协调学校内部各种教育因素之间的关系

协调学校内部各种教育因素之间的关系包括以下几种：第一，协调学生与任课教师之间的关系。班主任要协同任课教师形成统一的教育要求，协调任课教师之间、任课教师与学生之间的关系。第二，协调班级与学校各级领导之间的关系。第三，指导和协助少先队工作。根据我国的教育建制，小学的班级与少先队中队是一体的，小学班主任一般兼任学校少先队的中队辅导员。这也是小学班主任角色的特殊性之一。

2. 协调学校教育与家庭教育之间的关系

班主任要协调家庭、社会与学校之间的关系，让它们保持一致性，形成教育合力。众多案例告诉我们：原生家庭的教育力量足够强大，乃至学生的举手投足间都留下了家庭教育的痕迹。所以，仅靠班主任和学校力量来改变学生的言行举止是困难的，班主任要通过电话、家访、电子邮件、面谈、家长会等各种方式与家长取得联系，针对相关问题，与家长一起商讨共同对策，取得家长的支持和配合，形成教育合力。协调学校教育与家庭教育之间的关系的方式包括建立家校通、举办家长学校、建立家长委员会、召开家长会议、举办家长沙龙等。

3.协调学校教育与社会教育之间的关系

新时期，网络的发展、各种社会事件的迅速扩散与社区各种教育力量混杂在一起，形成中小学生生活的现实背景。以发达的网络生活为例，它所带来的便利不容忽视；但是很多小学生迅速成为新一代网民，上网打游戏成为首选。在网络上，责任的逃避、压力的减小、自我认同感的增多，都成为他们沉溺网络游戏的重要原因。对此，班主任一定要了解这些原因，从源头上遏制住这些问题，让积极进取的力量与班主任和学校的要求一致，形成教育合力。协调学校教育与社会教育之间的关系可以从以下几方面着手：第一，利用客观环境教育影响学生；第二，利用社会信息教育影响学生；第三，利用社会教育机构教育影响学生；第四，利用社区中的人才和教育基地教育影响学生。

第三节　小学班集体培养

一、班级和班集体

（一）班级

在现代教育中，班级是学校教学和管理的基本单位，但是在古代教育中并非如此。班级是社会发展到一定阶段的产物。

班级的产生和发展是与生产力的发展相适应的。在古代，青少年主要通过劳动的过程从年长者那里习得生产经验、劳动技能和生活规范，人们对教学的需求并不迫切。后来，中外各国都出现了早期的学校，但这些学校的特点都是以个别教学的方式进行教学，即个别教育形式。如中国古代孔子即使弟子三千，贤人七十，仍然采用个别教育形式。古代罗马在氏族公社初期，采用的巴特里制（又称家长制），也是一种原始的个别教育形式，按照这种教育形式，婴儿呱呱落地之后，决定他生死予夺的是他的父亲，那么教育的责任也在于他的父亲，这与我国传统中的“父教”有相似之处，所谓“养不教，父之过”。这种教育形式中教育者集家长、教师于一身的特征正是当时社会生产力水平的体现。[①]

文艺复兴时期，在欧洲的一些国家出现了班级授课制的萌芽。这种萌芽的出现是随着社会生产的发展和科学技术的进步出现的。随着社会的发展，个别教学已无法适应社会对人才的需求，资本主义机器大生产和商品经济的发展，要求扩大教学规模，增加教学内容，加快教学速度，提高教学效率。个别教学不能满足这样的需求，表现出不适应，于是班级授课制应运而生。

班级教学最早产生于16世纪的西欧。西欧的一些国家学校，首先有了年级的划分和学制的规定，出现了班级授课制的萌芽。1958年，教育家斯图漠在德国的斯特拉斯堡创办了文科

---

① 魏国良：《学校班级教育概论》. 上海：华东师大出版社，1999年，第2-4页.

中学，设有九个年级，并进行了班级教学的尝试。其后，耶稣会办的学校也实行班级教学。据说，率先使用“班级”一词的是文艺复兴时期的著名教育家埃拉斯莫斯。不过人们比较一致地认为 17 世纪捷克教育家夸美纽斯是班级授课制的真正奠基者。他在 1632 年发表的《大教学论》一书中，对班级教学的实践做了总结和归纳，并对班级教学的特点、功能、应用等问题，第一次从理论上做了概括性的阐述和论证，从而奠定了班级授课制的理论基础。其后，著名教育家赫尔巴特提出教学过程的形式阶段的理论，对夸美纽斯的理论做了重要补充，他以苏联教育学为代表，提出课的类型和结构，使班级授课制从理论到实践基本形成了完善的体系。中国采用班级组织形式，最早的雏形始于 1862 清政府开办的京师同文馆。20 世纪初废科举、兴学校之后，全国各地的学校开始采用了班级组织的形式。

班级是一个复杂的小社会体系，是学校行政体系中最基层的行政组织，是开展教学活动的基本单位。班级一般是指将年龄相近、知识水平基本相同、有共同学习任务的同一年级学生编成有固定人数的学生群体。

班级的主要特点是具有行政性、同一性和独立性。行政性是指班级是学校进行教学及管理的基层行政组织，班级是按照年龄和知识水平将学生分成固定的班级而组成的，班级成员年龄程度大致相同，班级成员也基本固定。同一性是指班级成员有统一的学习目标和学习内容及学习要求，教师给班级学生传授同样的内容。独立性是指班级作为学校教育的基本单位和学生的基层组织，绝大多数的教育活动是在班主任的带领下以班级为单位独立开展的。[①]

班级是作为一个正式群体而存在的。学生在班集体中生活学习，通过与教师、同学的交往，正确认识人际关系，初步认识社会，促进学生的社会化。同时，班级也为学生的兴趣爱好、能力、气质、性格等个性的全面发展提供了良好的条件。

（二）班集体

组织和培养班集体是班主任工作的主要内容。

1. 班集体的概念

在日常生活中，人们容易将班集体和班级混淆，两者虽然有着密切的联系，但却是两个完全不同的概念，班级并不等同于班集体。班级是班集体形成的组织基础，班集体只有在班级的基础上才能逐步建设起来。但并不是每一个班都是一个班集体，一个健全的班集体应该具备以下几个基本要素：

（1）要有明确的共同目标。

班集体要有共同的奋斗目标，这个目标既要符合我国的教育目的，又要符合学生发展的规律，班集体还要围绕奋斗目标开展一系列的活动。

（2）要有实现共同目标而组织的集体活动。

为实现班级的共同目标，班主任必须围绕共同目标开展丰富多彩的活动，充分调动每个学生的积极性，充分发挥奋斗目标对班级各项活动的调控作用。

（3）要有和谐的人际关系。

班集体的建设离不开各种人际关系的协调，作为一个班集体，需要良好的师生关系，需要和谐的生生关系，还需要良好的家校关系等。

---

① 黄济、劳凯声、檀传宝：《小学教育学》．北京：人民教育出版社，2006 年，第 302 页．

(4)要有健全的组织机构和领导核心。

班集体的组织机构是班委会。班委会是由一批能团结同学、关心集体、办事认真、愿为同学服务的积极分子组成的。

(5)要有健康的舆论和班风。

健康的舆论和班风一旦形成,本身就会成为一种巨大的教育力量,对班级每个成员起到激励、鼓舞和约束的作用。

2. 班集体的教育功能

"班级像一座长长的桥,通过它,人们跨向理想的彼岸。班级像一条挺长的船,乘着它,人们越过江河湖海,奔向可以施展自己才能的高山、平原、乡村、城镇。班级像一个大家庭,同学们如兄弟姐妹般互相关心着、帮助着,互相鼓舞着、照顾着,一起长大了,成熟了,便离开了这个家庭,走向了社会。"[①]以上是全国优秀班主任魏书生老师对班级的一段生动而形象的比喻,从中我们可以感受到班集体对学生成长的作用。

(1)班集体有利于促进学生社会化。

小学生入学后,班集体成为他们学习、生活、交往的主要环境。在集体中,有各种交往,如师生之间的交往、学生之间的交往、正式群体与非正式群体的交往。班主任通过丰富多彩的活动,引导学生学习和掌握各种知识和技能,初步理解和掌握社会道德规范,发展人际交往的能力。这些学习和训练,为其将来步入社会,履行社会角色,成为社会合格公民奠定了坚实的基础。

(2)班集体有利于促进学生个性的发展。

马克思和恩格斯曾说过"只有在集体中,个人才能获得全面发展其才能的手段"。著名教育家赞科夫说:"个性的发展,在孤独和绝望中是不可能的,只有在儿童集体内的内容丰富而形式多样的生活中才有可能;集体生活要有应有的思想方向性,而也要反映出学生的动因、愿望和意向。"小学生个性的全面发展离不开班集体。在班集体中,学生可以参加丰富多彩的集体活动,形成自己的爱好和特长;在各种活动中,发挥气质的优点,掩盖气质的弱点;培养热爱集体、独立、自主等良好的性格特征;发展语言表达能力、沟通能力等各种能力。

3. 班集体的形成阶段

班集体从其初步形成到巩固成熟是一个连续的、动态的过程。一个班集体的形成过程大致可分为以下三个阶段。[②]

(1)组建阶段。

这一阶段,班级从组织上建立起来了,不过班级的核心和动力是班级的组织者——班主任。他必须对学生提出明确的集体目标和应当遵守的制度与要求,并引导学生积极开展活动,促进集体的发展。这时集体对班主任有较大的依赖性,不能离开班主任的监督独立地执行要求。如果班主任不注意严格要求,又没有有效的治班策略,那么班级就可能变得松弛和涣散。

(2)初步形成阶段。

这一阶段的特点是师生之间、同学之间有了一定的了解,产生了一定的友谊与信赖,学生

---

① 魏书生:《班主任工作漫谈》,南宁:漓江出版社,2002年,自序第1页.

② 王道浚、王汉澜:《教育学》.北京:人民教育出版社,1999年,第524页.

积极分子不断涌现并团结在班主任周围；班级的组织功能较为健全，班级的核心初步形成，班主任与班集体共同履行集体的领导与教育职能。这时，班集体能够在班主任指导下积极组织和开展班级的工作与活动。班主任开始从直接领导、指挥班级活动，逐步过渡到提出建议，由班干部组织开展集体的工作与活动。

(3)集体自主活动阶段。

这一阶段的特点是积极分子队伍壮大，学生普遍关心、热爱班集体，能够积极承担集体的工作，参加集体的活动，维护集体的荣誉，形成正确的班级舆论与良好的班风。这时班集体已真正形成，它已成为教育的主体，能主动根据学校和班主任的要求以及班级的情况，自觉地向集体成员提出任务要求，自主地开展集体活动。

班集体的形成过程很复杂，实际上很难把这三个阶段截然分开。但是了解集体的发展阶段仍然有助于我们认识班集体形成的规律，诊断出一个班集体现时所达到的发展阶段，以便采取措施将其培养成为成熟的集体。

4. 班集体形成的标志

一个良好的班集体具有以下几个方面的标志：

(1)明确积极的共同奋斗目标；

(2)团结的有威信的班级领导核心；

(3)正确的集体舆论和良好的班风；

(4)活泼生动的班级活动；

(5)良好的师生关系和同学关系；

(6)严格的集体规范和自觉纪律。

良好的班集体不是自发形成的，而需要经过艰巨的教育培养过程才能逐步形成。因此，班主任的工作重点是组织和培养良好的班集体，提高班级组织的教育作用。

二、班集体培养的意义

1. 集体与集体道德是培养学生爱祖国爱人民思想感情的基础

学校中基层的学生群体是班集体。一个优良的班集体，可以使集体和集体中的成员，对自己行动目的的正确性和重要性具有明确而较深刻的认识，能意识到自己行动的社会意义。它会使集体和集体中的成员对当前的行动产生主动、积极的态度，从而加速目的的实现。

小学生进入小学后，就生活在班级这个集体中。在这个集体中，班主任与同学之间，同学与同学之间建立了一定的交往和制约关系。在这里，一切是以集体主义为核心的，集体主义又表现在以国家、社会、集体利益为重，个人利益服从集体利益等方面。因此，小学生进入班集体后，他就在集体与集体道德目标下，培养起热爱班集体、热爱老师同学、热爱祖国、热爱人民的好品质。这就为他们以后树立革命的人生观、世界观，树立共产主义崇高的理想奠定了基础。

2. 班集体的舆论教育是形成良好班风的基础

集体中形成的行为规范、集体舆论和集体气氛，对学生的精神生活具有一种难以抗拒的、巨大的影响力。健全的班集体不仅为一个联合体，而且受相应的规章制度的约束，包括班风和传统，并把取得集体成员认同的、大家自觉遵守的行为准则作为实现共同目标共同任务的保证。

小学生一般对班集体都有一种荣誉感、自豪感和依恋感，这种体验直接影响着他的行动，对集体的规范不会轻易地去破坏，还会自觉和不自觉地按照集体的规范去行动。当有些学生在校违反了纪律，就会遭到全班同学的指责，进而迫使违反纪律的学生在班集体舆论的影响下改正错误。为此，有经验的班主任经常利用班集体的舆论教育个别学生，形成良好的班风使全班同学共同进步。

在培养健康舆论的过程中应注意：

(1)正确舆论的形成在于学生正确是非观念的树立。因此，班主任要经常通过学生守则的学习，道德问题的讨论，有益书籍、报刊、影视剧的介绍、评论，以及班主任自身的言行来影响和引导学生，帮助他们明辨是非、美丑、善恶，提高认识，把集体舆论引向正确方向。

(2)舆论带有两面性，既有健康正确的舆论，也有消极错误的舆论。为此班主任要注意分析舆论的倾向和性质，对舆论中一些合理因素，应加以表扬、肯定；而对一些不健康的舆论则不能听之任之，如对同学中好人好事的讽刺打击，对错误言行的赞赏等，这些舆论会误导学生，成为学生产生不良行为的潜在力量。所以，班主任必须有目的地引导学生，尤其是学生干部和积极分子，要提高他们分析和评价舆论的能力，因势利导，抵制和压制不健康舆论的消极作用，促进健康舆论的形成。

(3)优良班风要依靠正确的集体舆论来支持。正确的集体舆论持久地发生作用，就会形成一种班风，而优良的班风一旦形成，本身就是强大的集体舆论。

3.良好的班集体，是培养学生德智体美劳全面发展的基本环境

班集体是学生成长的基本环境。良好的班集体可以使学生建立良好的人际关系，互相关心、团结互爱、共同努力。学生在班级教育教学活动中学习文化科学知识，锻炼自己的意志和体魄。因此，它必然成为培养学生全面发展的好场所。

小学良好班集体的形成，有赖于班主任循序渐进的长期培养。因此，小学班主任要善于创建和掌握班集体的精神环境，通过言传身教，以自己的知识、思想、情感、意志、性格等影响学生，培养学生的良好品德，使其养成文明习惯，开拓知识领域，形成强壮体魄，成为德智体美劳全面发展的人。

三、班集体的培养

1.选拔培养积极分子，健全集体组织

一个好的班集体，必须有一批积极分子，并由他们组成班集体的核心，团结和带领全班同学前进。不少优秀班主任认为：组织班集体，一般是从发现和培养班干部入手的。班主任可以有意识地通过开展多种活动，如公益劳动、班会、课外或校外劳动等，发现并挑选那些关心集体、团结同学、积极热情、办事认真、愿为同学服务、具有一定组织能力的学生担任班干部。班主任在选拔小干部时，既要坚持一定的标准，又要从本班的实际出发，不能要求过高。小干部作为班主任的小助手，应该由民主推选产生。新生班、临时的班、队干部可由班主任指定，但应尽快转为由学生选举产生。

选定班干部后，班主任要对他们进行精心地培养、教育，使他们在各方面有所提高。在工作上，班主任不仅要根据每个小干部的特点，分配给他们适当的工作，更重要的是对他们进行帮助和指导。在小学班级的干部中，常常看到这种情况：有的小干部虽然工作热情很高，但工

作方法少，不会做；有的虽有一定工作能力，但处理问题比较简单、生硬；等等。这都要班主任根据情况，予以具体指导。对于小干部的培养，还要考虑不同的年级、不同的情况，采取不同的指导方法。如，对于低年级的小干部，班主任要给予具体帮助和指导，对他们要明确规定几条要求，应该做什么，不应该做什么，以及怎么做，使他们有章可循；同时还要注意培养他们独立思考和大胆工作的能力。对于高年级的小干部，则应侧重从班级某一项工作或某一活动的全局予以指导，鼓励他们发扬创造精神，大胆地开展工作或组织活动。在思想上，班主任对小干部要严格要求，培养他们以身作则、团结同学和为同学服务的精神。班主任对待小干部，特别是对待比较得力的小干部，既要看到他们的长处，又要留心看到他们的不足。当小干部犯了错误的时候，要及时给予批评、帮助，切不可放任不管或姑息袒护。否则，会失去广大同学对班主任和小干部的信任，也不利于小干部的成长。在小学中，高年级班主任也可以通过组织评议"小干部"的活动，使他们从同学们的评论中，比较客观地认识自己的长处和不足，促使他们不断地提高。这也是培养民主作风的一种好形式。

班主任不仅要十分重视现任小干部的培养、教育，还应尽可能使大多数同学都能担负一定的社会工作，实行班委轮换制，以培养他们的工作能力，增强集体主义思想和竞争意识。

2.贯彻《小学生守则》，向全班提出奋斗目标，建立班集体的正常秩序

班级的正常秩序是班主任进行工作的保证。尤其是当班主任接到一个教育基础较差的班级时，首先就要建立起班级的正常秩序。班级正常秩序的建立，主要靠班干部的带动。当班级核心力量形成之后，班级组织进入一个新的发展阶段。这时大多数班级成员友好相处，逐步形成互帮互学、关心集体、团结融洽的班级风气和正确的集体舆论，形成一个巨大的凝聚力，对班级成员起着潜移默化的教育作用。这时，班主任应该因势利导，有计划地组织班集体的活动，向全班同学提出切实的奋斗目标，在实现目标的过程中，对学生进行《小学生守则》及行为规范和各种规章制度的教育。最初的目标应是具体的，易于完成的，又能使同学们受到教益。只有让同学们在不断体验到达标的快乐之后，才能使他们向更高的目标积极努力。这样，班级的正常秩序就会建立起来，为形成班集体奠定坚实的基础。

3.培养正确的舆论和优良的班风

集体舆论，是在集体中占优势的、为多数人所赞同的言论和意见，它以议论、褒贬等形式肯定或否定集体的动向或集体成员的言行，成为个人和集体发展的一种力量，是学生自我教育的重要手段。有无正确的集体舆论，是衡量班集体是否形成的重要标志之一。正确舆论是在各种活动中逐步形成的，班主任要善于通过宣讲学校规章制度、学生守则以及报刊、影视中宣传的正面人物，对学生进行教育，使他们能明辨是非美丑。班会是教育学生最普遍、最有效的方式之一，它对形成正确的舆论起重要作用，班主任应指导班干部多组织一些主题突出、目标明确、形式生动活泼的班会，讨论集体成员共同关心的问题。班主任要经常表扬好人好事，坚持原则，维护正义，同时也要批评错误的思想行为，抵制歪风邪气，形成人人要求进步、个个争做好事的风气，始终把舆论引向正确的方向。

通过批评表扬、奖励惩罚、集体的评价和议论等方式来形成班集体舆论。这种舆论就是在班集体中占绝对优势的，是随时都可能反映出来的，以肯定和否定的形式评价集体或其成员的言行。这种意见对集体的形成有强烈的感化、影响和控制作用。小学生中正确的集体舆论，主要是靠班主任正确的言教和身教、班会和班级其他舆论阵地（如板报、群众评论等）形成的。

班级舆论持久地发生作用就形成风气，这就是班风。班风是集体中绝大多数人的思想觉悟、道德品质、情感意志和行为习惯的综合反映。良好的班风具有很强的感染力和教育作用。良好的班风是班主任辛勤劳动的结果。优良的班风或传统是一种巨大的教育力量，它无形地支配着集体成员的行为和集体生活，培养集体成员的荣誉感、自豪感和对集体的尊重，在形成和发展班集体中起着巨大的作用。班主任要有意识地培养优良的班风和传统，根据优秀班主任的经验，培养优良班风的做法是：讲清道理，树立榜样，严格要求，反复实践，以身作则，熏陶感染。

4. 培养集体荣誉感和责任感

在热爱班集体的教育中，要培养学生集体荣誉感和责任感。要使每个学生感到集体的荣誉就是自己的光荣，并且引以为自豪，从而进一步使学生认识到自己对集体的好坏负有责任，自己的行为会直接影响到班集体的荣誉，同时，自己还有责任同破坏班集体的行为作斗争，维护班集体的荣誉。

5. 组织多种形式的教育活动

活动是集体存在的生命，是实现集体目标的有效方式，是团结、教育学生的有力手段。班集体是在全班学生参加共同活动中逐步形成的，也只有在共同的集体活动中才能体现出集体精神。没有集体活动，班集体就会死气沉沉，学生就感觉不到集体的存在。建立良好的班集体就要使各种活动前后衔接，相互配合，活动要富有吸引力，活动的吸引力来自内容的丰富和形式的多样化。

6. 加强人际沟通，协调人际关系

良好的人际关系是巩固与发展班集体的重要手段，是班集体团结的“黏合剂”。班级人际关系包括师生之间的关系、班干部之间的关系、班干部与一般学生之间的关系、先进学生与后进学生之间的关系、男女生之间的关系以及班与班之间的关系等。只有使他们之间的关系融洽和谐，互帮互学，平等相处，才能形成良好的班集体。班主任在处理这几方面的关系时，应当一视同仁，平等对待，要在各种集体活动中引导他们团结友爱，互相帮助。对班干部、学优生和团员学生，要严格要求，帮助他们在班上起模范带头作用，对一般学生和后进生则要鼓励帮助他们上进，不断提高他们的思想和学业。

总之，班主任要善于利用班集体的教育力量，搞好班级的工作；要调动班级学生的主动性和积极性，培养学生成为班级生活的主人；让小学生的“自我”融化在班级之中，自觉地为班集体做出各自的贡献。教师还可以利用班集体的教育力量，做好后进生的工作，做好独生子女的教育工作，做好思想品德教育工作，等等。

第四节　小学班级管理常见的问题及其应对策略

一、小学班级管理常见的问题

（一）小学班主任管理观念落后

在小学教育阶段，班主任老师对学生的影响是极其重大的，因为小学生所学的主要科目较少，班主任往往是其中的一门科目的老师，所以班主任老师是学生接触最多的人。但一些小学班主任仍然保持着传统的教育理念和管理观念，管理班级时也保持着过去的管理模式。这样的后果便是限制了学生的创新意识，不利于学生的全面发展。如果班主任老师在教学过程中长期保持着这样的教学观念及管理观念，那么将对学生产生巨大的消极影响。小学生的三观、心智都还未成熟，正是需要老师引导的时期，这一时期如果班主任老师的教学与管理工作都不到位，将严重影响小学生的身心健康的发展。①

(二)小学班主任管理模式单一

一些班主任在教学过程中，沿用了过去应试教育的教学方法和管理模式，并且常常以严肃、苛刻的形象面对学生。这种方法的有效性只是暂时的，它只是通过让学生恐惧老师产生效果，并不是解决问题的根本办法，甚至会在一些特定的情况下激化矛盾。不仅如此，小学生对于一切事物仍然处于认知阶段，长期严厉的管理模式对孩子的心理健康也会产生较大的影响。班主任在对班级进行管理时要打破单一的管理模式，开展多元化的管理方式，让学生们乐于帮助班主任共同管理班级。

(三)班级管理以教师为主导，忽视学生的个性化发展

随着新课程改革方案的不断深入，学生逐渐从课堂的被动者转向为课堂主体，老师也从主体地位逐步转向为课堂的组织者和引导者，辅助学生学习。主题班会活动是充分发挥学生主体作用的良好平台，在设计主题班队会活动时，我们要注意突出主体，精心筹划，认真组织，保证内容选材符合学生的心理特征。小学班队活动的设置以对学生进行思想品德教育、发展学生的实践能力和社会交往能力为目的，其出发点和落脚点都是学生这一主体，应充分尊重学生的主体地位，做到以学生为本，调动学生的积极性。然而在大多数小学的班队活动中，学生主体错位，老师成为活动的主角，从活动的设计到开展都是老师一手包办，尽管在某些环节有学生参与，但大多数情况下也是在照本宣科罢了。教师和学生的角色发生了错位，教师唱起了班队活动的“独角戏”，成了班队活动的主体，而学生却被置于“听众”的被动地位。

国家课程改革要求学生积极参与班队活动，并且在组织活动、参与活动、评价活动中体现学生的自主性，要求教师对班队活动进行必要的指导。在信息时代，中小学生能够运用计算机网络有效地收集、整理、加工、评价和利用信息，作为素质教育主阵地的班队活动以其丰富的内容、形形色色的组织形式、愉悦的氛围为学生的个性发展创造了条件，提供了施展才华的舞台。在一个个主题鲜明的班队活动中，主角是学生，而不是教师。

二、小学班级管理常见问题的应对策略

(一)小学班主任需要改变管理观念

在教学过程中，班主任不仅仅要带给学生以知识，更要积极引导他们成为一个健康、全面的人才。在班级的管理工作中，班主任老师需要转变自身的管理观念，明确学生的教学主体地位，鼓励他们积极参与到班级的管理工作中来，发挥他们的主观能动性。对于小学生而言，他们还处于成长阶段，对任何事物都需要一个认识到明白的过程，他们还没有叛逆心理，只需细

① 孔燕:《小学班主任班级管理常见问题及策略研究》.《教育教学研究》,2020 年第 6 期.

心、适当地进行引导就可以让他们欣然接受。所以班主任在这一过程中要转变自己的管理观念，采取适当的管理手段，以此加强对班级的管理，进而提升他们对学习的兴趣。

(二)小学班主任要制定个性化对策

在对班级进行管理时，班主任需要根据班级学生的实际情况施行个性化的管理方法。小学生生理和心理年龄都不大，因此他们的思维模式和思考方式都比较幼稚，班主任在引导他们的过程中要注意方式方法，用贴合小学生的方法与他们打成一片，成为好朋友。这样不仅仅方便班主任对班级进行有效的管理，更有助于引导学生跟随老师完成教学任务。

(三)小学班主任可以利用活动营造班级氛围

在开展相关的教学工作的同时，班主任可以和各科老师进行沟通，联合起来，在各科课堂上开展趣味性的教学活动，通过这样的活动，提升学生对各科学习的兴趣和积极性，营造出和谐、团结、互助的班级氛围，让学生在互动中学会相互学习、相互帮助、相互尊重，增进学生与老师之间的关系，使他们在以后的学习生活中，愿意与老师沟通，帮助班主任进行班级管理工作。

在设计、组织和开展活动时必须遵循以下几点原则：[①]

1. 教育性原则

班级活动的教育性原则就是要求在组织和开展班级活动时要以对学生的教育与发展有积极的影响为目的。这是班级活动的基本原则。教育性原则不只要求教育者在组织班级活动时出于一个良好的教育愿望，更主要的是通过班级活动的组织，切实使受教育者获得真正的教育，获得实实在在的发展，或增长了知识，或陶冶了情感，或培养了良好的品行。从这个意义上说，班级活动要求教育者必须具备活动教育的思想，具备灵活选择活动主题和活动形式对学生进行教育的能力，也要求他们具备筹划活动进程、协调活动中各个具体教育因素的技能。

在组织班级活动过程中，还必须克服急功近利的思想，不能试图通过一次活动或几次活动就一定使学生获得某种“预想的发展”，更要摒弃那种通过活动进行空洞的道德灌输，把儿童看成是等着填充的容器的做法。

2. 针对性原则

班级活动的针对性原则是指要根据班级组织与建设的实际需要，针对学生的年龄特征，以及学生所处的地域环境和条件对学生进行教育。

班级活动的组织要充分考虑学生的年龄特征。对不同年龄的学生，要根据他们的不同特点来组织活动，如小学低年级学生的思维主要是以形象思维为主，直观操作在其活动中占据主导地位，加上他们的知识经验不足，因此，可以多开展一些简单易行的活动。随着学生年龄的增长，知识水平和工作能力的提高，要多进行一些探索、制造等较复杂的技术性操作活动，逐步培养他们独立工作、独立钻研、独立分析的能力和创造能力。班级活动不仅要考虑全体学生共有的一般的年龄特征，同时也要照顾每个学生的个性特点，在组织活动时，对他们每个人的兴趣、爱好、能力水平都加以考虑，以发挥每个人的特长，培养他们的特殊才能。

---

① 古人伏、沈嘉祺、朱炜：《小学班队工作原理与实践》. 上海：华东师范大学出版社，2016 年，第 172-176 页.

3. 自主性原则

班级活动的自主性原则是指班级活动要充分调动和尊重学生在活动中的主动性和积极性。班级全体成员是班级活动的主体，是活动真正的主人。班主任和辅导员是活动的指导者，对活动进行辅导和帮助，他们不能代替学生的活动。对小学中高年级的学生来说，从活动计划制定、活动内容的选择到活动过程的组织和管理，都可以让学生自己安排。把班级活动的主动权交给学生，是符合学生自身特点的。因为到小学中高年级时，学生的自主意识增强，他们更愿意自己处理自己的事情，自己的事情自己干。同时，从培养人的角度来看，充分发挥学生的主体作用，更有利于促进学生身心的发展，有利于培养学生的创新精神和实践能力。

4. 多样性原则

小学阶段的学生，正处在一个求知欲旺盛、好奇心强、兴趣广泛、活泼好动、追求新异的阶段，因此，在组织班级活动时要充分考虑学生的这些特点，体现活动的多样化。

班队活动的多样性包含两个方面的意义：一是活动形式的多样化；二是活动内容的多样化。形式多样化，就是要满足其求新求异的心理要求，激发他们积极参与活动的兴趣；内容的多样化则是为了适应学生德智体美劳全面发展的要求，促进学生全面、和谐地发展。因此，在组织、设计和开展活动时，一定要克服两种偏向：一种是一味地追求活动的所谓“教育性”或“塑造性”，而不顾学生实际的兴趣和需要，使活动形式单调刻板，内容单一而无变化；另一种是为了活动而活动。组织和设计活动时一定要做到内容丰富，主题鲜明，形式新颖，气氛和谐，使学生感到新奇、有趣，乐于参加，使班级活动成为以理服人、以情感人、以美怡人、以趣育人的教育活动。

5. 计划性原则

班级活动的计划性原则是指教育者要对每个学年、每个学期的班队活动做通盘考虑和总体规划，精心设计每一次活动，以保证活动效能的充分发挥。

班队活动的计划性体现在两个方面：一是规划活动进程；二是规划活动形式。

首先，教育者应根据学科教学的不同阶段展开活动，使课外、课内相互补充，相辅相成，相得益彰。对于课堂教学中需要大量背景知识的内容，教育者可以组织课外阅读的活动；对于课堂上晦涩抽象的内容，教育者可以在课外通过组织讨论、观察、实验、测量等形式促进理解。

其次，要根据国家形势发展的需要和国民教育的整体发展来安排班级活动。党和国家历来重视国民的思想政治教育工作，对不同阶段的学生有不同的具体要求，学校班队活动要根据小学生特点，及时与之相呼应。

再次，班队活动的计划性原则也要求教育者善于把握学生发展的时代特征，有计划地组织一些符合时代要求的活动，及时有效地对他们进行引导，使他们向着现代社会所要求的方向发展。班队活动的计划性原则要求组织班队活动必须克服形式主义倾向，对活动早做计划，早做安排，早做准备，使活动切实有效地开展。

6. 生活性原则

生活性原则是指班队活动要扎根生活，深入实际，使活动符合客观现实发展的真实状况，让学生在真实的活动中体味生活、感悟人生，以达到对学生的自然而然的教育。切忌远离实际、远离生活，忽视活动对学生的自然启发性。教育家杜威就反对活动远离生活的做法，他说，教育就是要给学生一个真实的情境，一个使学生真正感兴趣的活动。

7. 快乐性原则

快乐性原则是指在组织和开展班队活动过程中营造快乐，引导学生在活动中寻求快乐，创造快乐，享受快乐，愉悦自己，感染同伴，增进友谊，团结向上，让学生在快乐中发展。快乐是人类的一种积极的情感体验，追求快乐是人的本能需要。快乐更是儿童纯真的情感需求，享受快乐是儿童的权利。儿童应该有一个快乐的童年。班队作为儿童自己的组织，理应尊重和满足儿童这种快乐的需要。快乐能提高人的生活质量，一个人生活得快乐，面对身边的一切时就会保持一种良好的心态，形成积极乐观的精神，热爱周围的人，热爱生活。用新颖有趣的活动，让学生释放快乐，体验快乐，他的生活就充满活力，从而感受到生活的美好和幸福。因此，快乐促使学生和谐、健康发展。“今天做祖国的好儿童，明天做祖国的建设者，美好的生活属于你们，美丽的中国梦属于你们。”[①]这句话就表达了党和国家对青少年的关怀和期望，希望他们有一个快乐的童年和美好的明天。

（四）小学班队活动从策划到实施都应做到以学生为本

体现学生的主体地位，将权利还给学生。这不仅仅是课程理念所要求的，也是发展学生核心素养的一个重要途径。以某小学的班队活动为例，从开场到结束学生始终都是活动的主体，由两个活动主持人（学生充当）引导活动流程，其他学生被分成了四组，每组展示一个主题，有的学生穿着民族服饰，有的学生准备了民族歌舞，还有的学生专门带了当地特色食物，整个过程衔接流畅，井然有序。从中可以看出学生经过了精心的策划和充足的准备，这一过程使学生的主体地位得到了充分的彰显，积极性也被极大地调动了起来，他们真正成为活动的设计者和参与者。尊重学生的主体地位并不意味着忽视教师的作用，这一次班队活动中，教师并没有因为放权于学生而成为活动的旁观者。相反，正是因为教师活动前的指导，活动中的适时引导以及最后的活动总结，让这次班队活动更加有意义，没有让其变成一堂完全的活动展示课。

总之，班队课是教师教育学生的重要途径，它的针对性、趣味性、可行性、自主性等特点是其他教育形式无法比拟的。因此，只要巧妙设计，合理利用，就能达到优化班集体的目的。

拓展阅读

《班主任必备的“精神软件”——童心》[②]节选

乐于保持一颗童心，善于在某种意义上把自己变成一个儿童，这不但是教师最基本的素质之一，更是班主任（当然不仅是班主任）对学生产生真挚情感的心理基础。每个班主任都应问问自己：我和学生有共同的兴趣和爱好吗？尽可能保持一些和学生共同的爱好，这绝不是一味地迁就学生，而是教育的需要。只有童心才能理解童心，只有学会“儿童般的思维”，教师才能够发现学生缺点中的可爱之处，甚至智慧之处。

① 全国少工委：《努力培养担当民族复兴重任的时代新人》.《人民日报》，2021 年 9 月 1 日 09 版.

② 李镇西：《班主任必备的“精神软件”——童心》.《教育理论与实践》，2008 年 9 期.

练习题

1. 如何解读班级管理？
2. 小学班主任的工作内容包含哪些？
3. 小学班集体怎样培养？
4. 小学班级管理常见的问题有哪些？如何应对？

第十一章 小学心理健康

·学习目标·

通过本章的学习,你将:

1. 了解健康的内涵、心理健康的含义、心理健康的标准、心理健康的影响因素、小学生心理发展的特点;

2. 理解小学生常见心理问题的特点、皮亚杰的儿童认知发展理论、皮亚杰的道德认知发展阶段理论、科尔伯格的道德认知发展阶段论;

3. 掌握不同阶段小学生心理健康教育的主要内容,以及小学生心理辅导的基本方法。

第一节　心理健康概述

要了解心理健康的知识,首先需要把握健康的含义。

一、健康的含义

德国哲学家叔本华曾说过:健康的乞丐比生病的国王更幸福。那么,健康是什么呢?长期以来,受传统生物医学模式的影响,人们普遍认为,健康就是身体没有疾病。然而,随着社会的进步和医学的发展,人们惊讶地发现,我们虽然在预防和治疗由诸如细菌、病毒和寄生虫等生物因子所导致的疾病方面取得了巨大的成就,但在诸如心脑血管疾病、肿瘤和癌症等身心疾病的预防和治疗方面却依然举步维艰。为什么会这样呢?这主要是因为心脑血管疾病、肿瘤和癌症等身心疾病的发生原因不仅有生物学的因素,更有社会和心理的因素。受此因素影响,现代健康观已由传统的生物医学模式向生物—心理—社会医学模式转变。

早在20世纪中叶,世界卫生组织(World Health Organization,WHO)就曾指出:健康不仅是身体没有疾病,而且是一种身体上、精神上和社会适应上的完好状态。同时,世界卫生组织(WHO)还列出了评判个体健康的10条标准:(1)精力充沛,能从容地应对日常工作和生活中的压力;(2)积极乐观,勇于承担责任;(3)睡眠良好,善于休息;(4)有较强的应变力,对外界的各种变化能积极适应;(5)对一般性的感冒和传染病具有一定的抵抗力;(6)身体匀称,体重恰当,直立时,头、臂、臀等身体部位协调;(7)眼睛明亮,反应敏锐,没有炎症;(8)牙齿干净,颜色正常,无出血、疼痛和空洞现象;(9)头发没有头皮屑,发丝有光泽;(10)皮肤、肌肉有弹性,走路感觉轻松。1989 年，世界卫生组织再次对健康的内涵进行了深化，将健康界定为身体健康、心理健康、道德健康和社会适应良好等部分的有机组合。从世界卫生组织对健康的定义和所列的标准可以看出，健康包括三个主要方面：生理方面，没有躯体疾病；心理方面，各种心理现象协调一致，没有障碍；社会适应方面，应变能力强，能迅速适应社会的发展变化。

二、心理健康的含义

从生物—心理—社会医学模式的现代健康观可以看出，人类健康包括四大基本要素，分别是生理无病变、心理无疾患、具备社会生活适应能力和道德健康。在科技高速发展、生活节奏日益加快、竞争压力日益增大的现代社会，心理健康对人类健康的作用日益凸显。20 世纪 80 年代，美国的一项研究表明，50％的人死于不健康的行为方式和生活方式（如酗酒、吸毒、抽烟、药物成瘾等），20％的人死于环境因素，20％的人死于生理因素，只有 10％的人死于健康不当；我国的统计数据与美国的研究相似，接近一半的人死于不健康的行为方式和生活方式。[①] 不健康的行为方式和生活方式源于心理健康知识的缺乏。心理健康知识的缺乏使得人们无法客观、公正地认识自己、他人和环境，从而导致心理问题的出现。既然心理健康在人们的生活中如此重要，那么究竟什么是心理健康呢？

"心理健康的含义究竟是什么"是一个仁者见仁、智者见智的问题，学术界至今依然没有达成统一的意见。世界卫生组织指出，心理健康不单指个体没有心理疾病，较好地适应社会生活，还包括心理潜能的充分发挥和人格的完善，换句话说就是指在一定的客观条件下，把个人的心境发挥到的最佳状态。[②] 1946 年召开的第三届国际心理卫生大会认为，心理健康是指个体在智能、情感和身体等方面与他人心理健康不相矛盾的范围内，个体心境所能发挥到的最佳状态。[③]《简明大不列颠百科全书》指出，心理健康并不是指个体心理十全十美的绝对状态，而是指个体心理在环境及自身条件允许的范围内所能达到的一种最佳功能状态。[④] 我国学者冯忠良等人认为，"心理健康是个体对其所生活的社会环境的一种高级适应状态"[⑤]。我国学者卢家楣等人认为，"心理健康有狭义和广义之分，狭义的心理健康是指一个人不具有某种心理疾病或病态心理，其主要目标在于预防心理疾病、心理障碍和行为障碍；广义的心理健康是指一个人具有健全的人格、良好的心理品质和较强的社会生活适应能力，其主要目标在于促进个体自我心理调节，发挥更大的心理效能"[⑥]。我国学者叶一舵认为，"心理健康是一种理想化的心理机能状态，是一个动态的变化过程，其本质就是适应。心理健康的最终规定性在于个体与内外环境所能保持的一种正常或良好的适应"[⑦]。

---

① 刘裕权、刘海燕、王华倩：《小学心理健康教育通论》. 成都：四川大学出版社，2001 年，第 69 页.

② 俞国良、曾盼盼：《论教师心理健康及其促进》.《北京师范大校学报（人文社会科学版）》，2001 年第 1 期.

③ 刘艳：《关于心理健康的概念辨析》.《教育研究与实验》，1996 年第 3 期.

④ 刘艳：《关于心理健康的概念辨析》.《教育研究与实验》，1996 年第 3 期.

⑤ 冯忠良、冯姬：《心理健康教育概述》.《中小学心理健康教育》，2002 年第 5 期.

⑥ 卢家楣、魏庆安、李其维：《心理学——基础理论及其教育应用》. 上海：上海人民出版社，1998 年，第 570 页.

⑦ 叶一舵：《现代学校心理健康教育研究》. 北京：开明出版社，2003 年，第 14 页.

虽然国内外学者对心理健康的定义意见不一，但从其论述中，我们还是能找出其中的一些共同之处：第一，多数学者均认为心理健康是一种心理状态，是一种积极向上发展的心理状态；第二，多数学者均将心理健康视为一种内外协调一致的良好状态；第三，多数学者均将社会生活适应视作心理健康的重要外部体现。根据这些共同点，我们就可以整合已有的心理健康定义，从而对心理健康做出重新界定。心理健康就是指个体在与环境的相互作用过程中，在自身内外条件允许的范围内，不断自我调整，以保持心理活动内在协调一致，心理活动的内容与客观世界相统一，促使个体与环境相适应的一种持续而积极的心理功能状态。[①] 这种持续而积极的心理功能状态能使个体不断发展出健全的人格，提高生活质量，并使个体保持旺盛的精力和愉快的情绪。

正确对待中小学生心理健康问题，是教育工作者的责任。专家认为，对我国少年儿童心理健康状况的估计应该实事求是，忽视不行，夸大也不行。

据统计，我国中小学心理健康状况良好，存在“严重心理不足”的小学生比例为4.2%。因此，专家认为，对中小学生心理健康的培养应注重“教育”，而不是“治疗”。

既然是教育，就应该面向大多数学生，而且应采取引导、启发的方式。目前，我国不少地区的学校都开设了中小学生心理健康教育课，一些学校还配有专门的心理教师，这对中小学生的心理健康起到了积极的作用。

经过长期的研究，专家认为中小学生的心理问题主要表现在学习、自我、人际关系、生活和适应四个方面。在接触到的案例中发现，有的学生必须边看电视边读书，三口之家分蛋糕，有的孩子一定要切成四块，父母各一块，自己留两块……一些事情，看似小事，但是如果不科学地教育、调节，就会造成更为严重的后果。对大多数中小学生，心理教育应该是正面的、系统的，必须及时科学地提高他们的心理素质，这不仅是防治心理疾病的需要，更是培养高素质人才的需要。

三、心理健康的标准

一个人的身体是否健康可以通过对心跳、脉搏、血压等一系列医学生理指标的检验检测来衡量，也可以运用B超、CT、MRI等先进的检验检测手段来衡量。那么，一个人的心理健康该如何衡量呢？

我们知道，心理健康是个体在身体、智能以及情感上，在与他人的心理健康不相矛盾的范围内，将个人的心境调整到的最佳状态。那么，具体来说，这种最佳状态究竟是怎样的一种状态呢？这就涉及心理健康的衡量标准了。由于涉及面广，加之学者们的研究视角各不相同，关于心理健康标准的问题至今仍未达成共识。通常，人们习惯从静态和动态两个层面对个体心理健康进行衡量。

从静态层面来说，心理健康的衡量标准几乎涵盖心理现象的全部内容。具体可以从以下七个方面来理解：

1.智力水平正常

智力又称一般能力，是人的观察力、注意力、记忆力、想象力和思维能力等认知能力的综

---

① 叶一舵：《中小学心理健康教育教程》．福州：福建教育出版社，2015年，第2页．

合。小学阶段是个体智力发展的重要时期。智力水平正常是儿童进行学习和生活的重要心理条件,也是儿童心理健康的一个重要指标。可以毫不夸张地说,智力正常是个体心理健康的前提。

试想:如果你在和一个人沟通的过程中,无论你说什么,对方就是愣在那里,我行我素,对你的问题似乎完全没听见,丝毫不能做出任何回应;又或者他做出了回应,但却答非所问(如,你问他叫什么名字,他却回答说他们村里谁干了坏事,谁发了大财;你问他多大年龄,他却回答说昨天他看见了很恐怖的东西;等等),他的回答和你的问题完全不在一个频道上。面对这样的情景时,我们肯定会说对方是一个心理有问题的人。那么,如何衡量一个人的智力水平是否正常呢?最好的办法就是看他的智力测验分数,也就是智商。通常,智力水平正常要求智商在90分以上。智力测验程序较为复杂,对主试者要求较高,费时费力,无法随时随地地进行。因此,日常生活中,我们常通过观察个体的一些外部表现来进行初步判断。其主要评判指标如下:求知欲强,乐于学习;对新问题、新事物兴趣浓厚,表现出较强的探索精神和能动性;智力各因素在活动中能够有机结合、积极协调,正常地发挥作用。

2. 情绪稳定而愉快

情绪是人们对客观事物是否符合其需要所产生的一种主观体验。这种主观体验是由客观事物与人的需要共同起作用而产生的。如果客观事物满足了人的需要,个体就会体验到开心快乐等积极情绪;如果客观事物破坏了人的需要,个体就会体验到悲伤愤怒等消极情绪;如果客观事物和人的需要没有关系,个体就无法产生相应的情绪反应。由于客观事物与人的需要之间关系相对稳定,故一个健康的个体其情绪反应也是相对稳定的。同时,情绪对个体健康也有着不容忽视的影响。美国科学家艾马尔进行了一项有趣的实验。将人在不同情绪状态下呼出的气体收集在玻璃试管中,冷却后变成水,结果发现:在心平气和状态下呼出的气体,经冷却后,水是澄清透明的;在悲伤状态下呼出的气体,经冷却后,水中有白色沉淀物;在愤怒、生气状态下呼出的气体,经冷却成水后,将其注射到小白鼠身上,几分钟后小白鼠死亡。研究认为:人在生气等消极情绪状态下,生理反应非常剧烈,同时会分泌出许多有毒的物质,严重影响个体身心健康。具体而言,积极情绪能增强人体免疫能力,提高人的活动能力,驱使个体积极地行动,增进身心健康。相反,消极情绪则会消耗人的精力,减少人的活动,引起功能紊乱,容易使人丧失理智,抑制个体的行为,损害身心健康。一般认为,情绪健康表现在以下方面:积极情绪明显占优,使自身保持乐观、向上、积极的心态;情绪的产生有适当的引发原因,情绪反应强度与引发情境相符合;能有效管理情绪,使情绪能在适当的时间、场合恰如其分地表达,既能克制约束,又能适度宣泄,不过分压抑。

3. 人际关系和谐

人作为一种社会性动物,总是处在一定的社会关系之中。人们在社会交往过程中所形成的人与人之间的心理关系就称为人际关系。人际关系反映了交往双方需要的满足程度。如果交往双方能互相满足对方的需要,则容易形成和谐的人际关系;反之,则容易产生排斥的人际关系。和谐的人际关系是人生的一笔宝贵财富,对个体的身心健康具有重要的调节作用。人际关系离不开群体背景,受个体认知倾向的调节,伴有相应的情感体验。和谐的人际关系主要表现为:乐于交往,不仅有稳定而广泛的普通朋友,也有无话不说的知心朋友;交往时个性独立,不卑不亢;人际交往过程中,能对自己和他人进行客观评价,宽以待人,乐于助人,善于取长补短；人际交往中的积极态度多于消极态度；有必要的心理准备，能在复杂的人际交往中对自己进行必要的保护和发展。

4. 自我评价客观中肯

自我评价是自我意识的重要组成部分，是个体对自身才能和各项素质等方面的一种主观判断。自我意识是人对自身、环境及其与周围事物之间关系的认识。人们总是在与现实环境、与他人的相互作用中，在自己的实践活动中不断认识自己的。只有自我评价客观中肯，自我意识才能正确完整，人格才能健全统一，心理才能健康发展。自我评价客观中肯的评判标准如下：对自己的认识与客观实际较为接近，从而形成自我同一性；能开心地接纳自己，对自己的现状和未来有一定程度的满足感和发展感；积极进取，能将个人的需要、目标和行为有机地统一起来。

5. 意志品质良好

意志是个体自觉确定行动目标，并根据行动目标去克服各种困难，从而实现预定目标的心理过程。意志品质是个体在意志活动过程中形成的相对稳定的心理特质，主要表现在个体意志活动过程中的自觉性、果断性、坚持性和自制性等四个方面。人们常说：人生无常，命运多变。在漫漫人生路上，我们免不了会遇到一些困难和挫折。在面对困难和挫折时，不同个体的应对和处理方式各不相同。这些不同的应对和处理方式就体现了个体的意志品质。阳光总在风雨后。只有意志品质良好的个体才能最终战胜困难和挫折，体验到人生的真正乐趣，心理才能更加健康。

6. 行为反应适度

行为反应适度是个体心理健康的又一标志。受先天素质和后天环境差异的影响，不同个体面对同一事物时的行为反应是不一样的。有的人反应迅速，有的人则反应缓慢。然而，反应迅速并不等于反应过敏。反应迅速是正常的表现，反应过敏则是异常的表现。反应缓慢也不等于不反应，反应缓慢在一般情况下是正常的表现，不反应则可能是异常的表现。倘若一个人的行为反应经常表现为异常敏感与异常迟钝，则属于心理变态。例如，一个人一看见红色的物体，就吓得胆战心惊，这就属于异常过敏的行为反应，是心理异常的一种表现。如果一个人经常对各种刺激，甚至对重大刺激都无动于衷，则属于异常迟钝的行为反应，也是心理异常的一种表现。当然，个体的行为反应异常不是一蹴而就的，而是逐步形成的。因此，平时需要多反省自己的行为反应。一旦发现行为反应出现过敏倾向，就应及时查明原委，予以纠正。此外，还要鉴别这种过敏的行为反应是经常性的还是偶发性的。通常，个体在情绪激动、注意力高度集中、疲劳与生病的情况下，容易产生异常的行为反应。但这种异常的行为反应只是偶发性的。一旦个体情绪恢复平静、疲劳得到休息、疾病得以消除后，异常的行为反应也就会自然消失。

7. 生理年龄与心理年龄基本吻合

生理年龄是按照个体出生后的年限来确定的个体年龄，体现了一个人身体机能的生长发育程度。心理年龄则是指依据个体心理活动的健全程度来确定的个体年龄，反映了一个人所处的心理状态。生理年龄与心理年龄存在着三种不同的关系。一是生理年龄远远大于心理年龄，此时个体的言行举止就会显得特别幼稚可笑，难以适应社会，其心理自然是不健康的。二是生理年龄远远小于心理年龄，此时个体的言行举止就会缺乏朝气和活力，让人有种未老先衰的感觉，不利于个体的社会化和健康成长，这也是心理不健康的表现。三是生理年龄与心理年龄基本吻合，此时个体的言行举止与其身体发展特点一致，与社会预期相吻合，有助于其身心的健康发展。

四、心理健康的影响因素

心理活动是一个复杂的动态系统，故而个体心理健康的影响因素也是复杂多样的。这些影响因素既有个体自身的因素，又有社会环境因素、家庭环境因素和学校教育因素。从机体与环境相互作用的视角看，心理健康的影响因素可以归结为两大系统，即个体系统和社会系统。

1. 个体系统

作为心理活动的主体，个体既是心理健康的承载者，又是心理健康的实现者。个体因素是学生心理健康状况发生、发展、变化的内在原因。在这个系统的诸多因素中，有四个相对重要的方面。

（1）遗传因素。

虽然人的心理活动不能遗传，但生理是心理的基础，心理活动必须建立在生理活动的基础之上。因此，个体的心理健康状况与其生物遗传因素关系密切。遗传是一种生物现象。遗传不仅会影响一个人的体貌特征，还会决定一个人的感官和神经系统（脑）的结构和机能特点。脑与神经的机能不仅直接构成个体心理发生的生物学基础，还直接影响着个体心理功能水平的发挥。研究发现，心理失调常常与生理不健康有关。大量的临床医学研究表明，一些异常心理的产生与个体的遗传素质、脑外伤或化学中毒、细菌或病毒感染以及严重的生理机能障碍或躯体疾病密切相关。虽然心理活动产生于人脑，而人脑又由基因遗传决定，但不等于说人的心理活动就可完全由遗传决定。事实证明，遗传只是提供了心理活动的一个物质场所（脑），或者说只是提供了产生精神现象的一块土壤。至于这块土壤以后是长草还是长庄稼，庄稼长得好或不好，那就全靠自己在后天活动中去努力了。心理活动的产生如同种庄稼。贫瘠的土壤，如果勤奋努力，则可以种出好庄稼；肥沃的土壤，如果没有去种或者耕耘者怠惰懒散，则肥沃的土壤上也只会长出草。印度“狼孩”的事例就充分证明了这点。“狼孩”的故事充分证明，遗传素质对儿童心理的正常发展很重要，但却不是决定性的。

（2）个体的知识经验及思想意识状况。

知识经验是人类认识世界的重要“凭借物”，也是个体在与环境相互作用过程中起诠释作用的重要工具。因此，个体的知识经验状况对其心理健康具有重大影响。只有以健康科学的世界观、人生观和价值观组建起来的知识经验体系，才能对外部世界错综复杂的信息实施有助于心理健康的吸收和屏蔽。只有这样的知识经验体系即思想意识才能成为个体心理健康的内部导向。

（3）个体的心理认知能力。

认知是指一个人对某一事件的认识和看法，包括对过去事件的评价，对当前事件的解释和对未来可能发生事件的预期，它是与情感、意志、动机和行为相联系的一种心理功能状态。由于生活经验和周围环境背景等的差异，对同一问题人们往往存在不同的认知。认知心理学认为，生活中的许多问题，其关键不在于问题本身是什么，而在于问题被不同的人认知后滋生出不同的情绪，从而影响了人的心理状态和行为反应。研究表明，个体许多的问题行为或心理障碍与其认知偏差有关。

(4)个体的人格特质。

人格因素是心理活动因素的核心，对个体的心理健康影响很大。同样的生活事件对不同人格特征的个体，影响是不同的。生活中常可见到这样的事例：有的人遗传素质好，但由于自己不注重学习，不注重对自己严格要求，懒惰放任，导致心理活动偏离正常轨道，最后成为一个与社会格格不入的人；有的人虽然遗传素质差一些，自感"笨"一些，但笨鸟先飞，勤劳刻苦，最后反而成为社会的栋梁之材。

2. 社会系统

影响个体心理健康的社会系统主要指的是人们后天的生活环境。在这个系统的诸多因素中，有三个相对重要的方面。

(1)社会生活环境。

社会生活环境对个体心理的健康发展影响巨大，对个体心理的健康发展起着长期的、持续的、潜移默化的作用。俗话所说的"近朱者赤，近墨者黑"，正是社会生活环境对个体心理产生影响的真实写照。学龄期儿童正处在长知识、长身体的关键时期，他们的知识相对缺乏，对事物的判断力相对较差，其心理健康的程度很容易被其周围的社会生活环境所左右、所影响。但是，社会生活环境对学龄期儿童心理健康发展的影响往往是偶然的，缺乏目的性。因此，社会生活环境对学龄期儿童心理健康的影响作用是有限的。在个体心理健康的社会系统影响因素中，家庭环境和学校教育对学龄期儿童健康心理的形成作用更大。

(2)家庭环境。

家庭环境对个体心理的健康发展影响很大。家庭中，父母的教养方式及潜移默化的影响会直接作用于子女的心理发展。研究发现，学龄期儿童心理问题的产生大多与家庭环境和父母的教养方式不当有关。父母关系紧张、家庭氛围沉闷容易导致孩子产生自卑、抑郁等心理问题，放任式教养方式容易导致孩子形成任性、散漫等心理问题。

(3)学校教育。

学校教育是一种对个体进行有目的、有计划、长期而全面的积极影响的过程。它往往是由教育者(老师)按照一定的教育目的、一定的教育内容、一定的教育方法来对儿童心理施加系统的影响，因而，效果巨大而显著。学校教育在学龄期儿童健康心理的形成过程中起着主导作用。它能制约儿童的遗传素质对其心理健康发展的影响。这表现在学校教育既可充分利用儿童的遗传素质来发展儿童的健康心理，也可以通过学校教育的一些特殊教育方法来弥补儿童心理发展上某些遗传素质的缺陷与不足。同时，学校教育使得社会生活环境对儿童心理发展的影响具有一定的选择性。这表现在如果社会生活环境的影响与学校教育的目的相一致时，学校就充分利用它来配合学校教育的进行，如组织参观访问、学习英雄模范事迹等；如果社会生活环境的影响与学校教育目的相矛盾时，学校教育就会组织学生有意识地去抵制对小学儿童的不良影响与侵蚀。可见，在诸多的心理健康影响因素中，学校教育起着主导作用。学校教育是培养儿童健全人格、促使儿童心理健康的主途径。

第二节　小学生常见心理问题

小学时期是个体心理形成和发展的重要时期。但由于受到一些社会环境、先天遗传因素、教育方法等的不良影响，加之儿童的心理自我调节能力差，小学生比较容易形成这一时期特有的一些心理健康问题。小学生常见的心理健康问题主要有多动、焦虑、厌学、强迫、学习困难、说谎、任性和抑郁等。

一、多动

多动症，也称注意缺失障碍，是一类以注意力缺陷和多动为主要特征的行为障碍。儿童的多动主要表现为对自己的行为在调节和控制方面存在困难，具有冲动性，活动过度，注意力难以集中等。

小学儿童身心发展迅速，但又不成熟，这使得他们活泼好动、精力充沛，浑身散发着使不完的劲，对外界事物充满好奇，总想摸一摸，动一动。同时，儿童的自我调节能力和控制能力都较差，这使得他们情感表现活跃，易兴奋激动，但却不稳定，无法像成人那样坐得住。因此，贪玩、好动正是儿童身心发展的一个重要特征。然而，儿童的多动对其正常的学习和生活将带来诸多不利影响，因此儿童的多动终究是一种不良心理的表现。但需要明确的是，儿童的多动与儿童的正常淘气是完全不同的。那么，该如何对两者进行区别呢？

第一，注意的集中程度不同。多动儿童往往难以专注于某一项活动，注意力差，一点动静就会使其注意力分散，做事浮躁，缺乏坚持性，甚至连喜欢看的影视动画、小人书也不能坚持看完，学业成绩每况愈下。淘气儿童则不同，他们能够专注于当前的活动，注意集中性较好，无论是学习还是观看影视动画都能较长时间安静下来，能专心致志地完成相关的活动，因此其学业成绩均不差。

第二，目的性不同。多动儿童的活动缺乏目的性，行为混乱，没有章法。淘气儿童则不同，他们的活动有一定的目的性，行动有序，条理清晰。例如，当一个小学生取得好成绩时他会高兴得又蹦又跳，手舞足蹈，这是正常的、合乎情理的表现；但如果一个孩子的行为时常缺乏原因，莫名地发脾气、冲动任性，课堂上也不停乱动，无法控制自己，这就可能是多动的表现了。

第三，场合不同。多动儿童不分场合，在几乎所有的活动中都表现出多动，他们对多动行为的自我调节能力差，有些行为举止甚至让人难以理解。淘气儿童则不同，他们的好动行为不仅是合乎情理的，而且有较强的自我调节能力，会注意环境场合的条件是否允许。

美国医学心理学会于 1987 年提出了多动儿童的 14 条诊断标准。该学会进一步指出，一个儿童只要符合其中的 8 条标准，且持续时间在半年以上，那么该儿童就基本可以诊断为多动儿童。这 14 条标准分别是：(1)在座位上经常玩弄手、脚或蠕动身体；(2)不能按要求保持坐姿；(3)容易因无关刺激的干扰而分心；(4)无法在游戏或小组活动情境中耐心等待轮流的机会；(5)冲动性强，回答问题缺乏考虑；(6)对他人的命令难以遵守(并非由于不理解或反抗)；(7)注意力很难保持在游戏或任务活动上；(8)常常在一项活动还未来得及完成时却又去做其他事情；(9)无法安静地玩耍；(10)经常喋喋不休，说话过多；(11)经常打断或插进他人的讲话；

(12)无法用心地倾听他人的讲话;(13)常常弄丢日常生活中的常用物品(如玩具、书、笔等);(14)常常不计后果地冒险行动(如不顾来往的车辆情况就立即横穿马路)。

儿童多动的原因众说纷纭,截至目前还没有统一的确切结论。一般认为,儿童多动既有一定的先天遗传因素,也有社会环境因素。在先天遗传因素方面,个体发育迟缓滞后是儿童多动的一个重要根源。在社会环境方面,家庭生活环境嘈杂,环境污染导致儿童体内铅超标也是儿童多动的重要原因。此外,不良的家庭教养方式以及学校教师的不当教育都可能导致儿童多动。

二、焦虑

焦虑是指个体对现实或未来事物的价值特性可能出现严重恶化趋势所产生的一种紧张、忧虑、烦恼等不愉快的复杂情绪状态。

正常人面对特定的情境也可能产生焦虑情绪,但程度较轻,为时较短。例如,学生在参加重要的考试前,跳伞运动员在初次跳伞前,一般都会有焦虑,这是自然正常的心理。但是,如果一个人莫名地、"杞人忧天"地担惊受怕,无法保持安静,时常感觉"如坐针毡",似乎像是"热锅上的蚂蚁",来回不停地走动,一会儿干干这,一会儿又干干那,总是心神不定,这就是不正常的焦虑症了。

儿童的不正常焦虑,主要表现为儿童对环境变化的反应过度敏感、多虑、缺乏自信,甚至毫无缘由地恐慌不安、哭闹不止、担心害怕、过度烦躁。同时,还伴有明显的自主神经功能失调症状,如呼吸急促、心慌气短、心跳加快、多汗、尿频、尿急、睡眠不安稳、做噩梦、说梦话、食欲不振等。不正常的焦虑症在各年龄段都可能发生,小学儿童尤为多见,没有明显的性别差异。小学生的过度焦虑主要表现为对陌生环境、学业成绩反应敏感,担心害怕,甚至惶恐哭闹。这类儿童对同学的议论、老师的评价和日常生活中看似很小的事情,均表现得非常敏感和不安。

根据产生原因和症状特点,焦虑可以分为三种不同的类型。一是分离性焦虑,主要表现在孩子与亲人分离时。此时,儿童莫名地担心亲人一去不回,从而表现出明显的焦虑反应:心事重重,过分地烦躁不安,并伴随有胸闷气短、恶心头痛等躯体不适。这样的儿童对父母过分依恋,既不愿离开父母,也不准父母远离。二是过度性焦虑,小学生居多,且女生明显多于男生。过度性焦虑的儿童常常表现出对未来的过分担忧和不切实际的烦恼。比如,常担心自己完不成学习任务,担忧自己学习变差,害怕同学嘲笑、老师批评、父母责备,无端地忧虑自己在他人心目中的地位,表现出惴惴不安、焦躁烦恼。此类儿童性格比较温和、自信心不足、胆小怕事、对外界事物反应敏感。三是社交性焦虑,多见于小学低年级儿童。这类儿童在与人交往时常常会表现出紧张、害怕、局促不安的情绪。每当接触陌生人或陌生环境时,会表现出持久而过分的紧张、不安和烦躁的情绪,难以适应新环境,难与人正常交往,甚至采取回避行为。

儿童焦虑产生的原因主要有以下三个方面。一是自我期望过高。部分儿童,尤其是小学高年级儿童,做事认真仔细,尤其是老师吩咐的事情,牢记于心,时刻惦记,生怕辜负老师的期望;有的孩子则对自己在老师和班级中的地位特别在意,希望自己各方面都优秀。这些严苛的要求容易给自己带来极大的心理压力,导致当预期目标无法实现时而产生一些负效应。通常,成功的愿望越强烈,对批评、指责或失败的担心就会越大,焦虑不安的情绪就会越严重。二是家庭的影响。父母的心理健康状况会对儿童的焦虑心理产生重要的影响。父母的焦虑情绪会直接传递给孩子。此外,家庭成员关系不和睦、父母离异、亲人去世等重大生活事件都容易使儿童产生焦虑情绪。三是不当的教育方法。娇惯、溺爱等不当的教育方式会使孩子独立性差,依赖性强。一旦他们离开父母,走出家门,便会在面对社会、处理人际关系时显得手足无措,从而产生严重的焦虑反应。此外,对孩子过高要求,过严管教,也容易使孩子精神高度紧张,从而产生严重的焦虑反应。

三、厌学

厌学就是对学习不感兴趣,不爱学习,讨厌学习。一提到学习,厌学的儿童就会心烦意乱、焦躁不安,他们对学习有一种难以言语的苦闷感,对家长或教师的抵触情绪明显,学业成绩不佳,部分儿童还伴有品德问题。经常性无故地迟到、早退、逃学、旷课,学业拖拉、抄袭作业,甚至辍学等都是小学儿童厌学的具体表现。

儿童厌学的原因是多方面的。第一,儿童心理发展的不成熟性。厌学儿童虽然智力发展正常,但适应能力不足,表现为:对学校的快速学习生活节奏和激烈的竞争难以适应;意志薄弱,自制力差,一旦遭遇挫折,便不知所措,缺乏积极进取的精神;求知欲差,对知识缺乏探究精神,对学习丧失兴趣;自信心不足,一旦受到同学的嘲讽,家长的指责,教师的批评,就容易丧失信心,甚至自暴自弃。第二,家庭不良教育的影响。有的家长不顾实际情况,一厢情愿地对孩子期望过高,望子成龙、望女成凤心切,导致对孩子要求过于苛刻,从而使孩子背负沉重的心理负担,害怕失败,感觉无论如何努力都难以达到父母的要求,从而产生逆反心理。久而久之,孩子在内心深处就抵触学习,甚至产生痛恨学习的不良情绪。有的家长则相反,他们对孩子持一种放任自流的不良教育态度,对儿童缺乏管教,要求很低甚至没有要求,他们忙于自己的事务,甚至沉溺于娱乐或赌博活动,缺乏对儿童学习的监督和鼓励,久而久之,儿童也会逐渐丧失学习的兴趣和动力。有的家庭争吵不休,家庭氛围长期紧张,有些父母甚至将自己的矛盾转嫁到孩子身上,把孩子当出气筒。在这种不良的家庭环境下,孩子必然会心事重重,失去对学习的兴趣。第三,学校管理不当的影响。有的学校对学生要求过于严厉而刻板,学校管理漏洞百出,学业任务繁重,学校生活单调乏味,校园欺凌时有发生,从而导致部分学生产生厌学和逃学的行为。

四、强迫

强迫是一种常见的现象,如外出锁门离开后,多次返回,反复检查门锁上锁情况。这种强迫现象如果重复次数不多,没有对当事人造成心理困扰,也不影响其正常学习、工作和生活就属于正常现象。在小学儿童中,这种正常的强迫现象比较常见。比如,看到一幢楼就忍不住要去数楼有多少层;上楼梯就要忍不住数有多少级台阶;等等。一般地,这些行为都不影响儿童的学习和生活,也不激起不良的情绪反应,随着年龄的增长会逐渐消失,因而属于正常的现象。但当这种强迫现象表现出呆板、机械重复的行为,明知不必要,想摆脱却又无法摆脱,主观上已经有明显的痛苦感,且对当事人已造成严重的困扰时,就可以考虑为病理性的儿童强迫。病理性的儿童强迫现象多见于小学四年级以上的高年级学生当中,主要表现在强迫行为和强迫观念两个方面。

病理性的儿童强迫行为主要包括以下四种:一是强迫性洗手,手一触碰到东西就忍不住要洗手,一天可多达几十上百次,每次可持续几分钟到十几分钟。二是强迫性计数,如走路时不停地数电线杆,上下楼时反复数阶梯,上课时反复数书本的页数或是反复数书本中人和物的数目等。三是强迫性自我检查，如不停地核对作业，反复检查书包里的东西，不停检查衣服鞋袜是否收放整齐等。四是刻板的仪式性动作或其他强迫行为，如反复摇头，反复玩弄手指，进门要先迈左脚，睡前先脱鞋袜等。

病理性的儿童强迫观念主要包括以下三种：一是强迫回忆。对做过的事，无论重要与否，总是反复地回忆，明知没有必要但却无法控制。二是强迫疑虑。如考试交卷后总反复怀疑自己没有写姓名等信息，信件寄出后反复怀疑自己没有写清地址或者没有贴好邮票。三是强迫性穷思竭虑。日常生活中，对一些事情或现象发生的原因进行没有意义的反复思考，明知荒唐却又难以克制。如反复思考一天为什么是24小时？人为什么只有2条腿？等等。

病理性儿童强迫是多种原因造成的。第一，儿童个人的性格因素。研究显示，强迫性人格是病理性儿童强迫产生的内在基础。多数强迫症患者都有一种完美主义的性格特征。他们做事喜欢追求完美、爱钻牛角尖，做事过于认真、缺乏灵活性，生活单调、严于律己，但总是存有不完美的感觉。第二，家庭影响。父母对儿童缺乏爱抚或者要求过分苛刻都可能对儿童造成强迫倾向。同时，父母内向、偏激的性格或有明显的强迫行为有可能对儿童造成影响。第三，突发的精神刺激。比如，父母离异、亲人去世等重大生活事件的打击，容易导致儿童忧心忡忡，心神不宁，从而诱发儿童强迫。

五、学习困难

学习困难，又称学习缺陷、学习无能等，是指儿童在求知、听讲、说话、阅读、书写、推理或算术等学业行为上出现重大困难，且这种困难主要是由个体内部因素造成的。儿童常见的学习困难主要有阅读困难、计算困难、拼音困难和书写困难。阅读困难是指儿童的阅读能力远低于同龄孩子的平均水平，不能正确辨认字母、单词或不能逆向阅读，不能将字母和发音联系起来朗读，理解力和语言表达力较差，有时甚至分不清上下、前后、左右等方位，无法做出应有的回应。计算困难是指儿童加减乘除的运算能力差，心算能力和几何空间判断力弱，运算时经常出错，数学成绩差。拼音困难是指儿童不能正确地拼读出音节，读字发音错误，对某些字母或音节发音特别困难，对字母的识别力较差。书写困难是指儿童无法把看到的字词写下来，无法把想到的事物形象地画出来。

学习困难可以从以下三个方面来判定。第一，困难的集中性，即学习困难主要表现在语言或算术的基本心理过程中。第二，成绩的差异性，即学习困难儿童的智力是基本正常的，但其学业成绩却远远低于同龄孩子的平均水平。第三，行为的缺陷性，即在很多科目上都能学得很好，但却无法完成其他儿童很容易完成的事情。研究发现，小学二、三年级是学习困难发生的高峰时期，而且男生明显多于女生。

学习困难是多方面原因共同引起的。第一，发育迟缓。部分儿童由于发育迟缓导致学习容易疲劳，无法专心学业，记忆力下降，导致学业成绩低下。第二，神经生理类型特殊，注意力涣散。部分儿童受特殊神经生理的影响，导致无法集中注意力，活动过多，冲动任性。第三，某些能力发展滞后。部分儿童虽然智力的总体水平是正常的，但智力不同成分的发展水平不均衡，如阅读能力或运算能力滞后，从而导致其学业成绩显著低于同龄群体的平均水平。

六、说谎

说谎是一种明知故犯的行为，是指儿童明知自己所说的话与实际情况不相符合或与实际情况完全不同，却仍然胡乱编造，以便获取相关好处或达到某种目的。儿童说谎有三种不同的表现：一是故意歪曲事实，二是夸大事实，三是无中生有地捏造事实。儿童说谎的目的，通常是为了取悦他人、掩饰自身缺点以免受惩罚。一个孩子偶尔的说谎是可以理解的，但经常说谎就应引起老师和家长的关注了。

儿童说谎的原因众多，主要有以下八个方面。一是出于本能的自卫，以免受到伤害。二是出于回避现实，需要谎言来抚慰自己的痛楚。三是出于模仿，不自觉地从身边的成人身上或影视作品形象身上学习而来。四是虚荣心的推动，试图靠说谎来抬高自己，满足自己的虚荣心。五是好奇心的召唤，希望通过说谎来满足自己对新活动和新知识的好奇心。六是出于嫉妒心的驱使，试图通过说谎来诋毁他人，抬高或掩饰自己。七是出于外界的压力。八是受到父母不当教育的熏陶。

七、任性

任性是指儿童听凭秉性行事，无所顾忌，恣意放纵，以求满足自己的目的，否则就哭闹发脾气，无论如何哄劝都无济于事，甚至赌气离家出走。

任性主要表现在三个方面。一是主动抗拒型表现。如儿童常说的“我不管”“就不行”等，并用哭闹、发脾气等方式来坚持自己的立场。二是消极对抗型表现。如拖延服从的时间，对将要做的事发牢骚，只按指示的表面意思去做，敷衍了事等。三是逆反型表现。对他人的要求采取背道而驰的做法，如被要求安静时，反而高声尖叫起来。

儿童任性是多方面原因造成的。第一，儿童心理发展的需要。人有两次心理叛逆期，第一次发生在3岁左右。此时，为了摆脱了成人的束缚，幼儿常常表现出不听话，固执任性。第二次心理叛逆期，发生在青春期，始于小学高年级。自我意识的增强使得他们希望能自主活动，而不是像以前一样受父母摆布，遇事也不愿听父母唠叨，不愿受成人的干预。第二，家庭教育的失误。有些父母对子女娇生惯养，有求必应。为了免麻烦，对孩子过于迁就，孩子一发脾气就不恰当地满足孩子的过分要求。久而久之，就逐渐养成了孩子任性的习惯。

八、抑郁

抑郁是指一种较持久的情绪低落状态，常伴有焦虑、思维缓慢、躯体不适、兴趣减退等症状。抑郁是一种常见的情绪，经过短时间的自我调整，通常可以恢复到正常状态。但如果抑郁持续时间较长，导致个体无法对情绪低落、兴趣减退、动力不足等症状进行自我调整，则可考虑是病理性的抑郁心理障碍。

通常，抑郁儿童会有以下六个典型表现。第一，情感淡漠。抑郁儿童在人际交往过程中对他人缺乏应有的情绪情感体验，对他人甚至亲人都显得十分冷漠，面无表情。在人际交往过程中，目光游移不定，很少正视交往对象，常眯眼斜视对方。第二，孤独离群。抑郁儿童的人际交往需求缺失，难以适应集体生活，整天沉浸在个人世界中，对周围的人和事无动于衷，漠不关心。第三，语言障碍。抑郁儿童的突出表现在于语言发育迟缓，平常寡言少语，显得安静本分。人际沟通过程中，他们常通过手势来表达自己的想法和要求，即使讲话，声音也非常小，使人无法听清楚，而且用词不准，词不达意。第四，智力发展不均衡。部分抑郁儿童的智力发展迟缓、滞后；另有部分抑郁儿童的智力发展虽然总体正常，但智力的不同维度发展不均衡。第五，行为单调。抑郁儿童常常会在较长时间内只专注于某种或少量几种游戏。他们的生活环境、衣着打扮、行为动作和生活习惯都比较呆板，一旦这种呆板的状态被外人打破，他们就会不高兴，甚至大发脾气。第六，交往障碍。抑郁儿童无法正常地与同龄伙伴相处，无法正常地与他人进行沟通交流，在与他人交流时，习惯于三言两语，动作十分拘谨，表情也不太自然。

国内外相关研究显示，抑郁儿童约占儿童总体的1%～2%。儿童抑郁的起因至今尚不明确。一般认为，儿童抑郁既有先天的生物因素，也有后天的心理和社会因素，如家庭教养方式不当、家庭环境不良等。有研究显示，许多抑郁儿童的父母都是知识水平较高的专业技术人员，他们终日忙于工作，对孩子照顾较少，与孩子的沟通交流也很少。

第三节　小学生心理健康教育

心理健康教育是指教育者根据学生生理、心理发展特点，运用心理学、教育学、社会学、行为科学乃至精神医学等多种学科的理论与技术，通过集体辅导、个体辅导、心理教育等多种形式，帮助学生自我认识，自我接纳，自我调节，从而充分开发学生潜能，促进其心理健康与人格和谐发展的一种教育活动。学校心理健康教育是素质教育的重要组成部分。开展心理健康教育对青少年学生身心健康成长和发展，思想品德的教育，以及社会主义精神文明建设都具有重要的意义。目前，许多中小学已经开始重视并开展心理健康教育相关活动。小学生心理健康教育的最终目标在于发展学生的心理素质，为提升他们未来的生活质量奠定基础。小学生心理健康教育的途径主要有开设心理健康教育相关课程，开设心理辅导活动课，在学科教学中进行心理健康教育内容的渗透，开展个体心理辅导和团体心理辅导等。

一、心理健康教育的产生与兴起

心理健康教育的产生与兴起，主要受益于19世纪末和20世纪初心理卫生、心理测量和职业指导这三个领域的发展及推动。

1. 心理卫生运动的推动

当代心理卫生运动的兴起始于如何正确认识和对待精神疾病患者。为之做出重要贡献的是美国人比尔斯。比尔斯1876年生于美国的一个富豪家庭，从小天资聪明，悟性很高，深得家长和老师的喜爱。比尔斯童年的生活平静而快乐，稍显遗憾的是他有一位患有癫痫的哥哥。每当哥哥癫痫发作时，总是四肢抽搐、口吐白沫，同时发出像羊一样的叫声，痛苦万分。哥哥癫痫发作时的样子令人十分害怕。但由于比尔斯自小就习惯了哥哥发病的情景，因而习以为常。1894年，比尔斯如愿进入美国名校耶鲁大学深造。进入大学后，他无意间从医学院的同学那里得知癫痫具有遗传性。此后，他开始感到恐慌，总担心自己有一天也会像哥哥一样癫痫发作。为此，他整天生活在恐惧、担忧和焦虑当中。这些负面情绪长年的累积最终将他压垮。1900年，他因担忧过度而胡言乱语，精神失常。因此比尔斯被送进了精神病院。他在精神病院受到了各种非人的折磨。在住院期间，他目睹了精神病人所受到的种种粗暴待遇和非人的生活，同时亲身感受到了社会对精神病人的歧视、偏见和冷漠。幸运的是，三年后，他居然奇迹般地痊愈出院了。出院后，比尔斯回顾自己的发病经历和治疗过程，他意识到精神疾病并非鬼魂附体所致，而是由于长期的担忧恐惧导致心理失衡所致，精神疾病的治疗不能采用简单粗暴的驱鬼方式而应从心理发展规律的角度进行施治。于是，他立志为改善精神病患者的治疗而努力。1908 年，他根据自己发病和在精神病院的亲身经历撰写并出版了《自觉之心》一书。在这本书中，他用生动的笔墨，历数了当时精神病院的冷酷和落后，详细记述了自己的病情、治疗和康复经过，并且向世人发出重视个体心理卫生的强烈呼声。该书出版后，得到了各方面的赞助和鼓励，心理卫生运动在美国逐步形成了一股热潮。随后，心理卫生运动在世界各地广泛开展起来。心理卫生运动的兴起引发了全社会对个体心理健康的重视，促使人们对儿童行为问题的关注，从而使心理辅导等成为学校心理健康的重要组成部分。

2. 心理测量运动的影响

心理测量运动的兴起与欧美义务教育的普及密切相关。19 世纪中后期，欧美等主要资本主义国家相继普及义务教育。义务教育在提升国民素质方面具有不可替代的作用，但也带来了一系列问题。最典型的就是，那些智力较弱、学习能力较差的儿童虽然进入了学校接受教育，但由于其智力发展水平明显低于同龄儿童，导致这些儿童在接受普通课堂教育时，无论如何努力，也不管老师如何教导，他们始终无法跟上正常的教学进度。这种现象使越来越多的人意识到，要使所有儿童都能从学校教育中有所收获，就应该将那些智力较弱、接受力和理解力较差的儿童识别出来，进行特殊教育。于是，1904 年法国教育部将如何科学有效地鉴别和诊断弱智儿童的任务交给了心理学家比奈。经过一年的努力，比奈与助手西蒙于 1905 年成功地开发了世界上第一个智力测验量表——《比奈-西蒙量表》。该量表由 30 个难度不同的试题组成，用以测试儿童的判断、理解和推理的能力，并加以鉴别。此后，《比奈-西蒙量表》几经修订，逐步发展完善。在二十世纪二三十年代，智力测验在美国风靡一时。心理测量运动的兴起使得学校心理健康教育有了更科学的工具和手段，同时也让学校心理健康教育有了更可靠的依据和保证。

3. 职业指导运动的贡献

职业指导就是对将要就业或者已经就业但觉得职业岗位不适合自己的个体的学历、智力、体力、性格、志向以及家庭与社会环境等多种因素进行综合分析，然后根据社会职业要求的情况做出职业方面的建议，使其能够选择更合适的职业，更好地胜任今后的工作，从而较好地完成个人职业定向。在以手工劳动为技术基础的农业经济时代，几乎没有就业与职业的概念，仅有的职业形式是基于简单的社会分工而形成的。工业革命后，随着劳动生产率的大幅提升，各种新技术、新发明的大量涌现，各种新兴行业相继出现，且各行业的内部分工也不断向纵深发展。于是，逐渐形成了大量相对独立的专业化职业岗位。职业种类开始向多样化和复杂化方向发展。然而，社会问题的复杂化使个体的就业、择业日趋困难，因而出现了职业指导的客观要求。为满足这一庞大的社会需求，英国学者费齐来于 1907 年在苏格兰首都爱丁堡建立了本地劳动局，开展职业指导，并开设职业教育和技能训练夜校班。1909 年，英国商务部建立了雇佣交流所，专门为即将就业的个体提供职业训练和职业指导服务。顺应这一社会趋势，心理学家也开始进入职业指导领域为即将就业的人员提供相应的咨询服务。1908 年，美国心理学家帕森斯在波士顿建立了地方职业局，从事职业咨询和职业指导活动。与此同时，为方便学校与用人单位的沟通，他还在学校设立了生涯指导所。为使职业指导可以惠及更多的个体，他 1909 年正式出版了《选择职业》一书，从而揭开了职业指导运动的序幕，奠定了现代心理辅导的基石。职业指导运动的兴起使人们认识到不仅心理疾病患者可以向心理专家进行相关咨

询，正常人只要存在困惑或矛盾都可以向心理专家进行相关咨询。因此，职业指导运动的兴起促进了咨询心理学与临床心理学的区分。人们开始认识到，心理辅导并不只是在治疗心理疾病方面才有用武之地，在社会生活的方方面面都有可发挥作用的空间。

二、小学心理健康教育的内容

根据2012年新修订的《中小学心理健康教育指导纲要(2012年修订)》[①]，学校心理健康教育的主要内容包括：普及心理健康知识，树立心理健康意识，了解简单的心理调节方法，认识心理异常现象，初步掌握心理保健常识和技能。学校心理健康教育的重点是认识自我、学会学习、人际交往、情绪调适、升学择业以及生活和社会适应等方面的内容。为了更好地达到教育效果，心理健康教育需要从不同年龄阶段学生的身心发展特点出发，做到循序渐进，设置分阶段的教育内容，具体如下。

1. 小学低年级学生心理健康教育主要内容

一般地，小学低年级学生心理健康教育的内容主要包括以下四个方面。第一，帮助学生全面认识学校、班级、在校日常学习生活环境、学校的基本规章制度和基本规则，初步树立纪律意识、时间意识和规则意识，使学生基本适应新的环境和新的学习生活；第二，引导学生感受学习的乐趣，重点培养和训练学生的学习习惯；第三，培养学生礼貌友好的交往品质，使学生乐于与老师、同学交往，在谦让、友善的交往中感受友情；第四，帮助学生形成基本的安全感和归属感，初步学会自我控制。

2. 小学中年级学生心理健康教育主要内容

一般地，小学中年级学生心理健康教育的内容主要包括以下六个方面。第一，帮助学生认识自己，了解自己；第二，初步培养学生的学习能力，激发学生的学习兴趣和探究精神，使其乐于学习，树立自信；第三，帮助学生树立集体意识，使其善于与同学、老师交往，培养学生自主参与各种活动的能力，使其形成开朗、合群、自立的健康人格；第四，引导学生从学习生活中感受解决困难的快乐，引导学生学会体验情绪并能正确地表达自己的情绪；第五，培养学生形成正确的角色意识，使其能适应不同的社会角色；第六，增强学生的时间管理意识，帮助他们恰当地处理学习与兴趣、学习与娱乐之间的矛盾。

3. 小学高年级学生心理健康教育主要内容

一般地，小学高年级学生心理健康教育的内容主要包括以下六个方面。第一，帮助学生对自己的优缺点和兴趣爱好形成正确的认识，使其在各种活动中能做到悦纳自己；第二，端正学生的学习动机，进一步提高学生的学习兴趣和学习能力，引导学生正确对待学习成绩，体验学习成功的乐趣；第三，对学生进行初步的青春期教育，引导他们开展健康的异性交往，促进良好异性关系的建立和维持，扩展人际交往范围；第四，协助学生克服学习上的困难，引导他们正确面对厌学等负面情绪，使其能恰当正确地体验和表达情绪；第五，引导学生积极发展亲社会行为，使其逐步认识自己与他人、社会、国家和世界的关系；第六，积极促进学生分析问题和解决

---

① 中华人民共和国教育部：《中小学心理健康教育指导纲要(2012年修订)》.《中小学心理健康教育》，2013年第1期.

问题能力的发展，为下一阶段的学习和生活做好准备。

三、小学心理辅导常用的技术

1. 行为疗法

行为疗法，又称行为矫治法，是根据学习心理规律和相关实验所确定的原理，通过对个体进行反复训练，最终矫正其适应不良行为的一类心理治疗方法，是以减轻或改善患者心理症状或不良行为为目标的一类心理治疗技术的总称。行为疗法认为：一切疾病都是机体某一部位的异常活动，都是个体在以往经历中通过条件反射、观察分析、临摹效仿等学习方式不断得到强化而形成的，是个体对周围环境适应不良的结果。行为疗法具有耗时少、针对性强、见效快、操作简便等优点。根据不同的理论，行为主义者发展出了许多疗程短、见效快的行为疗法，主要包括放松训练法、系统脱敏疗法、强化疗法、冲击疗法和厌恶疗法等。

(1)放松训练法。

放松训练法是指使机体从紧张状态松弛下来的一种行为治疗方法，其目的在于通过肌肉放松，最终达到缓解、消除个体紧张、焦虑等心理症状的目的。放松训练法通过一系列有目的、有计划、有规律的训练，使个体学会从心理上和躯体上进行放松，有意识地控制其身心活动，降低唤醒水平，最终随着身体肌肉紧张的消除，人的紧张、焦虑等心理症状也会随之得到改善，从而恢复其身心健康。放松训练需在安静的环境中进行。在进行放松训练时，练习者必须做到：第一，呼吸平缓，精神专一，注意集中，心神安定，循序渐进，用心体验；第二，态度积极，对放松训练的效果充满信心；第三，注意保持身心舒适，闭目以减少外来的干扰，并要注意留有充分的时间，以便细心体会由紧张到放松的感觉。

事实证明，放松训练在调整个体大脑皮层和内脏器官的功能，特别是自主神经系统的功能方面具有显著的疗效。对于缓解心因性躯体症状，如头晕、头疼、失眠等，放松训练也有一定的疗效。在治疗学生因紧张、焦虑而害怕考试或不敢当众发言方面，效果也十分明显。此外，放松训练对于正常人的身心保健，如消除紧张、减缓压力等，也具有积极的效果。

放松训练主要有渐进性肌肉放松和生物反馈辅助下的放松两种类型。渐进性肌肉放松无禁忌证，老少皆宜。具体操作时可采取舒适的坐位或卧位，按照自上而下的顺序，先逐步对躯体各部位的肌肉进行收缩 5～10 秒，配合深吸气，用心体验躯体紧张的感觉，然后完全放松 20～30 秒，配合深呼气，用心体验躯体松弛的感觉，如此循环，反复进行。渐进性肌肉放松既可针对全身肌肉，也可针对某些部位的肌肉进行。练习时间可根据放松训练的肌群范围进行灵活掌握。

生物反馈辅助下的放松是借助现代化电子仪器进行的放松训练。该方法将人体内一些不易感觉到的自主神经活动信息(如心率、脉搏、呼吸频率的变化)通过电子显示器反馈给练习者，使个体根据这一反馈信息调整自己的行为，学会调节自身的身心活动，最终实现身心放松、消除症状的目的。常见的生物反馈仪有肌电反馈仪、皮肤电反馈仪、皮肤温度反馈仪、脑电反馈仪、胃酸反馈仪和心率血压反馈仪等。不同生物反馈仪的适应证各不相同。肌电反馈仪适用于针对各种有紧张焦虑情绪、失眠、偏头痛、紧张性头痛等身心疾病患者进行的放松训练，也适用于对某些肢体瘫痪患者的康复训练。皮肤电反馈仪适用于针对焦虑症和神经衰弱症等患者进行的放松训练。皮肤温度反馈仪适用于针对偏头痛、紧张性头痛等身心疾病患者进行的放松训练。脑电反馈仪适用于针对焦虑、失眠、神经衰弱等患者以及运动员进行的放松训练等。胃酸反馈仪适用于针对消化性溃疡等疾病患者进行的放松训练。心率血压反馈仪适用于针对原发性高血压、心律失常、冠心病等心血管系统疾病患者进行的放松训练。

(2)系统脱敏疗法。

系统脱敏疗法，又称交互抑制法，由沃尔普于1958年创立。在进行系统脱敏治疗时，治疗师必须诱导个体逐渐地暴露在导致其紧张、焦虑的情境中，与此同时，引导个体通过放松训练来对抗这种紧张、焦虑，进而达到消除紧张、焦虑的目的。系统脱敏疗法主要适用于治疗恐惧症、焦虑症、人际关系紧张、厌学症等。该疗法的基本原理就是沃尔普提出的交互抑制作用理论。沃尔普指出，与动物一样，人的肌肉放松与情绪紧张状态是一种对抗过程，当一种状态出现时，另一种状态必然会被抑制。在全身肌肉放松的状态下，个体的呼吸、心率、脉搏、血压、肌电、皮电等各项生理指标都会呈现出与焦虑状态完全相反的变化。换句话说，如果能使个体的躯体得到放松，那么其紧张、焦虑的症状也就可以消除了。

根据交互抑制作用理论，系统脱敏治疗须从引起个体较低水平焦虑或恐惧反应的刺激开始。一旦该刺激不再引起个体焦虑或恐惧反应时，治疗师就须向个体呈现另一个略强的刺激。如果个体能忍受一个刺激所引起的焦虑或恐惧反应，经过多次反复的呈现与脱敏，他便不再会对该刺激产生焦虑或恐惧反应。这样，治疗目标也就达到了。

因此，系统脱敏治疗的关键在于建立一个由弱到强的焦虑层次表，然后根据焦虑层次表循序渐进地放松肌肉。当个体进入第一个焦虑层次时，立即放松肌肉。当个体对该焦虑层次不再感到紧张害怕时，便引导患者进入下一个焦虑层次，直至最后一个焦虑层次。

(3)强化疗法。

强化疗法，也称操作条件反射疗法，是指在操作条件反射理论的基础上，系统地应用强化手段以增加适应性行为，减少或消除不适应行为的心理治疗方法。例如，某小学生在课堂上举手回答问题，不管其回答是否正确，教师都给予赞扬和鼓励，从而使得该生在今后的课堂上更喜欢举手回答问题，这就是强化的结果。强化疗法是一系列心理治疗方法的总称，包括行为塑造技术、渐隐技术、情境诱发技术、正强化技术、内隐强化技术、代币强化技术和消退技术等。

在使用强化疗法进行行为矫正时，须注意以下四点：一是采取科学合理的强化措施，注意强化好的行为；二是注意控制其他强化物，避免外界因素的干扰；三是要持之以恒，不得中途随意放弃；四是注意保障矫治对象的生命安全。

(4)冲击疗法。

冲击疗法，又称满灌疗法、暴露疗法，是与系统脱敏疗法原理和操作方法基本相同的一种心理治疗方法，主要通过让患者直接接触或暴露在引起其恐惧或焦虑情绪的情境中，直至其恐惧和焦虑情绪最终消除的一种快速心理治疗方法。与系统脱敏疗法不同的是，冲击疗法更直接、更快捷，不用建立焦虑层次表，只需让个体直接接触恐惧或焦虑情境。冲击疗法适合于有恐惧和焦虑倾向的个体，同时，个体的求治欲望应比较强烈，能够相信并积极配合治疗师制定的治疗方案。由于冲击疗法会引起个体较强的身心反应，为防止出现意外，需要对个体进行详细的躯体检查，排除各种严重心血管疾病患者、中枢神经系统疾病患者、严重呼吸系统疾病患者、躯体虚弱患者和各种精神疾病患者。

(5)厌恶疗法。

厌恶疗法，也有人称之为对抗性条件反射疗法，是指当个体出现某种不良行为习惯时，就立即给予相应的惩罚，使其因此产生厌恶感，从而使得这种不良行为习惯很少出现或不再出现的一种行为治疗方法。厌恶疗法具有疗程短、效果好的优点，比较适用于嗜酒、吸毒、抽烟、口吃、行为怪癖、性行为变态、强迫观念等的治疗。常用的厌恶疗法主要有电击厌恶疗法、药物厌恶疗法、想象厌恶疗法和橡皮圈厌恶疗法等。值得注意的是，由于厌恶疗法会给个体造成不愉快甚至痛苦的体验，因而使用时须谨慎，不要经常使用。

2. 认知疗法

认知疗法是指根据个体的认知、态度直接影响其情绪和行为的理论，运用一定的技术和手段以改变个体不良或不正确认知，最终消除其不良情绪和行为的一系列心理治疗方法的总称。认知疗法在实践中将运用多种认知技术和行为技术来纠正个体的歪曲认知，其中运用较多的有现实评价技术、疏导技术、合理情绪疗法和贝克认知疗法等。限于篇幅，这里只简单介绍现实评价技术和合理情绪疗法。

(1)现实评价技术。

一般地，人在药物作用、酒精作用、疲劳、精神紧张、心理过度警觉的情况下可能出现歪曲的感知。如，吸食致幻剂类药物或毒品后，个体出现飘飘欲仙的感觉；喝醉酒后，人的言行举止就可能丑态百出；疲劳驾驶会使司机出现幻觉等。当出现这类歪曲认知时，只要人们注意调整自己的身心状态就可以使认知恢复正常，从而健康地适应社会。

可是，有些时候，普通人在正常情况下，由于某种外界环境的影响，也可能产生歪曲的感知，这种歪曲的感知会进一步影响人们的情绪和行为。对于这类歪曲认知，必须运用相应的专业知识才能较好地予以纠正。基于"人的情绪和行为受歪曲认知影响"的原理，现实评价技术主张通过充分运用现实，对人的歪曲认知进行论证、冲击，使个体最终能依据现实修复认知，最终达到稳定情绪、调整行为的目的。在治疗实践中，该技术的操作可以分两步进行。

第一步，治疗师必须从个体的陈述中帮助个体找出其不合理的认知，并让他们对自己思想和认知上的局限性有充分的认识。在干预过程中，治疗师应向个体解释清楚：受感觉器官功能的限制，人对现实的感知不可能完全反映现实，最多只能接近现实；同时，受个体知识经验、教育水平、生理变化和周围环境等因素的影响，个体对感知的解释可能出现歪曲。

第二步，引导个体善于通过运用现实、求证他人来检验自己的认知。通常，个体并不会简单地放弃自己的信念，他们会寻找各种理由为其歪曲的认知辩解。因此，治疗师应结合具体事例，从具体到一般，从感性到理性，反复向个体分析说明，使其真正认识到其认知上的不合理性，帮助其学会以合理的认知代替那些不合理的认知。在心理干预过程中，治疗师需要引导个体走出自己的思维框架，了解他人对自己的真实评价，承认并修正自己原有的歪曲认知，才能最终减轻症状，恢复健康。

(2)合理情绪疗法。

合理情绪疗法(rational-emotive therapy，简写为 RET)，也称理性情绪疗法，是由美国心理学家艾里斯于 20 世纪 50 年代创立的一种认知心理治疗方法。因其在认知矫正过程中采用了行为治疗的一些技术和方法，故又被称为认知行为疗法。它以改变个体的不合理认知为主要治疗目标，力图通过认知和行为的方法，改变个体的不合理的思维方式，从而最大限度地减少不合理认知给个体带来的消极影响。合理情绪疗法的核心是艾里斯对人性的理解和情绪 ABC 理论。

艾里斯对人性的理解可以概括为三个基本要点。第一，人既是有理性的，也是无理性的。当人们按照理性去思维，去行动时，他们就是愉快的。第二，情绪伴随着人的思维而产生。不合理的思维是导致个体情绪或心理困扰的主要原因。第三，人具有生物学和社会学的双重属性，生物属性使个体表现出非理性思维，社会属性使个体表现出理性思维。因此，每个人都必然存在一些非理性思维。

ABC 理论中，A 是短语“activating events”的首字母，是指外来的激发性事件；B 是英文单词“beliefs”的首字母，是指激发性事件发生后，个体对该事件的信念、看法、解释；C 是英文单词“consequences”的首字母，是指由 B 引起的情绪和行为结果。一般地，人们往往认为，激发性事件 A 直接引起了个体的情绪和行为结果 C。但艾里斯认为，这样的观点有失偏颇。实际上，激发性事件 A 只是引起个体情绪和行为结果 C 的间接原因，人们对激发性事件所持的信念、看法、解释 B 才是引起个体情绪和行为结果 C 的直接原因。

合理情绪疗法认为，个体的情绪困扰和行为不适都来源于个体的非理性观念。艾里斯指出，不合理信念在个体身上存在越多，其出现心理障碍的可能性就越大。合理情绪疗法的关键在于通过对个体不合理观念的侦查、质疑和辩驳，改变个体的非理性观念，减轻他们由此而产生的各种不良情绪。

那么，如何识别个体的非理性观念呢？合理情绪疗法总结出了非理性观念的三个典型特征。

第一，绝对化要求，是指个体只根据自身意愿，坚持认为某一事件必然会发生或不会发生。绝对化要求常常与“应该”“必须”“一定”等词联系在一起。如“父母必须为我安排好一切”，“好朋友就必须为我两肋插刀，替我着想”，“大家都应该听从我的安排”等。生活中，每个人都希望能心想事成、万事如意。然而，“世间之事不如意者十之八九”。万事万物都有其发生、发展及变化的规律，不可能以某个人的主观意愿为转移。世间的人和事都不可能以某个人为中心，围绕某个人转。因此，一旦事情的发展并未遂其意愿时，持有非理性信念的人就会感到不适，难以接受，从而产生挫败、失落、自责或忧郁等消极情绪。

第二，过分概括化，是一种以偏概全、以一当十、只见局部不见整体的非理性思维方式。例如，认为长相漂亮的人能力就强；因为某次和领导打招呼没有得到回应，便认为领导对自己有意见，今后没有前途；别人做错了一件事情，就认定此人十恶不赦，不可饶恕；等等。具有这类非理性思维方式的个体很难接受“人非圣贤孰能无过”的现实，无法客观、公正、全面地认识、评价自己与他人，容易出现“两豆塞耳，不闻雷霆”的心理倾向，从而自暴自弃、怨天尤人，进而产生抑郁、焦虑、人际敏感、愤怒、敌对等消极情绪，甚至出现偏激行为。

第三，糟糕至极，是指当不如意的事情发生时，便认为其后果十分可怕，糟糕至极，甚至是灭顶之灾，因此陷入抑郁、焦虑的消极情绪体验之中，甚至产生轻生的行为。例如，因为和朋友吵了一架，便感叹世态炎凉，人情冷暖薄如纸，活着没什么意义；因为一次考试不理想，便认为自己没有能力，这辈子都没什么指望。实际上，对于任何不如意的事情来说，都可能存在比它更可怕、更糟糕的情形，人世间没有任何一件可以界定为糟糕透顶的事情。因此，面对各种不如意的事情时，每个人都要学会去客观认识它，努力接受它，尽力地去改变它，当一时改变不了时，则应努力去适应它。

在治疗实践中，合理情绪疗法分四个步骤进行。

第一步，诊断阶段。治疗师根据摄入性访谈所收集到的资料，运用情绪 ABC 理论对个体的问题进行初步分析和诊断。通过分析，找出个体当前所存在的不良情绪和不适应行为的具体表现 C，引起个体不良情绪与不适应行为 C 的激发性事件 A，个体对激发性事件 A 的不合理信念 B。通过分析，明确个体当前的问题是由于其不合理的认知所引起的，从而确定采取合理情绪疗法进行治疗。此外，治疗师还应直接或间接地向个体介绍情绪 ABC 理论的基本原理，使其能够认识到 A、B、C 之间的关系，并使其能结合自己的问题予以初步分析。虽然这一工作并不一定要涉及求助者具体的不合理信念，但它却是以后几个心理辅导阶段的基础。如果个体不相信自己的问题根源在于他对事物不合理的看法和信念，那么以后的干预就难以进行。在这一阶段，治疗师应重点关注个体当前的心理问题，而不应过于关注个体过去的经历，否则可能阻碍合理情绪疗法的顺利进行。

第二步，领悟阶段。治疗师在前一阶段寻找和确认个体不合理信念的基础上，要使个体更深一步地领悟到，他的心理困扰之所以延续至今，不是因为早年创伤性生活经历的影响，而是因为他目前所持有的不合理信念引起的，并逐步帮助个体梳理清楚不合理信念与其心理困扰之间的关系，使其明白只有改变自己目前所持有的不合理信念，才能真正减轻或消除现在的各种心理症状。

第三步，修通阶段。这是合理情绪疗法中最主要的部分，是各种认知、行为技术和方法运用实施的阶段。在这一阶段，治疗师需要运用认知、行为等多种技术和方法，积极引导个体从自己的思维方式中寻找、修正或放弃各种不合理的信念，使他们认识到不合理信念的片面性、狭隘性，并努力让他们用合理的信念代替原有的各种不合理信念，使其症状得以减轻或消除。信念辩论技术、合理自我分析报告、合理情绪疗法自助表和合理情绪想象技术等方法是治疗师在这一阶段常用的方法。

第四步，再教育阶段。再教育的目的是对治疗效果进行巩固，并最终结束治疗。在这一阶段，治疗师不仅要帮个体认清并主动放弃某些特定的非理性观念，而且要从改变个体常见的非理性观念入手，帮助其学会用理性的思维方式取代非理性的思维方式，以免再次成为各种非理性观念的受害者。自信训练、信念辩论技术、放松训练、合理自我分析报告、问题解决训练、合理情绪疗法自助表、社交技能训练和合理情绪想象技术等方法是治疗师在这一阶段常用的方法。

运用合理情绪疗法须注意把握以下两点：一是合理情绪疗法有一定的适用范围，而非放之四海皆准的真理，合理情绪疗法比较适合治疗那些由于头脑中不合理认知而造成情绪困扰的个体；二是运用这种方法之前，一定要向个体直接或者间接地解释清楚情绪 ABC 理论，使其在内心深处领悟到不合理信念与情绪困扰的关系，只有这样才能取得较好的治疗效果。

拓展阅读

《2010～2020 中国内地小学生心理健康问题检出率的元分析》[①]节选

研究表明，我国小学生心理健康问题的检出率由高到低依次是睡眠问题、抑郁、焦虑、攻击行为、退缩、违纪行为和躯体化；其中前三项检出率偏高，后四项检出率较低，说明小学生

① 黄潇潇、张亚利、俞国良：《2010～2020 中国内地小学生心理健康问题检出率的元分析》.《心理科学进展》，2022 年第 5 期.

整体心理健康状况尚可。初中生的心理健康问题中，焦虑、抑郁和自我伤害检出率排在前三位，接着是自杀意念和睡眠问题；上述问题随年代发展呈恶化趋势，其中焦虑和自杀意念尤为明显；检出率整体上随年级而增加，其中焦虑尤为明显；女生的心理健康问题检出率高于男生；中西部地区的初中生比东北和东部地区更容易出现心理健康问题。高中生心理健康问题的检出率排在前四名的依次是抑郁、焦虑、睡眠问题和自我伤害，上述诸问题较为严重；随后是自杀意念、躯体化、自杀计划和自杀企图（未遂）；对高年级、欠发达地区高中生的心理健康问题应予以重点关注。大学生心理健康问题的检出率，以睡眠问题、抑郁、自我伤害最为突出；近 10 年大学生焦虑、抑郁、睡眠问题和自杀未遂的检出率显著上升，自我伤害的检出率显著下降；东北和中部地区大学生的心理健康状况优于西部和东部；性别、生源地、独生与否对大学生心理健康问题检出率的影响均不显著。此外，测量工具、检出标准、检出时间等因素是导致大中小学生心理健康问题检出率不一致的重要原因。

练习题

1. 结合实际谈谈心理健康的衡量标准和影响因素。
2. 试述小学生认知发展和品德发展的特点。
3. 评述小学生多动和学习困难的主要特点。
4. 试述合理情绪疗法的原理和操作步骤。

第十二章 小学教育评价

学习目标

通过本章的学习，你将：

1. 理解教育评价的概念和意义；
2. 掌握小学教育评价的模式；
3. 熟练掌握小学教育评价的方法；
4. 了解我国小学常见教育评价。

第一节 教育评价概述

一、教育评价的含义

教育评价是指在一定教育价值观的指导下，依据确立的教育目标，通过使用一定的技术和方法，对所实施的各种教育活动、教育过程和教育结果进行科学判定的过程。

教育评价的内涵，可以从三个方面进行理解：

首先，教育评价的实质是价值判断或优劣的判断。既不单是对教育现象的客观描述(现象的量的和质的描述)，也不是纯技术性的工作，而是以教育情境中客观事实作为基础进行的一种价值判断或优劣判断。

其次，教育评价的直接对象是教育活动、教育过程及其效果。同时，在教育过程中影响教育效果的因素是多元的，如课程、教学、行政、人员、设备、经费、制订的计划、计划的实施等因素均与教育效果紧密相关，也应属于评价的对象。

再次，评价必须有相应的标准以便进行比较鉴别。教育评价的标准确定为教育价值观或教育目标，从教育目标中导出评价标准，教育效果优劣与否的判断必须以教育目标作为基础。

二、教育评价的功能

教育评价的功能是指教育评价活动本身所具有的能引起评价对象变化的作用和能力。它通过教育评价活动与结果，作用于评价对象而体现出来。其功能的内容取决于评价活动的结构及运行机制，具体功能有鉴定功能、导向功能、激励功能、诊断功能、调节功能、监督作用、管理功能、教育功能。

1. 鉴定功能

教育评价的鉴定功能是指教育评价认定、判断、评价对象合格与否、优劣程度、水平高低等实际价值的功效和能力，它是与教育评价活动同时出现并始终伴随着教育评价存在的。由于教育评价是依据一定的标准进行的，这就决定了教育评价对评价对象具有鉴定优劣、区分等级、排列名次、评选先进、资格审查等鉴定功能。鉴定功能是教育评价的基本功能，其他功能是在科学鉴定的基础上实现的，只有认识对象才能改变对象。

“鉴定”首先是“鉴”，即仔细审查评价的对象，然后才是“定”结论。科学的鉴定应该在事实判断之后才作价值判断。如在新建普通高校的合格性评价中，根据评价结果，可以公布合格者名单，并发给鉴定合格证书；责令不合格者限期整顿、停止招生或停办，就是运用了教育评价的鉴定功能。教育评价的鉴定功能，既能为领导决策提供参考依据，在教育发展中发挥积极的促进作用；也能使学生增加课业负担和心理负担，产生一定的消极影响。目前，我们取消小学百分制，实行“等级＋特长＋评语”的学生评价制度，正是为了消除这种消极影响。

由此可见，评价者只有通过评价，根据被评价者达到目标的程度，才能给予恰如其分的不同对待，进行有针对性的正确指导，以促进工作的进步；被评价者也只有通过评价，才能确切地了解自己与评价目标的差距，明确自己的努力方向。

2. 导向功能

教育评价的导向功能是指教育评价本身所具有的引导评价对象朝着理想目标前进的功效和能力，这是由评价标准的方向性决定的。在教育评价中，对任何被评价对象所作的价值判断，都是根据一定的评价目标、评价标准进行的。

教育评价可以通过以评价目标、指标和内容体系为核心的导向机制的引导，为政府教育行政部门指明工作方向，为学校指明办学方向，为教师和学生指明教与学的努力方向。为此，教育评价的评价目标、指标和内容体系要体现教育的方向性和客观性，符合现代先进的教育观念与思想，体现国家教育方针，符合教育发展的实际。教育评价可以通过以评价机构、人员为核心的调控反馈机制的不断反馈调节，使政府教育行政部门、学校领导与教师的工作不断完善，不断地逼近理想目标，使学生的学习不断地强化，不断地改进提高。

其功能的充分发挥，在于使教育活动以教育目标为起点，以教育目标的实施过程为关键，以教育目标的最终实现为归宿；在于使教育者与受教育者的工作、学习和行为能够通过评价不断地接近目标，达到目标，使趋向目标的行为得到强化，背离目标的行为得到弱化；在于使教育评价对象思想上产生与形成自觉地按目标的要求和步骤而进行教育活动的意识。

3. 激励功能

教育评价的激励功能是指合理有效运用教育评价，能够激发和维持评价对象的内在动力，调动被评价者的内部潜力，提高其工作的积极性和创造性，从而达到教育管理的目的。评价的激励功能是分等鉴定的必然结果，它也包括对后进的单位与个人的督促作用。这是因为在被评价对象比较多的情况下，这种不同的等级会使个人与个人、单位与单位之间进行不自觉的比较。这对被评价对象来说，是一个积极的刺激和有力的推动。因为在一般情况下，被评价对象无论是个人还是单位，都有获得较高评价和实现自身价值的愿望，这是人类普遍存在的一种心理趋向。恰如其分的评价结果能给人以心理上的满足感，从而激励人们不断进取。对于先进的单位和个人来说，评价的结果是对自己过去成绩的肯定与表扬，会对成功的经验起强化作用，使被评价者更加努力更加主动，以保持或取得更好的成绩；对于落后者，评价的结果则是一种有力的鞭策，如果仍不努力就会被拉得更远。

要发挥这种激励作用，应注意评价指标的制定不可过高或过低，这两种情形都不利于积极性的调动，最适宜的指标应定在大多数被评价对象经过努力能够达到的程度，因此必须将条件评价、过程评价和形成性评价有机结合起来。如评价一位原来各方面表现都比较差，经努力，取得了较大进步的学生的学习成绩时，应特别注意三者的结合，既要看到他当前的学习成绩又要看到他初始的学习基础，还要看到他个人主观努力的过程，应予以较高的评价。只有公平、合理、客观、科学的评价，才能真正起到激励作用。

4.诊断功能

教育评价的诊断功能是指教育评价对教育的成效、矛盾和问题作出判断的功效和能力。科学的教育评价的过程是评价者利用观察、问卷、测验等手段，搜集被评价者的有关资料并严格分析的过程，它能够根据评价标准作出价值判断，分析出或者说出、诊断出教育活动中哪些部分或环节做得好，应加以保持和提高，同时也能指出哪些地方存在着问题，找出原因，再针对这些原因提供改进途径和措施。教育评价过程如同看病就医，只有经过科学的诊断才能“对症下药”。教育评价的这一作用使其在提高教育工作质量上具有特殊重要的作用。

5.调节功能

教育评价的调节功能是指教育评价对评价对象的教育教学或学习等活动进行调节的功效和能力。这种功能表现在两个方面：一是评价者为被评价者调节目标及进程。例如，通过评价，评价者认为被评价者已达到目标并能达到更高目标时，就会将目标调高，将进程相对调快；认为被评价者几乎没有可能达到目标时，就会将目标调低，将进程相对调慢，使之符合被评价者的实际。总之，要让他们在不同水平上朝目标前进，避免发生达到目标者停滞不前、达不到目标者沮丧气馁的情况。二是被评价者通过评价了解自己的长短、功过，明确努力方向及改进措施，以实现自我调节。

6.监督作用

教育评价的监督作用是指教育评价有对被评价对象起检查、督促作用的功效和能力。它的检查作用主要表现在教育评价总是将被评价对象与评价目标相比较，以确定其是否达到目标，以及达到目标的程度；它的督促作用主要体现在教育评价总是找出被评价对象与评价目标的差距，使其明确以后努力的方向和途径，督促被评价对象朝着评价目标前进。各级教育主管部门就是通过教育评价来实现对下级教育行政部门及学校的监督的。

7.管理功能

管理功能指教育评价使评价对象顺利完成预定任务、达成预期目的的约束功效和能力。教育评价指标体系可以规范、影响被评价对象的教育教学或学习等活动计划的制定和组织实施。教育、教学或学习等活动按评价指标设定的任务，达到预期目标，其计划制定和行动方式的价值取向一般要以评价指标体系的规范为依据。教育评价管理功能显示的效度和力度，一般取决于教育评价管理系统及其教育行政性权威的大小。

8.教育功能

教育评价的教育功能本身所具有的影响评价对象的思想、品质、思维的功效和能力。教育评价的教育功能主要是通过评价目标体系，采用他评和自评结合的方式，在形成性评价过程中得以充分体现的。第一，评价目标系统体现着一定的教育思想、教育方针和价值取向，无论是何种评价都要以此为基准，评价对象在评价过程中必然受其熏陶和影响。第二，现代教育评价重视动态的形成性评价，静态评价与动态评价相结合，注重即时反馈和调整的过程发展。第三，现代教育评价重视发挥评价对象的主体作用，重视他评与自评相结合，注重自我调节的过程发展。评价对象在评价过程中，按照评价目标体系，使评价过程成为“学习—对照—调节—改进—完善”的过程，有利于评价对象及时看到成绩，受到激励和鼓舞，找到差距，及时改进和提高，有利于促进评价对象的自我认识、自我改进、自我提高、自我完善。

三、发展性评价模式

发展性评价是 20 世纪 80 年代发展起来的，是一种以评价对象为主体、以促进评价对象的发展为目的的教育评价。

发展性评价强调发展的连续性，重视对评价对象过去学习状况的考察，以促进学生未来的发展；注重评价对象的个体价值，提倡评价者与评价对象协商，确定评价目标；强调对学生多方面能力的评价；重视学习的过程，及时反馈，以促进发展为目标，重视形成性评价的作用。

1. 特点

①应基于一定的培养目标，并在实施中制定明确、具体的阶段性发展目标；②其根本目的是促进评价对象达到目标，而不是检查和评比；③更注重过程；④关注评价对象发展的全面性；⑤倡导评价方法的多元化；⑥关注个体差异；⑦注重评价对象本人在评价中的作用。

2. 优缺点及反思

发展性评价的功能是多重化的，但激励性评价常使用不当。

发挥评价的激励功能要建立在对学生的学习过程和发展变化有深刻认识的基础上，随意的激励、不恰当的评价结论和收集资料方式不当，都不可能对学生的发展起促进作用，甚至还有可能产生消极的影响。

因此，在对学生使用激励时，不要一味表扬学生，而是与学生形成互相尊重、坦诚相待的关系，逐步培养学生客观地认识自己的能力，使学生正确认识自身价值。

(1)评价主体多元化，但评价的主观影响大。

传统的评价体系中，教师是评价的主体而学生是评价客体。学生是被动消极地被评价，评价对学生的心理造成了极大的负担和负面影响，压抑了学生自我发展的欲望。

发展性评价体系的主体要多元化以提高评价的发展性功能和效率。

①学生参与评价过程，了解评价的手段与结果，让学生清楚及时地认识自我，把学生被动接受评价刺激转变为主动参与评价，通过交流互动，让师生的关系更为融洽，评价结果也更为客观。

②要求学生学以致用，学生把学习的内容用以解决生活中的种种难题，同时为了加深对知识的了解，学生也要对现实进行调查。因此，对学生的评价就往往要求家长与社会的参与。

③学习过程也是学生之间相互学习与合作的过程，因此也需要学生间的相互评价，使评价的过程化更为突出，评价的目的也更为全面。

但在形成了由学生、老师、家长、社会等互动性良好的多元化的评价主体组成的评价体系的同时，评价一定会受到人为主观因素的影响，特别是在评价过程中由于个别学生缺乏坦诚相待，以及掺杂社会与个别家长的功利心理，评价的可信度将下降。

(2)评价方式多样化，但评价过程变得烦琐。

学生作为有个性有差异的个体，单靠单一的纸笔标准化考试已经不足以反映每一个学生的真实的学习情况，标准化纸笔测试只能测出智能的一小部分，而且需要的只是分析上下文的技巧。因此，发展性评价方式应多样化，根据教学内容的不同选择不同的评价方式，或几种评价方式综合应用，如活动表现评价、学习表现评价和档案袋评价等。

评价重在贯穿学习的整个过程，关注学生的成长经历，并且评价的标准也应因教学内容的不同、学生的不同而有变化。教师要根据具体的学习内容，跨越以往的单一评价方式，使用真正能评价学生能力的多样化评价方式。但是在应用多样化评价方式的同时，也加重了老师与学生的负担，尤其是一些注重过程的评价方式使得学生在整理与收集资料上变得烦琐。

3. 适用范围

发展性目标评价模式是由中外教育评价主要模式演绎发展而来的，它集当前中外教育评价主要模式的优点于一身，不仅继承了泰勒模式的精华，而且适应性较强，在倡导对教育目标本身进行评价的同时，也注意到在评价活动中应对评价方案进行适当调整的问题。

这一评价模式在教育领域多方面进行了实践，如，小学生思想品德评价、小学生发展性学习能力评价、小学心理辅导活动课堂教学评价、小学生发展性学习习惯评价、小学科技教育评价、中学生人文精神评价、学校干部工作评价、学校员工工作评价、高校教师课堂教学评价、高校学生学习能力评价、企业员工培训效果评价等，均取得了较好的成绩。除此以外，我们也把发展性目标评价模式运用于体育、卫生、文化事业、科技活动和环境保护等公共事业领域，如社区教育评价、社区卫生评价、社区群众性体育活动评价、社区科普评价、社区群众性文艺活动评价、居住小区生活环境评价等，均取得了较好的成效。

第二节　小学教育评价的模式

教育评价模式是指在一定理论指导下，对评价的基本范围、内容、过程和程序的规定。任何评价都受到某种思想和方法的影响，尽管人们并未清楚地意识到这一点。以色列学者内伏(D. Nevo)总结的评价的十大问题：①评价如何定义？②评价的功能是什么？③评价的对象是什么？④应当收集哪些信息？⑤用什么准则来评价一个对象的功效和价值？⑥评价为谁服务？⑦进行评价的过程是怎样的？⑧评价中应用什么调查方法？⑨谁来作评价？⑩用什么标准对评价进行再评价？这十大问题为评价者提供了设计与实施评价所应当认真思考的基本框架，有一定的参考价值。

一、泰勒模式

1. 产生及近现代趋势和发展

为了针对“八年研究”进行评价，以拉夫尔·泰勒为首的教育评价委员会得以成立。在改进学校测量方法的实践中，泰勒认识到，教育测量要以一定的教育目标为指导，不能以教科书为中心，于是他将评价概念应用到教育上，与测量区分开。20 世纪 30 到 50 年代，泰勒提出了以教育目标为核心的评价理论，并明确给出了教育评价概念，于 1949 年出版了《课程与教学的基本原理》著作，阐述了他的课程设计和评价理论。即教育评价是衡量实际活动达到教育目标的程度，评价的本质是描述教育结果与教育目标的一致性程度。此理论即为泰勒模式，又称目标评价模式。

20 世纪 50 年代以来，泰勒的学生布卢姆及其同事提出了教育目标分类理论，完善了目标评价模式。这一理论把教育目标分为认知、情感和动作技能三个领域，并具体研究了这三个领域的教育目标。在每个领域中，根据能力的复杂程度和品质内化程度，找出具有递进关系的层次，形成目标的阶层。而对每个阶层的教育目标都指出适宜的行为动词，以使目标落实到学生的行为方式上。这样，目标被表述得相当具体，具有可操作性，便于教师改进教学、进行评价。

2. 基本观点

这一模式认为，评价过程在本质上是确定课程和教学大纲实现教育目标程度的过程。但鉴于教育目标实质上是指人们发生的变化，是指在学生行为模式中产生某种所期望的变化，因此，评价是一种确定行为发生实际变化的程度的过程。

也就是说，泰勒认为对教育活动有效的评价，在于它多大程度上促进学生接近或达到了预先设定的教育目标。它以教育目标为导向，将教育目标转化为可以测量的行为目标，并根据行为目标编制课程教材或教学方案，开展教学活动，然后依据行为目标对教学活动的效果进行评价、测量和统计分析，判断实际教学活动效果达到预期目标的程度。

3. 操作步骤

步骤一般分为七步：①确定教育活动的两维目标，即一般目标和具体目标；②根据行为和内容对每一个目标加工定义，使得目标的实现具有可行性；③确定应用目标的教育情境；④设置给出应用目标情境的途径；⑤设计和甄选恰当的教育测量方法；⑥收集、整理、分析学生行为变化的各种资料；⑦比较研究学生行为变化、教育结果的相关资料与预定的行为目标之间的差异程度。

4. 指标

依据泰勒的目标评价模式，经过实践和完善，形成了教育评估的指标体系。这项工作通过对教育目标的指标分解和权重设置来完成。要点是在确立具体的教育目标后，用学生的特殊行为来把握教育目标的实现状况。可以说教育评估指标体系具体体现着泰勒的目标评价模式。

(1)指标分解。

确定具体教育目标后采用科学的方法和手段将教育目标层层细化分解，使教育目标最后用学生的特殊行为来表示。

其中分解出的各个因素(分目标)称为指标。第一层的指标称为一级指标，如 A_1；第二层指标称为二级指标，如 A_{11}、A_{12}。根据评估目标需要，有些评估会设立三、四级指标等。最后一层也称末级指标，是实现目标所需要的学生特殊行为，要求能用教育测量手段进行测量，是可以具体操作的。

为保证指标分解的可靠性和有效性，指标分解遵循几个原则：

①一致性原则。分解的一级指标与评估的目标相一致，一级指标必须准确地反映目标，下一层指标准确地反映上一层指标。

②独立性原则。同一层面的指标互相独立，每项指标都有其特定内涵。

③完备性原则。指标分解过程中不能遗漏任何重要指标，每层指标都能反映出教育目标的全貌，确保指标分解的整体完备性。

④可测性原则。要求指标分解完成后，末级指标是用可操作化的语言定义的，即对特殊行为的定义要可测量，使目标蕴含的潜在意图变成外显的具体行为。

⑤可行(实用)性原则。首先，在不影响目标整体效果的前提下，指标层次、数量应尽量少，有利于具体评估操作。其次，充分考虑收集信息的手段的可行性以及收集信息的数量和质量。再次，末级指标间的度量要保持平衡，测量要有合理的区分度等。

(2)权重设置。

指标在整体中的价值高低或相对重要程度转化为所占比例大小的量化值，体现着各个指标在整体中的分量。各指标在目标中的分量是有差异的，而且有的很大，要对指标进行权重设置。

按统计学原理，将目标的总权重设为1(即100%)，而每个指标的权重则用小数来表示。如图12.1中的λ_1、λ_2等为一级指标权重，λ_{11}、λ_{12}等为二级指标权重，类推有三、四级指标权重等。要求同级指标权重之和等于1，如$\lambda_1+\lambda_2+\lambda_3=1$，$\lambda_{11}+\lambda_{12}+\lambda_{21}+\lambda_{22}+\cdots=1$。

实际应用中，评估往往采用百分制、千分制等。这种情况只需要将设置的总分与权重系数相乘，即可得出该指标的满分分值。权重设置是否科学合理将直接影响到评估的效果，权重设置是教育评估量化的关键步骤之一。

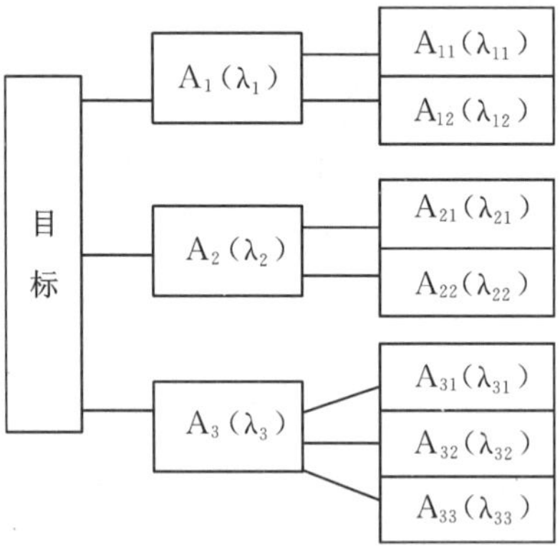

图12.1 指标分解

5.优缺点

优点：①扩大教育评价的范围，不局限于教科书内容评价，扩展到学生评价，由此引导出对师生教学行为的交互评价。②通过教育评价活动直接反映学生学习行为变化(如成绩等)与所设置目标的差异，利于评价者掌握教与学的交互统一信息，提高教育评价的成效。③结构紧密，操作程序完备。

缺点：①该模式是典型的注重结果的终结性评价，过于关注学生学习成绩，较少考虑学生的真正需要；②在教育评价的技术方法上过于倚重量化说明，而对学生行为变化中情感、技能和态度却无有效的测量方法。

6. 启示

泰勒模式的产生使人们认识到,简单的学习成绩测量不能引发高级的心理过程,知识的传授不一定能促进学生的发展,反而可能干扰学生。教育测量转变到教育评价后,测量不再是评价学生的唯一手段,评价目标也从学生本身转为什么样的学习目标模式对学生更加有效。

泰勒模式是最早的较为完备的评价理论模式,后来新出现的教育评价模式是在对泰勒模式的继承和批判中不断得到完善发展的,使得现代教育评价模式更加完善、科学且全面。

二、CIPP模式

1. 产生及近现代趋势和发展

1965年,美国国会通过了《中小学教育法案》,旨在帮助那些处于不利于地位(身体、心智、经济、种族等)的学生改善学习环境,从而提高整个初等及中等教育质量。斯塔弗宾领导的俄亥俄州立大学教育评价中心与该州哥伦布市公立学校签订合同,就此来评价该学区幼儿园教育方案、中小学数学与阅读改进方案以及课后学习方案等。

斯塔弗宾等人起初沿用了泰勒的目标导向模式,结果发现由于各地环境不同,学生的学习程度和需求也不同,单一的目标难以符合评价要求。因此,他们于1966年提出了CIPP模式,奠定了斯塔弗宾教育管理论文在评价领域中的核心地位。

2. 代表人物及观点

斯塔弗宾认为,教育活动中所需的评价应该是广义的,不应仅局限于确定目标是否达成,新的评价应该注重方案的管理和改进。他确信,评价的最大目的在于对学校管理人员、方案主持人员和学校教师提供信息,以便在必要时对评价方案加以修正,评价是为作决策者提供信息服务的过程。

3. 主要步骤

CIPP模式为管理者作决策提供评价信息服务。他们按照系统分析的方法,首先分析了人们在计划和执行过程中一般会碰到计划决策、组织决策、实施决策和循环决策四种决策类型,相应地提出了背景评价、输入评价、过程评价和结果评价。

第一,背景评价,即确定课程计划实施机构的背景,明确评价对象及其需要。明确满足需要的机会,诊断需要的基本内容,判断目标是否已反映了这些需要。背景评价强调根据评价对象的需要对课程目标本身做出判断,看两者是否一致。

第二,输入评价,主要是为了帮助决策者选择达到目标的最佳手段,而对各种可供选择的课程计划进行评价。

第三,过程评价,主要是通过描述实际过程来确定或预测课程计划本身或实施过程中存在的问题,从而为决策者提供如何修正课程计划的有效信息。

第四,结果评价,即测量、解释和评判课程计划的成绩。它需要收集与结果有关的各种描述与判断,把它们与目标、背景、输入、过程等方面的信息联系起来,并对它们的价值和优点做出解释。

背景评价指在了解评价对象的整体状况并考虑方案使用者需要的基础上,提出需要改进的问题,这是为计划决策服务。

输入评价指分析方案实施的环境、条件和方案将满足的需要，以及可利用的人、财、物等资源，为组织决策服务。

过程评价指对方案的实施情况不断加以检查和向实施者不断提出反馈信息，为实施决策服务。

结果评价指利用搜集到的各方面资料，通过定性和定量分析来衡量方案的效果，为循环决策服务。

4. 优缺点

CIPP 模式回答了泰勒模式中部分疑难问题，突出了评价的发展性功能，整合了诊断性评价、形成性评价和终结性评价，提高了人们对评价活动的认可程度。其局限性是缺乏价值判断，可能为决策者政治上的便利提供虚假伪证，其适用范围仍受到挑战。

具体说，CIPP 评价模式的优点有：①根据现实需要和社会需要，考虑了评价目标的选定及其合理性问题，使目标更符合社会需要，符合实际，克服了目标评价模式的不足。②评价贯穿教育活动的始终，使评价成为改进工作、提高教育质量的工具。③评价的内容广泛，从对教育需要的调查开始，包括需要、问题、目标、条件、计划、实施、结果以及结果的影响等教育过程的不同阶段、不同方面，评价均发挥着不同的作用，对上述全部内容的评价也就把评价的诊断性、形成性、终结性这三种作用充分地展露出来了。

CIPP 模式的缺陷有：①无论是哪类评价都在为决策者服务，对过程的评价主要是为了确保活动结果达到预期目标，一切活动围绕目标展开，在一定程度上限制了活动参与者创造性的发挥。②该模式要求各类信息源的配合、充裕的经费以及专业的分析方法，这使其使用受到了一定的限制。

三、应答模式

1. 概念

应答模式是以所有与方案有利害关系或切身利益的人所关心的问题为中心的一种评价模式。其评价的宗旨是为特定的人提供服务，强调评价的多元现实性。它可回答所有其他评价模式所能回答的问题，包括目标达到的程度、目标的决策、目标的判断等。该模式更适合多元的、复杂的客观现实和不同地位、观点的评价观众的需要，其结果富有弹性和灵活性。

不同的人有不同的价值观，在判断同一事物时，不同的人会选取事物的不同方面做出判断，并具有不同的价值判断标准，只有各方共同参与才能使评价结果尽可能的公正和客观。

2. 代表人物及观点

教育评价的应答模式是由美国学者斯塔克在 20 世纪 70 年代中期首先提出的，后得到古柏、林肯等人的进一步发展而形成。

斯塔克认为：

①教育本身的价值具有内在性，教育评价不必以它要实现的工具性价值为标准。

②评价应该让各方人员都参与进来，让他们各自的价值判断标准和需要在交流中达成共识。

③评价一个方案可有不同方法，没有一种方法是绝对正确的。要使评价真正生效，其核心是评价应该向听取评价结果的人提供他们所关心的信息，评价者应该充分了解他们的兴趣以

及所关注的问题。

3. 特点

①强调用生动的描绘方法来全面、真实地反映现实。并且在对被评价者做价值判断时，仍然强调价值观的多元性和发散性。②该模式的合理之处在于评价目标反映了与被评者有关的各方面人员的需要，具有一定的民主性；评价方法强调自然条件下的观察、交流等，但也不否定测验，促进了定性与定量结合；评价步骤灵活，能及时得到反馈；评价程序简便易行。③在方法上，应答评价模式强调使用自然的观察法、交往法和描述性的定性分析法。该模式也不排斥在适当场合应用测验方法，认为搜集资料选择哪些手段应根据关心教育的各界人士所关注的问题和评价目的来决定，而不应该受过早选定的搜集资料的工具来左右。④在评价实施过程中，强调信息交流，随时反馈，不把评价过程分为几个死的步骤。由于教育价值的多样性、复杂性，因而它反对用传统的设定目标来搜集资料的预定式评价，应答式评价更具有弹性和应变性，更适合于一个复杂的多元的客观世界的现实和各种层次、各种观点的评价者的需要。

4. 操作步骤

应答模式的评价活动通过 12 个事件进行组织，即评价时钟。操作的顺序可改变，要视委托人的需求和问题而定。评价时钟既可顺时针进行，也可逆时针进行，还可以跳跃式进行。

1 时：识别方案的范围。

2 时：对方案的设计做通盘考虑，概览整个评价活动。

3 时：找出评价的真正目的和评价的重点。

4 时：找出评价的关键性问题，给以明确表述，为确定搜集哪些资料做准备。

5 时：确认什么样的资料是真正需要的和重要的。

6 时：规划搜集资料的活动，包括拟定观察计划、确定观察者和观察工具、选择样本、确定对资料进行审查的人员等。

7 时：观察并讨论先在因素、实施因素及结果因素，探讨计划的理论基础等。

8 时：分析所得资料，进行理论总结，准备描述性材料，开展个案研究。

9 时：通过有关各方人员对分析描述结果做出的反应，检验所得资料及作出的分析是否有效，即是否达到为委托人提供服务的目的。

10 时：对各方人员的反应进行筛选，并加以适当地组合。报告组合的结果，使各方人员都能了解这一结果，以使评价产生最大的效用。

11 时：根据委托人的需要，准备正式的材料报告或者展示报告，报告的形式视具体情况而定，如原始的观察资料、访谈录音、文字总结等。

12 时：方案的评价者与方案的委托人、执行人进行交谈。

5. 优缺点

优点：①强调价值观的多元性和发散性，坚持价值存异观点，充分尊重所有人的需要，用不同价值观分析问题，反映成败的原因。②方法上，强调定量方法和非正式的观察、交往等描述性的定性分析方法结合起来，促进定量与定性的结合。③评价过程具有动态性，提倡自然主义、动态的评价运作方式，评价过程中评价者与其他参与者能反复沟通，及时反馈，随时调整评价的计划，评价程序更为灵活。④被评价者得到了充分的尊重和信任，他们的需要和评价意见都融合进了评价报告中，反映了与评价有关的各方面人员的需要。

不足：①评价的客观性不够，总体效益较低，对评价者的素质要求高。且评价中具有相当的灵活性，难以控制评价者的主观意向和评价结果的客观性和可靠性。②实施比较困难。在实施过程中要耗费大量的人力、物力、财力。如自然观察法、座谈法、访谈法的完成需要付出大量的时间和精力，因而在实践操作层面上存在高消耗的缺点，推广实施也具有一定的难度。③其应答特征有时可能使评价者过分被动地为评价听取人的需求服务，而削弱评价者自己的立场。④缺乏详细的方法与程序以指导观察过程，故可能导致操作中的模糊性。

6. 应用

应答模式可用于对正在实施的或已完成的方案的评价，如课程方案、教材编写方案、教学方案、办学方案等。此外，应答模式也可用于各种鉴定性评价，如对教师的鉴定、对学校的鉴定、对各种教学资源（教材、图书、教具、学具等）的鉴定等。应答模式的报告应遵循一定的格式，在文字上对各方面人员都有吸引力，且容易理解。

四、目标游离评价模式

1. 产生

针对 20 世纪初形成并流行的常模参照评价模式的不足，泰勒提出目标评价模式，看重预设目标的重要性，认为预设目标是课程评价的出发点和依据，是进行课程评价的决定因素。1967 年，美国学者斯克里文针对目标评价模式的弊病，提出了目标游离评价模式。

两种模式都承认科学的课程评价对课程的改进和完善有着重要的作用，最大的区别就在于：目标评价模式看中“预设”，目标游离评价模式看中的是“实践”。

2. 代表人物及观点

斯克里文主张，为了降低评价活动中方案、计划制定者主观意图的影响，不能把他们的活动目的告诉评价者。这种不受预定活动目标影响的评价模式被称为“目标游离评价模式”或“无目标评价模式”。

斯克里文认为评价应当注重的是课程的实际效果而不是预期效果，主张把评价的重点从“课程计划预期的结果”转向“课程计划实际的结果”上来。评价者不应受预期的课程目标的影响，尽管这些目标在编制课程时可能是有用的，但不适宜作为评价的准则。

3. 理论依据

由于教学评价的对象是教学活动过程，这个过程的各个环节构成一个系统，因此教学评价要以系统理论作为指导。譬如，应用系统理论中的整体性原理、有序性原理和反馈性原理等。另一种观点认为，由于教学评价的对象属于教育范畴，那么教学评价应该遵循教育学的规律，因此教学评价的理论要建立在教育学、心理学的基础之上。还有一种观点认为，由于教学评价的目的属于管理范畴，那么教学评价需要以管理学作为指导，因此教学评价的理论要建立在管理学的基础之上。此外还有人认为，由于教学评价本身属于方法论的范畴，需要运用测量学、统计学和数学等方法，因此教学评价的理论还要建立在测量学、统计学和数学的基础之上。综上，教学评价的理论应该建立在系统理论、教育学、心理学、管理学、测量学、统计学和数学的基础之上。

4.类型

①根据评价对象的不同,可将广义的课程评价分为学生评价、教师评价、学校评价、狭义的课程评价等。②根据评价主体的不同,可把课程评价分为自我评价和外来评价。③根据评价的目的不同,可把课程评价分为诊断性评价、形成性评价和总结性评价。④根据评价的参照标准或评价反馈策略的不同,可把课程评价分为绝对评价、相对评价和个体内差异评价。

5.实施

目标游离评价模式主张对评价实施者隐瞒评价方案、评价制定者的预定目标,以减少评价方案、评价制定者的主观意图对评价的影响,以便收集到全部结果信息,获得全面、真实的效果。这种评价模式突破了预设目标的限制,重视实然的评价结果。

6.优缺点

从积极的方面看,目标游离评价模式看到了评价不仅要关注预期的结果,还要关注非预期的结果;评价活动从反映管理者、决策者的意图转变为反映局外人的意愿。因此,它具有更大的客观性;评价的指向不仅是课程计划满足目标的程度,而且是课程计划满足实际需要的程度。不足之处在于:评价中,把目标搁在一边去寻找各种实际效果,结果可能顾此失彼,背离评价的主要目的。此外,目标完全“游离”的评价是不存在的,因为评价者总是会有一定的评价准则。游离了课程编制者的目的,评价者很可能会用自己的目的取而代之。

五、建构主义评价模式

1.含义

建构主义是学习理论由行为主义发展到认知主义以后的进一步发展。建构主义理论从认识论的高度揭示了认识的建构性原则,强调了认识的能动性。

2.代表人物及观点

建构主义学习理论认为,学习是学习者在与环境交互作用的过程中主动地建构内部心理表征的过程。知识不是通过教师讲授得到的,而是学习者在一定的情境即社会文化背景下,借助其他辅助手段,利用必要的学习材料和学习资源通过意义建构的方式而获得的。

建构主义强调学生自己建构所学的知识,自己建构意义。皮亚杰认为,认知的形成与发展是一种建构过程。这个过程涉及图式、同化、顺应及平衡四个方面。建构主义的学习观认为,如何保证学习过程的质量,即如何对人的认知结构不断地加以促进和完善,这已经成为教育决策者、教师以及学生自身关心的一个问题,同时也成为教育理论研究者关注并着手研究的问题。学习在本质上被认为是知识从外部向学习者内部迁移,这个观点日益受到建构主义思想的挑战,在传统的教学理论中,学生的活动是外部控制的,而在建构主义理论中,学习活动是学习者自己控制的。

在确定质性研究取向的基础上,古巴、林肯提出了以“共同建构”为特征的新一代评价思想。他们认为,评价在本质上是一种通过协商而形成的“心理建构”,因此,评价应坚持“价值多元”信念,即评价是一种民主协商、主体参与的过程,而非评价者对评价对象的控制过程,学生也是评价的积极参与者,是评价的主体。建构主义认为,教学评价应重视评价学生知识的建构过程,这包括如何寻找知识、如何建构知识以及如何表现在这个过程中的探究与创新能力。这些都应包括在教学评价内容中。评价学习者如何进行知识建构要比评价由此产生的结果更为重要。

3. 操作程序

教育评价的建构主义模式的具体程序如下。

①确定所有与评估有关的人员，包括决策者、执行者、评估者、调查对象和局外人员。

②征询各有关人员的评估构想与要求；

③对不同的构想和需求加以评判说明；

④针对未达成共识的观点拟定协商议程，收集提供协商所需要的信息；

⑤各种观点的代表进行协商辩论，通过辩论协商以求达成共识；

⑥通过不断的辩论协商，解决不断出现的新问题。

4. 优缺点

优点：评价的建构主义模式强调了共同价值特性，恢复了评价、帮助、激励和发展学生等功能，并通过评价尊重个体的主体性，使评价目的与评价手段在协调中形成统一。

建构主义评价模式也具有突出的缺点。①"管理主义倾向"导致管理者与评价者关系的不平等，由此造成了四种不合理的现象：管理者无过失；管理者地位特殊造成其在分歧面前的决定性作用；评价活动的其他参与者无法在评价过程中维护自己的利益，也就做不到有效地评价；管理者和评价者为达成低水平协调而牺牲评价效能和意义。②忽视"价值多元性"。"客观"的评价结果难为具有不同文化背景和不同价值观念的人所接受。③过分依赖"科学范式"，回避价值判断，过于依赖"数"的测量而忽视"质"的探究，评价缺乏对教育活动复杂性、深刻性的真实反映。

5. 启示

教师把建构主义应用于教学时，应注意把评价的重心放在学生的"学"上，放在知识获得的过程上。必须强调学生的自我内在评价，最好的评价者就是学生本人，学生只有通过不断地自我反思和评价，才能不断进步。评价要立足于反映学生知识建构过程中的水平差异，如在知识框架、策略水平、反思与批判思维水平以及创新能力等方面的不同。

第三节　小学教育评价的方法

小学教育评价在评价过程中涉及一些具体的方法，其中一些方法比较容易操作，为常用方法，另一些方法则比较专业，需要受过专业训练才可以操作。

一、小学教育评价的常用方法

（一）测验法

测验法是一种常用的评价学生学业成就的方法，通过编制问题让学生作答并提供一定的标准来评价。这种方法操作简单，信度和效度较高，因此使用的频率也比较高。

(二)量表评价法

量表评价法是根据设计的等级评价量表来对被评价者进行评价的方法，这是目前应用最广泛的绩效评估法。无论被评价者的人数是多还是少，这种方法都适用，而且这种方法评价的定性定量考核较全面。

量表评价法的优势是，评价者根据量表上提供的各项评价指标对被评价者进行评价，评价视角比较全面、客观。该评价法也存在不足之处，量表的内容直接引导着评价的方向和内容；量表设计的质量直接影响评价的质量；有时操作起来比较困难。

(三)表现性评价法

表现性评价就是让学生通过实际任务来表现知识和技能成就的评价。这种评价方式信度和效度比较低，学生的成绩可比性差，因此评价的公平性也存在质疑。

(四)轶事记录评价法

轶事记录，是教师对学生活动的观察所获得的有效事件的真实记录。轶事记录评价法的最大优点在于它描述的是自然情境中的实际行为，对于描绘学生最本质的行为特性可能有重要的帮助。

采用轶事记录评价法应注意：①要记录行为发生的情境，以便使行为的分析更有意义；②对观察到的事件应尽可能及时地做好记述，并注意特殊行为；③一般在收集一定量的记录后才能推断学生的典型行为，但对一些不可重复的典型行为，如见义勇为行为、拾金不昧行为，则应该赋予事件一种特殊意义；④正反面事件都要记述，并把事件记述和教师对事件的解释分开；⑤所描述的事件应当能够代表被观察学生的典型行为，或者是一种意外的不寻常的具有特殊意义的行为；⑥虽然不用完全句来描述实例，但整个记录仍要显得流畅、精致。

(五)成长记录袋

成长记录袋是从国外引进的一种新兴评价方式，是根据教育教学目标，有意识地将各科有关学生表现的作品及其他证据收集起来，通过合理地分析与解析，反映学生在学习与发展过程中的优势与不足，反映学生在达到目标的过程中付出的努力与进步，并通过学生的反思与改进，激励学生取得更高的成就。

成长记录袋评价的主要特征：①成长记录袋的基本成分是学生的作品。②作品的收集是有目标的，不是随意的。③成长记录袋应留有学生发表意见与反省的空间。④教师要对成长记录袋里的内容进行合理的分析与解释。

成长记录袋评价的类型：以不同的功能为标准，可以把学生成长记录袋分为理想型、展示型、文件型、评价型和课堂型五种。

理想型：其内容包括作品产生和入选说明，系列作品，以及代表学生对自己作品的分析和说明。通过一段时间的成长，帮助学习者成为自己学习的思索者和非正式的评价者。

展示型：其内容主要是由学生选择出来的学生最好和最喜欢的作品集。自我反思与自我选择比标准化更重要。展示型记录袋给由家长和其他人参加的展览会提供了学生作品的范本。

文件型：其内容是根据一些学生的反映以及教师的评价、考察、考查、轶事、成绩测验等得出的学生进步的系统性、持续性记录。

评价型：其内容主要是由教师、管理者、学区所建立的学生作品集。评价的标准是预定的。

该类型记录袋向家长和管理者提供学生在作品方面所取得成绩的标准化报告。

课堂型：该记录袋由三个部分组成，一是根据课程目标描述所有学生取得的成绩的总结；二是教师的详细说明和对每个学生的观察；三是教师的年度课程和教学计划及修订说明。在一定情境中与家长、管理者及他人交流时教师对学生成绩的判断也可作为课堂型成长记录袋的内容。

成长记录袋评价的优势：①应用成长记录袋的最大优点在于它能够反映儿童学习与发展过程中的重要信息。②将学生认为最满意、最喜爱或最重要的作品装进成长记录袋，让每个学生都看到自己的进步和努力，体验到成功的快乐，培养有利于进一步学习的情感与态度。③成长记录袋有助于教师发现学生的个体差异，提供适合每一学生特点与水平的教学与指导。④成长记录袋十分重视评价过程中的多主体性，特别是学生的自我评价与自我反思，这将充分发挥学生的主体性，激发学习的内在动机。⑤通过成长记录袋积累有关学生学习与发展的各种数据与证明，促进形成性评价与终结性评价的有机结合，使教、学与评价有机地结合起来。

成长记录袋评价的局限性：①成长记录袋的应用需要教师付出额外的时间和精力。②成长记录袋的标准化程度较低。③成长记录袋主要是学生的片面表现。

二、小学教育评价的其他方法

小学教育评价中较为专业的其他方法有综合评价法、层次分析法、模糊综合评价法、逼近于理想解的排序技术（TOPSIS）、秩和比法（RSR）、灰色综合评价法、主成分分析法、因子分析法等。下面主要介绍几种。

（一）综合评价法及其步骤

综合评价法指的是运用多个指标对多个评价对象进行评价的方法。其基本思想是将多个指标转化为一个能够反映综合情况的指标来进行评价。这种方法一般操作步骤如下：

第一，确定综合评价的目的。

第二，确定评价指标或评价指标体系。

第三，确定各个评价指标的权重。

第四，确定评价指标的同向化和同度量化方法。

第五，建立或选择评价模型。

第六，计算综合评价值并进行排序或分类。

（二）层次分析法（AHP）及其步骤

层次分析法，是指将与决策总是有关的元素分解成目标、准则、方案等层次，在此基础之上进行定性和定量分析的决策方法。该方法是美国运筹学家匹茨堡大学教授萨蒂于 20 世纪 70 年代初，在为美国国防部研究“根据各个工业部门对国家福利的贡献大小而进行电力分配”课题时，应用网络系统理论和多目标综合评价方法，提出的一种层次权重决策分析方法。一般步骤是：

第一，建立层次结构模型，包括目标层、准则层、方案层。

第二，构造成对比较矩阵，从第二层开始用比较矩阵和 1～9 尺度。

第三，计算单排序权向量并做一致性检验。

对每个成对比较矩阵计算最大特征值及其对应的特征向量，利用一致性指标、随机一致性指标和一致性比率做一致性检验。若检验通过，特征向量(归一化后)即为权向量；若不通过，需要重新构造成对比较矩阵。

第四，计算总排序权向量并做一致性检验。

计算最下层对最上层总排序的权向量。利用总排序一致性比率进行检验。若通过，则可按照总排序权向量表示的结果进行决策，否则需要重新考虑模型或重新构造那些一致性比率较大的成对比较矩阵。

第四节　我国小学常见的教育评价活动

小学教育评价由一系列评价活动构成。这些评价活动涉及小学教育评价的方方面面，既涉及宏观的教育评价体系，也涉及具体的评价活动。

一、我国教育评价体系

教育评价体系指一个国家或地区的整体性、系统性、框架性教育评价体制机制安排，包括覆盖诊断、决策、管理、考核、鉴定、选拔、激励、改进等不同目的的目标体系，区分国际、国家、区域、学校、个体等不同评价层面的层级体系，配置国际测评、教育督导、质量监测、学校问责、校长评价、教师评价、教学评估、学科评估、招生考试等不同评价职能的类型体系，事关教育评价正常高效运转的考试招生制度、教育质量监测制度、社会用人制度等制度(政策)体系，能够实现不同教育评价目标的符合效度、信度、难度和区分度等标准要求的理论(技术)体系，等等。

(一)课程评价

课程评价的对象主要包括课程方案评价(如课程计划评价、学科课程标准评价、教材评价)、课程设计评价、课程实施评价、课程效果评价(如学生学业评价)、课程评价的评价(元评价)等。下面就课程计划评价、教材评价、学生学业评价做简要介绍。

1. 课程计划评价

课程计划是根据一定的教育目的和学校性质与任务对学校课程进行总体设计的指导性文件。那么，如何对课程计划进行评价，具体包括哪些维度或指标？陈玉琨教授在《课程改革与课程评价》一书中将课程计划评价内容概括为五个方面，分别是课程编制的指导思想评价、课程目标的评价、课程设置的评价、课程实施的评价、课程质量的评价。而黄嘉雄教授提出了适合一般情境的课程计划评价标准，主要包括理念与目标、学习内容、教与学的活动、教学资料与媒材、时间分配、评价活动六个维度。

2. 教材评价

有学者指出，教材评价是通过特定的方法与途径对教材的有效性、可靠性、可行性及其使用效果进行分析，并通过一定的方式对分析结果加以综合概括，从而得出对教材价值的总体判断。

(1)教材评价指标的分析。

关于教材评价的维度或指标问题,学者们形成了不同的观点,如四维说、六维说、八维说等。

丁朝蓬教授认为,评价教材应该评价教材目标、材料选择、材料组织和材料的呈现与表达等方面的内容。台湾学者黄政杰在其《课程评鉴》一书中将教材评价指标划分为八大指标:发行指标、外表指标、内容指标、教学指标、效果指标、学生指标、教师指标、其他指标。高凌飚教授则认为,教材评价至少应该包含三个方面:教材设计和编制的分析与评价、教师使用教材的分析与评价、学生行为模式和学业成绩的分析与评价。并且,他进一步指出,教材评价维度包括六个方面:知识维度、思想文化内涵维度、心理发展规律维度、编制水平维度、可行性维度、特色与导向性维度。

(2)教材评价标准的编制。

教材评价标准有两个方面。一方面是教材评价标准编制的基本原则,包括目的性原则、系统性原则、可操作性原则、独立性原则。另一方面是教材评价的一般标准,包括物理属性、内容属性、教学属性、服务属性四个维度。

3. 学生学业评价

学生学业评价是指在系统、科学及全面地搜集、整理、处理和分析学生信息的基础上,评定学生个体学习与发展质量。前面介绍已经较多,此处不再介绍。

(二)教师评价

在学术界,教师评价按照评价目的分为激励性评价(或考核性评价、奖惩性评价等)和发展性评价两类。激励性评价制度重视量化指标,目标明确,易于操作,曾为我国各类院校评价管理教师工作、职称晋升、年度考核以及聘任教师等作出了巨大贡献。随着王斌华教授将发展性教师评价引入我国,反响热烈,迅速兴起,发展性教师评价制度以其注重教师个性特征、以人为本、面向未来长远发展等诸多人性化特点受到了多数教师与学者的青睐。

随着我国教育事业和经济的不断发展,教师队伍在发展中日益壮大,教师评价制度也越来越完善,激励性评价虽然争议颇多,发展性评价愿景很美好,但是在操作层面存在流程复杂、时间人力成本高的缺陷。教师评价体系研究对两种体系的界限越来越模糊,出现了对两种评价体系进行融合的趋势。

(三)学生评价

学生评价是对学生综合素质进行的全面性评价。北京师范大学研究并发布的核心素养模型,是有益的学术探索。教育部发布的《中小学教育质量综合评价指标框架(试行)》中的具体内容和指标,包括学生品德发展水平、学业发展水平、身心发展水平、兴趣特长养成、学业负担状况等5个方面20个关键性指标,可以视为我国官方版的核心素养框架。

《中小学教育质量综合评价指标框架(试行)》强调,要依据党的教育方针、相关教育法律法规、国家课程标准等有关规定,突出重点,注重导向,把学生的品德发展水平、学业发展水平、身心发展水平、兴趣特长养成、学业负担状况等方面作为评价学校教育质量的主要内容,着力构建中小学教育质量综合评价指标体系。

①品德发展水平。主要考查学生品德认知和行为表现等方面的情况,可以通过行为习惯、公民素养、人格品质、理想信念等关键性指标进行评价,以期学生逐步形成正确的世界观、人生

观、价值观。

②学业发展水平。主要考查学生对各学科课程标准所要求内容的掌握情况，可以通过知识技能、学科思想方法、实践能力、创新意识等关键性指标进行评价，促进学生打好终身学习和发展的基础。

③身心发展水平。主要考查学生身体素质和心理素质等方面的情况，可以通过身体形态机能、健康生活方式、审美修养、情绪行为调控、人际沟通等关键性指标进行评价，促进学生形成健康的体魄和良好的心理适应能力。

④兴趣特长养成。主要考查学生学习的主动性、积极性和个人爱好等方面的情况，可以通过好奇心、求知欲、爱好特长、潜能发展等关键性指标进行评价，促进学生个性发展和可持续发展。

⑤学业负担状况。主要考查学生的客观学习负担和主观学习感受，可以通过学习时间、课业质量、课业难度、学习压力等关键性指标进行评价，促进减轻学生过重的课业负担，提高学习的有效性和学习乐趣。

（四）学校评价

学校评价的主要内容包括发展目标评价、发展能力评价、学校发展自我保障评价和学校发展效果评价。现代学校评价已经进入发展性评价时代，发展是当今世界的基本主题，可持续发展是当今发展的基本策略。

传统学校评价方法论包括最优基准评价、自身进步评价、顾客满意评价、生产力评价、组织质量评价和良好的教育实践评价。因此，评价实践中所谓的“良好的教育实践”通常只能是“比较好”的、多数学校经过努力可以达到的标准。这一做法使那些达到标准的学校安于现状，阻碍学校追求更好的实践。另外，教育主管部门也要掌握发展性学校评价方法论。发展性学校评价是建立在学校主体性发展观和可持续发展观基础上的。

在方法论上需要突出和强调的是，发展性学校评价是学校的主体权利和责任之一，主要应由学校自身来开展，目的是促成学校的进一步发展。通俗地说，发展性学校评价的要旨是：评价的权力在学校，评价主体是学校。评价的内容是学校的发展状况，评价目的是促进学校的发展。

二、小学教育评价活动现状分析

第一，我国现行教育评价体系对教育多样性重视不足。教育多样性体现在很多方面，例如发达地区的学生水平与农村地区的学生水平不一；正常学生与特殊学生存在差异；各地域文化有自己的特性；各个学科有各自的特性，要求掌握的知识和要求具备的能力也不一致；学生家庭背景、个人志向等也存在差异。这些多样性应该在教学评价时予以充分考虑，而不应一刀切地将各种差异“一视同仁”，用相同的标准要求所有人。这样做的后果就是攀比之风的盛行，导致教育资源的分配更加不均、学生水平差距越来越大，不利于教育公平的落实。

第二，教育评价体系改革的落实存在问题。现行教育评价体系的问题更多地被发现，相应的措施也在实施。例如有的地区为了改变唯分数论的弊端，实行考试成绩与综合素质评价并行的措施。综合评价包括学生的奖惩情况、自评他评、心理健康、身体健康、德智体美劳发展情况等方面，全面性得以体现。但在实施过程中却存在很多问题，例如综合评价项目过多、过于烦琐，操作难度大；对学生填写综合评价的指导不够充分，导致学生存在乱填、错填、对此不以为然的现象。诸如此类的缺陷层出不穷，综合评价的价值和作用也就会被削减甚至无法体现，对现存问题的改善效果不明显。

第三，教育评价的功利性过高。教育评价的方式就算再完善，如若都是为了功利服务，那么就是本末倒置。学生实现全面发展，考到了更好的学校，找到了更好的工作自然是人们喜闻乐见的，但现在很多学校过分追求升学率、重本率、清北率等指标，并以此为筹码向上争取更多声誉、资源等，向下争取更优质的生源，但却忽视学生全面发展，过分强调学生的智育，甚至还会出现不正当竞争。其次，我们老生常谈的应试教育也是功利性的体现。这样的教育是大家都不愿看到的，因此需要改革教育评价体系来改写这样的局面。

第四，教育评价的标准有待规范。现在的小学学校基本上都是用成绩来对学生进行一个所谓的“优劣”之分，从而导致了学校、老师乃至学生以及家长都产生了一种错误的偏差，那就是以成绩定好坏，以盲目地追求分数来要求学生考入所谓的“好初中”“好高中”“好大学”。受中考乃至高考的指挥棒影响，老师的教学都是围绕着应试教育，就是要怎么拿高分。包括小学也开始考虑怎么样进入一个好的初中，需要什么样的标准，甚至出现了一个畸形化的阶段。若学校过于为了应试教育而教育，就容易忽略小学生的心理健康以及素质教育，包括社会实践技能等。过于片面化地追求升学率和分数的标准我认为是不利于促进小学生的生理、心理健康发展的，一定程度上还会阻碍小学生的全面发展。

第五，教育评价的主体过于单一化。现在我国小学学校对于教育评价的评定基本上都是教育局的领导甚至是学校里的高层领导。我认为这样会造成一定的脱节，首先领导对于该老师甚至该班的学生没有一个全面的了解，就单凭一节半节课的十几二十分钟就评定这个老师的教学水平乃至说学生的学习情况，是过于片面的。而且由于身份不同，人们看待问题的角度也就有所不同，因此一定程度上制约了教育评价的发展和完善。

第六，农村小学教育评价和城市中教育评价存在较大脱节。现在优秀的教师一般都选择在一线城市教书，而乡村小学的教师师资力量相较而言没有那么优秀。而且乡村里的信息接收得可能没有城市里的快速，这也是间接导致乡村小学的教育评价和城市的教育评价存在较大脱节的原因。

三、小学教育评价活动的发展趋势

在新时代，中国的教育事业将有更大的发展，教育形式也将多样化，教育改革不断深入，与国际的交流不断加强，中国教育评价也开始有了多方面发展。把握住教育评价发展的趋势，有利于更好地将教育评价运用于小学教育之中。

1. 评价价值取向

(1)教育评价价值取向转向时代性与前瞻性相统一。

教育行业是历史和社会的产物，因教育过程的长期性，教育又是一项着眼于现在、面向未来的活动。所以，教育行业今天播种、明天开花、后天结果的发展规律，已成为社会和人类发展的共识，为达成这种共识，教育价值取向需要实现时代性与前瞻性相统一。

(2)教育评价价值取向转向多元性与一元性相统一。

教育评价价值取向的多元性是指，根据教育主体的多元性，进行多个教育价值取向的评估。我国教育领域，分为幼儿教育、小学教育、中学教育、高中教育、高等教育、职业教育等多个教育体系。首先，每一个教育体系的教育指导方针和教学目标都不一样，因此，为保障教育价值取向的科学性，需要根据各个教育主体的特性，进行教育价值取向的多元化评估。其次，教育价值评价体系的一元性特征，教育价值取向的一元性，都体现在教育教学理念方面，无论是哪一类哪一级教育，教育教学的理念都应该是为人类社会发展而服务。因此，教育评价价值取向逐渐转向多元性与一元性相统一。

(3)教育评价价值取向转向个人与社会相统一。

当今社会经济发展的本质是以市场为导向的，导致现代教学过程只重视教育的物质基础，而忽略了教育过程中教育主体的精神追求。因此，教育价值取向应该以人为本，除了专业技能的培养之外，还需要加强学生的人文教育。我国目前正处于经济转型时期，市场经济的改革，进一步提升了应用型人才的需求度。而企业为提升市场竞争软实力，在人才选择时，对具备工匠精神的应用技术型人才择优录取。社会经济体制的改变和企业发展思想的转变，使培养学生工匠精神成为教育体系中的重要板块。教育所促进的社会并不是抽象的或者是纯物质的社会，而是以人为主体的社会，人是社会要素中最重要的要素，教育发展促进了社会的进步，同样也促进了人类的发展和进步，并且教育对社会的需求的满足和对人的需求的满足，往往是在同一活动中完成的。所以，教育价值取向逐步转向个人与社会相统一。

2.评价内容

随着时代的发展趋势，传统的评价已经无法适应新的社会现状。在传统评价中，教师往往以传统的纸笔考试为主，过多地注重量化的结果，而很少采用体现新评价思想的评价手段和方法，并且仍然过多注重学科知识，特别是课上的知识，而忽视了实践能力、创新精神、心理素质以及情绪、态度和习惯等综合素质的考查。总的来说就是重知识、轻能力，重共性、轻个性，重考试、轻评价，重管理、轻主题，重结果、轻过程。除此之外，这种评价在很大程度上限制了学生的全面发展，也限制了教师在课程开发和促进学生发展上的能动性。社会的发展已经越来越清楚地向我们表明，社会对人才的要求正在变得多元化，全面发展意味着更强的适应能力，学生在学习活动和未来的生活与工作中，其知识技能、能力、情感、态度、价值观是紧密联系的整体，它们之间没有主次之分，对任何一个方面的忽视都可能造成学生未来发展上的问题与偏颇。在此情况下，教育评价的改革势不可挡。

3.评价对象

长期以来，教育评价对象主要是教学领域，集中在对学生的学习成绩的评定上，以此为基础对教学计划和课程编制的优劣得失作出判断，现代教育评价的对象扩展到了所有教育领域，宏观和微观教育活动的一切方面皆可作为评价对象。评价对象的类型、范围在扩大，由单纯指向学生的教学评价向对教师、教育管理人员、学科、学校等专业发展与质量的评估扩展。评价对象也由被动等待向主动参与发展。

(1)从被动到自主。

在传统的教育评价体系中，学生往往被动接受老师给予的评价，处于被征服者的地位。而网络环境下的教学，给学生提供更多的学习途径、学习资源和方法，让学生自主选择适合自己的教学设计、教学评定，比如可以根据自己的学习进度和学习基础选择评价试题，使学生能够在自身的领域得以发展。同时，在网络环境中，学生通过老师的指导，根据自己的兴趣、基础进行自主探知，不仅获取了知识，而且提高了对信息的处理能力、交互能力，还保持了良好的探索的积极性和学生个人发展的主动性。

(2)学生的培养更加个性化。

个性化培养是指学校根据每个学生特点而采取针对性教育培养的人才培养模式，是与工业时代学校统一化、标准化和规模化的学生培养模式相对应的一种培养方式。因材施教是自古以来的教育理想之一，也是最符合人才成长规律的培养模式。同时随着技术的进步，特别是互联网、大数据、人工智能和物联网在教育中的应用，为学生的个性化培养提供了技术和经济上的可能性。

(3)学习更以学生为中心。

未来社会的发展需要具备终身学习能力的人，这需要学生在学校教育时期培养积极主动的学习能力和学习愿望，这必然要求改变传统的教学模式，使得学生的学习更多地以学生为中心。同时，互联网的大发展也为以学生为中心的学习提供了可能，互联网的教育资源已经极大丰富，未来还将更丰富，这为学生主动学习提供了必要的条件。人工智能将全面辅助学生课程内外的学习，这为学生的主动学习提供了更大的可能。此外，混合式学习也是以学生为中心的，混合式学习改变了传统课堂教学以教师为中心的学习模式，要求学生在学习中更加积极主动。

4. 评价方式

在新时代背景之下，我国的教育评价面临着来自技术、全球化、政策等方面新变化的挑战与机遇。

(1)多元化发展。

面向多元是教学评价的基本理念之一，其中践行多元的方式是教育评价面向多元理念中的一个重要内容。但在现实中，关于多元的教育评价方式的理论研究已较为领先，而实践探索则相对不足和落后。这主要是因为目前我国教育评价的主流是以各类考试为基础的评价，产生的结果必然是分数成为衡量教育的一切，分数成为教育的一切追求。这种应试评价文化不仅制约着教育评价多元方式的践行度，也在不断强化着应试化的教育评价文化的盛行。

面对这种评价文化，应积极响应深化教育体制改革的需求，着力构建多元化、综合性的教育评价体系。我国教育评价发展至今已在实践中积累了丰富的经验，一方面，学界可充分梳理实践中存在的问题，密切关注理论与实践的互动，为教育评价实践工作保驾护航。另一方面，基于未来学科发展角度，须构建涵盖各类教育领域与阶段、面向不同对象的全方位的教育评价体系，为此须融入多学科视角，除传统的统计学、教育学、数学等学科视角外，应结合新时代发展融合计算机科学、测量学、系统科学等学科，拓宽研究视角与方法体系。在实施的过程中，要综合考虑各种软硬件因素，着眼于学科教学的实际需要以及学生发展的实际情况，并在实践过程中逐步完善，形成操作性强的教学流程和行为。

(2)信息化发展。

新一轮的信息技术包括移动互联、物联网、大数据、人工智能、5G、云存储等，正在新时代背景下不断地快速纵深发展，并迅速推广和渗透在各行各业的方方面面，教育也在其中。大数据评价是运用大数据技术对学生各方面情况的评价和可视化呈现。大数据评价是指，通过搜集分布在学生学习、科研、交往和日常行为等不同空间的大数据，“运用大数据技术对研究主体进行复杂网络建模、文本语义分析，实现对学生学习成效、学习障碍、价值倾向、心理状况等各方面情况的评价和可视化呈现，从而为采取个性化、定制式的教育策略提供科学支撑和实证依据”。

面向未来的教育评价并不是对教育评价发展的一种无根无据的空想或乌托邦的理想描述，而是有因可循、有迹可查的。当前教育评价所遭遇的困顿以及新时代背景下教育评价面临的诸多发展机遇，启示着教育评价面向未来的可能走向。以大数据评价为技术支撑，与多样化的评价方式相融合，将是未来教育评价发展和改革的重要方向。

(3)改革学生评价，促进德智体美劳全面发展。

树立科学成才观念。坚持以德为先、能力为重、全面发展，坚持面向人人、因材施教、知行合一，坚决改变用分数给学生贴标签的做法，创新德智体美劳过程性评价办法，完善综合素质评价体系，切实引导学生坚定理想信念、厚植爱国主义情怀、加强品德修养、增长知识见识、培养奋斗精神、增强综合素质。

完善德育评价。根据学生不同阶段身心特点，科学设计各级各类教育德育目标要求，引导学生养成良好思想道德、心理素质和行为习惯，传承红色基因，增强"四个自信"，立志听党话、跟党走，立志扎根人民、奉献国家。

强化体育评价。建立日常参与、体质监测和专项运动技能测试相结合的考查机制，将达到国家学生体质健康标准要求作为教育教学考核的重要内容，引导学生养成良好锻炼习惯和健康生活方式，锤炼坚强意志，培养合作精神。

改进美育评价。把中小学生学习音乐、美术、书法等艺术类课程以及参与学校组织的艺术实践活动情况纳入学业要求，促进学生形成艺术爱好、增强艺术素养，全面提升学生感受美、表现美、鉴赏美、创造美的能力。探索将艺术类科目纳入中考改革试点。推动高校将公共艺术课程与艺术实践纳入人才培养方案，实行学分制管理，学生修满规定学分方能毕业。

加强劳动教育评价。实施大中小学劳动教育指导纲要，明确不同学段、不同年级劳动教育的目标要求，引导学生崇尚劳动、尊重劳动。探索建立劳动清单制度，明确学生参加劳动的具体内容和要求，让学生在实践中养成劳动习惯，学会劳动，学会勤俭。加强过程性评价，将参与劳动教育课程学习和实践情况纳入学生综合素质档案。

严格学业标准。完善各级各类学校学生学业要求，严把出口关。对初、高中毕业班学生，学校须合理安排中高考结束后至暑假前的教育活动。完善过程性考核与结果性考核有机结合的学业考评制度，加强课堂参与和课堂纪律考查，引导学生树立良好学风。

深化考试招生制度改革。稳步推进中高考改革，构建引导学生德智体美劳全面发展的考试内容体系，改变相对固化的试题形式，增强试题开放性，减少死记硬背和"机械刷题"现象。加快完善初、高中学生综合素质档案建设和使用办法，逐步转变简单以考试成绩为唯一标准的招生模式。

5. 评价结果

如何运用综合评价结果，成为当今应引起重视的一个课题。

(1)综合评价结果可以提升学生学业发展水平。

小学教育评价能够发现低学业成就的学生并及时进行帮助。在中小学教育质量综合评价中，有一个关键指标是"潜能发展"。在评价实践中，学习潜能测验和学业成绩测验一起使用，用来发现低成就学生即学习潜能测验得分高而学习成绩低的学生，综合分析其学习能力与学习成绩差异的原因，进行针对性指导，可以帮助他们提高学习成绩。在我国，学习潜能测验的编制和使用还处于初始发展阶段，学习潜能发挥不充分、学习成绩低于其学习能力应有的学习成绩水平的学生比例不低。

通过学习潜能测评寻找“最近发展区”和“教学联结点”，精准因材施教，促进学生成绩提升。“最近发展区”是指实际发展水平与潜在发展水平之间的距离。针对每个人的最近发展区，提供恰当的帮助就能将学业成绩提升到潜在发展水平，而如果没有提供及时的帮助，潜在的能力就无从生长。每个学生的最近发展区如何找出来尚无答案，但通过学习潜能测验，结合学生的学习成绩，运用统计方法，可以找到学生有很大可能实现的学习成绩提升空间，可以将此视作该学生的最近发展区。再结合教学内容，就能够找到教学与发展的那个联结点在哪里。

(2)找到提升学生非学业指标发展水平的新路。

可以按照“实施评价、报告解读、发现优势与诊断短板、学校制定改进工作方案、督促改进提升、再次评价”循环往复的方式，逐步提升学生在教育质量综合评价非学业指标方面的表现水平，促进学生全面发展、健康成长。如作为实验区的某市，其所辖的某区一所初中名校，在以往单纯的学业成绩监测评价中一直处于优越的地位，但在质量综合评价中发现其学生学习负担很重，公民素养、情绪行为调控等指标明显弱于同档次学校。于是，学校确定了减负目标，同时学校确定了新的学生综合素质发展目标：公民素养、学习方法与技能、情绪行为调控追赶上同类优质学校的平均值。为达成目标，该校增加了学生文体活动，改革课堂教学，改革了学校质量评价政策。

(3)运用综合评价结果全面提升教育质量。

由于教育内外部多方面的原因，在我国单纯以学生学业考试成绩和学校升学率评价中小学教育质量的倾向还没有得到根本扭转，实施素质教育困难重重。我国基础教育管理体制是分级负责、以县为主，因此考核评价基础教育学校的权限所有者主要是区县教育行政部门，区县教育行政部门每年都会对所辖学校教育工作进行考核评估。因此，只有当区县“把教育质量综合评价结果作为评价考核学校教育工作的主要依据”时，问题才会真正得到解决。

教育质量综合评价报告针对学校情况，对评价内容和关键性指标进行分析诊断，分项给出评价结论并提出改进建议，而不是简单地对学校教育质量进行总体性的等级评价。学校根据监测评价结果，制定本校教育质量改进提升工作方案。方案中有明确的、切实可行的学生培养目标和阶段性质量提升目标，以及科学、可操作的工作措施或教育教学整改方案，并抓好方案落实；在改进过程中，学校对照本校培养目标或阶段性质量提升目标，不断进行反馈矫正，充分发挥自评自改的主体作用。

(4)评价结果与物质奖惩挂钩逐步转向与物质奖惩不挂钩。

目前，我国还是发展中国家，经济基础不够雄厚，教育经费与发达国家相比差距甚远，显得不足。因此，在分配教育经费时，往往会以学校办学水平评价结果为依据，学生综合评价的结果是奖学金发放和向高一级学校、用人单位推荐人才的依据。随着经济和科学技术的进一步发展，评价目的主要是评估成绩、改进工作，会出现评价结果不与物质挂钩的现象。对于获得好的评价结果的学校，教育部门不因此给予物质奖励，对于不好的，不但不予以处罚，而且要针对评价中发现的问题，给予人力、物力和财力方面的支持，帮助学校改善工作条件。对于评价结果不好的教师，也不是采取处罚措施，而是让他们去进修提高。学生评价的结果完全在于诊断学生学习方面的问题，以便有针对性地采取措施给予帮助。随之，形成性评价和自我评价会越来越被重视。教育评价活动，较多地强调被评价者通过自我分析和自我认识达到自我提高，以及评价者和被评价者的不断对话，以便互相修正观点，使评价结论尽可能取得一致。

拓展阅读

《深化新时代教育评价改革总体方案》[①]节选

改革学生评价,促进德智体美劳全面发展。

树立科学成才观念。坚持以德为先、能力为重、全面发展,坚持面向人人、因材施教、知行合一,坚决改变用分数给学生贴标签的做法,创新德智体美劳过程性评价办法,完善综合素质评价体系,切实引导学生坚定理想信念、厚植爱国主义情怀、加强品德修养、增长知识见识、培养奋斗精神、增强综合素质。

完善德育评价。根据学生不同阶段身心特点,科学设计各级各类教育德育目标要求,引导学生养成良好思想道德、心理素质和行为习惯,传承红色基因,增强"四个自信",立志听党话、跟党走,立志扎根人民、奉献国家。通过信息化等手段,探索学生、家长、教师以及社区等参与评价的有效方式,客观记录学生品行日常表现和突出表现,特别是践行社会主义核心价值观情况,将其作为学生综合素质评价的重要内容。

强化体育评价。建立日常参与、体质监测和专项运动技能测试相结合的考查机制,将达到国家学生体质健康标准要求作为教育教学考核的重要内容,引导学生养成良好锻炼习惯和健康生活方式,锤炼坚强意志,培养合作精神。中小学校要客观记录学生日常体育参与情况和体质健康监测结果,定期向家长反馈。改进中考体育测试内容、方式和计分办法,形成激励学生加强体育锻炼的有效机制。加强大学生体育评价,探索在高等教育所有阶段开设体育课程。

改进美育评价。把中小学生学习音乐、美术、书法等艺术类课程以及参与学校组织的艺术实践活动情况纳入学业要求,促进学生形成艺术爱好、增强艺术素养,全面提升学生感受美、表现美、鉴赏美、创造美的能力。探索将艺术类科目纳入中考改革试点。推动高校将公共艺术课程与艺术实践纳入人才培养方案,实行学分制管理,学生修满规定学分方能毕业。

加强劳动教育评价。实施大中小学劳动教育指导纲要,明确不同学段、不同年级劳动教育的目标要求,引导学生崇尚劳动、尊重劳动。探索建立劳动清单制度,明确学生参加劳动的具体内容和要求,让学生在实践中养成劳动习惯,学会劳动、学会勤俭。加强过程性评价,将参与劳动教育课程学习和实践情况纳入学生综合素质档案。

练习题

1. 如何理解小学教育评价?
2. 简述小学教育评价主要模式。
3. 简述小学教育评价主要方法。
4. 简述我国常见小学教育评价活动。

---

① 中共中央 国务院印发《深化新时代教育评价改革总体方案》. 网址:http://www.gov.cn/zhengce/2020-10/13/content_5551032.htm.

第十三章 小学教育环境

学习目标

通过本章的学习，你将：

1. 理解教育环境的概念；
2. 了解小学教育环境的特点与影响；
3. 熟练掌握小学校园教育环境；
4. 掌握小学周边教育环境。

第一节 教育环境概述

1974年，联合国给环境下的定义：环境是围绕着人群的空间及其中可以直接、间接影响人类生活和发展的各种自然因素和社会因素的总体。环境有自然环境与社会环境之分。自然环境是社会环境的基础，而社会环境又是自然环境的发展。社会环境是在自然环境的基础上，人类通过长期有意识的社会劳动、加工和改造的自然物质、创造的物质生产体系、积累的物质文化等所形成的环境体系，是与自然环境相对的概念。社会环境一方面是人类精神文明和物质文明发展的标志，另一方面又随着人类文明的演进而不断地丰富和发展，所以也有人把社会环境称为文化-社会环境。人们对社会环境所包含的内容有不同的看法。有人将社会环境按所包含的要素性质分为：(1)物理社会环境，包括建筑物、道路、工厂等；(2)生物社会环境，包括驯化、驯养的植物和动物；(3)心理社会环境，包括人的行为、风俗习惯、法律和语言等。也有人按环境功能把社会环境分为：(1)聚落环境，包括院落环境、村落环境和城市环境；(2)工业环境；(3)农业环境；(4)文化环境；(5)医疗休养环境等。

在教育领域，环境既指直接或间接影响个体的形成和发展的全部外在因素，包括作为先天环境的胎内环境，作为后天环境的自然环境和社会环境等；也指以人为中心围绕自我的所有事物，包括外部环境和个体内部环境，外部环境包括先天环境和后天环境，个体内部环境包括生理环境和心理环境。

教育是一种人类活动，需要在特定的环境下进行，因此教育环境是必须的，并且区分为软硬两种。教室、课桌、仪器设备等属于教育的硬件，与之相对的软环境主要是指在教育过程中，对教育的正常开展会产生影响的那部分环境，体现为学校软环境、家庭软环境以及社会软环境三个方面。小学教育中的软环境，主要是指为了保障教育活动的进行并提高教学质量而需要的非物质性因素，包括教师的素质水平、人格魅力、教学方法等，也包括家长态度、家庭氛围等因素。

第二节　小学教育环境的特点与影响

一、小学教育环境的特点

1. 整体性

从小学生的身心发展情况上看，小学生是不断地从“自我”向“忘我”的状态发展，在这个过程中，“自我”与“忘我”不断地交替出现，通过学生之间的交流、学生与老师之间的交流、学生与校园环境的交流，不断增强集体主义观念，借助于小学教育环境的整体性布局，促进良好的班风与校风的形成。

整体性还体现在处理事情时的公平、公正、公开是整体一致的。学校内部各教育要素之间相互作用，相互影响，构成一个统一的整体。如果学校内部的某一教育要素发生变化，也会影响其他要素的变化。例如，学校某一设施的变化，会影响到植物、宣传以及学生活动的变化。以乒乓球台为例，由于地势远离中心，空气流通，太阳辐射相对较弱；学生所需的装备相对简单，对抗性不强，容易受到学生的喜爱。但是，由于热爱乒乓球活动的人数有限，学生的参与度不一定理想。不论从国情出发，还是从学校实际出发，乒乓球台的增加或减少，需要平衡校园实情和学生需求。

2. 差异性

小学教育的时间跨度有六年，从明显稚嫩的一年级小学生成长为进入青春期的六年级小学生，这体现了身体上的差异比较大，性别差异比较大。同时中学学习内容的下沉进一步促进小学生之间的思维差异，从个体的差异性比较，进而影响了小学教育环境的变化。

小学教育环境在小学生的三观上的塑造和人生上的引领尤为重要。

3. 明确性

由于小学生的思维特点，要求小学教育环境对师生个体、学校的发展体现明确性。

(1)师生发展的健康要求。师生身心健康对教育环境的要求体现在环境光线明亮，色彩鲜艳，图像活泼，声音悦耳。

(2)学校发展的教育要求。学校良好发展对教育环境的要求体现在思想明确，主题鲜明，文化浓厚，管理人性。

4. 服务性

随着社会进入新时代，学校教育环境逐渐从隐性向显性发展，从配角转变为主角，从封闭性变化为开放性。

第一,小学教育环境的服务性体现在公益服务上。对内,如对师生的服务,是普遍受益的,例如课室既可以授课,也可以休息、娱乐和就餐等;对外,如对社会的服务是有限的,例如运动场馆等。

第二,小学教育环境的服务性体现在非营利性上。对于义务教育的非经济价值取向,强调所采取的任一行动都必须增进社会福祉、保障公众利益,而非为少数人谋取利益。对于收费的项目,应该有政府的统一指导,在保证项目正常运营的前提下,为学校、社会和家庭提供便利。

二、小学教育环境的影响

小学教育环境的影响是全面的,体现在:

1. 统一思想

这是自上而下的顶层设计的要求,全面贯彻党的教育方针和教育发展的三个"面向",教师队伍建设要突出立德树人,小学生的成长要立足全面发展。

2. 底线思维

习近平总书记指出,要善于运用"底线思维"的方法,凡事从坏处准备,努力争取最好的结果,这样才能有备无患、遇事不慌,牢牢把握主动权。师生的生命权、身心成长的安全就尤为重要。安全环境又以绿水青山为重,加以"碳中和"意识。强化底线思维,以大概率思维应对小概率事件,对于灾害预警宁可信其有、不可信其无,宁可信其大、不可信其小,宁可备而不用、不可用而无备,把预防工作做足做充分。

3. 正面教育

我们常常把老师比作园丁,学生比作祖国的花朵。花朵只有处在充满阳光的环境下才能盛放。正面教育,就是看得清、听得懂、有温度的教育。只要坚持正面教育,就会让学生逐渐形成正确的人生观与价值观。

4. 反面教育

所谓"近朱者赤,近墨者黑",就是告诉我们注意小学生的环境影响。还有人说"学好三年,学坏三天"。由于学生的价值观还不稳定,好奇心往往会形成一把"双刃剑",因此要注意避免负面环境对学生的影响。

5. 社区教育

社区是小学生与社会接触的场所,也是让小学生充满好奇的场所,也是小学生最不熟悉的场所,但它对小学生的影响是直接的、深刻的。

6. 家庭教育

家庭教育环境是小学生第一教育环境,习近平总书记在全国宣传思想工作会议上强调:"要抓住青少年价值观形成和确定的关键时期,引导青少年扣好人生第一粒扣子。"人生第一粒扣子要扣好,重要的决定因素就是家庭。

第三节　小学校园教育环境

一、小学校园教育制度环境

制度是一个社会的博弈规则，是人为设计的、对人们互动关系的约束，界定并限制了人们的选择集合。制度包括正式规则、非正式规则、实施的形式与有效性三个层次。

制度环境是指一系列用来建立生产、交换与分配基础的政治、社会和法律基础规则。随着国别和时间的变化，制度环境对组织的影响也各不相同。现代制度理论按制度环境的影响将制度划分为强制性制度、规范性制度和文化认知方面的制度。强制性制度来源于政治压力和合法性问题，它以法律授权的强迫或威胁引导组织活动和组织观念。规范性制度与道德规范相联系，这些制度引导组织活动和信仰的能力大部分来源于社会责任。文化认知方面的制度指的是共享的重要价值观、信仰和认知，它可以为组织成员提供模式化的思想、感受和反应，从而引导其他行为，它决定了人们共同的价值观、信仰以及行为取向。

二、小学校园教育文化环境

学校文化是指一所学校经过长期发展积淀而形成共识的一种价值体系，即价值观念、办学思想、群体意识、行为规范等，也是一所学校办学精神与环境氛围的集中体现。校园文化建设主要分为三个部分，包括物质文化建设、精神文化建设和制度文化建设，这三个方面文化建设的全面、协调发展，将为学校树立起完整的文化形象。

以学校文化的呈现形态进行分类，可以分为显性文化与隐性文化两部分：显性文化包括校园的物质环境，如校园建筑、校园活动仪式等；隐性文化包括校风、班风、人际关系等。

校园建筑具有德育价值：学生在不会“说话”的校园建筑里学习、活动，不知不觉地接受着道德教育。校园活动仪式具有德育价值：如升旗、入团(队)宣誓、运动会入场等学校仪式，既是学校教育的一个组成部分，同时也蕴涵着十分丰富的德育价值。

对学生影响最大的是校园人际环境。班级是学生精神成长的摇篮。班级中的人际关系，会影响每一位学生的成长。建立友爱、信赖、关心、负责、和谐的校园人际关系，就是最有德育价值的校园隐性文化。苏霍姆林斯基说过，丰富校园的精神生活，使每一个人都能找到发挥、表现和确立自己力量和创造才能的场所。

校园文化建设的一个重要载体是“书香校园”，通过开展读书活动，鼓励学生读好书，在阅读生动感人、充满人性美的道德文选或文学作品中，激发对真善美的崇尚之情以及对假丑恶的憎恨感。

强化宣传动员，提高学生防灾避险自救能力。切实做好信息发布，加强防灾避险的知识宣传，着力完善群防机制，在确保安全的前提下广泛发动师生与家长支持配合灾前预警、灾情监测、抢险救灾等工作。

三、小学校园教育物质环境

完善的校园设施将为师生员工开展丰富多彩的寓教于文、寓教于乐的教育活动提供重要的阵地,使师生员工教有其所、学有其所、乐有其所,在求知、求美、求乐中受到潜移默化的启迪和教育。完善的设施、合理的布局、各具特色的建筑和场所,将使人心旷神怡、赏心悦目,将有利于陶冶校园人的情操,将有利于塑造校园人的美好心灵,将有利于激发校园人的开拓进取精神,将有利于约束校园人的不良风气和行为,将有利于促进校园人的身心健康发展。

强化重点部位预防措施,进一步织密织牢安全防护网。紧盯人群聚集区、动静公共设施和在建工程开展风险排查整治,确保不留死角、不留盲区。

做好充足的队伍和物资准备,确保一旦出现险情,能够迅速、科学、全面、高效开展抢险救援工作。要高度重视学校应急准备工作,周密做好各类预案,为实现"平安学校、健康学校、暖心学校"提供有力保障。

第四节　小学周边教育环境

小学周边教育环境主要指学校之外,与小学教育密切相关的社会教育环境、社区教育环境和家庭教育环境。

一、社会教育环境

社会教育(society education),广义指与学校教育、家庭教育并行的影响个人身心发展的社会教育活动;狭义指社会文化教育机构对青少年和人民群众开展的各种文化和生活知识的教育活动。

在中国,清光绪二十九年(1903),在《游学译编》第九期《教育泛论》一文中就曾把教育划分为家庭教育、学校教育和社会教育三大类,并提出"家庭教育势力小,而学校教育与社会教育之势力大"。三十四年(1908),清政府颁布《简易识字学塾计划》。宣统元年(1909)正式设立简易学堂,兴办了工人半日学堂、农民耕余学习班及阅览处等社会教育事业。1912 年临时政府教育部设社会教育司,开始正式使用"社会教育"一词。

当前教育活动主要由社会专门教育机构,如青少年活动中心、少年宫、博物馆、纪念馆、图书馆等举办,主要活动有参观、游览、剪纸、插花、知识竞赛、体育比赛、亲子文娱、免费观影、义务劳动等。这些专门组织的社会教育机构旨在弥补学校教育和家庭教育的不足,促进青少年的个性全面发展。除了社会专门组织的教育活动外,一些社会媒体也担当社会教育任务,如电视、网络、报刊、书籍、电影、广告等。

社会教育对小学教育发挥着重要的辅助影响,小学教育工作者要善于利用社会教育,营造良好教育环境。

二、社区教育环境

社区教育环境是在社会教育大环境的背景下，结合自身特点，不断发展的新型教育环境。社区教育是指在社区中，开发、利用各种教育资源，以社区全体成员为对象，开展旨在提高成员的素质和生活质量，促进成员的全面发展和社区可持续发展的教育活动。

社区教育可分三类：

一类是以一所学校为中心，联结所在社区的部分工厂、事业单位与政府部门共同组成的社区教育委员会。

二类是以社区为中心，由街道办事处或区级政府牵头，社区教育机构等企业单位共同参与组建的。

三类是以工业区或农业县为地域界限的社区教育，旨在加强企业、农村未来劳动者素质的培养和社区文化建设。

社区教育所形成的寓教育于管理、服务、文化活动为一体的大教育格局，是对单一学校教育的突破、拓展和延伸。它的主要功能大致有以下六个方面：向社区居民开放办学，教育的设施、场地为社区居民所共享；社区成人教育机构是社区的文化活动中心，举办各类文化活动，提高社区居民文化水准；传播知识和科学技术，提高社区居民素质，担负社区通用性培训工作；帮助社区提高精神文化建设的水平，改善社区环境；推动各类教育发展，实现学校、社会、家庭的教育一体化；参与企业教育，共同建设和发展企业社区环境。

社区教育不仅能够形成社区居民积极的价值观、生活态度和道德规范，提高社区居民的素质和文化水平，建设良好的社区文化，培养社区角色，还能够冲破原有教育管理体制的弊端，形成一个集合各种教育因素的综合体，实现教育与社会一体化，最终达到形成学习化社会的目标。

三、家庭教育环境

家庭教育是学校教育的重要基础，是我国教育体系中的重要一环，其地位和作用越来越受到重视，但是一些家庭生而不养、养而不教、教而不当的问题日渐凸显。党中央高度重视家庭教育，习近平总书记就家庭教育作出了一系列重要论述。

家庭教育是指父母或者其他监护人为促进未成年人全面健康成长，对其实施的道德品质、身体素质、生活技能、文化修养、行为习惯等方面的培育、引导和影响。父母或者其他监护人应当树立家庭是第一个课堂、家长是第一任老师的责任意识，承担对未成年人实施家庭教育的主体责任，用正确思想、方法和行为教育未成年人养成良好思想、品行和习惯。为了发扬中华民族重视家庭教育的优良传统，引导全社会注重家庭、家教、家风，增进家庭幸福与社会和谐，培养德智体美劳全面发展的社会主义建设者和接班人，国家专门制定了《中华人民共和国家庭教育促进法》。《中华人民共和国家庭教育促进法》已由中华人民共和国第十三届全国人民代表大会常务委员会第三十一次会议于 2021 年 10 月 23 日通过，自 2022 年 1 月 1 日起施行。

《中华人民共和国家庭教育促进法》第十六条规定："未成年人的父母或者其他监护人应当针对不同年龄段未成年人的身心发展特点，以下列内容为指引，开展家庭教育：（一）教育未成年人爱党、爱国、爱人民、爱集体、爱社会主义，树立维护国家统一的观念，铸牢中华民族共同体意识，培养家国情怀；（二）教育未成年人崇德向善、尊老爱幼、热爱家庭、勤俭节约、团结互助、诚信友爱、遵纪守法，培养其良好社会公德、家庭美德、个人品德意识和法治意识；(三)帮助未成年人树立正确的成才观，引导其培养广泛兴趣爱好、健康审美追求和良好学习习惯，增强科学探索精神、创新意识和能力；(四)保证未成年人营养均衡、科学运动、睡眠充足、身心愉悦，引导其养成良好生活习惯和行为习惯，促进其身心健康发展；(五)关注未成年人心理健康，教导其珍爱生命，对其进行交通出行、健康上网和防欺凌、防溺水、防诈骗、防拐卖、防性侵等方面的安全知识教育，帮助其掌握安全知识和技能，增强其自我保护的意识和能力；(六)帮助未成年人树立正确的劳动观念，参加力所能及的劳动，提高生活自理能力和独立生活能力，养成吃苦耐劳的优秀品格和热爱劳动的良好习惯。”

《中华人民共和国家庭教育促进法》第五条规定：“家庭教育应当符合以下要求：(一)尊重未成年人身心发展规律和个体差异；(二)尊重未成年人人格尊严，保护未成年人隐私权和个人信息，保障未成年人合法权益；(三)遵循家庭教育特点，贯彻科学的家庭教育理念和方法；(四)家庭教育、学校教育、社会教育紧密结合、协调一致；(五)结合实际情况采取灵活多样的措施。”

《中华人民共和国家庭教育促进法》第十七条规定：“未成年人的父母或者其他监护人实施家庭教育，应当关注未成年人的生理、心理、智力发展状况，尊重其参与相关家庭事务和发表意见的权利，合理运用以下方式方法：(一)亲自养育，加强亲子陪伴；(二)共同参与，发挥父母双方的作用；(三)相机而教，寓教于日常生活之中；(四)潜移默化，言传与身教相结合；(五)严慈相济，关心爱护与严格要求并重；(六)尊重差异，根据年龄和个性特点进行科学引导；(七)平等交流，予以尊重、理解和鼓励；(八)相互促进，父母与子女共同成长；(九)其他有益于未成年人全面发展、健康成长的方式方法。”

《中华人民共和国家庭教育促进法》的颁布和实施，使我国家庭教育环境有望发生根本性改善，进而为小学教育事业高质量发展创造良好的家庭教育环境条件。

拓展阅读

《智慧教育：人工智能时代的教育变革》[①]节选

当前，以人工智能为代表的技术创新进入一个前所未有的活跃期，而教育仍未摆脱“工业化”的印记，以至于有人认为，“我们把机器制造得越来越像人，却把人培养得越来越像机器”，这不仅制约着教育功能的充分发挥，而且导致经济社会转型面临危机。所以，我们要有一种时代紧迫感，全面深化教育改革，推动“工业化教育”向“智慧型教育”转变，扩大高质量人才的供给能力，为经济社会发展提供强有力的人力资源保障。

随着人工智能时代的到来，依靠标准化教育来批量生产人才的模式难以为继，时代发展对教育提出新的要求。智慧教育是以“人的智慧成长”为导向，运用人工智能技术促进学习环境、教学方式和教育管理的智慧转型，在普及化的学校教育中提供适切学习机会，形成精准、个性、灵活的教育服务体系，最大限度地满足学生的发展需要。智慧学习环境强调利用数据和算法来读懂学生、发现学生、服务学生，包括全面感知的学习场所、灵活创新的学校布局和深度交互

① 曹培杰：《智慧教育：人工智能时代的教育变革》.《教育研究》,2018 年第 8 期.

的网络学习空间；智慧学习方式倡导学生在解决问题中学会解决问题，重点开展深度学习、跨学科学习和无边界学习；智慧教育管理要破除“效率至上”的评价导向，充分激发学校的办学活力，构建全社会参与的教育生态。

练习题

1. 怎样理解小学教育环境？
2. 小学教育环境具有什么特点？
3. 小学教育环境对儿童的成长具有什么影响？
4. 小学校园教育环境由哪些方面构成？

第十四章 小学教育科研

·学习目标·

通过本章的学习，你将：

1. 了解小学教育科学研究的属性、类型、意义；
2. 掌握小学教育科研课题的选题原则和一般步骤；
3. 掌握小学教育研究常用的研究方法。

第一节 小学教育科研概述

一、小学教育科研的定义与属性

小学教育科研是以教育科学理论和教育科学研究方法为基础，以小学教育现象和教育问题为研究对象，以探索教育规律与解决教育问题为目的的创造性活动。简言之，就是遵循教育科学研究方法，基于教育科学理论，研究小学教育现象，解决小学教育问题。

小学教育科研属于科学研究，科学研究不同于一般认识，其特点体现在：其一，设计性。小学教育科研有比较系统的研究设计，会有目的、有组织、有计划地开展调查，并基于调查资料发展理论，或探讨解决实践问题；人们一般的认知过程通常缺乏系统设计，比较随意。其二，严密性。小学教育科研有比较严格的资料搜集与分析方法，因而可以在严密论证和分析的基础上获得可靠的研究结论；一般认识过程满足于一般性了解，并不要求进行严密地分析和论证，严密性相对不足。其三，探索性。科学研究旨在认识人类尚未认识的现象，解决人类尚未解决的问题，因而科学研究具有很强的探索性；一般认识过程以获得知识和理解为目的，探索成分不多，探索性也不强。

小学教育科研属于社会科学研究，具有如下特点：

其一，客观性。小学教育科研中的现象与问题都是客观存在的，研究必须排除偏见、臆想和先入为主的看法，必须根据客观事实收集资料、分析资料和解释资料，对教育现象和问题进行实事求是地观察、调查和分析。

其二，科学性。小学教育科研强调对事实的描述，对资料的整理分析和最终得出的研究结论，均需要基于严谨的逻辑推理和充分的资料依据，在严密论证和分析的基础上得出科学的结论。

其三,创新性。小学教育科研本质上是一种创造性活动,创新是教育科学研究的生命。教育科学研究需要发现新对象、新领域,认识研究对象的新特点、新规律,提出教育问题解决的新方案、新举措。教育科学研究不是重复已有知识,而是要贡献出新信息、新知识。

其四,系统性。小学教育科研要求有系统的设计,基于系统的资料搜集、资料整理、资料分析,对小学教育现象和问题进行系统的探究,进而对小学教育现象形成科学的认识,对小学教育问题形成系统的解决对策。

二、小学教育科研的类型

小学教育科研可以采用多种方式进行分类。

小学教育科研根据研究内容可以划分为基础研究与应用研究。基础研究旨在探求小学教育现象的基本规律,发现新事实、新原理、新规则,或是探索某一类实际问题的理论基础;应用研究则侧重于研究原理或理论等基础研究成果的开发与应用的方式、途径。

小学教育科研按照研究性质可以划分为定性研究和定量研究。定性研究是基于描述性的研究,本质上是一个归纳的过程,强调从特殊情境中归纳出一般结论。定性研究依赖于对现象或问题的描述和理解。定量研究本质上是一个演绎的过程,强调将一般原理推广到特殊情境中去。

小学教育科研根据研究范畴可以划分为质性研究与量化研究。质性研究通常以文字的方式表达研究结果,强调研究者为工具,由研究者参与到小学教育自然情境中,通过访谈、观察、实物分析等方法收集资料,借助归纳方式对收集来的资料进行分析,研究者与研究对象进行互动,从整体上理解和解释教育现象或问题,以形成解释性理解或待检验的理论。定量研究通常会使用数据,强调通过抽样、资料收集、数据统计分析,对小学教育现象或问题借助量化方式进行测量和分析,以检验理论假设。

小学教育科研按照研究目的可以分为探索性研究、叙述性研究、因果性研究。探索性研究是以对小学教育研究对象或问题进行初步了解、获得感性认识为目的的研究类型。描述性研究是以描述小学教育现象或问题的总体或某种的特征为目的的研究类型。因果性研究是以获取小学教育有关起因和结果之间联系为目的的研究类型。

三、小学教育科研的意义

1.解决小学教育实际问题

小学教育领域存在大量的实际问题。这些实际问题,有的属于宏观的教育问题,有的属于中观的教育问题,有的属于微观的教育问题。所有的教育领域的实际问题仅凭经验已经无法解决,需要借助小学教育科研才能找到有效的解决方案或方式方法。小学教育科研通过有目的有设计的资料搜集和详细的调查研究,深入分析问题产生的原因,在此基础上,提出系统的、有针对性的应对策略或对策。

2.促进小学教师专业成长

随着世界主要国家对小学教师教育科学研究的重视,小学教育科研被公认为是小学教师专业成长的重要路径。小学教师只有投身在小学教育科研中才能掌握最新的学术信息,方能在小学教育科研中不断提升自己的知识产生能力;只有做小学教育科研才能系统地总结自己小学教育教学和专业成长的经验,系统反思和改进自己的工作,形成系统的小学教育教学思想,拥有独特的小学教学风格,进而实现专业从不成熟到成熟,从专业依附到专业独立的发展转型。

3. 推进小学学校改革发展

在当代社会,教育改革发展是学校永恒的主题。小学学校要积极地探索和开展小学教育领域的改革,在改革中求发展,以改革促进发展。推进小学学校改革发展离不开小学教育科研。实践表明,小学薄弱学校改革发展并不能依靠经验,需要开展小学教育科研,只有开展小学薄弱学校改革发展研究才是推进学校发展的光明大道。

第二节 小学教育科研课题

一、小学教育科研课题的定义

小学教育科研课题指将特定小学教育现象或问题作为研究对象,从提出研究问题,到按照教育科学研究的规范和方法科学解决问题的过程。课题固然是要探讨教育现象或问题,但是教育现象或问题不会自动成为教育科研课题。只有将特定小学教育现象或问题作为研究对象,并基于此提出研究的问题,按照教育科学研究的规范和方法,进行有目的、有规划研究的问题才能称为课题。没有按照教育科学研究的规范和方法进行有目的、有规划研究的问题,还不能称为课题。由于开展教育科研课题研究需要相应的经费支持,因此研究者通常需要向有关机构申报教育科研课题立项。加之,学校在教师职称晋升时一般都有教育科研课题项目的要求,也需要小学教师申报教育科研课题。因此,小学教育科研课题的获立通常存在较大的竞争。

教育科研课题研究与日常工作研究存在区别。教育科研课题研究的本质是由问题引发的有意识的理性反思过程,它以创新和发展为导向,研究发现一般会带来知识范式的转型。日常工作研究通常是任务使然,一般是无意识的感性化和经验化活动,以维持和稳定为导向。[①] 两者的区别见表 14.1。

表 14.1 教育科研课题研究与日常工作研究的区别

课题研究	工作研究
问题引发	任务使然
理性化	经验化
非线性	线性
创新和发展为导向	稳定和维持为导向

① 刘贵华、孟照海:《教育科研课题成果质量的九个问题》.《教育研究》,2015 年第 9 期.

小学教育科研课题通常体现为一个具体的课题名称。小学教育科研课题名称要能明确地表现出课题研究的范围和对象;能明确地反映出课题研究的内容或任务;能表明课题研究所采用的方法。课题研究的范围,指课题研究的区域范围,有的还需要指出课题研究的内容范围、对象范围、时间范围等。例如,“民族地区小学校本课程开发研究”,其中“民族地区”是地域范围,“校本课程开发”是对象范围。“农村小学美育实施问题的调查研究”中“美育实施问题”就是研究内容,“调查研究”就是研究的方法。当然,一个科研课题如果使用多种研究方法,则研究方法可以省略。

二、教育科研课题的来源

一是来源于个人。即小学教育科研课题主要根据个人科研基础或科研兴趣确定,或者基于研究者个人在学习、工作中碰到的困惑、遇到的实际问题确定,或者课题是研究者长期关注和关心的问题。这类课题是小学教育科研中最经常、最普遍的来源。通常,这类教育科研课题具有研究者基础良好、研究者研究热情高、研究者容易把握等优势,同时存在课题创新性不足、课题理论价值不大、课题现实意义不强等突出弱势。

二是来源于学校。即小学教育科研课题是根据学校科研规划确定的,或者是基于学校改革发展中碰到的实际问题而确定的。这样的教育科研课题,对促进学校改革发展价值较大。例如,随着我国城镇化的推进,城市中小学校农民工随迁子女快速增多,部分中小学校农民工随迁子女占比高达在校生的40%,这对原来的教育教学形成了一定的冲击,相关的城市中小学校急需对原先的教育教学做出变革和调整。城市中小学校的研究者就可以将“城镇化背景下农民工随迁子女城市就学的影响与回应研究”作为教育科研课题。

三是来源于资助机构。即小学教育科研课题是根据各级各类教育科研项目资助机构出台的课题申报指南,或者根据其所列范围确定的。由于这些选题是课题资助机构关切或亟待解决的问题,这样选择的课题更具有针对性,更容易获得课题立项。以2021年2月全国教育科学规划办公室发布的《国家社科基金教育学2021年度重大招标和重点课题指南》为例,该课题指南设定的重大招标课题就包括:中国共产党百年教育方针研究,深化新时代教育评价改革的实施路径研究,中国特色现代教育学体系发展与创新研究,学校家庭社会协同育人机制研究,乡村振兴和教育现代化背景下农村教育发展战略研究,未来学校组织形态与制度重构的理论与实践研究,等等。重点课题包括:我国义务教育学业负担综合治理研究,以教育新基建支撑高质量教育体系建设研究,新时代教育公平的重点问题与政策体系研究,线上与线下教育融合难点与突破路径研究,等等。这份课题指南为研究者确定小学教育科研课题提供了重要依据。

三、小学教育科研课题的选择

选择合适的课题十分重要。小学教育科研课题的选择一般要遵循如下原则:

1. 需要性原则

小学教育科研课题应该是现实中急需要解决的问题,如校本课程如何建设、教师积极性如何调动、学困生如何教育、师生关系如何处理等;应该是教育改革发展或教育教学过程中急需研究的现象，如农民工随迁子女增多如何影响中小学校发展，如何避免课堂教学中学生偷看手机。对这些问题或现象的研究，能够满足教育科学研究理论和教育科学研究实践发展的需要。

2. 科学性原则

科学性即小学教育科研课题必须有一定的事实根据或理论依据。没有事实根据或理论依据的选题，不仅没有理论价值也没有现实意义。研究者要善于从各种各样的教育现象或问题中找到科学选题，提高教育科学研究的科学性。

3. 创新性原则

小学教育科研课题应当具有创新性。创新性即新颖性，是别人未曾提出来的，或别人未曾做过的。在教育科学研究中，创新性集中表现为新发现、新观点、新视角、新方法、新手段、新技术、新资料等。

4. 可行性原则

可行性即自己可以做，也有能力做。例如，当研究者选择“民族地区小学核心素养培养研究”作为选题时，研究者需要具备相应的民族教育理论知识，而且研究者必须有机会接近民族地区小学学校，否则尽管这个课题本身不错，但对该研究者来说，并不具有可行性。

四、教育科研课题的申报

1. 课题层次与种类

小学教育科研课题具有不同层次和种类。比较常见的有：①国家级课题。如全国哲学社会科学基金资助的项目，含重点项目、一般项目和青年项目。又如全国教育科学规划课题，含国家社会科学基金教育学重大招标课题、重点课题、一般课题、青年课题、西部课题。②省部级课题。如各省(区)市、国务院其他各部委资助的项目。国务院有关部委资助的项目也分为重点课题与一般课题。如教育部人文社会科学研究规划项目、文化和旅游部科研项目、国家发展和改革委员会科研项目、生态环境部科研项目等。③市厅级课题。如各市哲学社会科学规划课题、省教育科学规划一般课题、省教育厅人文社会科学研究课题等，均属于市厅级课题。

2. 课题申报条件

开展小学教育科研是一项艰苦的创新活动，对科研人员的基本素质有一定要求。通常要求小学教育科研课题申请人具有较强的科研能力，具备一定的学术职称和任职资格，等等。例如，2021 年度全国教育科学规划课题申报公告要求，课题申请人须具备下列条件：遵守中华人民共和国宪法和法律；具有独立开展研究和组织开展研究的能力，能够承担实质性研究工作；国家重大和重点课题申请人须具有正高级专业技术职称(职务)，能够担负起课题研究实际组织者和指导者的责任；国家一般课题申请人须具有副高级以上(含)专业技术职称(职务)或博士学位。国家青年及教育部青年课题申请人的年龄均不超过 35 周岁(1986 年 4 月 9 日之后出生)。

3. 课题申报程序

从管理的角度看，课题申报一般程序包括：小学教育科研课题管理部门发布公告；申请人以书面方式向科研管理机构提出申请；小学教育科研课题管理部门对申请人的申请进行评审；小学教育科研课题管理部门发布立项课题名单。从申报的角度看，课题申报一般程序包括：申请人依据课题指南申报选择课题；申请人按照要求填写项目申请书；申请人单位对申请资料进行审核，并在规定时间内报送课题审批部门；等待评审结果。

4. 课题申报原则

小学教育科研课题申报一般要求申报者遵循如下原则，包括：以课题指南为依据；课题依据充足，研究目标明确，研究内容具体，研究方法科学，研究计划切实可行，具备按计划完成研究任务的各项具体条件；课题申请人能切实承担课题设计、课题实施到成果形成等实质工作；课题组成员具备课题研究所必需的业务水平、研究能力和健康条件，年龄结构、知识结构比较合理；课题所提出的经费预算合理；在一定周期内完成项目。

5. 课题评审原则

小学教育科研课题评审一般会遵循如下原则：①方向性原则。包括课题的指导思想是否正确；研究是否符合客观实际；研究的目的、意义是否明确等。②科学性原则。包括研究内容是否科学具体；研究计划是否科学可行；研究方法是否科学适切；理论基础是否科学适当等。③创新性原则。创新性是指课题研究在诸方面的突破，比如提出了新观点、运用了新理论、采用了新方法、采用了新视角、使用了新资料等。④客观性原则。包括论证是否合乎逻辑、条理清楚；语言是否准确、简练；是否有前期研究基础；是否进行了信息资料的查询和搜集。各级各类教育科研课题必须经过科研管理部门的资格审查，及其成立的学术委员会或专家组的评审方可立项。

第三节　小学教育科研的步骤

教育科学研究就是从问题提出到获得答案的过程。一个完整的教育科学研究最基本的步骤包括提出问题，文献综述，研究设计，研究实施，撰写研究报告等。

一、提出问题

问题在小学教育科研中具有十分重要的地位，任何研究都始于问题。那么，什么是问题？问题本质上是矛盾，是理想与现实的矛盾，是理论和实践的矛盾。“矛盾并不一定就是需要人们关注和研究的问题，当矛盾发展到一定程度，主体不得不对其认识和研究时，矛盾才成为人们所说的‘问题’。教育问题的本质是教育实践活动中的矛盾，那么，教育问题的性质也就必然取决于教育矛盾的性质。有什么样的教育矛盾，便有什么样的教育问题。”[①]

一切研究都始于提出问题，终于对问题的回答。小学教育科研也要回答研究问题，因而提出问题是小学教育科研的首要的一步。需要强调的是，这里说的问题，是小学教育现象与教育问题引发研究者的思考后，由研究者针对小学教育现象和教育问题设问而提出的疑问，通常表现为一个或若干个疑问句。这里的问题是“question”而不是“problem”。“question”是小学教育科学研究中研究者要回答的问题；“problem”是小学教育科学研究中

---

① 张海波、杨兆山：《“教育问题”探析》.《教育研究》，2011 年第 11 期.

需要研究的对象。

二、文献综述

文献综述，就是在对选题所涉及领域的文献进行广泛阅读和理解的基础上，对该领域研究现状（包括主要学术观点、前人研究成果和研究水平、争论焦点、存在问题及可能原因等）、水平、动态、技术和发现、前景等内容进行综合分析和评论。文献综述旨在综合前人做的工作，了解当前研究水平，分析存在问题，指出可能的研究问题和发展方向等。一般来说，无论是课程作业，还是一篇学位论文，都要有文献综述。

文献综述因研究目的不同而有所差异，若目的是展现某研究主题现有知识，则属于基本文献综述；若目的是深入研究一个问题，则属于高级文献综述。[①] 基本文献综述主要是对有关知识进行总结和评价，通常以主题作为文献综述的具体指向和框架，综述内容包括研究主题的发现、主要研究者、主要研究者的观点。高级文献综述是确立原创性研究问题的基础，旨在提出新的发现和结论。在高级文献综述中，研究者会先陈述有关研究问题的现有知识，再确定在哪些方面需要深入研究和继续拓展。学位论文通常以高级文献综述探寻具有创新价值的研究领域。

文献综述要注意：系统查阅国内外文献，全面了解前人或他人对有关问题的研究状况及其取得成果；要对所查阅文献分主题进行综合陈述；对综合整理后的文献进行比较深入地评价；要明确已有研究存在的问题和缺陷；要确定自己的研究将在哪些方面进行突破。

三、科研设计

小学教育科学研究设计即设计小学教育科学研究方案，属于小学教育科研的重要环节。小学教育科研的研究方案是根据研究目和研究问题，由研究者设计的能够有效指导研究过程，保证研究可以获得可靠结果的方案。小学教育科研的研究方案一般包含如下内容：研究目标、研究内容、研究对象、研究方法、研究技术路线等。

研究目标就是研究可预见的结果，就是研究要解决什么，要突破什么，在理论认识上要推进什么等。通常教育科学研究方案中目标要具体，具体到要达成一个还是几个目标，但不宜多；目标要明确，要明确说明研究的方向和边界；目标要针对性，要针对研究问题；目标要有方向性，要能够说明研究在理论认识上的贡献，与同类研究的界限；目标要简洁，通常一个目标一句话。

研究内容就是为达成研究目标，该研究具体研究了些什么。研究内容表述一般要详尽具体，在形式上和研究论文或报告的目录具有一致性；研究的内容与内容之间要有明显的逻辑关系；研究内容与研究目标具有内在关联，研究内容的完成要能够保证研究目标的实现；研究内容通常还需要在研究结束后进行必要的修改，因为任何一项研究，设计的研究内容与实际完成的研究内容会有一定的出入。

研究对象就是该研究要探讨哪方面问题。研究对象通常与研究内容大致相同，但在表达

---

① ［美］劳伦斯·马奇、布伦达·麦克伊沃：《怎样做文献综述——六步走向成功》. 陈静、肖思汉，译. 上海：上海教育出版社，2011 年，第 2 页.

上比研究内容更简洁和凝练。

研究方法就是该研究要使用什么研究方法。从研究范畴上看，是质性方法还是量化方法；从具体方法上看，是采用观察研究法、文献研究法、调查研究法、个案研究法等要明确。研究方法的选择依据是研究目的和研究问题，研究设计中要对所选择研究方法适切的原因进行说明。

研究技术路线就是完成该研究要采用怎样的途径、技术、手段等。在研究设计中，通常可以采用连线图来表示。研究者在绘制连线图时会将研究目标、研究内容、研究方法、研究技术等一并考虑进去，形成一张比较复杂的连线图。

四、研究实施

小学教育科学研究计划的实施即按照设计的小学教育科研课题方案开展研究。研究计划的实施要求原则性与灵活性相结合。即原则上按照教育科研课题方案设计的方向和路线来安排开展研究工作，与此同时，要有一定的灵活性。由于教育科研课题方案设计并不是天衣无缝、十全十美的，因此在研究计划实施中，要结合实际对教育科研课题方案进行必要的修改和调整。研究计划的实施是一个艰辛和复杂的过程，需要研究者有坚强的意识和从事科研的韧性。研究计划实施过程中，研究者要注意及时整理研究资料，积极撰写研究过程中发现的成果，及时推出阶段性研究成果。

五、撰写研究报告

撰写研究报告是小学教育科研的最后一步。但是这一步工作通常并不是研究完成才开始开展。通常而言，由于研究者开展小学教育科研期待的是研究结果，而不是研究本身，因此，在研究开始时，研究者就开始期待和猜想研究结果了，尤其是当研究取得了阶段性成果时，研究者通常就会对研究的阶段性成果进行报告。研究论文通常是教育科学研究结果或阶段性结果的体现。研究报告通常是教育科学研究结果的最终体现。研究报告如能正式出版，也可以通过著作出版标识教育科学研究工作的结束。研究报告通常包括研究背景、研究问题、研究方法、研究结论、反思与讨论等。研究报告都会交代研究所取得的成果，研究的理论贡献，并对研究做出反思。

第四节 小学教育科研的常用方法

小学教育科研的方法主要有文献研究法、观察研究法、访谈调查法、问卷调查法、历史法、实验法、个案研究法、行动研究法等，下面着重介绍几种常用方法。

一、文献研究法

（一）定义

文献研究法也称文献法，指通过系统搜集、鉴别、整理、分析文献，基于对文献的研究形成对事实的科学认识的方法。文献研究法是一种古老又富有生命力的科学研究方法，其他小学教育科学研究方法一般都会建立在文献研究法的基础上，或与文献研究法搭配使用。文献研究法是小学教育科研的最基本的方法。

(二)一般过程

文献研究法的一般过程包括五个基本环节,包括提出课题或假设、研究设计、文献搜集、文献整理、文献综述或文献运用。提出课题或假设是依据研究构想确定文献搜集、整理的主题和问题;研究设计就是通过建立研究目标将课题或假设具体化为可操作的文献研究活动。这两个环节十分重要,但是前面都有涉及,不再展开介绍。下面重点介绍文献搜集、文献整理、文献运用。

1. 文献搜集

文献搜集就是通过一定的渠道和方式将文献检索出来。由于文献的类别不同,搜集研究文献的渠道多种多样。教育科学研究中搜集文献的主要渠道有:图书馆,主要用于搜集著作、现刊文献等;档案馆,主要用于查阅档案资料,在涉及历史、人物、教育活动、办学实践等的研究中应用;社会科学及教育科学研究事业单位或机构,主要用于查阅最新资料、统计资料、文件资料等;学术会议,主要用于查找学术会议活动信息或最新信息等;计算机,主要用于查阅最新学术信息、国外学术信息等。由于计算机检索功能十分强大,检索文献相对容易,目前已经发展成为最主要的文献搜集渠道。

搜集研究文献的方式主要有两种:参考文献查找方式和检索工具查找方式。参考文献查找方式又称引文查找方式,是根据作者文章和书后所列的参考文献目录去追踪查找有关文献。检索工具查找方式指利用现成的检索工具查找文献资料。现成的工具主要有目录卡片、目录索引、文摘和数据库等。现在通常使用数据库进行文献检索。教育科学研究相关的数据库主要有“中国知网”“人大复印报刊资料数据库”“中国教育与经济社会发展统计数据库”“谷歌学术”等。

2. 文献整理

文献整理就是文献积累与分类的过程。积累文献通常先从那些就近的、容易找到的资料着手,再根据研究的需要,陆续寻找那些分散在各处、不易得到的资料。为了使积累文献过程更有效,可以将其分为若干阶段进行;每一阶段,把手头积累到的文献进行分门别类地整理,以提高下一阶段搜集文献的效率。传统上积累文献需要做卡片、写读书摘要、做笔记等,尽管效率较低但是会为研究打下扎实的基础。由于现代文献搜索主要依赖数据库进行,因此文献整理通常采用分主题建立文件卡的方式进行。

3. 文献运用

文献研究法最主要的步骤是文献综述和文献运用。关于文献综述,前面已经有说明,此处重点介绍文献运用。文献运用通常有直接引用和间接引用两种。前者通常需要加双引号,后者则使用转述的口气表达。文献运用要注意:要与文献进行对话,文献评论要基于资料,有一分资料说一分话;合理引用文献,不以自身观点和立场取舍文献,不能无视相反意见的文献;文献运用要有针对性,要聚焦于主题,服务研究观点,不能简单罗列;文献运用不能混淆文献的观点和作者个人的思想。文献运用过程中通常要按照规范标注出所引用的文献。

(三)优缺点与适用范围

文献研究法的主要优点在于:超越了时间、空间限制,研究者虽身处一室,但是通过查阅古今中外文献,能研究极其广泛的问题或议题;文献研究法主要是书面调查,能够避免口头调查可能出现的种种误差,能获得比口头调查更准确、更可靠的信息;文献研究法是一种间接的、非介入性调查,不与被调查者接触,可以避免直接调查中调查者与被调查者互动过程中可能产生的反应性误差;文献研究法不太受外界因素制约,方便、自由、安全,可以随时随地研究,可以多次反复研究;文献研究法不需要大量研究人员,不需要特殊设备,可以用较少的人力、经费和时间获得比其他调查方法更多的信息,省时、省钱、效率高。文献研究法的不足在于:一味根据文献研究容易犯不了解实际、脱离实践的问题;文献也需要进行检验和辨析,不然会出现以讹传讹的现象;文献属于二手资料,缺乏一手资料介入,会影响研究的效度;研究研究法对文献阅读能力和信息提取能力要求较高。文献研究法的适用范围十分广泛,适用的条件是研究者具有文献检索和阅读能力,文献较为齐全、完备。

二、观察研究法

(一)定义与类型

观察研究法也称观察法,指小学教育研究者在自然条件下,有目的、有计划地观察研究对象,进而收集、分析与研究对象相关的感性资料的一种方法。

观察研究法根据是否控制和改变观察环境可以分为:①自然情境观察。即在自然情境下,对教育研究对象的实际行为、真实现象进行观察,如在教室中对学生学习的观察等。②实验情境观察。即对教育研究对象的环境或条件加以控制或改变,将其置于实验中进行观察。需要注意的是,教育研究中的实验情境观察并不同于实验室观察,后者对条件的控制更为严格,且通常需要借助于实验仪器。

根据观察时是否借助仪器设备可以分为:①直接观察。即通过人的感官,用肉眼直接对研究现象进行感知。②间接观察。即借助一定的仪器或者技术手段如利用摄像头、监控仪器等作为媒介进行观察。

根据观察者是否直接参与被观察者所从事的活动可以分为:①参与性观察。即研究者直接参与到观察对象的活动中,不暴露身份,以比较隐蔽的方式进行观察。②非参与性观察。即研究者不直接参与到观察对象的活动中,以旁观者的身份进行观察。这种观察易限于表面,难以获得深层次的资料。

根据是否对观察活动进行严格的控制分为:①结构式观察。即观察有明确目标、详细计划,有事先设计好的观察记录表格等,观察记录内容有明确的要求。②非结构式观察。即观察内容与步骤没有预先确定,看到什么就是什么,观察记录也无明确的要求。

(二)一般过程

1. 选择观察对象

一般要根据研究问题确定观察对象。例如,要研究“教师期待对学生学习的影响”时,研究者就要考虑要观察哪些老师,在哪些年级要观察哪些学生等。

2. 制订观察计划

观察计划主要是要明确观察目的,确定重点要搜集的资料;确定观察范围,观察次数,每次观察的时间,观察的地点;确定观察采用的仪器;确定记录方式;等等。

3. 做好观察准备

周密的观察准备是准确收集观察资料的基础。观察准备工作主要有：

①确定观察项目和指标。教育科学研究中，研究者要根据课题和研究计划，将观察的内容具体化和指标化。具体化指将要观察的内容具体成几个可以观察的项目；指标化指将需要观察的项目具体化为一个或几个可以显示不同程序与水平的指标。项目与指标一般都需要赋予一定分值，这样可以构成一个较为完整的指标体系。例如，我们对教师课堂基本技能的观察，就可以构建如表 14.2 所示的项目与指标体系。

表 14.2 教师课堂基本技能观察项目与指标体系

项目与分值	指标	得分
教学内容(30 分)	1. 教学内容体现课标要求； 2. 重点突出； 3. 有突破难点策略	
教学过程(30 分)	1. 围绕目标组织教学； 2. 兼顾知识和学生认知逻辑； 3. 能启发学生思维	
教学组织(20 分)	1. 根据目标与需要组织课堂活动； 2. 对课堂时间和节奏监控有度	
课堂氛围(20 分)	1. 教师精神饱满、情绪稳定； 2. 学生学习热情高涨	
总分(100 分)		

注：每项指标 10 分，分三级打分，一等 8～10 分；二等 5～7 分；三等 1～4 分。

②确定观察途径。观察的途径的确定要根据课题和研究问题而定，一般的途径有听课、参观、参展、参会、参加活动、参与项目等。最佳的观察途径是选择能够最大程度搜集有用资料的途径。通常有关教学与课程、教育改革方面的研究，都需要走进教室，听课是教育研究中最主要、最基本的途径。

③进行观察取样。观察不能也没有必要包罗万象，一般还需要取样。常用的取样方法，包括：对象取样，即选取特定的一个或几个对象进行观察；时间取样，即在特定的时间段或时间点上进行观察；场面取样，即选择一个或几个场面，如儿童的游戏场面进行观察；事件取样，即观察一个或几个事件的完整过程；追踪观察，即对一个或几个观察对象进行长期跟踪与观察；等等。

④确定记录方法。为了便于观察记录和观察资料的整理一般需要设计观察表格。观察表格中的项目应均是研究所需要的指标；项目数不宜太多，10 个以下为好；项目要按逻辑顺序排列；项目答案应具体、明确。设计观察表格时，要明确观察资料的记录方法。记录观察资料，一般有三种方法：评等法，即对观察对象所表现的特征按所属等级，在表格中画圈或做其他记号；频数记录法，即以符号“√”记录对象某项行为出现的次数；连续记录法，即利用录音机、录像机等对整个过程加以记录。例如，对对话过程中教师行为观察采用频数记录法时可设计如表 14.3 所示的表格。

表 14.3　对话过程中教师行为观察记录表

项目	没有出现	出现 1～2 次	出现 3～4 次	出现 4 次以上
鼓励学生				
批评学生				
追问学生				
打断学生				
启发学生				
催促学生				
挖苦学生				

⑤其他准备。如仪器准备、人员培训、人员分工等。

4. 进入现场

进入现场要注意选好观察位置，选择较好的观察角度，保证研究者可以观察，而且可以进行有效、全面的观察；观察者要处理好与观察对象的关系，非参与性观察最好不让观察对象知道，参与性观察则要注意与观察对象建立和谐良好的关系。观察时要看、听、问、思、记等互相配合，但凡与研究目的有关的内容都要留心观察，尤其要留心观察细节。

5. 观察记录

观察记录要尽可能精确、全面，能观察到的内容要全部记录下来；要尊重客观事实，不能凭主观想象，更不能凭空捏造；记录要有序，可以按事情发展的固有顺序记录，或者按照时间先后顺序逐个记录。

6. 资料整理

观察的资料要及时进行必要的整理。要对所有记录的资料进行检查、核对与分类，并按观察记录的时间顺序分类存放。记录资料一般要注明观察的时间、地点等信息，以便查阅。

(三)优缺点与适用范围

观察研究法的优点在于：直接面对研究对象，能观察到正在发生的行为；可以获得直接资料，资料更为真实、可靠；亲临现场，可以获得生动的一手资料。主要缺点是：存在时间限制，一旦时间错过，行为可能不再发生；受观察对象限制，一些特定群体如犯罪青少年等的行为很难观察；受观察者限制，人的观察感官有生理上的限制，观察的结果也会受观察者主观意识的影响；只能观察外表现象，不能深入事物的本质和人的思想意识。观察研究法适用范围较为普遍，但是不适用于大面积调查，而且需要有机会接近研究对象及研究对象的生活场景。

三、访谈调查法

(一)定义与类型

访谈调查法又称访谈法，指研究者通过与受访人面对面交谈来收集资料、开展研究的方法。访谈调查法能够从多方面收集一手研究资料，而一手研究资料对小学教育科研来说具有十分重要的意义，因此访谈调查法深受研究者的青睐。

访谈调查法根据标准化程度可分为结构型访谈和非结构型访谈，前者通常采用问卷或调查表；后者没有标准化程序，交谈比较自由。根据正式程度可分为正式访谈和非正式访谈。根据访谈对象多少可分为个别访谈和焦点访谈。个别访谈研究者需要与受访者进行一对一的谈话；焦点访谈，研究者可以与多名受访者进行一对多的谈话。

(二)一般步骤

1. 准备访谈

访谈调查计划是小学教育科研中开展访谈调查前的一项重要准备工作。访谈调查计划的内容一般包括调查目的、调查对象、调查步骤、调查内容和调查记录方式等。调查内容一般需要设计访谈提纲。访谈提纲要根据研究问题和研究目的确定；问句不宜过多，以 2～4 个为适宜，但可以根据需要追问；问句要足够开放，要使用开放式表达；问句要通俗易懂，要避免诱导。

2. 实施访谈

开始访谈调查前，研究者应有备而去，要查阅有关资料，尽可能地熟悉和掌握调查对象的基本情况。接近访谈者时应注意：自我介绍简洁明了，不卑不亢；发出邀请时应热情，语气应该肯定和正面；主动表明身份等，或以适当方式消除受访者的紧张、戒备心理。实施访谈调查时应注意：所提问题要简单明白；要使受访人心情轻松愉快；具备正确的预备知识；具备细致的洞察力和耐心；注意谈话技术及访问技巧，不引导受访人，不流露自己的看法，不对答案做评价；灵活使用录音设备；对答案不清楚者，应重复答案让对方确认；如实准确地记录访谈资料；等等。此外，对未成年人要注意保护其权利，对一些隐私话题、敏感话题要尊重受访者的意愿，对少数民族学生要考虑到其风俗习惯等。

(三)优缺点与适用范围

访谈调查法的优点在于：能够迅速收集多方面有用的资料；可以通过追问等对受访者态度与动机等进行了解；资料由受访者讲出，通常比较准确可靠；可以了解到无法直接观察的资料；等等。缺点在于：访谈调查法对研究者访谈技巧有一定要求，需要受过专门训练；较费精力和时间，成本较高；访谈调查样本较小，难大规模进行；受访者对敏感问题容易回避或回答不真实；研究者的价值观、谈话水平会影响受访者，造成访谈结果偏差；受访者如不同意录音，则对研究者记录要求高；访谈结果标准化程度低，分析处理较复杂，难以定量分析。访谈调查法不适合大规模调查，采用的前提是能够找到受访者，而且受访者掌握较多有价值的信息。

四、问卷调查法

(一)定义与类型

问卷调查法也称问卷法，在小学教育科研中使用较广泛。问卷调查法使用的工具是问卷。问卷通常是以设问方式表述问题的表格。问卷调查法就是研究者用问卷对研究问题进行度量，从而搜集资料的一种方法。问卷法多用邮寄、个别分送、集体分发、在线发放等多种方式发送问卷，由被调查者根据表格所问来填写答案。根据问卷填答者的不同可以分为自填式问卷调查和代填式问卷调查；按照问卷传递方式不同可分为报刊问卷调查、邮政问卷调查和送发问卷调查；根据是否在线发放问卷可以分为线上问卷调查和现场问卷调查；根据与被调查者交谈方式的不同可分为访问问卷调查和电话问卷调查。

（二）一般步骤

1. 设计问卷

问卷一般由卷首语、问题与回答方式、编码和其他资料组成。卷首语是问卷调查的自我介绍部分。卷首语一般包括调查目的、意义和主要内容，选择被调查者的途径和方法，对被调查者的希望和要求，填写问卷的说明，回复问卷的方式和时间，调查的匿名和保密原则，调查者的名称，等等。卷首语语气要谦虚、诚恳、平易近人，文字要简明、通俗、可读。卷首语一般放在问卷第一页上面，也可单独作为一封信放在问卷前面。

问卷包括结构性问卷和非结构性问卷两种类型。结构型问卷也称封闭式问卷，问题的答案被加以限制，只允许填写者在问卷给定的答案内选择。结构型问卷的问题通常使用是否式问题、选择式问题、等级式问题等。

(1)是否式问题，如：

您喜欢语文课吗？

A. 是　　B. 否

(2)选择式问题，如：

您这次英语考试成绩不理想的原因是什么？

A. 基础差　　B. 没努力　　C. 老师不好　　D. 考试粗心

(3)等级式问题，如：

您对数学教师的态度：

A. 喜欢　　B. 无所谓　　C. 不喜欢

或者

A. 非常喜欢　　B. 比较喜欢　　C. 无所谓　　D. 比较讨厌　　E. 非常讨厌

非结构型问卷也称开放式问卷，问卷由自由作答的问题组成。如：您在劳动教育过程中的困惑是什么？问卷的问题一般要求如下：问题不能抽象、笼统，要具体、清晰；问题要单一，不要把两个或两个以上问题合在一起提；语言要通俗，避免使用专业术语；表述语言要准确，不要产生歧义；表述文字要简明，不要冗长和啰唆；表述问题态度要客观，不要有诱导或倾向；不要使用否定句形式表述问题；等等。

2. 问卷发放

现在问卷发放的方式比较多元，问卷可以由研究者主动送发，或通过报刊发放，或采用邮寄方式发放，还可以通过网络在线发放。送发式问卷调查指研究者将调查问卷发送给选定好的目标群体，待被调查对象填写完问卷后统一收回。报刊式问卷发放指把问卷设计在报纸上，随报纸把问题发送到各地，没有确切的目标，当读者看到报纸后在报纸上填写问卷，然后寄回报刊编辑部。邮寄式问卷发放指通过邮局把问卷邮寄给相应的人员，待答完问题后再通过邮局将问卷统一回收。电话访问式问卷发放指通过互通电话的形式向应答者提问，由研究者根据应答者在电话中的回答情况进行问卷填写。网络在线问卷发放指通过网络向特定群体发布问卷，由其在线填写问卷。这种问卷发放形式的优势是保密措施好，不受时间和空间的限制，可以获得更多的信息。网络在线问卷发放尤其是使用二维码的调查方法，打破了原先问卷调查在设备、时间和环境上的限制，受访者可以随时随地参与调查，使用前景十分广阔。

(三)优缺点与适用范围

问卷调查法的优点在于:标准化高,调查结果容易量化,便于处理与分析;成本低,节省时间、经费和人力;可以大规模调查;调查更为详细,易于控制。

缺点在于:问卷设计直接影响调查价值,问卷设计需要一定经验;问卷信度和效度控制需要一定经验;受访者的态度对调查结果影响很大,质量难保证;不能深入探讨问题背后的原因;回收率难保证。问卷调查法适用于大规模调查,适用条件是被调查者有能力、有意愿填写问卷,研究者具有问卷编制能力,问卷本身信度和效果达到要求。

五、个案研究法

(一)定义与类型

个案研究法也称个案法,指通过对单一的研究对象进行系统的资料搜集而进行深入具体研究的方法。个案研究一般要对研究对象的典型特征做全面、深入考察和分析,以达到解剖麻雀、以小见大的效果。个案研究法通常通过广泛收集与个案有关的资料,详细了解、整理和分析个案产生与发展过程、内外部因素及其关系,形成对有关问题深入而全面的理解。个案研究法的个案可以是人、单位、事件、地区等。个案研究法根据研究对象可以分为人员研究个案、特定群体研究个案、生活单位或社会团体研究个案、事件研究个案、地区研究个案等。

(二)一般步骤

1. 确定个案对象

确定个案对象也称为个案抽样。研究者应根据研究目的和内容,在明确研究问题的基础上,选择典型的人或组织等作为研究对象。在小学教育科研中个案研究的对象,就人而言,通常是学业成功者、学业低成就者、生理心理障碍者、行为偏差者、情绪异常者等;就组织论,通常关注的是名校、品牌学校、薄弱学校、特色学校等具有典型意义的组织。

2. 收集个案资料

全面系统地收集个案的资料是个案研究有效性的重要保证。个案资料的收集方式是多样的,可以采用书面调查、口头访问的方式,也可采用观察、测验、评定的方式,还可以通过查阅个案的个人资料如书信、日记、档案资料等的方式来获得信息。

3. 形成初步假设

在广泛收集个案资料的基础上,个案研究常常需要对相关问题做进一步的分析和判断,以形成初步的假设。

4. 分析与指导

进一步分析个案资料,个案研究收集到的资料难以直接解释问题,需要用逻辑方式对有关资料进行思考和分析。个案研究不仅要提出研究的问题,还需要提出解决问题的策略和指导意见。

5. 结论与讨论

在综合分析资料的基础上得出研究结论,研究者还需要对研究结论进行讨论。讨论可以对研究的过程进行反思,对研究的效度和伦理道德等进行检讨等。

(三)优缺点与适用范围

个案研究法的优点在于:能够对研究对象进行全面、客观的认识;能够深入、准确把握研究对象的内在机理及原因机制。缺点在于:资料收集、整理和分析几乎同步进行,需要花费较长时间接触个案;样本少,对象缺乏代表性,研究结论不能进行推论。个案研究法适用于探索性研究,适用的条件是个案具有典型性,研究者可以接近个案并收集相关资料。

综上,教育科学研究的常用方法有文献研究法、观察研究法、访谈调查法、问卷调查法、个案研究法等。每一种研究方法都有其优缺点,有其适用条件与范围。在教育科学研究中,研究者要根据研究目的和研究问题,选择适切的研究方法。

拓展阅读

《教育叙事研究:是什么与怎么做》①节选

叙事研究并非教育研究领域的"新潮"或"另类",它一直存在于传统的教育研究之中。教育叙事研究是传统教育研究中的一个分支,如何理解叙事研究取决于人们如何看待教育研究的框架。

教育叙事研究既可以显示为真实的叙事也可以显示为虚构的叙事;教育叙事研究既可以叙述故事不对故事做评论或解释,也可以对自己讲述的或他人讲述的故事进行再评论和解释。叙事研究无论采用历史研究的方法,还是采用调查研究的方式,其基本路径都是收集资料—解释资料—形成扎根理论,其重点是分析资料并形成扎根理论。

由于教育"叙事研究"重视教育事件的丰富性、形象性和复杂性,教育"叙事"往往采用"深描"的写作方式。"深描"即详细地介绍教育问题或教育事件的发生与解决的整个过程,留意一些有意义的具体细节和情境。在叙事研究的报告文本中引入一些"原汁原味"的资料,比如学生的作品、学生的日记、教师对这位学生的评价、隐藏在学校建筑中的语言,等等。这种"深描"使叙事显得真实、可信且富有"情趣"。

练习题

1. 试述教育科学研究的类型。
2. 试述教育科研课题的确定原则。
3. 试述文献研究法的优缺点。
4. 评述个案研究法的一般步骤。

---

① 刘良华:《教育叙事研究:是什么与怎么做》.《教育研究》,2007年第7期.